教育部人文社会科学重点研究基地重大项目
"社会保障与公共危机管理研究"(12JJD840007）最终成果

国家社会科学基金项目"健全社会保障管理体制和
经办服务体系研究"(14BSH108)中期成果

教育部人文社会科学重点研究基地

武汉大学社会保障研究中心

社会保障与
公共危机管理研究

Shehui Baozhang Yu
Gonggong Weiji Guanli Yanjiu

林毓铭／著

人民出版社

目　录

前　言 ………………………………………………………………………… 1

第一章　社会保障与公共危机的研究现状 …………………………… 1

　　第一节　公共危机使中国社会保障风险呈上升态势 ………………… 1

　　第二节　公共危机触及社会保障的学术研究 ………………………… 5

第二章　公共危机的社会形态对社会保障的影响 ………………… 18

　　第一节　公共危机的分类与分级 …………………………………… 18

　　第二节　结构性变迁触动公共危机转型和升级 …………………… 24

　　第三节　公共危机的经济形态与对社会保障经济的影响 ………… 29

　　第四节　公共危机的政治意识形态与对社会保障安全的影响 …… 36

　　第五节　灰色"利益链"对社会保障可持续性的挑战 …………… 40

　　第六节　加强对社会保险经办过程中的突发性或群体性事件的

　　　　　　应对 ……………………………………………………… 45

第三章　社会保险应急预案 ………………………………………… 50

　　第一节　应急预案总体概述 ………………………………………… 50

　　第二节　社会保险应急预案的体系建设 …………………………… 56

　　第三节　社会保险应急预案的编制内容与编制程序 ……………… 63

第四章　社会保障政策或制度风险研判 …………………………… 90

　　第一节　公共危机对社会保障领域的影响和渗透 ………………… 90

　　第二节　社会保障政策与制度风险 ………………………………… 95

第三节 体制外相关政策对社会保障制度运行总体支撑力的
分析 ·· 121
第四节 体制外各类经济与社会政策或制度风险 ·············· 125

第五章 灾害救助与政府危机干预 ······························· 151
第一节 突发或群体性事件涉及社会保障应急管理专项基金的
建立 ·· 151
第二节 应对特重大自然灾害的社会救济应急物质储备 ········ 156
第三节 发展巨灾保险的紧迫性与路径依赖 ·················· 167

第六章 养老保险的风险研判与危机处置 ······················· 184
第一节 基本养老保险全覆盖衍生了多轨制矛盾 ·············· 184
第二节 剩余与短缺并存的结构性问题导致财政补贴刚性增长 ·· 189
第三节 养老保险省级统筹如何走向基础养老金全国统筹 ······ 195
第四节 触动社会神经的养老金并轨改革能否成功启航 ········ 214
第五节 第一代外来务工人员城市留置的养老保险权益不能
被制度性剥夺 ·· 231
第六节 谨防延迟退休年龄制度成为社会发展的另一个风险源 ··· 250
第七节 "以房养老"的政策选择挑战传统实施难度大 ·········· 266

第七章 医疗保险的风险研判与危机处置 ······················· 276
第一节 药品食品及生态安全问题加大了人们的心理担忧 ······ 276
第二节 医疗保险体系建设存在制度风险 ···················· 281
第三节 医疗服务管理及经办管理的品质内涵难以满足社会需要 ···· 285
第四节 降低制度风险和健全医保体系要知难而上 ············ 293

第八章 就业问题的风险研判与危机处置 ······················· 311
第一节 青年失业率居高不下导致暴力冲突不断升级 ·········· 311
第二节 就业是最大的民生问题，教育公平与就业公平不可忽视 ···· 314
第三节 "2030"人员普存心理危机，在就业竞争中处于劣势 ···· 317
第四节 延迟退休年龄的国际趋势与影响青年就业引发的矛盾 ···· 323
第五节 计划生育政策与人口老龄化对青年就业的影响 ········ 330
第六节 奥肯定律不适宜中国国情，就业增长应置于更重要的
地位 ·· 334

第九章 新生代外来务工人员生存和市民化状况危及城市公共安全………339

第一节 新生代外来务工人员生存状况整体勘忧 ………339

第二节 新生代外来务工人员市民化意愿调查 ………346

第三节 新生代外来务工人员犯罪状况对公共安全的影响分析 ………371

第十章 基于社保风险管理和社会稳定的弱势群体司法救助………386

第一节 司法救助属于社会救助的重要内容，其底线是对生存权
的救助………386

第二节 对弱势者实施司法救助是"民富"目标的重要内容 ………389

第三节 司法救助还有极大的努力空间 ………392

第四节 提升中国司法救助的深度与广度 ………395

第十一章 释散社会保障运行风险………400

第一节 明确中央与地方社会保障的责任边界，消除利益隔阂 ………400

第二节 合理处置社会保障领域中政府与市场的关系 ………407

第三节 动态把握政府在社会保障职能中的角色定位 ………411

第四节 明晰社会保障产权与建立社会保障的责任政府 ………418

第五节 建立社会保障的应急机制 ………423

第十二章 社会保障管理中的舆情应对………429

第一节 主流与非主流媒体对社会保障的关注度越来越高 ………429

第二节 网络舆情对社会保障政策与管理的影响分析 ………435

第三节 社会保障舆情应对 ………442

附录：国家自然灾害救助应急预案………450
（2011 年 10 月 16 日修订）

参考文献………467

前　言

目前，我国正处在社会转型与体制转轨、机遇与风险并存的社会高风险期，加上各种自然灾害与人为事故纠结在一起，在社会急速变化的过程中，各类公共危机问题被迅速地集中和放大，蕴含着不可忽视的各类风险。金融、环境、信息、流行疾病、民族分裂主义、自然灾害等诸多非传统安全因素已经成为威胁国家安全的组成部分，这些非传统安全危机深刻地考验着中国政府的执政能力。面对非传统安全危机，加强执政能力建设，趋利避害、化解风险，已成为中国政府长期面临的重要课题。从2006年1月国务院颁布《国家突发公共事件总体应急预案》起，就意味着战略性地应对公共危机已擢升至国家高度。

我国每年因自然灾害、事故灾难、公共卫生和社会安全等突发事件造成的损失是巨大的，据统计，每年突发事件引起的非正常死亡人数超过20万，伤残人数超过200万，经济损失超过6000亿元人民币。传统理论认为，社会保障是社会的稳定器和减压阀，是用于缓和社会矛盾和消减市场经济运行失衡的工具。然而，在现代社会，社会保障已经不是可独立运行的稳定器和减压阀，而是与政治、经济、社会的关系越来越密切，能源安全、环境安全、生态安全、金融安全、网络安全、信息安全、卫生安全、文化安全等涉及社会生活的多个领域，具有隐蔽性、危险性、突发性和非确定性的特点。各种自然灾害、事故灾难、公共卫生事件、社会安全事件等频频发生，往往使国家遭受严重损失。这些社会风险与公共安全问题对社会保障的渗透和影响在不断加深，而社会保障自身的政策风险与制度风险也在持续释散，引发一些新的社会矛盾。

进入 21 世纪以来，研究社会转型期各类重大的突发公共事件和社会经济风险与自然条件状态下的各种自然灾害及次生灾害所带来的应急管理问题，提高突发公共事件应急管理能力，成为政府不可回避且具有刻不容缓的意义的现实课题。中国改革发展进入关键阶段，各种利益关系错综复杂，国家安全面临的形势更加复杂严峻，维护社会稳定的任务更加艰巨。目前庞大的公共安全经费支出与社会保障支出，成为维护中国社会稳定与公共安全的双刃剑，对当前国际金融危机造成的重大影响和可能引发的各类突发公共事件，我们要有充分的准备。多管齐下，同时做好社会安全与社会保障工作，共同维系中国社会的健康发展，实现国人的社保梦。

中国国家主席习近平在 2014 年 2 月 8 日接受俄罗斯电视台专访时表示，中国改革已进入深水区，可以说，容易的、皆大欢喜的改革已经完成了，好吃的肉都吃掉了，剩下的都是难啃的硬骨头……改革再难也要向前推进，要把改革推向前进，必须加强顶层设计。中国的社会保障已基本实现了制度内全覆盖，也可谓皆大欢喜的改革，但是，中国社会保障制度设计同样带来了不少制度隐患与利益摩擦，做好顶层设计的困扰因素众多，需要决策者具有高度的政治智慧与社会理性。

本书完稿之前，由我主笔的《常态与非常态风险视域的应急管理》（知识产权出版社 2012 年版，70 万字）与本书均为"社会保障与公共危机管理研究"课题的研究成果。

本书较为系统地阐述了公共危机与社会保障的关系及相互影响，由于时间有限，统计数据的搜集十分困难，社会保障政策变化调整使本书的写作可能又与政策的某些变化不符，加之作者研究水平有限，书中有些错误难免，敬请专家与读者提出宝贵的意见。十分感谢我的恩师邓大松教授及武汉大学社会保障研究中心给我提供的研究机会，我将继续努力，为中国社会保障改革尽献绵薄之力。

林毓铭

2016 年 1 月于广州

第一章
社会保障与公共危机的研究现状

改革开放三十多年来，在经济新常态状况下，工业化进程加快，产业结构深度调整，社会结构和利益格局发生变化，城乡间、不同职业群体间保障待遇攀比现象突出，公众利益均等化、多元化诉求强烈。在社会急速变化的过程中，各类社会问题被迅速地集中和放大，蕴含着巨大的政治、经济与社会风险，中国正处于社会转型与体制转轨、机遇与风险并存的社会高风险期，给社会保障带来的影响不断加深，政府社会保障管理的难度也在不断扩大。如金融危机引发的群体型失业、拖欠外来务工人员工资而引发的突发型暴力事件、重大经济事件或重大社会变故引发的社会保障失灵、通货膨胀引发的养老金贬值、公共卫生事件引发的社会救济基金配置失衡等问题。在社会保障的常态与非常态管理中要贯穿风险意识、忧患意识、可持续发展意识，探讨应对各种社会经济风险、自然灾害下的社会保障功能与政府职能问题，建立有强大财力支持的社会保障公共危机管理建设平台，促进社会保障事业可持续发展。

第一节　公共危机使中国社会保障风险呈上升态势

党的十七大提出了"到 2020 年基本建立覆盖城乡居民的社会保障体系"的国家发展战略目标。人人享有社会保障成为党和政府对人民庄严的政治承诺。近几年来，社会保障的覆盖面越来越大，对社会稳定的贡献率也越来越大。但我们也要看到，当前社会矛盾十分复杂，各种各样的群体性事件或突发事件不断发生，削弱或对冲了社会保障对社会稳定功能的发挥，导致维稳成本居高不下，各种自然灾害、事故灾难、公共卫生事件、社会安全事件直接或间接地加大了社会保障成本。在社会保障制度全覆盖推进速度加快的背景下，各种经济与社会风险频发，社会保障内部与外在风险呈放大趋势，各种突发事件对社会保障的负面影响与成本驱动正在扩大。社会保障制度改革取得成效的同时，还存在制度不完善、覆盖面窄、统筹层次低、整体待遇水平不高和待遇倒挂、服务能力不足等问题，群众的社会保障需求与社会保障发展不足的矛盾将长期存在。站在新的历史起点，社会保障体系建设面临诸多新要求和新挑战。在刚性推动下，社会保障全覆盖可持续发展，必须辅之以建立社会保险风险管理矩阵，运用公共危机管理理论与方法，对社会保障风险进行积极的风险防范、管理与控制，作出不同阶段的应对策略。从 2006 年 1 月国务院颁布《国家突发公共事件总体应急预案》起，就意味着战略性地应对公共危机已被擢升至国家高度。社会经济与政治领域的各类公共危机或突发事件，无一不与社会保障发生密切的关联，加强与完善社会保障公共危机管理的理念，建立社会保障危机管理体制，迫在眉睫。无论是从完善社会保障公共危机管理理论还从根本上减少或防止社会保障实质性风险，均有重大的研究意义与实践价值。

公共危机管理是社会保障常规性风险管理的重要内容，社会保障责任的不明晰，表现在中央政府与地方政府之间、部门与部门之间、政府与企业之间缺乏风险成本分担的法律框架，一些应急性开支没有明确的支付账目。各级政府的财权和事权不统一，一些社会保障公共服务项目是中央政府请客，地方政府买单，一定程度上造成地方政府财政赤字。在发生公共风险的情况下，更容易造成"风险大锅饭"。如何分担中央与地方政府各自的风险成本，例如失业成本的分摊、养老保险隐性债务的弥补、特大自然灾害成本的分摊等、制度性腐败成本与骗保成本、政府失败成本等，各级政府谁也不知道在公共危机状态下自己应该承担多大的风险成本。在这些问题不明确的情况下，各个行为主体就会行动迟缓，相互观望。不仅化解公共危机的效率会大大降低，甚至延长危机状态，而且将会使中央财政在公共危机中陷入被动。对社会保障风险的防范旨在使风险成本最小化从而实现社会保障资源价值最大化。中国在应对人口老龄化与高龄化危机带来的社会保障基金短缺风险时，还要谨防通货膨胀带来的养老金与医疗支付额高于预期，尤其需要做好基金储备与制度安排，尽可能做大"基金馅饼"，在社会保障资源总量及其如何分配之间找到适当的动态平衡。

对社会保障的危机管理在管理层次上高于日常管理，是管理的最高层次。社会保障财政危机管理要服从于建设小康社会与和谐社会的发展需要，必须与整个国民经济和社会发展规划结合起来，也必须与国家、地区和部门的危机管理体系相适应。在社会保障公共风险防范中，失业问题借助于公共财政与劳动社会保障部门共同应对；重大自然灾害通过年度财政预算由民政部门实行常规管理与公共危机管理，并辅之以动态调控机制；养老金的社会化发放有"两个确保"政策作背景，近几年已走上了正常发展的轨道，未来应对人口老龄化的养老金支付危机，需要政府作出长期的预算安排与风险防范；社会保障政策不当引发的危机需要进行政策调整，以符合国民心态与现实诉求；医疗保险与公共卫生问题涉及最复杂的社会层面，具有公共危机普遍存在性、较强的突发性与扩散性、高频发性以及社会影响力大等特点，不确定性因素复杂，需要作出特别的应急预案。生存保障是社会稳定的逻辑起点，这是社会管理和社会伦理价值判断的共同结果，如四川大地震引发的各种次生灾害对灾民的基本生存的影响尤其如此，社会保障系统选择反映民生生存状况的硬性指标来综合考量社会保障财政危机管理配套能力。

从1993年以来，从政府角度出发，较多地从社会稳定与公共安全角度考虑，整个社会保障制度建设具有明显的应急特征，突出地表现为头痛医头、脚痛医脚，从"三三制"的出台到"两个确保"再到"三条保障线"向"两条保障线"转轨并制，几乎成为整个社会保障制度建设的主线和中央对社会保障宏观调控的主体内容，科学决策手段单一，社会保障体系建设的整体推进步伐参差不齐。

社会保障需要的是常态型的风险管理，如果忽视常态管理，一旦矛盾堆积，就有可能酿成重大的突发事件，如1998年全国拖欠养老金达到500多亿元，造成了大量的请愿、围堵政府大门现象，倒逼机制促使政府出台"两个确保"政策。社会保障的应急色彩不利于社会保障体系的构建。重视常态管理，强化风险意识，这是未来社会保障管理的方向。

按照风险管理或公共危机管理的要求，政府要将社会保障可能面临的各种风险、威胁、危险进行管理。社会保障风险管理工作主要包括三个方面：风险评估——存在什么样的风险、威胁或危险，它们来自何处；风险评价——各种风险、威胁和危险的大小、发生频率与可能性对社会保障的影响有多大，据此排出优先级；风险管理——如何管理各种风险产生的根源，如何在问题出现以前就确定原因解决问题，以消除社会隐患。

国家在社会保障可持续发展中负有不可推卸的责任。社会保障不等同于国家保障，但国家在社会经济发展过程中负有维系市场的社会保障责任，国家责任不明确，社会保障制度就无从建立，无法实现社会保障的可持续发展。国家责任要明晰，但并不是担纲无限责任，国家是社会保险的最后出资人，但需要以社会保险的设计与制度承载为首要前提，并需要国家之外的社会组织与个人来共同承担社会保障的发展重任。超出国家经济所承受的能力而不切实际地认为国家要为社会保障支出全额埋单，最终会导致社会保障制度的崩溃。

从以上的分析中可以看出，社会保障风险正呈放大趋势，建立社会保险风险管理矩阵，运用公共危机管理理论与方法，对社会保障风险进行积极的风险防范、管理与控制，是政府面临的重大任务，不论是从完善社会保障公共危机管理理论，还是从根本上减少或防止社会保障实质性风险，均有重大的研究价值与实践价值。

就社会保障而言，发生公共风险的主要领域：一是产业结构调整引起的群体性失业，那些在劳动力市场上缺少竞争力的人群，会逐渐被沉淀到社会的底层，形成城市贫困人口，需要失业保险政策和最低生活保险制度与之相对应，加之于就业指导与就业培训。目前外来务工人员与大学生这两大群体的就业问题与失业问题存在非常复杂的社会动因，更需要相应的社会保障政策提供防范机制。二是重大的自然灾害，如汶川地震除了造成大量灾民正常的劳动与生活中断、需要社会救济提供物质帮助外，需要安置就业人数达到数百万人。三是养老金的社会化发放，一旦遭遇养老金支付危机，需要政府充当兜底者的角色，坚持确保养老金足额按时发放不动摇。四是政策性引发的危机，如外来务工人员群体性退保问题，虽然这还没有酿成重大的社会事件，但是这对外来务工人员的所谓关怀与政府社会保障的诚信蒙上了阴影。五是公共医疗问题、公共卫生问题的预防性尤其需要提前作出应急预案。六是各种劳资纠纷和由劳动条件引发的欠薪、社保缺位、职业病危害等，都可能酿成对社会保障直接与间接成本的递增。

第二节　公共危机触及社会保障的学术研究

一、国外学术发展动态

近几年来，全球范围内各类突发事件频繁发生，带来了巨大的灾难。公共危机对社会保障的影响也越来越大，社会保障作为国家为解决其社会成员可能遭遇的各种自然风险（年老、疾病、生育等）与社会风险（工伤、失业等）而采取的规避、补救措施，其保障能力本身也面临着很大的不确定性。国外学界对公共危机的预防预警及社会保障研究主要立足于对突发性群体事件的研究，从属于意义更为广泛的"危机管理研究"范畴。这期间涌现出的主要代表人物有 H. 艾斯克坦等人，成果显著，比较有代表性的著作有：赫尔曼的《国际危机》、艾里森的《决策本质》、戴恩斯的《灾难中的组织行为》、科塞的《社会冲突的功能》等。

1. 对公共危机预防预警的认知与内涵的研究

应对各类突发事件，奥古斯丁将预防预警划分为公共危机的避免、公共危机管理的准备、公共危机的确认、公共危机的控制、公共危机的解决、从危机中获利六个阶段；米特罗夫和皮尔森则将预防预警划分为信号侦测、准备与预防、损失控制、恢复与学习四个阶段；罗伯特·希斯的 4R 模式将公共危机管理确定为缩减、预备、反应、恢复四个层次。威廉·沃认为公共危机管理就是对风险进行预警管理，以使社会能够与环境或技术危险要素共存，并应对环境、技术危险要素所导致的灾害。上述学者的共同点是依据层次递进的公共危机管理范式实施阶段型预防预警管理，关注各种突发事件的起因、发展与结果处置，从预防预警中总结教训，减少公共危机损失与加强纠错功能，构建社会保障救助体系。

McKinnon，R 提出西方以生命周期风险理论为中心建立的全球社会保障体系标准对于发展中国家在很大程度上是不适合的。因为国际劳工组织定义的社会保障标准是基于正规市场上人们的财务贡献程度，即减轻的是正规市场上人们的风险，但这样的标准就将非正规劳动力市场上的风险排除在外，不能解决非正规市场上的风险，因此建立在生命周期风险理论上的发展中国家的社会保障存在着严重的风险，对其国家的适用性也较低。[①] 由此，世界银行也开始尝试着重新定义社会保障和社会风险管理。

2. 应对突发事件和群体性事件的体制构架与应急机制

突发事件往往具有明显的叠加性和链状特征，戴恩斯在《灾难中的组织行为》中阐述了灾害管理的组织与体制框架；科泽尔的《社会冲突的功能》和格尔的《人们为什么叛乱》，对各种宏观政治体制进行比较，强调政府实施社会稳定的功能与重要性。格尔与赫伯特的综合分析模型则将社会经济发展、政治发展失衡、社会变迁与社会结构失衡等融为一体，要求政府及其他公共机构在突发公共事件的事前预防、事发应对、事中处置和善后管理过程中，通过建立必要的应急预警机制，保障公众生命财产安全。社会保障要在应对各类公共危机中发挥其核心作用。

波普尔在《开放社会及其敌人》一书中提出，极权国家的执政者最害怕的就是开放，不管开放会带来什么样的结果。一方面，执政者希望通过开放给社会与经济带来活力与繁荣；另一方面，他们又希望社会处于一种稳定的状态，这就导致了极权或者维权国家的领导人采取了一种"温和的压制性"的协调策略来改善开放与稳定之间的矛盾。以中东北非危机为例，美国外交关系委员会主席哈斯指出：无政府状态、内战、无情的警察国家、教派主义以及严苛的伊斯兰统治，都是取代近些年来统治中东的那类威权政权的潜在选项。这些选项全都有实现的可能，但哪个都不太可能给中东带来更大的自由。例如，北非及中东领导者的政治独裁与开放的博弈最终迫使民众抛弃对极权统治的恐惧，勇敢地走上街头，用自己的声音表达合法的政治权利与经济利益诉求。

3. 危机管理的保障体系中，社会保障是一种不可或缺的社会制度和维稳工具

全球知名危机管理专家史蒂文·芬克探讨了如何预防危机、隔离危机

---

① McKinnon，R，"Social risk management and the World Bank：resetting the 'standards' for social security?"，*Journal of Risk Research*，2001（3）：pp.297-314.

和管理危机的办法，其中不乏建立多重保障体系的真知灼见。国际劳工大会的《重大工业事故公约》，美国环保署的《公共危机管理技术指南》等，都对各种灾难和应急事件以及救助机制提出了系统化的公共危机管理对策。例如，美国联邦公共危机管理署（FEMA）的管理职能定型为：领导和支持全国范围内抵抗风险的公共危机管理综合程序，通过实施减灾、准备、响应和恢复四项业务，减少生命财产损失，维护社会稳定；持续地形成和完善一个清晰的基础架构，支持全面、全程、主动式的风险管理。社会保障覆盖面的扩大，一方面有助于减弱公共危机带来的损失，另一方面可以维护社会的稳定。

从20世纪70年代石油危机引发社会福利国家缩减社会福利到90年代由全民社会福利转化为有选择性的社会福利，彰显了经济危机对社会福利的发展存在强大的抑制作用。欧美国家近年来面临的低经济增长率，高失业率及低人口出生率与高期望寿命、贫富分化加剧等问题直接导致了对社保制度的重新定位。从理论研究看，社会风险会直接侵袭到社保制度，叶海尔·德罗尔认为：危机越是普遍或致命，有的危机就越显得关键，危机中作出的决策非常重要，而且大多数不可逆转。① 罗森塔尔等人根据公共危机的特征，认为公共危机是对一个社会系统的基本价值和行为准则构架产生严重威胁并且在时间压力和不确定性极高的情况下必须对其作出关键决策的事件。② 对公共危机这样的非常事态，以政府为核心的公共管理系统必须迅速作出决策回应以解危纾难。社会保障要在应对各类公共危机中发挥其核心作用。正如哈特利·迪安所言：福利国家的机构需要有程序地去管理它所要应对的风险，同时，必须调整国家的使命或角色，国家的作用是在一定程度上降低风险，并且使人们有能力自我管理风险。③

4. 立足于养老公共危机问题，提出多支柱的体系框架

有学者提出：养老保险基金风险管理已成为政府的一项政策挑战，虽然已经尝试了诸多改革，但制度风险和资本市场风险依旧没有克服，这些风险

---

① 参见 [以] 叶海卡·德洛尔：《逆境中的政策制定》，国家行政学院出版社2012年版。

② 参见黄健荣、胡建刚：《公共危机治理中政府决策能力的反思与前瞻》，《南京社会科学》2012年第3期。

③ 参见 [英] 哈特利·迪安：《社会政策学十讲》，格致出版社、上海人民出版社2009年版。

是养老保险改革是否成功的关键。当前中国不仅应该关注制度体系的完善和资本市场的建设，同时应提高公民的风险意识。①1994 年，世界银行出版了《防止老龄危机——保护老年人及促进增长的政策》，提出了三支柱理念：第一支柱是指强制性的、非积累制的待遇确定型制度；第二支柱是指强制性的积累制缴费确定型企业年金养老计划；第三支柱是指自愿性养老计划。2005年，世界银行出版了《21 世纪的老年收入保障——养老金制度改革国际比较》又称：日益增大的人口和经济压力，正在迫使着发展中国家和发达国家迅速实施养老金改革，但是由于全球劳动力中妇女人数增加、离婚率升高、全球经济中就业方式的改变、预算赤字的增大以及老龄人口的增多，都使养老金改革势在必行。这份报告，为帮助各国解决养老金问题提供了一个共同框架，建议实现养老金体系多样化，既融合维持最低生活标准的公共部分，又包含私人管理和私人筹资的部分，同时强调养老金改革与促进经济成长和发展的内在联系。书中称：面临当前人口和经济上的重大变化，以前设计的大多数公共养老金方案今后将无法达到目前的福利水准。因此，如果要维持现有体系，就必须削减卫生保健和教育方面的公共支出，或大幅削减下一代老年人的养老金。

罗伯特·霍尔茨曼、杜鲁门·帕克德和约斯·奎斯塔在《扩大多支柱养老金制度的覆盖范围：约束和假设、初步证据和未来研究的领域》中提出：世界银行建议建立多支柱养老金体制，以便为劳动人口提供充足的养老金，并且缓解退休收入支持的经济、人口和政治的风险。世界银行认为：多重支柱的设计方案是养老金改革的最佳方案，因为这一方案更具灵活性，能更好地解决不同养老金体制面对的不同风险。人口老龄化、高龄化，一方面源于医疗水平和生活质量的提高，人口预期寿命普遍延长；另一方面，由于大多数国家的生育率呈下降趋势，婴儿出生率低于死亡率，导致全球人口结构趋于老化。老龄化与高龄化加重了社会负担，也使各国的养老保险系统和医疗保险系统均面临困境，老有所养、老有所医已成为各国极为关注的现实问题。日本 2006 年度厚生年金和国民年金累计达到了 149，1 兆円、到

---

① 参见 Qian, X. Y. Zhu, C. L.；"Risk control of pension fund management in China", *China & World Economy* 2007 (6)：37-52。

了 2011 年年末竟然减少到 112，9 兆円。本来根据政府预测国民年金等积金到 2035 年每年要递增，5 年间却减少了 30 兆円以上。日本学习院大学的铃木亘教授运用 OSU 的数理计算模式得出的结论是：日本厚生年金的积金到 2033 年、国民年金的积金到 2037 年就将枯竭殆尽。

爱尔兰、葡萄牙、希腊、意大利由养老金问题引发债务危机——欧债危机，压垮四国总理。中国社科院世界社保研究中心主任郑秉文说认为："如果说欧债危机是压垮四国总理的最后一根稻草，养老金就是引发债务危机的最后一个诱因。"[①] 人口老龄化与高龄化，使世界各国养老保险、医疗保险均面临着财务的可持续风险，中国同样存在养老债务危机的极大可能性，建立多支柱的养老保险体系与医疗保险体系，以规避养老保险危机和医疗费用支出的危机才是上策。

5. 人口增长、代际关系与经济可持续发展的研究旨在降低财政风险

可持续发展表现为生态可持续、经济可持续与社会可持续三个特征。社会保障制度是集人口、经济与社会为一体的综合制度，也是一个需要长期规划与发展的制度。在当今社会保障理论多元化发展的过程中，经济增长学派和未来学派从不同角度分析了社会保障与可持续发展三个特征之间的相互关系。客观地说，社会保障制度可持续发展对于实现人口、经济、资源、环境与社会的发展可起到一定的调节作用，这是当代学界对社会保障功能的再认识。如阿伦条件的提出，讨论了小型开放经济条件下代际间帕累托资源最优配置问题，研究了人口增长与工资增长及利率增量之间的关系；斯普里曼利用无限的交叠世代模型得出结论认为：现在的一代人没有义务为将来各代人的养老金而积累财富；而对基金制来说，勒纳模型对代际转移的养老保险也可以带来启示，下一代人养上一代人，最终可能使下一代人增加债务负担。

奥尼尔提出，可持续发展就是在环境允许的范围内，现在和将来给社会上所有的人提供充足的生活保障。2001 年经济与合作发展组织出版的 *The Well-being of Nations——The Role of Human and Social Capital* 一书，研究了

---

① 雷雨：《中国养老金空账约 1.7 万亿　养老金困境呼吁变革》，中国金融网，2012 年 3 月 20 日。

社会资本与人力资本的关系，提出了福利可持续发展问题。上述社会保障可持续性研究正如布伦特兰（Brundtiand）所警示：既要满足当代人的基本需求与社会稳定，又不危及后代人满足其需要的能力的发展。世界银行学者提出的多支柱模式，威林斯基和莱博克斯基提出的补缺模式，德国学者提出的制度模式，20 世纪 70 年代以来西方国家出现的由社会保障危机而引发的社会保障水平超度与支出刚性的讨论，第三条道路关于社会保障的政策主张等等，均包含了预防社会保障尤其是养老保险财政危机的理论思想。

6. 集体行为可引发为群体性事件、取决于情绪失控与心理失衡

在数十年的研究过程中，西方学者对集体行动的研究主要根植于他们丰富的社会运动理论研究传统，定位于集体行为和社会运动研究领域的理论视角。

其一，聚众失控理论。法国社会心理学家勒庞·古斯塔夫在其著作《乌合之众——大众心理研究》中指出：在集群状态下，个人放弃独立批判的思考能力，让集体的精神代替自己的选择，进而放弃了责任意识乃至各种约束，最有理性的人也会像动物一样行动。集群的特征表现为自觉的个性已经消失，无意识的人格占据主导地位，他们的情感和思想观念全都朝着同一个方向，形成了一种集体心理，并具有将暗示的观念立即转变为行动的倾向。当个体聚集成一个群体时，就会产生一种降低个体智力水平的机制并发生作用。在勒庞看来，在集群中个人的理性思考和自我控制减弱甚至消失，个体很容易受群体心理和行为的感染，从而丧失理性、行为失控，卷入非理性的狂乱之中，甚至从事具有很大破坏性的活动。[①]

其二，相对剥夺感理论。英国社会学家泰德·罗伯特·格尔在《人们为什么造反》一书中，提出了"相对剥夺感"（relative deprivation）的概念，认为：每个个体都存在某种价值预期，而社会存在某种价值能力，当社会变迁造成社会的价值能力低于个体的价值预期时，人们随之产生相对剥夺感。相对剥夺感越大，人们造反的可能性就越大，造反行为的破坏性也就越强。

① 参见 [法] 古斯塔夫·勒庞：《乌合之众——大众心理研究》，冯克利译，中央编译出版社 2005 年版。

格尔将相对剥夺感分为"递减型相对剥夺感"、"欲望型相对剥夺感"和"发展型相对剥夺感"三个类型。①

其三，价值累加理论。美国社会学家斯梅尔塞借鉴经济学中描述产品价值增值的术语，提出了一个解释集体行为的社会学理论——"价值累加理论"。他认为，集体行为本质上是人们在受到剥夺、威胁、恐惧等压力的情况下，为了改变自身的处境而进行的努力。所有集体行动、社会运动甚至革命的发生是在六个"必要且充分"的基本条件相互作用的结果：环境结构条件、结构性紧张、一般化信念、触发因素、行为动员、社会控制能力。斯梅尔塞认为，这些因素自上而下形成的程度越强，发生集体行为的可能性就越大，如果六个因素都具备的话集体行动就必然发生。②

其四，资源动员理论。这一理论最早起源于美国经济学家曼瑟尔·奥尔森，后经多名学者不断完善而成。基本观点为：可以把社会上存在的挫折感、压迫感和剥夺感看作一个常量，决定社会运动消长的重要因素是社会组织在社会中所能动用的资源数量，所能利用的政治资源和机会越多，社会运动发生的可能性和规模越大。这一理论认为，社会运动参与者必须有效地运用其既有的有限资源，并努力争取外部资源的支持。资源动员理论所说的"资源"，既包括有形的金钱、设施和成员，也包括无形的意识形态、领袖气质、合法性支持等。能否有效占有、调动和运用这些内外资源对社会运动的成败起着决定性的作用。③

其五，动员模型。美国哲学家梯利（C.Tilly）将集体行动置于历史社会学的视野下予以考察，认为一个成功的集体行动是由以下因素决定的：行动参与者的利益驱动、行动参与者的组织能力、集体行动的动员能力、个体加入集体行动的阻碍或推动因素、政治机会或威胁、群体所具有的力量，它们通过一定的组合对集体行为的形成和发展产生影响。由于该模型的核心是集体行动的动员，因此这一理论被称为"动员模型"④。该模型区分了两类人：

① Ted Robert Gurr, *Why Men Rebel. Princeton*, University Press. 1970.

② Smelser, Neil J., *Theory of Collective Behavior*, Free Press of Glencoe, 1962.

③ 参见朱力、韩勇、乔晓征等：《我国重大突发事件解析》，南京大学出版社2009年版，第42—43页。

④ Tilly Charles：*From Mobilization to Revolution*，New York：Random House.1978.

政体内成员和政体外成员。政体内成员包括政府和一般成员。一般成员可以通过常规的、低成本的渠道对政府决策施加影响，而政体外成员则缺乏这样的能力。因此，政体外成员要么想办法进入政体，要么设法改革政体将自己融入进去，要么努力去打破这一政体，从而形成了社会运动或革命。

二、国内学术发展动态

在目前，我国各类非常规突发事件仍旧呈高发状态，倒逼机制促使国内学界加强了对公共危机管理较为系统的研究，主要围绕以下几个方面展开：

其一，从对国外政治危机的研究转向对国内公共危机的研究，研究视野不断扩大。中国在 20 世纪初开始对现代政治学展开研究，其中包括对政治危机的研究。直到 2001 年美国"9·11"事件、2003 年中国"非典"事件后，中国才真正开始展开现代危机管理理论的研究。最初开展的研究始于政治方面，尤其是国际政治方面。潘光主编的《当代外国际危机研究》一书堪称为中国第一部有关危机的学术专著；胡平的《国际冲突分析与危机管理研究》一书比较系统地阐述了有关危机的理论；朱明权著的《美国国家安全政策》、李德福著的《千钧一发发：古巴导弹危机纪实》等，这些著作的研究领域均停留在国际政治方面。1998 年，中国人民大学许文惠、张成福教授主编的《危机状态下的政府管理》一书，使中国关于危机管理的研究有明显的转变，这是中国第一本比较系统地研究公共危机管理的著作，标志着中国危机管理从主要对国际危机尤其是国外政治危机的研究转向对国内危机的研究。随着一些课题的相继出现，中国危机管理研究的步伐才得以推进。2003 年"非典"之后，中国危机管理研究集中到公共卫生与健康、社会保障与弱势群体保护、政府问责机制建设与公共服务等领域。清华大学公共管理学院薛澜教授于 2003 年主持完成了"危机管理——转型期中国面临的挑战"课题，提出了中国处在一个危机频发的重要阶段，勾勒出中国现代化危机管理体系的基本框架，为促进公共治理结构的顺利转型和社会的协调发展提供了可资借鉴的模式。

其二，强化预防预警的功能定位。唐钧认为：公共危机预防预警管理通常包括提升国家危机管理能力、降低生命和财产损失、将痛苦和破坏降到最低点、成立国家门户网站、提供信息服务五项职能。① 洪大用认为：政府"公共管理机构通过建立必要的危机应对机制，采取一系列必要措施，以防范化解危机、恢复社会秩序、维护社会稳定、促进社会和谐"②。李经中依据公共危机管理的不同阶段提出：政府要通过监测、预警、预控、应急处理、评估、恢复等措施，防止可能发生的危机，达到减轻损失、以保护公民的人身权和财产权，维护国家安全。③ 上述观点一致要求政府要"最大限度地降低人类社会悲剧的发生机率或者减少危机带来的损失"，政府责任重于泰山。

其三，公共危机管理方法论与技术组织机制。范维澄院士指出应急管理涉及人、物及系统三个不同层次管理对象，提出了灾害多阶段持续业务管理思想。如果用一段文字来概括，公共安全的三角形模型可以这样表述：研究突发事件的孕育、发生、发展到突变的演化规律及其产生的能量、物质和信息等风险作用的类型、强度及其随时间和空间的变化。④ 童星教授引入熵及其研究方法得出结论为：之所以小小的初发事件会引起大大的公共危机，是因为社会系统中的熵即无序性已经增大到了临近极限的程度。因此信息的传播与扩散既可能减少不确定性、无序性，从而带来熵减效应，防止社会风险转化为公共危机。⑤ 徐伟新就公共危机管理技术组织机制提出的危机管理组织体系应包括中枢指挥系统、支援和保障系统以及信息管理系统。

其公共危机管理的技术组织机制与决策保障机制的研究徐伟新就公共危机管理技术组织机制提出：危机管理组织体系应包括中枢指挥系统、支援和保障系统以及信息管理系统。郑秉文在 2012 年 11 月 24 日深圳第十届中国改革论坛提出：如果没有一个完整、精确的一揽子顶层设计，社保改革将出现许多反复，甚至出现倒退，进而有可能引发社会问题。

---

① 参见唐钧：《公共危机管理：国际动态与建设经验》，《新视野》2003 年第 6 期。
② 洪大用：《中国转型期的公共危机与危机管理》，《南方日报》2008 年 1 月 8 日。
③ 参见李经中：《政府危机管理》，中国城市出版社 2003 年版。
④ 参见范维澄：《构建公共安全科技三维体系》，中国科协年会开幕式大会报告，2011 年 9 月 22 日。
⑤ 参见童星：《中国转型期的社会风险与识别——理论探讨与困难研究》，南京大学出版社 2009 年版。

借鉴国外理论与经验，中国各级政府的公共危机管理组织机构已经基本建立，预案体系已经初显雏形、公共危机管理相关的立法和责任追究配套制度的制定工作也在走向深入，但持续出现的突发事件在持续考验着各级政府危机管理意识和能力，公共危机管理的理论研究还比较滞后，具体应急措施还比较被动。本书围绕政府公共危机管理决策层次、技术管理层次、社会动员与响应机制等层次展开研究，重视事前、事中、事后三阶段常态化的预防与预警问题，对于建立应对突发事件的预防预警机制和应急保障体系，具有重大的研究意义。

其四，养老保险可持续发展与预防养老支付危机。社会保障的主要财政问题体现在养老保险和医疗保险两大项目上，社会保障能否可持续发展，关键是养老保险能否可持续发展。国内对社会保障制度可持续发展的研究，已处于初始阶段，如穆怀中教授研究的社会保障水平适度与超度理论，包含了建立社会保障运行预警系统、评价社会保障体系运行状况、预测社会保障未来趋势、避免出现社会保障财务危机、保证社会保障体系良性运行及社会经济可持续发展的思想理念。《中国百姓蓝皮书　新型社会保障制度逐步完善》一文提出：新型社会保障制度要有经济上的可持续性。洪银兴提出，实现经济与社会可持续发展，要建立一套可持续发展的社会保障体系。借鉴国际上财政风险管理的经验，有学者认为，社会保障支出中表现的直接显性负债、直接隐性负债、或有隐性负债，都会转化为财政风险。因此，要建立社会保障可持续发展的财政机制。还有的学者提出，要变财政对社会保障支出的无限责任为有限责任，主张建立社会保障基金自主相对平衡机制。围绕中国全面建设小康社会相应的社会保障体系而言，国外与国内的研究还局限于社会保障发展与社会、经济发展关系的横向研究层面，国家体改委高书生提出建设"低门槛、开放式与可持续的社会保障计划"等，说明学界与业务管理部门已开始重视社会保障的系统研究，对社会保障制度可持续发展与如何规避财政危机的探索正在进入重要的议程。王全兴等认为：财政是社会保障活动的财力总后台和根本支柱，一方面，财政自身收支不平衡引发的财政支付风险可能导致社会保障制度风险，致使社会保障体系因缺乏必要的资金无法进行必要的保障给付，社会保障的功能无法实现并引发社会不安定。另一方面，社会保障由于自身内部与外部不确定性，如基金收缴不利、基金投资损失等导致的收支缺口引发的制度无法正常运行并由此导致贫困加剧、社会不安定或者群体性事件等问题，最终也会转化成财政责任，由此可能引发财政风险。

其五，群体性事件频发，渗透到社会保障各个领域。在研究社会冲突和中国农民对拆迁、失地等维权运动时，于建嵘教授提出了"压迫性反应"的概念，认为奥尔森的"选择性激励"理论不能完全解释当代中国农民维权抗争的经验事实，中国农民所进行的维权抗争主要不是根据"集团"内部"奖罚分明"所进行的"选择"，而是对"集团"外部"压迫"的反应，"基层政府及官员的压迫是农民走向集体行动最为主要的动力"①。这一解释整体上契合了 20 世纪 90 年代农民被迫"自力救济"的情形。

刘能教授认为：怨恨变量（怨恨的产生和解释）、动员结构变量（积极分子及其组织力）和潜在参与者的理性算计，是影响集体行为发生概率的核心变量。"其中，怨恨的产生是利益表达和需求保卫的导火索，它既可以是对现行社会问题和社会不公正的关注，也可以是个体或群体正在遭受着的苦难体验，也可以是对某种潜在的社会危机的担忧和关心。而对怨恨进行解释的结果，便是一个集体行动框架的建构：这个框架既界定了问题，又对责任进行了归因，并且指出了行动的必要性，因此成为集体行动的催化剂。"②

美国学者李连江、欧博文在《农村中国的合法抗争》一书中认为：在 20 世纪 90 年代中期，中国许多农村地区出现了一种新型的农民抗争，可以称之为"以政策为依据的抗争（policy-based resistance）"③。依法抗争中，农民在抵制五花八门的"土政策"和有些村委干部的蛮横专断和贪污腐败，维护自身政治权利和经济利益时，引用中央有关政策或法律条文，并经常有组织地向上级政府甚至中央政府施加压力，以促使地方政府遵守并落实相关的中

---

① 参见于建嵘：《集体行动的原动力机制研究——基于 H 县农民维权抗争的考察》，《学海》2006 年第 2 期。

② 参见刘能：《怨恨解释、动员结构和理性选择——有关中国都市地区集体行动发生可能性的分析》，《开放时代》2004 年第 4 期。

③ 参见李连江、欧博文：《当代中国农民的依法抗争》，载吴国光主编：《九七效应》，香港太平洋世纪研究所 1997 年版。

央政策或法律。而于建嵘教授则提出了"以法抗争"①的解释框架，这种抗争是以具有明确政治信仰的农民利益代言人为核心，通过多种方式建立稳定的社会动员网络，抗争者以其他农民为诉求对象，他们认为解决问题的主体是以他们为主导的农民群体，抗争者直接以县乡政府为抗争对象，是一种意在宣示和确立农民群体抽象的"合法权益"或"公民权利"的政治性抗争。

应星教授提出了"草根动员"这一解释框架，他认为中国社会目前基本上不具备社会运动组织化的制度环境，"草根动员"（grassroots mobilization）而非职业化动员，是中国群体利益表达行动的一个基本特征。②草根动员具有表达方式选择的权宜性、组织的双重性、政治的模糊性等特点；草根动员既是一个动员参与的过程，同时也是一个进行理性控制并适时结束集体行动的过程。"草根动员"在一定程度上克服了底层研究范式的碎片化特征，注意到了底层积极分子在农民群体利益表达机制中所发挥的作用。

德国著名社会学家乌尔里希·贝克认为，中国由于正在全面迈向现代化，用三十多年的时间走完西方两三百年现代化的历程，其间社会转型的痛苦、震荡是不可避免的。③借鉴国外公共危机管理理论与经验，中国各级政府的公共危机管理组织机构已经基本建立、预案体系已经初显雏形、公共危机管理相关的立法和责任追究配套制度的制定工作也在走向深入。

第一，截至 2007 年年底，中国已制定各类预案 130 多万件，所有的省一级政府、97.9% 的市一级政府、92.8% 的县一级政府都已经编制了总体应急预案，同时还因地制宜地编制了大量专项及部门的预案，基本上已经建立起"纵向到底，横向到边"、由综合应急预案、专项应急预案和现场处置方案组成。应急预案体系。从预案的覆盖率上而言，已经覆盖了中国绝大部分地区。但是，这些预案的可操作性如何？相关人员对预案的了解程度有多高？面对危机时能发挥的作用有多大？这些问题都还值得我们进一步思考。因此，中国目前应急预案的制订工作应该要由追求数量转变为追求质量，进

---

① 参见于建嵘：《当前农民维权活动的一个解释框架》，《社会学研究》2004 年第 2 期。

② 参见应星：《草根动员与农民群体利益的表达机制——四个个案的比较研究》，《社会学研究》2007 年第 2 期。

③ 参见张海波：《公共安全管理：整合与重构》，三联书店 2012 年版。

一步细化，增强可操作性，以确保其有效性。

第二，各级政府、各部门、各单位还要在平时注重加大对应急计划和预案的演练和培训，以保证在灾难发生时预案能够有效、迅速地实施。但持续出现的突发群体性事件在持续考验着各级政府危机管理意识和能力，公共危机管理的理论研究还比较滞后，具体应急措施还比较被动。本书围绕政府公共危机管理决策层次、技术管理层次、社会动员与响应机制等层次展开研究，重视事前、事中、事后三阶段常态化的预防与预警问题及信息平台建设，对于建立应对突发事件的预防预警机制和应急保障体系，具有重大的研究价值。

第三，面临严重突发事件时，个体处在应激状态，会达到失控、失能的地步，不仅机体免疫系统严重受损，而且整个心理系统也有可能出现严重障碍，心理危机导致了众多风险事故。现阶段中国各类突发事件都逐渐呈现出高强度、高关联性、高复合性的"三高"新特点，因此，各级地方政府以及各部门之间的相互沟通与协作就更为重要。鉴于此，中国要积极推动跨区域公共危机管理合作，逐步建立跨区域的应急联动机制、成本分摊与利益共享机制、激励与约束机制等合作与协调机制，促进突发事件应急响应条件下的跨区域合作。尤其是养老保险账户的可转移问题，就要解决区域协作机制问题。

第四，郑功成教授教授指出：从现在起到 2020 年，如果不能马上立足于中长期发展战略统筹考虑城乡社会保障体系建设问题，人人享有社会保障的承诺就可能成为难以完成的指标，甚至可能因城乡分割、群体分割的固化而造成严重的社会分裂甚至对抗。社会保险应急预案是针对预想的应急响应情景设计的行动安排。然而，当应急响应过程中当前应急态势与预案作出的假设不一致时，预案规定的应急业务流程无法作为制定应急行动方案的参考。因此，基于预案的应急行动方案制定方法无法适应社会保障突发事件应急响应过程中应急态势复杂多变的情况具有一定的局限性。

第二章
公共危机的社会形态对社会保障的影响

社会形态是社会政治经济文化性质的外在表现形式，是一定生产力基础上的经济基础和上层建筑的统一体，是社会经济结构、政治结构、文化结构的统一体，包括经济形态、政治形态、意识形态。中国正处在社会转型与体制转轨、机遇与风险并存的社会高风险期。在社会急速变化的过程中，各类社会问题被迅速地集中和放大，经济形态、政治形态、意识形态领域均蕴含着巨大的风险。公共危机的社会形态各异，对社会保障的影响不可低估，迫使社会保障的负担加重与管理成本的增加，这是当代后发展国家现代化、城市化荆棘之路的共性，也是正在进行追赶型、跨越式发展的中国社会不得不面对与思考的问题。

第一节 公共危机的分类与分级

公共危机事件是指一种危及全体社会公众的整体生活和共同利益的突发性和灾难性事件。转轨时期社会经济所具有的过渡色彩和诸多不稳定、不平衡因素，加剧了社会经济运行中的公共风险，增大了公共危机发生的可能性。我国正处在经济体制和经济增长方式双重转轨的特殊时期，存在诱发公共危机的潜在的制度及非制度因素。高度重视公共危机管理、建立公共危机的预警机制和政府干预尤为必要。

所谓的公共危机管理，也称政府危机管理，是指政府针对公共危机事件的管理，解决政府对外交往和对内管理中处于危险和困难境地的问题，即政府在公共危机事件产生、发展过程中，为减少、消除危机的危害，根据危机管理计划和程序而对危机直接采取的对策及管理活动。

"突发公共事件"是指突然发生，造成或者可能造成重大人员伤亡、财产损失、生态环境破坏和严重社会危害，危及公共安全的紧急事件。2014年2月24日，中国社科院发布的《中国法治发展报告（2014）》统计分析了自2000年1月1日至2013年9月30日发生的871起100人以上规模的群体性事件，所统计事件共涉及220多万人，在导致有人死亡的36起群体性事件中，共79人丧生。①

突发公共事件主要分为：自然灾害、事故灾难、公共卫生事件、社会安全事件等4类。以城市政府应对公共突发事件为例，各政府主管部门针对自然灾害、事故灾难、公共卫生事件、社会安全事件均有自身的应急预案。各类公共突发事件也会直接或间接地渗透到社会保障领域，一些次生灾害如大规模失业、大规模伤亡、灾后重建与救济、灾后流行病传播等加大社会保障的经济投入，人保部门的应急预案要着重于突发养老保险事件应急预案、突发医疗保险事件预案、突发大规模失业应急预案、突发大规模工伤应急预案、劳资大面积纠纷应急预案等。如图2-1。

各类事故按照其性质、严重程度、可控性和影响范围等因素分成四级，特别重大的是Ⅰ级，重大的是Ⅱ级，较大的是Ⅲ级，一般的是Ⅳ级。以自然灾害为例：分为特别重大、重大、较大、一般四个级别，见图2-2：

自然灾害主要包括水旱灾害、气象灾害、地震灾害、地质灾害、海洋灾害、生物灾害和森林草原火灾等；事故灾难主要包括工矿商贸等企业的各类安全事故、交通运输事故、公共设施和设备事故、环境污染和生态破坏事件等；公共卫生事件主要包括传染病疫情、群体性不明原因疾病、食品安全和职业危害、动物疫情以及其他严重影响公众健康和生命安全的事件；社会安全事件主要包括群体性事件、金融突发事件、涉外突发事件、恐怖袭击事件、刑事案件，又细划分特别重大、重大、一般等等。

---

① 参见李林、田禾主编：《中国法治发展报告NO.12（2014）》，社科文献出版社2014年版。

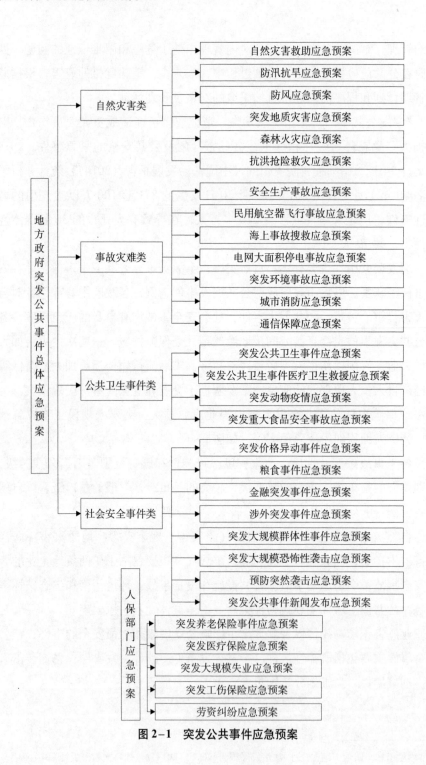

图 2-1 突发公共事件应急预案

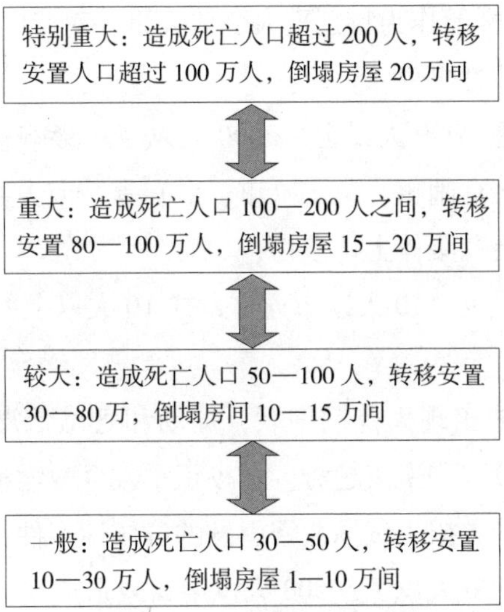

特别重大：造成死亡人口超过 200 人，转移
安置人口超过 100 万人，倒塌房屋 20 万间

重大：造成死亡人口 100—200 人之间，转移
安置 80—100 万人，倒塌房屋 15—20 万间

较大：造成死亡人口 50—100 人，转移安置
30—80 万，倒塌房间 10—15 万间

一般：造成死亡人口 30—50 人，转移安置
10—30 万人，倒塌房屋 1—10 万间

图 2-2 自然灾害分级图

与社会保障关联比较密切的群体性事件划分为：

其一，特别重大群体性事件：

（1）一次参与人数 5000 人以上，严重影响社会稳定的事件；

（2）冲击、围攻县级以上党政军机关和要害部门，打、砸、抢、烧乡镇以上党政军机关的事件；

（3）参与人员对抗性特征突出，已发生大规模的打、砸、抢烧等违法犯罪行为；

（4）阻断铁路繁忙干线、国道、高速公路和重要交通枢纽、城市交通 8 小时停运或阻挠、妨碍国家重点建设工程施工，造成 24 小时以上停工事件；

（5）造成 10 人以上死亡或 30 人以上受伤、严重危害社会稳定的事件；

（6）高校内聚集事件失控，并未经批准走出校门进行规模游行、集会、绝食、静坐、请愿等行为，引发不同地区连锁反应，严重影响社会稳定；

（7）参与人数 500 人以上，或造成重大人员伤亡的群体性械斗、冲突事件；

（8）参与人数在 10 人以上的暴狱事件；

（9）出现全国范围或跨省（区、市），或跨行业的严重影响社会稳定的互动性连锁反应；

（10）其他视情需要作为特别重大群体性事件对待的事件。

其二，重大群体性事件：

（1）参与人数在 1000 人以上、5000 人以下，影响较大的非法集会游行示威、上访请愿、聚众闹事、罢工（市、课）等，或人数不多但涉及面广和可能进京的非法集会和集体上访事件；

（2）造成 3 人以上、10 人以下死亡，或 10 人以上、30 人以下受伤的群体性事件；

（3）高校校园内出现大范围串联、煽动和蛊惑信息，校园内聚集规模迅速扩大并出现多校串联聚集趋势、学校正常教育教学秩序受到严重影响甚至瘫痪，或因高校统一招生试题泄密引发的群体性事件；

（4）参与人数 200 人以上、500 人以下，或造成较大人员伤亡的群体性械斗、冲突事件；

（5）涉及境内外宗教组织背景的大型非法宗教活动，或因民族宗教问题引发的严重影响民族团结的群体性事件；

（6）因土地、矿产、水资源、森林、草原、水域、海域等权属争议和环境污染、生态破坏引发的，造成严重后果的群体性事件；

（7）已出现跨省（区、市）或行业影响社会稳定的连锁反应，或造成了较严重的危害和损失，事态仍可能进一步扩大和升级；

（8）其他视情况需要作为重大群体性事件对待的事件。

在社会生活中，各类生产安全事故也会给社会保障带来直接的影响，例如：1993 年 8 月 5 日，我国深圳发生的危险品库大爆炸事故，由于化学品泄漏引起混装物爆炸，造成死亡 15 人，伤 873 人，损失 2.54 亿元；1997 年 6 月 27 日，北京东方化工厂由于储罐泄漏，引起储罐区发生火灾爆炸，死亡 8 人，受伤 40 人，炸毁、烧毁储罐 17 个、储料 20000t，损坏罐区大部分设施；2003 年 12 月 23 日 22 时左右，重庆中石油川东北气矿突然发生井喷事故，富含硫化氢的气体喷射 30 多米高，大量硫化氢气体喷涌而出，失控的毒气随着空气沿高桥镇、正坝镇、麻柳乡的夹谷地带迅速蔓延，导致在短时间内发生大面积灾害，距离气井较近的开县 4 个乡镇数万人受灾。27 日上午 11 时，川东北气矿 16H 井喷成功实施压井封堵。事故造成 243 人死亡、1 万多人不同程度中毒，10 万群众被紧急疏散。① 2016 年 2 月 5 日，天津港爆炸事故调查报告公布。调查组查明，事故的直接原因是：瑞海公司危险品仓库运抵区南侧集装箱内硝化棉由于湿润剂散失出现局部干燥，在高温（天气）等因素的作用下加速分解放热，积热自燃，引起相邻集装箱内的硝化棉和其他危险化学品长时间大面积燃烧，导致堆放于运抵区的硝酸铵等危险化学品发生爆炸，165 人遇难。在下图的化学事故应急救援体系中，中央层级与地方层级的人保部门均成为应急救援体系中的成员：医疗保险、工伤保险、工伤事故争议处理、工伤康复等离不开劳动社会保障部门和社保定点医院的参与。图示 2-3 如下：

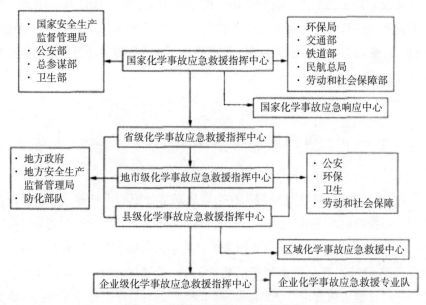

图 2-3　我国化学事故应急救援体系

勒庞认为，集体行动是一种群体情绪"感染"的结果，当面对某些突发事件时，当事人的某种观念、情绪或行为在群体暗示机制影响下在群体中迅速蔓延，最终形成集体行动。② 各类群体性事件，其社会影响与经济影响，致使劳动和社会保障部门也难脱干系，在危机状况下，完善劳务工动态管理

---

① 来自安全管理网（www.safehoo.com），详细出处：http://www.safehoo.com/Emergency/Theory/200901/23717.shtml。

② 参见 [法] 古斯塔夫·勒庞：《乌合之众——大众心理研究》，冯克利译，中央编译出版社 2005 年版。

数据库，明确其数量、分布、工资支付、合同、仲裁、社会保险等情况，并建立快速处理集体劳资、社保纠纷应急机制。在我国，2004 年，中国各地共发生 5.8 万多起聚众抗议事件，相当于 10 年前的 6 倍多。2008 年影响较大的群体性事件就有贵州瓮安 "6·28" 事件，云南省孟连事件，重庆、海南三亚、湖北荆州和甘肃永登等地区此起彼伏的出租车罢运事件，甘肃省陇南事件，湖北石首事件等。2009 年，全国共发生了近 9 万起各类群体性事件，其中有较大影响的主要有海南省东方暴力袭警事件、江西省南康事件、湖北省石首事件、新疆 "7·5" 事件、吉林省通钢事件等等。群体性事件已成为各级政府无法回避的问题。国务院参事牛文元称：2011 年，中国平均天天发生 500 起群体性事件，这意味着，现今社会轻易失序，民众心理轻易失调，效率和公平需要重新调整，传统理论中社会保障的社会稳定功能正在衰减或正在遭遇挑战。①

第二节　结构性变迁触动公共危机转型和升级

社会问题的出现往往是因为社会资源基本分配的不平等，可以体现在很多方面：阶层不平等、性别不平等、种族不平等、权力和资源再分配的不平，等等。20 世纪 60 年代，美国著名社会学家斯梅尔塞（Neil J. Semelser）借鉴经济学描述产品价值增值的概念，提出了解释集体行为的社会学理论——"价值累加理论"（Value-added theory），探讨了群体性事件所积聚的社会因素。斯梅尔塞认为，所有的集体行为、社会运动或革命的产生，都是由结构性条件、结构性压力、一般性信念、诱发因素、行动动员和社会控制能力六方面的因素相互作用造成的。

根据斯梅尔塞的加值理论，群体性事件的产生是由六个因素共同决定的，即由于特定的社会结构条件引发了结构性怨恨、剥夺感，当群体对这种结构性的怨恨有了共同的认识，使其转换成一般信念时，若是恰好出现了能

---

① 李文：《国务院参事牛文元：中国去年日均发生五百起群体事件》，《新快报》2012 年 2 月 9 日。

触发群体性事件的因素或事件，经过有效的社会动员，基于社会控制力下降的背景，群体性事件就产生了。如图2-4所示：

图2-4 斯梅尔塞的加值理论模型

其一，"社会结构"是在教育水平、文化类别、宗教、职业、社会地位阶层、组织内雇佣等方面的结构。特定的社会结构是造成特定的群体性事件的基础条件，如中国社会科学院"当代中国社会阶层结构研究"课题组推出了《当代中国社会流动》一书。在这本书中，中国社会被划分为十大阶层：国家和社会管理者阶层；经理人员阶层；私营企业主阶层；专业技术人员阶层；办事人员阶层；个体工商户阶层；商业服务业员工阶层；产业工人阶层；农业劳动者阶层；城乡无业、失业、半失业者阶层。最后一个阶层容易引致群体性事件，这是集体行为的基础性社会环境基础。再如由于产业结构调整造成结构性失业，使那些在劳动力市场上缺少竞争力的人群，会逐渐沉淀到社会的底层，形成城市贫困人口，需要政府失业保险政策和最低生活保险制度与之相对应。每一个公共危机的背后都有结构性特点，特定的群体性事件更容易发生在特定的社会结构条件下。

其二，"结构性矛盾"指的是经济结构与社会结构不协调所带来的矛盾。一般集中在一些具有普遍意义的社会问题上，如社会不公、社会压迫、贪污腐败等。这些问题引起社会的普遍不满，而现存的社会政治制度体系被认为一时无法妥善解决这些问题。社会结构问题衍生出社会仇恨、压迫感和剥夺感，相对剥夺感是结构性紧张的一个重要表现。如新生代外来务工人员处于社会底层，他们市民待遇缺失，陷入融城与逆城两难境地，生存权、教育权与发展权均十分不利，往往在群体性事件社会犯罪中外来务工人员占有较大比例。外来务工人员是市场经济的产物，是历史和现实的畸形儿，其特殊的社会身份和地位决定了命运多舛的生活轨迹。① 城镇化建设中，外来务工人员对城市社会保障期待的不止是参与，更多的是真正意义上的待遇。

其三，"天然的信任"，导致网络舆论出现过激化的倾向。集体行为的参与者一定要对他们的社会诉求达成一般性的共识，这一共识要被所有参与者深刻理解并认可。共识的产生不依赖深刻的理性分析，网民们通过网站和论坛，不分时间、不分地点地表达着他们的思想。而且，随着网络技术的进步，"微博""微信"等新载体的出现，网络上已经出现了公共事件的"现场直播"，如片面传播，使网络舆论很容易出现偏激、过激倾向。

其四，"触发因素"是引发群体性事件的导火索，也是一个直接的政治诱因。导火索事件往往具有偶然性并带有一定的戏剧性色彩，直接为群体性事件的发生提供一个真切而敏感的具体刺激。有时这个导火索未必是一个多么重大的事件，它的意义不在于本身的显著性，而在于出现的时机。心理危机是个体或群体遇到重大生活挫折或突然发生的灾难性公共安全事件，其原有处理问题的方式及支持系统难以应对，而又无法回避时，就可能导致个体的心理失衡或社会性的心理恐慌，进而造成心理危机。心理危机是因为个体或群体意识到危机事件超过自身的应付能力才产生的，而并非指事件本身。2009 年希腊爆发债务危机，2011 年的自杀人数比 2010 年增加了约 40%，债务危机导致的经济衰退和失业率急剧上升是自杀率上升的重要原因；突尼斯一名大学生菜贩的死亡掀起了整个中东地区的反叛浪潮；贵州瓮安一位中学生的意外之死和湖北"石首事件饭店厨师意外死亡"。结果都是"小事拖大，大事拖炸"，引发骇人听闻的"打砸抢烧"事件，酿成非阶层性的、无直接利益性的群体冲突。这些突发事件并非偶然，而是疏于社会管理和社会矛盾积淀太深的结果。

其五，"行动动员"普遍具有重新组合社会行为的企图，而它们的主要区别则导源于每种企图要重建的特定成分不同。癔症和愿望满足的信念以不同的方式侧重于手段；敌意性信念侧重于动员；规范取向的信念侧重于规范；而价值取向的信念则侧重于价值。群体性行动必然包括内部的动员机制，因

---

① 韩宏伟：《论外来务工人员权益的缺损与法律保障》，www.law-lib.com/lw/lw_view.asp? no =865717K2008-5-27。

为参与群体性行动的人需要被组织起来。如 2011 年 6 月 10 日，广州市增城新塘镇大墩村事件是一起个别群众与治保人员因纠纷引起的聚众滋事事件。"新塘之乱"中，更有相当多数卷入者是从广东各地尤其从潮州赶来的四川外来务工人员，集体行动动员之快，以至于警方不得不一度封闭潮汕通往广州的公路，以阻止其继续汇入新塘。

其六，"社会控制的疏忽或失效"，从理论上说，各类适用于恐慌的控制形式也适用于情绪暴涨。但是从实际经验上说，又存在某些差别。除了冒险性的情绪暴涨以外，"内在的"控制因素往往使狂热发展到无法控制的地步。在斯梅尔塞看来，行政当局的反应对群体性行动的发生影响显著，以政治或暴力（如军队、警察）力量对社会实行严密有效地控制是遏制群体性行动的关键，只有当这种控制出现哪怕是暂时性的疏忽或失效时，群体性行动才能得以发生。由于群体性行动是突发社会事件，行政当局在事前、事中和事后采取的一系列紧急措施都会对这些事件的强度、持续性和后果产生重要影响。

群体性事件演化过程如图 2-5 所示：

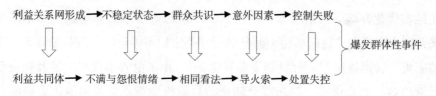

图 2-5　群体性事件演化过程图[1]

任何一个社会，只要资源不是无限供给的，资源分配就会存在差异，社会不满与冲突就会因此产生。社会存在矛盾和冲突不可怕，重要的是能够正确疏导这些不满，使之不至于成为危害社会的因素。当社会冲突发展到一定程度时，应该建立一个释放社会矛盾的渠道，即要建立"社会减压阀"[2]。反思 2008 年贵州瓮安"6·28"事件，所在地的县委书记、县长、公安局长等领导人，平时没有认真研究新时期新阶段发生社会公共危机的特点、规律

---

①　施国庆、郑瑞强：《西部水电移民群体性事件发生机理与防控》，《水利发展研究》2010 年第 5 期。

②　参见科塞：《社会冲突的功能》，孙立平等译，华夏出版社 1989 年版。

及其处置方式，没有制定突发群体性事件应急处置预案，发生了群体事件时丢掉了当今中外处理社会突发公共危机"现场第一"的原则，没有一个主要领导出现在现场、敢于面对群众、敢于承担责任、坦诚与群众对话、讲明事件真相、说服群众、疏导情绪、引导群众、安抚民心，导致事件越闹越大，逐步升级，矛头直指县公安局、县政府和县委，打砸抢烧事件持续七个多小时，瓮安失控七个多小时。一时间谣言、谎言四起，在民间甚至在互联网上泛滥成灾，党委、政府、公安机关陷入十分被动的地位，舆论误导对"6·28"事件起到推波助澜的作用。民怨解则民气顺，民气顺则天下安。"瓮安事件"后，县委、县政府深刻反思，汲取教训，始终牢固树立"勿忘教训、民生至上、包容发展"的执政理念，抓发展、惠民生、保稳定，调整开发规划，将被烧毁的"县委大楼遗迹"保留，并在旁边建立"警示教育馆"，时刻警醒所有党员干部："永远也不能忘记惨痛教训，一刻也不能丢弃根本宗旨！"①

　　体制改革过程中，也会给社会保险事业带来影响，例如出于对促进由"广东制造"向"广东创造"转变的战略需要，广东于 2009 年出台《关于深化科研体制改革的意见》。广东率先在全国进行科研体制改革，有效推动产业结构优化升级。但随着改革的深入，一些深层次矛盾和问题不断暴露出来，突出表现在"科研机构小而分散、分类定位不够科学、改革配套政策不够完善、管理体制和运行机制不够科学等"。由于财政事业费不足及转企后运营困难等因素影响，广东部分转企的科研机构难以补足离退休人员的待遇，尤其离退休人员负担非常沉重。如广东省农科院 7 个科研院所离退休人数为 388 人，但在职人员才 102 人，离退休与在职者比例高达 3.8：1，离退休人员工资和医疗费严重超支。近年来科研机构离退休人员群体上访事件数量呈上升趋势。广东省财政厅副厅长沈梅红认为："群体性上访事件影响了财政科研经费的科学安排"，广东新一轮科研体制改革应该充分解决上一轮改革遗留的医疗、社保等问题，减少科研机构发展负担，维护社会稳定，确保科研机构与其他事业单位的改革在平等原则下同步进行，避免出现"先改革先吃亏"的问题，确保财政资金使用效益最大化。

---

① 王丽、李放：《瓮安保留被毁县委楼警醒官员》，《长沙晚报》2012 年 9 月 10 日。

偏重经济发展，忽视对生命与健康的尊重，造成了太多的工伤悲剧，在珠三角，每年的断指事故达 3 万宗，被机器切断的手指头超过 4 万只。在佛山，顺德和平外科医院和南海创伤手足外科医院集中了本地区大部分的手指创伤患者。据透露，其所在医院每年大概有 4000 宗手足创伤事故，其中60% 属于工伤。而顺德和平外科医院接纳的治疗患者较多，"每天平均收治十多个患者"。这不是普遍的工伤事故，事实上已经构成了重大的公共危机，健康人瞬间变成了残疾人，打工者由此带来的心理阴影将永久地埋藏，他们的人生轨迹转变了航向，驶向的也许是黑暗与沉沦。

2013 年 6 月 3 日，吉林宝源丰禽业公司一场大火夺去 120 人生命，77人受伤，令人痛心疾首，宝源丰禽业公司并未依法缴纳包括工伤保险在内的各项社会保险，也未投保团体人身意外伤害保险，仅仅死亡赔偿金就达到6000 多万元，这对企业是一起无法背起的债务，企业的侥幸心理，一旦遭遇特大人祸，只能陷入无尽的悲痛。对政府而言，社会保险经办的管理松散与监督不力，发生类似事件，社会保险部门责任何在？

第三节　公共危机的经济形态与对社会保障经济的影响

经济形态是一个三维概念，包括时间维、形状维（结构）和状态维（特征）。我国所进行的经济体制改革，其实质是依据社会生产力、经济全球化和现代市场经济发展的内在要求，重构和完善社会主义初级阶段的基本经济形态——公有主体型产权形态、劳动主体型分配形态、国家主导型市场形态和自力主导型开放形态。经济形态是政治形态的转化体，高全喜教授在《希望我们从对利益的盲目追逐转向关注尊严》一文中指出："贫富之间的巨差，看上去是经济的，但背后却是政治的：外地人和北京人、农民和工人、官员和一般人，他们的身份和资格是由政治、法律等因素造成的。这些因素导致了一系列经济的重大偏差和不公，是政治不平等导致了巨大的经济不平等。"[1]

---

[1]　高全喜：《希望我们从对利益的盲目追逐转向关注尊严》，《凤凰大学问》2014 年 2 月 28 日。

经济发展表现为经济形态的演变和交替，经济现代化表现为一种或多种新的经济形态的转换和逐步形成。狭义地说，经济形态是对人类文明史上不同历史时期的代表当时先进生产力水平的经济活动以及它的结构和特点的一种抽象表述，每种经济形态都包括自己独特的生产要素、生产模式、主导产业、基本结构、基本制度和基本观念等。广义地说，每一种成熟的（常规的）经济活动都是一种经济形态。近年来，经济形态越来越宽泛，如旅游经济、循环经济、信息经济、网络经济、创意经济等等，从不同方面揭示了人类新经济形态的特征，预示着新的经济形态即将形成。

经济结构是一个由众多系统构成的多层次、多因素的复合体。从国民经济各部门和社会再生产的各个方面的组成和构造考察，则包括产业结构、分配结构、交换结构、消费结构、技术结构、劳动力结构等。经济结构是个经济系统，系统中各个要素之间互相关联、互相结合，有着数量对比关系。研究任何一个经济结构，不但要重视它的要素特性及其结合形式，同时也要重视它的比例关系，否则就可能引发公共危机。

国际货币基金组织确定的合理债务负担率在90%—150%范围内。目前我国很多地方政府都面临负债累累的尴尬局面及负债规模急剧扩张的压力。2012年，国家审计署公布的针对36个地方本级政府性债务的审计结果显示，有9个省会城市本级政府负有偿还责任的债务率超过100%，最高的达188.95%，如果再加上政府负有担保责任的债务，债务率最高的达219.57%。[①] 如果未来破产的城市越来越多，那么中央政府自然也会不堪重负，从长期来看，地方政府债务问题的确值得我们警惕，美国的底特律政府破产危机势必引以为训。我国的地方政府债务中其实被低估，没有包括旧体制留下的养老金显性债务在内，2014年，4万亿元的养老保险"空账"实际上就是政府没有计算在内的一大债务。从经济上考量，与社会保障有联系的公共危机的经济形态表现为金融危机、贫富差距扩大、工资待遇双轨制、经济增长与就业增长不同步（反"奥肯"定律或称中国的"双高现象"）、公共财政危机、生态危机、重大自然灾害、计生政策等等，都可能对社会保障产

---

① 参见《审计署发布36个地方政府本级政府性债务审计结果》，中央政府门户网站 www.gov.cn，2013年6月10日。

生重大影响，威胁到社会保障事业的健康发展。一些官员认为地方政府债务危机不会影响民生事业，即使失控也可倚仗中央财政的调控功能与转移支付，实为懒政或是自欺欺人。在债务危机严重影响的情况下，中央财政的蛋糕过多地被民生所用，影响经济建设，最终还是要影响社会保障的可持续发展。

古印度有一格言：空气、水和土地不是父辈给我们的礼物，而是我们向子孙的借款。2004 年，中央政府决定不再以 GDP 作为衡量政绩与业绩的核心指标，努力降低牵涉到 GDP 高增长背后的社会公平、工业伤害、公共卫生、大众教育、养老与医疗保障、就业增长等社会保障问题的难以计量和缺失的隐性成本，真正从体制上减少对社会保障造成的成本灾害，才能使社会保障可持续发展走上与 GDP 增长良性发展的轨道。① 美国经济学家萨缪尔森提出过纯经济福利的概念，他认为福利更多地取决于消费而不是生产，纯经济福利是在 GDP 的基础上，减去那些不能对福利作出贡献的项目，减去对福利有负作用的项目，同时加上那些对福利有贡献而没有计入的项目以及闲暇的价值。我国应该计量 GDP 增长对社会保障所产生的负面成本。经济发达省份的生态环境令人担忧，2013 年，珠三角区域环境空气质量达标 274 天，达标率超过 75%，PM2.5 浓度年均值达 47 微克 / 立方米，区域内 9 座城市则在 38—55 微克 / 立方米之间，均超过国家新空气质量标准规定的 PM2.5 浓度年均限值 35 微克 / 立方米。② PM2.5 对人体健康的影响不容置疑，对医疗保险的成本推动不容置疑。

金融危机导致经济危机和债务危机，对社会保障的影响是持久和影响深远的；贫富差距扩大导致社会保障待遇冰火两重天，政府财政转移压力加大，并可能引发社会民怨；工资双轨制引发的社会保险养老待遇为 3∶1，除非采取"休克疗法"，否则这是一个长期困扰政府的难题，中国的"双高"现象，表现为经济增长带动就业增长的乘数效应不明显，各种类型的失业尤其是大学生、外来务工人员、城市中难就业人群（含数千万残疾人）的就业问题长期困扰中国经济；中国西部大开发、中部崛起、东北振兴计划、社会

---

① 参见林毓铭：《社会保障可持续发展论纲》，华龄出版社 2005 年版。

② 参见程景伟：《2013 年珠三角 9 市 PM2.5 浓度年均值全部超标》，中国新闻网，2014 年 1 月 14 日。

主义新农村建设等重大战略规划事实上分割了公共财政基金，养老与医疗保险等财政补贴或财政兜底机制的或多或少受到影响；独生子女政策则损害了社会生态，直接导致人口老龄化、性别比严重失调等社会问题。所谓"刘易斯拐点"（Lewis turning point），2015 年左右全国大部分省份"人口红利"基本消失，未来 20 年发达省份"人口红利"也将逐渐耗尽，劳动力成本低廉的比较优势也将随之消失，使得中国所依赖的出口这一"经济增长的发动机"也将失去动力。正在改变的人口老化特征将导致中国经济增长减速。中国的人口老龄化问题将对政府推动内需作为增长新引擎的努力提出挑战。

重大自然灾害会造成大面积的失业人口和灾后社会救济问题。据国家民政部统计：2011 年全国各类自然灾害共造成 4.3 亿人（次）不同程度受灾，因灾死亡失踪 1126 人，紧急转移安置 939.4 万人次；农作物受灾面积 3247.1 万公顷，其中绝收面积 289.2 万公顷；倒塌房屋 93.5 万间，损坏房屋 331.1 万间；因灾直接经济损失 3096.4 亿元。国家减灾委、民政部启动救灾应急响应 33 次，下拨救灾资金 86.4 亿元，调拨救灾帐篷 7 万顶、棉衣被 83 万件（床）。全国共救助受灾群众 7500 多万人次，帮助重建倒塌民房 99.4 万间。①

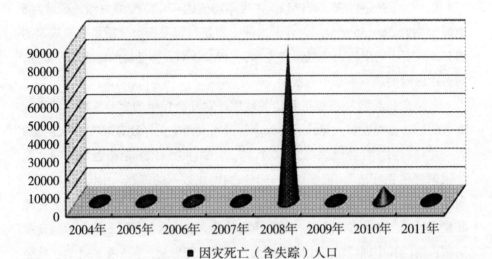

图 2-6   因灾死亡（含失踪）人口

---

①　参见民政部《2011 年社会服务发展统计公报》。

表 2-1　因灾死亡（含失踪）人口

单位：人

指标	2004年	2005年	2006年	2007年	2008年	2009年	2010年	2011年
因灾死亡（含失踪）人口	2250	2475	3186	2325	88928	1528	7844	1126

注：2011年因灾死亡（含失踪）人口包含森林火灾死亡人口。

2008年汶川大地震曾经一度造成四川省152万城乡劳动者失业，四川省政府先后出台了一系列解决灾区群众就业的政策措施，努力扩大就业援助范围，增加公益性岗位，缓缴社会保险费，降低失业保险费率，进行失业预登记，发放失业保险金，代缴医疗保险费；积极抓好就业服务，组织开展公共就业服务专项活动，逐户登记造册，在安置点设立工作站、开通就业援助大篷车，为灾区群众提供政策咨询、岗位信息、就业培训；加强与援建省（市）协调，积极搭建定向招工、劳务输出对接平台，把岗位送到灾区群众身边等，汶川大地震一周年之际，帮助129.6万名受灾群众实现再就业。①

社会保障自身危机反过来对经济形态产生重要影响，2010年1月，美国智库兰德公司发布报告称："到2020年，中国人口老龄化会使工作人口与不工作人口的比率成为世界上最糟糕的，比日本更甚。如果没有特效的新政策，中国的经济在那个时期就会狠狠地撞墙。到2020年，以我们的标准来看，它会是一个非常穷的国家。"②人口老龄化使国家与地方财政负担愈发沉重，随着老龄人口的快速增长和劳动力的不断萎缩，经济增长势必放缓，税收随之减少，但是养老和医疗保健的支出随着人口的高龄化、慢性病普遍化而不断增加，从而对财政状况产生不利影响，美国战略和国际问题研究中心早在2004年公布的《银发中国：中国养老政策的人口和经济分析》的研究报告中就指出：中国必须在10年内打下坚实基础，否则几年后就有爆发"严重危机"的危险。金融危机诱发财政动荡。人口老龄化使财政负担

① 参见四川省人民政府新闻办公室：《"5·12"汶川特大地震灾后恢复重建情况通报会》，2009年5月7日。

② 江涌：《假如中国不停止计划生育》，BWCHINESE中文网，2012年6月13日。

愈发沉重。随着老龄人口的快速增长和劳动力的不断萎缩，经济增长势必放缓，税收随之减少，但是养老和医疗保健的支出不断增加，从而对财政状况产生不利影响，未富先老。著名人口学家菲利普·朗曼曾经发出这样的警告："中国将会在变富之前变老。"[1] 清华大学教授秦晖指出：中国的老百姓到世界上最资本主义的地方寻找社会保障和公共福利，说明我们的自由少、福利也少。[2] 说明老百姓对中国社会保障的预期正在下降，加拿大、澳大利亚等福利国家的开放型与包容型吸引了中国老百姓对这些国家福利的期待。

在社会经济与错误观念的潜意识中，对社会保障经济的影响也是巨大的，如中国剖宫产比率世界第一，欧美国家剖宫产比率在 10%—15% 之间，最低控制在 3%，而我国一些大城市的剖宫产比率已高达 50%—60%，剖宫产似乎日益流行。怕痛、追赶流行、错误认为剖宫产更好、小学 9 月 1 日前年满 6 周岁而择日生产等都是催热剖宫产的因素。中国剖宫产比率之高有医生追求利益的不良诱导，有家庭成员不良生育观念的影响。而在欧美国家看来，如果非医学原因，选择剖宫产，那女性的形象就会大打折扣，性格弱点和医学知识、人文知识的盲点就会被放大。我们以广州市生育保险补贴为例，参照中国与欧美国家的剖宫产率可以反映中国生育保险的超高成本。

表 2-2　广州市企业职工生育保险医疗服务定额结算标准表

（单位：元）

医院等级　结算标准　结算项目	一级医院			二级医院			三级医院		
	合计	其中		合计	其中		合计	其中	
		住院	产前检查		住院	产前检查		住院	产前检查
阴式分娩	2800	2150	650	3200	2480	720	3600	2760	840
剖宫产	4100	3450	650	4500	3780	720	5400	4560	840
严重高危分娩	—	—	—	5700	4300	1400	6800	5200	1600

---

① 汪涛：《中国会否未富先老？——人口的挑战》，华尔街日报中文网，2012 年 6 月 25 日。

② 秦晖：《对无限政府就要无限问责》，《凤凰大学问》2014 年 1 月 28 日。

结算项目	一级医院 合计	其中 住院	其中 产前检查	二级医院 合计	其中 住院	其中 产前检查	三级医院 合计	其中 住院	其中 产前检查
妊娠 3 个月以上引产	1300	含术前检查费用		1400	含术前检查费用		1500	含术前检查费用	
妊娠 3 个月以下人流　门诊	220			250			300		
妊娠 3 个月以下人流　住院	630			700			800		

注：1. 表中产妇的定额结算标准已包含自妊娠 16 周至分娩前的产检、产后上门访视两次及产后 42 天回院检查的费用；2. "严重高危妊娠"指《广州市高危妊娠管理办法》中的严重高危妊娠情况。

假定广州市 2013 年度参保的 12 万人参保并在 2013 年发生生育行为，分别在一级医院、二级医院、三级医院生育的人数均为 4 万人，按照中国城市剖宫产 55% 的比率和欧美国家城市剖宫产 13% 的比率，可以计算广州市生育保险多付出的经济成本。

按照中国城市剖宫产 55% 的比率，广州市需要付出的生育保险费用：

40000（55%×4100＋45%×2800）＋40000（55%×4500＋45%×3200）＋40000（55%×5400＋45%×3600）

＝4.808 亿元

按照欧美城市剖宫产 13% 的比率，广州市需要付出的生育保险费用：

40000（13%×4100＋87%×2800）＋40000（13%×4500＋87%×3200）＋40000（13%×5400＋87%×3600）

＝4.0688 亿元

以广州市 2013 年参保生育的女性 12 万人计算，如果矫正中国百姓错误的生育观念，广州市每年可节约生育保险费用 4.808－4.0688＝7392（千万元人民币）。

据中国计生委资料，中国每年人工流产至少 1300 万，其中已婚女性占 35%，远居世界第一，医保成本的人流费用又是多少？

相关统计结果显示：如果产妇选择剖宫产，其面临的从血栓、感染到麻醉剂并发症在内的死亡风险要比选择自然分娩高出 3.6 倍。而且剖宫产产妇在孩子出生后面临的死亡风险也会比自然分娩高得多。[①] 据医学资料，专家直言，剖宫产的孩子后天容易引发触觉敏感、人际关系发展弱、敏感多疑等。剖宫产虽然能缓解一时之痛，但带来的某些后遗症是会为害终生的。既然如此，我们为何不能破除旧习，更多地人选择"阴式分娩"，即节约生育费用与后续各种风险带来的医疗费用，降低企业生育保险的缴费率，又可以维系更多孩子与母亲的健康，延续人类文明。

第四节　公共危机的政治意识形态与 对社会保障安全的影响

关注民生问题，建立人性化社会，构建社会和谐，已成为政府共识，党的十七大确立的在 2020 年建立社会保障全民覆盖的国家战略正在付诸实施。

一、日美两国社会保障问题彰显公共选择性体制的政治生态

现代社会保障制度具有国家主体性的浓厚色彩，国家通过立法和行政手段对社会保障系统进行规划、组织和管理，以求在最大范围内有效地减低和消除社会成员的各种生存危机，抑制、化解他们反社会的倾向和行为，进而有效地维护社会秩序的稳定，从而维护特定阶级的政治统治，社会保障成为统治阶级用来治理国家、维护统治的有效工具。在古今中外社会保障制度的实践中。无论是中国古代政府的救灾济贫，还是英国济贫制度的兴建；无论是德国社会保障制度的兴起，还是美国现代社会保障制度的建立，无不反映了统治阶级维护阶级统治的需要。而这些制度的具体实施，无不在一定程度上达到了维护阶级统治的目的。杜安·斯旺克认为：民主制度影响到民众支持福利制度的程度以及抵制或促进福利制度削减的主流政治文化。在决定福利制度的政策轨道上，民主制度——利益代表制度、政体内部的正式决策

---

① 陈立：《剖宫产与自然分娩死亡率比较》，东北新闻网，2006 年 9 月 1 日。

结构以及福利制度结构本身——的重要性与以往任何时候相比同等重要。①
普遍性福利制度会导致较高水平的群众性政治支持，并且促进支持福利制度
范围广泛的政治联盟的发展。国际劳工组织负责就业的执行理事何塞·曼
努埃尔·萨拉萨尔—希里纳奇斯针对 2012 年全球年轻人失业率高达 13.6%、
发达国家年轻人失业率可能达到 18% 的严峻状况提出：年轻人失业危机能
够得到克服，条件是为年轻人创造就业机会要成为政治日程的优先任务。②

　　由日本共同社在 2005 年 8 月 27 日、28 日进行的全国电话民意调查显
示，自民党支持率为 29.7%，民主党为 18.3%，这同 7 天前的调查结果——
自民党 31.5%、民主党 15.2% 相比，差距缩小了近 5%。42.4% 的受调查者
认为此次大选中最紧要的问题是"年金、医疗等社会保障政策"，比上次增
加了 6.4%。③ 由此可见，民主党提出养老金问题的战略开始逐渐奏效，福利
的政治化色彩会左右选选举结果。显而易见，日本政要对社会保障的高度关
注不在于社会保障本身，而在于因社会保障失职而失去的政治选票。安倍晋
山 2006 年 9 月首任日本首相后，时至 2007 年 7 月 29 日，日本国会参议院
选举投票结束。由于受养老金案、④ 安倍内阁成员出言不慎及日本农相财务
丑闻影响，安倍所在的自民党在参议院选举投票中遭遇惨败。日本前驻华大
使宫本雄二在接受专访时指出：日本这样"少子高龄化"的国家是无法实行
军国主义的。在人口逐渐减少的情况下让谁去打仗？在社会保障支出都逐年
不足的情况下如何增加军费？⑤ 按照宫本雄二的解释，日本因社会保障的拖

---

① 参见杜安·斯旺克：《政治制度和福利制度的结构调整：制度对民主国家社会政策变化的
　影响》，载保罗·皮尔逊编：《福利制度的新政治学》，商务印书馆 2004 年版，第 286 页。
② 参见徐玲德：《国际劳工组织称：今年全球失业青年将达到 7500 万》，《参考消息》2012
　年 5 月 23 日。
③ 《日本首相小泉暗示大选获胜后将参拜靖国神社》，《东方早报》2005 年 8 月 30 日。
④ 2007 年年初，日本社保厅约 5000 万份养老保险缴纳记录表被曝与缴纳人实际信息不符。
　日本各界对此高度关注，并展开了有关调查。结果发现，另有 1400 万份养老保险缴纳记
　录根本没有被录入社保厅的电脑系统，并且曾经负责收集这些信息的数百个市政机关也
　早已销毁了原始记录。"养老金案"引起了日本民众的强烈不满，人们担心自己晚年到底
　能否得到保障。事发后，日本政府呼吁社保厅全体职员，包括新近加入的职员按一定比
　例自愿退还夏季奖金，共同承担责任。根据职位高低，退还比例从二十分之一到二分之
　一不等。新华网，2007 年 7 月 11 日。
⑤ 《日本前大使否认军国主义复活：人口减少谁去打仗》，《第一财经日报》2014 年 4 月 21 日。

累无法实现其复活军国主义的政治野心。

社保系统也被称为美国政治的"高压轨道"，小布什也曾一度把社保改革列为他第二任期的首要议题。"奥巴马医改"是美国参众两院交锋的焦点所在，共和党发明的"奥巴马医改"被用作贬义词。2013 年 9 月 29 日一早出炉的投票结果显示，众议院以 232 票对 192 票通过将奥巴马健康保险计划（"患者保护和平价医疗法案"的奥巴马医保旨在为没有医疗保险的美国人提供政府补贴的医保产品）推迟一年的临时预算法案修正案，并支持取消协助奥巴马医改融资的医疗设备税。路透社评论说，保守派三年多来阻断奥巴马医改的努力都没有成功，预算僵局成为这种争论的高潮。奥巴马将众院的举措称为"政治讹诈"，并且拒绝屈服和作出让步。此前参议院的民主党人坚称对奥巴马标志性的医保法做任何修改都会导致两党谈崩。① 众议院此前的议案中包含禁止向"奥巴马医改"拨款的内容。参众两院不和，导致"奥巴马医改"陷入困局，时至 2013 年 10 月 1 日凌晨，全球都目睹了美利坚合众国政府由于民主共和两党在奥巴马医改问题上的严重分裂，禁止给医改方案拨款或要求医改延迟实行，导致国会参众两院无法就新财年预算案达成一致而"关闭"。这意味着美国政府面临 17 年以来的首次停摆。② "撕裂的美国民主"噩梦重现，出现"政治恐怖主义"。美国政府再次发不出工资、养老金、抚恤金等开支。

二、体制外影响加剧，谨防社会保障的制度危机

社会保障制度作为维系社会稳定的民心工程，如何描绘社会保障的发展蓝图，如何进行公平与效率相结合的制度设计，如何运用社会保障的政策工具，以最大的可能减少制度摩擦与社会矛盾、降低制度成本，实现社会和谐是国家社会保障全覆盖发展战略的关键。国家在社会保障可持续发展中负有不可推卸的责任，社会保障不等同于国家保障，但国家在社会经济发展过程中负有维系市场失灵的社会保障责任，国家责任不明确，社会保障制度就

---

① 吴成良、陶短房、甄翔、葛元芬：《美国政府再次走到关门边缘 危机影响全球经济》，《环球时报》2013 年 9 月 30 日。

② 美国政府上一次停业发生在 1995—1996 年度的克林顿政府时期，起因是共和党反对克林顿总统提出的全民医疗保险计划。

无从建立，无法实现社会保障的可持续发展。国家责任要明晰，但不是担纲无限责任，国家是社会保险的最后出资人，但需要以社会保险的设计与制度承载为首要前提，并需要国家之外的社会组织与个人来共同承担社会保障的发展重任。超出国家经济所承受的而不切实际地认为国家要为社会保障支出全额埋单，最终会导致社会保障制度的崩溃。

我国目前实行的是"养老金双轨制"的退休制度：企业职工实行由企业和职工本人按一定标准缴纳的"缴费型"统筹制度；机关和事业单位的退休金由国家财政统一发放。这使得两者之间的养老待遇差距达到3倍之多。"养老金双轨制"被指是当今社会最大的不公，导致政府的公信力下降。作为制度设计者，公务员对自身利益的保护和潜意识的"官本位"心理在一定程度上导致了山西、上海、浙江、广东、重庆等地进行事业单位养老保险制度改革试点的失败。尽管在逐步推进的建设中，企业退休人员养老金得到"九连调"，但最容易让人觉得社会不公的饱受诟病的"双轨制"始终未能破冰，养老金不合理的差距仍然在继续扩大，"养老金双轨制"实际上已演化为公共危机。是否继续维系企业退休人员每年增资10%的政策，是一个艰难的政治决策。

面临养老基金缺口，我国政府断断续续地反复提及延迟年龄问题，在养老金待遇双轨制、行政事业单位不参加社会养老保险等特定背景下，体制内的参保人无法理解政府的意志，集体意志的舆情抗争使政府一再推迟延迟退休年龄政策。亨瑞克·尤达的研究表明：延迟退休年龄对青年就业是最敏感的问题，失业青年的工作与生活没有保障，会导致社会失望情绪渐浓、自杀率提高、犯罪率上升的社会问题。青年失业的膨胀会造成社会不稳定，甚至容易引起武装冲突。[1] 延迟退休在欧洲多国家曾一度引发激烈社会冲突。

20世纪我国国有企业改制等改革导致相当一批人失去了社会保险，离退休人员养老待遇过低等，也形成一轮轮的集体抗争。勒庞认为，集体行动是一种群体情绪"感染"的结果，当面对某些突发事件时，当事人的某种观念、情绪或行为在群体暗示机制影响下在群体中迅速蔓延，最终形成集体行动。[2]

---

① 参见曾霜泉：《青年就业——中国就业研究战略重点的转移》，《求实》2006年第10期。

② 参见 [法] 古斯塔夫·勒庞：《乌合之众——大众心理研究》，冯克利译，中央编译出版社2005年版。

我国各类群体性事件，其社会影响与经济影响，致使劳动和社会保障部门也难脱干系。在危机状况下，要求完善劳务工动态管理数据库，明确其数量、分布、工资支付、合同、仲裁、社会保险等情况，并建立快速处理集体劳资、社保纠纷应急机制。

第五节　灰色"利益链"对社会保障可持续性的挑战

春秋时期的管仲认为："夫凡人之情，见利莫能勿就，见害莫能勿避。"（《管仲·禁藏》）《牛津法律大辞典》中将利益解释为："个人或个人的集团寻求得到满足和保护的权利请求要求愿望或需求，利益是由个人、集团或整个社会的、道德的、宗教的、政治的、经济的以及其他方面的观点而创造的。利益集团是使用各种途径和方法向政府施加影响，进行非选举性的鼓动和宣传，用以促进或阻止某方面公共政策的改变，以便在公共政策的决策中，体现自己的利益主张的松散或严密的组织。利益链是附着在利益集团身上的利益相关者的一种依附。1984 年，弗里曼出版了《战略管理：利益相关者管理的分析方法》一书，明确提出了利益相关者管理理论。利益相关者管理理论是指企业的经营管理者为综合平衡各个利益相关者的利益要求而进行的管理活动。与传统的股东至上主义相比较，该理论认为任何一个公司的发展都离不开各利益相关者的投入或参与，企业追求的是利益相关者的整体利益，而不仅仅是某些主体的利益。美国进步中心主席约翰·波德斯塔认为：可持续发展要把每个人都置于共享的社会繁荣中，包容性增长的概念是要给予最贫困群体以权利，让他们有机会享受到教育、卫生保健等福利。"[1] 利益集团在最大限度地占有自身利益的同时，也要兼顾民众最基本的社会诉求。在社会保障领域，利益链甚至是灰色利益链主要表现为以下几个方面：

一、对外来务工人员的排斥政策事实上为激化社会矛盾推波助澜

从理论上和实践上我们深知，外来务工人员是城市建设的伟大的贡献

---

[1]　褚国飞：《全球发展目标不能忽视边缘化群体》，《中国社会科学报》2014 年 2 月 14 日。

者，由于外来务工人员的平等就业权、市民权不受政府保护，这种对外来劳务人员市民化的排斥性政策，恰恰意味着企业如果使用外来务工人员的话，可以获得更多的利益。在城市居民与外来务工人员之间，形成了一种具有地位和利益的上、下位特征的利益链关系。

这实际上降低了企业侵害外来务工人员权益行为的法律成本，企业可以将工资压到最低，或免去签订劳动合同的义务，并可以依照企业的生产需要和本人的表现随时解雇。工资底线就是各地政府出台的最低工资制，在劳动力供给充足的情况下，为节省劳动力成本，绝大多数工厂以最低工资标准作为降低劳动力成本的最佳途径，大都按照最低工资水平线来长期确定工人的工资。他们或是利用试工期与丰富的劳动力资源频繁更换员工，避免加薪；或是将加班费及津贴算入工资，凑足最低工资；还有的企业尽量压缩员工数量，加大劳动强度，减少工资支出；或是变相通过加班加点，人为地降低了最低工资标准线的价值标准。对于没有就业优势的农民而言，最大的途径只有通过加班多挣钱，在身体最大承受能力下，通过加班加点弥补低工资待遇也是他们的心愿，一些地方政府为了保持当地所谓劳动力低成本的比较优势，不愿意提高当地最低工资标准，担心失去低廉劳动力成本优势而使招商引资受挫。在珠三角地区，当镇、村级政府与投资者结成利益共同体时，担心失去当地的劳动力成本比较优势，政府的寻租行为在一定程度上成为提高当地最低工资水平的阻力，成为向资本献媚的合法路径。

最低工资制度是在全日制较正规就业中保护低技术或无技术职工合法权益的一种制度安排，世界各国都相继建立自己的最低工资制度，一般都是颁布了最低工资法，保证了就业人员的基本权益，但是对劳动就业数量有一定的影响，从传统理论视角看，最低工资的建立会导致一定程度的失业，西方著名非均衡经济学家马兰沃（E.Malinvaud）在《失业：经济学家建议什么?》一文中指出：西方经济的一个重要特征是工资受政府管制，工资政策屈服于公共政策，因此对市场的供求不起作用，目前还残留的最低工资制度应该被修正，否则企业还会继续裁人，或者把企业、车间办到国外去。① 一般而言，确定最低工资的标准至少对于无技术或低技术的工人而言，应该超

---

① 　参见温海池编著：《劳动经济学》，南开大学出版社 2000 年版。

过均衡工资，按照标准分析，高于均衡工资的最低工资，其影响是导致劳动力过剩。最低工资立法会减少就业机会，产生最低的工资效应，导致失业率上升。

我国具有较西方国家的劳动力成本比较优势，我国的最低工资，比工业化国家最低工资标准低得多，外商及台资和港商投资企业看中了大陆的劳动力优势，长期并对绝大多数外来务工人员实施或略高于最低工资水平，最低工资制度成为珠三角地区大多数企业长期维系雇佣外来务工人员的合法借口，偏离了最低工资本身是针对学徒工或非熟练工的本来含义，没有产生马兰沃所言的最低工资制度的实施会产生失业现象的论断，无限的劳动力供给使最低工资可以滥用到大多数外来务工人员身上，企业以最低工资水平为外来务工人员的正式工资，通过加班加点发放额外的工资并保持就业数量，以避免雇佣新工人所生的雇佣和培训成本。市场上"贱卖"的劳动力价格，使这些企业可以长期借用《劳动法》与《最低工资规定》的法律保护，使低成本的劳动力扩张从绝大多数外来务工人员身上最大限度地挣取超额利润，人为地激化社会矛盾。

二、剥夺外来务工人员的社会保障权益实则是向资本献媚

案例回放①：我国《社会保险法》规定，用人单位应当自用工之日起 30 日内为职工向社会保险经办机构申请办理社会保险登记。广东省中山市东凤镇的广东美的环境电器制造有限公司，拥有员工约 1 万名，是全球最大的环境电器制造基地，但却被群众称为"欠保大户"。群众反映，原本属于外来务工人员"救命钱"的社保，该企业的缴保比例不足四成。当地业内人士说，偷漏员工社保背后，隐藏着一个巨大的利益链条：企业和地方是获利方，地方每年收 1.6 亿送优惠，将普通工人的社保福利，当作"优惠政策"送给纳税大户，而企业则因此每年"节省"巨额社保支出。企业要为一名普通工人缴纳社保项目，大致有养老保险、基本医疗保险（含生育保险）、失业保险和工伤保险等 4 种，

---

① 新华社发：《广东美的偷漏数千员工社保　暗中隐藏巨大利益链》，《京华时报》2011 年 12 月 17 日。

按照当地最低工资标准每月 1100 元计算，每月至少要缴纳 160 元；中山美的数千名员工社保被偷漏，意味着该企业逃避应缴纳员工社保费用，每年近千万元。"社保是社会稳定的重要基础，一个知名上市公司，居然有这么多员工不办理社保，确实罕见。"中山大学法学院有关法律专家如是说，这暴露出长期以来，一些企业一味追求经济利益最大化，而承担社会责任的意识相对淡薄，一个有社会责任感和长远发展目标的企业，首先必须依法依规办事。就地方政府而言，不能把"默许企业不给员工买保"当作投资环境和发展"比较优势"，出卖劳工的利益来向资本献媚。

　　案例分析：中山美的公司对报道的回应为：美的员工总数为 8692 人，其中企业聘用员工 4896 人，劳务派遣员工 3796 人。公司员工参保人数为 4160 人，参保率达 85%，未参保者为近期入职员工，其社保手续在本月末或者下月初办理。中山美的表示，"因为公司生产电风扇、电暖器两季产品，用工季节性差异很大，员工流动性较大，可能存在极少数员工漏买社保的情况，公司也将进一步核实。"派遣工只能在临时性、替代性或辅助性岗位，劳务派遣工也有参保权益。美的电器企业以拥有大量劳务派遣工为搪塞的理由又不能自圆其说，人保部门则干脆承认监督不到位、工作不作为。

马威尔和奥利弗提出，在现实生活中有一种"非零和型公共物品"，当使用这种公共物品的人数增多时，集体中的每个人从中能获得的利益并不会变少。社会公平正义就属于这种公共物品。马威尔和奥利弗认为，对于"非零和型公共物品"，人们如果团结一起去争取，它实现的可能性就会大大增加。[1] 所谓的劳务派遣，即劳动力租赁，由派遣机构与劳动者订立劳动合同并支付报酬，把劳动者派向其他用工单位，再由其向派遣机构支付一笔服务费用。新《劳动合同法》明确规定："劳务派遣一般在临时性、辅助性或者替代性的工作岗位上实施"，而劳务派遣工指的就是被派遣的劳动者。劳务派遣工是一个长期存在的问题，同工不同酬，并且缺乏社会保障，导致社会

---

① 赵鼎新：《集体行动、搭便车理论与形式社会学方法》，《社会学研究》2006 年第 1 期。

保险基金收支失衡，加剧劳动者的就业不稳定性和危机感。只要劳动者的维权意识进一步觉醒，如马威尔和奥利弗所言，共同去争取自身的权益，对那些漠视劳动者正当权益的用工单位，就是一种压力，不能让劳动法成为摆设。

三、利益驱动下的医疗行为对医疗保险基金的平衡造成负面影响

再以医疗行为为例，灰色利益不仅是对经济利益的掠夺，更是对人类健康的冷漠，如输液相比口服药更多的回扣让不少医院和医生铤而走险，20世纪90年代初，我国公立医院就开始实行"全额管理、定额补助、超支不补、结余留用"政策，由于政府所拨经费难以维持医院的正常运行，药品收入便成为除服务收费和政府补助外医院的主要收入之一，流通环节过多，层层加码与回扣使输液成为医疗行为的一个盈利渠道。在医生的一定"诱导"之下，不少乡县医院甚至是城市医院都一度把输液当成了快速祛病的良方。有公开数据显示，2011年，我国大输液市场容量在100亿瓶（袋）以上，相当于13亿人口每人每年输了8瓶液，远高于国际上人均2.5—3.3瓶的水平。据中国安全注射联盟的统计数据显示，我国每年因不安全注射导致死亡的人数在39万以上，其中，每年约有20万人死于药物不良反应，保守估计，每年我国最少有10万人在输液后丧命。[1]

输液相比口服药物有着相当程度的危险性，在国外医疗管理中，输液比率被严格控制，医生会对症开药，并且在开药的同时不少医生也不主张病人过多服用药物。国外医院有着一套较为完善的医疗质量考核体系：一是如果某位医生的输液量过高，就立刻会有人与其交谈，让该医生作出合理的解释；二是医疗保险机构也会介入调查，一旦医生不能作出符合医疗原则的解释，该医生很可能面临吊销医疗执照或者其处方不能得到医保报销的窘境，在严格的制度监管之下，医生必须收敛自己的非理性行为。

如何节约医疗费用，减少重复检查，以加拿大维多利亚医院（Royal Jubilee Hospital）医疗信息整合中心为例，医院医疗信息整合中心将同一样本送到不同医院，检验其通用性如X光片，如果图像标准不一致，由医疗

---

[1]　参见《中国人年输液超百亿瓶　每年10万人因输液丧命》，人民网，2013年9月8日。

信息中心整合，达成一致。患者在任何医院的 X 光片、超声波、心电图、生化指标等全部由计算机管理、医疗信息中心保管，发送到转治医院，不作重复检查（之前统一检查标准），住院期间的全部信息传送到医疗信息中心，保证信息共享，大大地节约了重复检查的费用。

第六节　加强对社会保险经办过程中的突发性或群体性事件的应对

政府社会保险机构需要为应对突发重大事件而保持组织弹性。如企业倒闭会伴生债权人讨要欠款、工人讨要工资以及工人就业甚至社会稳定等问题，需要政府出面处理解决。全球经济发生重大波动时，很多企业因无法承受冲击而倒闭或破产不再是个案，这需要引起地方政府的重视并应有处理预案。地方政府应担当起破产倒闭企业清算的责任、化解社会矛盾的责任，采取特殊手段，维护经济和社会的稳定。授权政府为应对突发、特殊或新兴的重大任务而设立临时性的、权宜性的、过渡性的组织，这类暂时性的组织也往往通过日落条款或类似的机制，防止建制常态化。

一、防范社会保障重大突发事件或重大政策的"邻避效应"

在 2007 年 5 月，日本厚生省社会保险厅爆出丑闻，日本社会保险厅遗漏了 5095 万份养老金记录，此外，还有 1430 万份厚生年金记录没有录入电脑，曾经负责收集这些信息的数百个市政机关也早已销毁了原始记录。由此引发了日本政局动荡，执政的自民党在选举中遭到惨败。同年 10 月，英国皇家税务及海关总署又发生了将包括 2500 万人的社保信息的光盘丢失事件，署长因此引咎辞职。日本和英国两个事件情节上虽有差别，但都说明一个问题：社保数据信息资料切实涉及国民的切身利益，很容易导致群体性事件，牵涉到社会的稳定，这两个事件警示我们必须高度重视社会保险业务档案管理。

2014 年 4 月 5 日，东莞裕元鞋厂（隶属于台湾宝成集团）员工到社保局查社保记录，发现原来厂方一直是把他们按临时工的身份买的社保，缴交的标准远远低于他们的实际工资收入，加上此前出现的员工被曝劳动合同无效等事情，员工与厂方交涉，引发几千名员工举行抗议活动。

邻避效应（Not-In-My-Back-Yard）表面是因利益补偿或沟通不畅而引发的矛盾冲突，本质却是政府官员、专家学者和民众在冲突应对策略上的认知偏差。2011年，在我国"十二五"规划纲要中正式提出"建立重大工程项目建设和重大政策制定的社会稳定风险评估机制"。在重大政策制定的社会稳定风险评估的实践中，一般要求由各级政法委和维稳办牵头，由公安、发改委等部门，对建立重大工程项目和重大政策制定的社会稳定风险开展调研、组织专家进行评估。评估的内容为重大工程项目和重大政策的合法性、合理性、可行性、可控性四个方面；评估程序一般按确定事项、提交申请、调研评估、提请审查，组织会审、作出决定，制定措施、控制风险等步骤来具体展开。这些实践不仅为在重大政策中强制性嵌入社会稳定风险评估进行了有益的尝试，而且较大程度上提高了各级部门维护社会稳定的自觉意识，并因为重视民意和及时化解矛盾而在事实上促进了社会的稳定与和谐。社会保障重大政策的合法性、合理性、可行性、可控性评估需要多重程序进行。如我国延迟退休年龄这一重大政策，如果贸然出台，就可能面临重大的政策风险，甚至引发对政府的信任危机，产生重大社保政策的"邻避效应"，从公共政策途径研究延迟退休年龄引发的冲突化解机制，应从公民参与入手，消解养老保险制度内参与者的心理失衡，消除养老保险待遇双轨制，进而提升民众对政府的信任，降低政策建设的阻力。

二、防止社会保障经办管理不善引发的社会冲突

社会保障风险管理工作主要包括两个方面：风险评估——存在什么样的风险、威胁或危险，它们来自何处。风险评价——各种风险、威胁和危险的大小、发生频率与可能性对社会保险的影响有多大。据此排出优先级。建立有效的风险管理机制，减少和控制公共风险，是有效治理的另一个重点所在。政府部门需要建立一套有效地风险监测与管理以及内部控制体系，并将之与政策和规划的制定有机整合，如何管理各种风险产生的根源，如何在问题出现以前就确定原因，解决问题，以消除社会隐患。

党的十八大报告提出："健全社会保障经办管理体制，建立更加便民快

捷的服务体系。"社会保险经办管理要以常态型风险管理为主，尽量减少应急色彩。就社会保险而言，发生公共风险的主要领域：一是产业结构调整引起的群体性失业，那些在劳动力市场上缺少竞争力的人群，会逐渐被沉淀到社会的底层，形成城市贫困人口，需要失业保险政策和最低生活保障制度与之相对应。目前外来务工人员与大学生这两大群体的就业问题与失业问题存在非常复杂的社会动因，更需要相应的社会保险政策提供防范机制；二是重大的自然灾害，如汶川地震除了造成大量灾民正常的劳动与生活中断、需要社会救济提供物质帮助后，需要安置就业人员达到数百万人；三是养老金的社会化发放，一旦遭遇养老金支付危机，需要政府充当兜底者的角色，坚持确保养老金足额按时发放不动摇；四是政策性引发的危机，如外来务工人员大规模群体性退保、断保问题，虽然这还没有酿成一种重大的社会事件，但是这对外来务工人员的所谓关怀与政府社会保险的诚信蒙上了阴影；五是公共医疗问题，公共卫生问题的预防性尤其需要提前作出应急预案。

　　于建嵘教授认为：从总体上讲，地方政府在处置社会冲突方面的水平有限，有很多完全可以消解的矛盾，由于处理不当而导致严重的后果。政府部门对事件漠然置之的态度往往错失最佳的处理时机，表现出"体制性迟钝"，从而"小事拖大，大事拖炸"，集中暴露出应急能力的薄弱。① 我国社会保险经办过程中面临着各种各样的社会问题，表现为社会保险应急管理的薄弱。

　　对社会保险的危机或危机管理在管理层次上高于日常管理，是管理的最高层次。社会保险财政危机管理要服从于建设小康社会与和谐社会的发展需要，必须与整个国民经济和社会发展规划结合起来，也必须与国家、地区和部门的危机管理体系相适应。在上述社会保险公共风险防范中，失业问题借助于公共财政与劳动社会保险部门共同应对；重大自然灾害通过年度财政预算由民政部门实行常规管理与应急管理，并辅之以动态调控机制；养老金的社会化发放有"两个确保"政策作背景，近几年已走上了正常发展的轨道，未来应对人口老龄化的养老金支付危机，需要政府作出长期的预算安排与风险防范；社会保险政策不当引发的危机需要进行政策调整，以符合国民心态与现实诉求；医疗保险与公共卫生问题是最复杂的社会层面，具有公共

---

① 参见于建嵘：《抗争性政治：中国政治社会学基本问题》，人民出版社 2010 年版。

危机普遍存在性、较强的突发性与扩散性、高频发性、社会影响力大等特点，不确定性因素复杂，如中小企业倒闭潮引发的工人集体讨薪风险，大地震引发的各种次生灾害对灾民的基本生存保障等，需要作出特别的应急预案。生存保障是社会稳定的逻辑起点，这是社会管理和社会伦理价值判断的共同结果，社会保险系统需要选择反映民生生存状况的硬性指标来综合考虑社会保险财政危机管理的配套能力。

三、加强社会保险经办机构的责任机制、问责机制与回应机制

在公民中心的政府管理模式下，政府的角色应转变为回应性、责任的服务型政府，而不是凌驾于公民之上的管制型政府。

其一，明确社会保险经办机构责任机制。组织内外明确的报告、问责和责任链条是有效治理结构的关键所在。社会保险组织要承担多元的责任，如对公民社会的责任、对参保者的责任、对上级机关的责任。责任的属性包括行政责任、政治责任、法律责任与经济责任等。因此，要明确正式的和非正式的责任及其责任关系以及问责的途径和方式。政府对参保者负责集中体现为：一是公民具有选择公共产品和公共服务的机会；二是公民具有获取充分信息的知情权；三是公民在权益受损害时能够得到救济；四是公民的满意是衡量政府社会保险管理和服务的核心标准。

其二，实行制度化和多主体的问责机制。体现为：一是由"权力问责"向"制度问责"转变。制定政府问责的相关法律法规，为问责处分提供主要依据，使其处理程序更加制度化、规范化。二是问责主体的内外结合。在完善权力机关、司法机关和政府机关单位内部问责机制的基础上，加强行政过错投诉处理网络的建设，强化以民众为主导的外部问责机制，做到问责主体的内外结合，实现问责主体的多元化。三是扩大问责范围。通过扩大问责范围，严惩责任主体，以强化政府及其工作人员的责任意识。从西方国家的问责实践来看，行政问责涉及合法行政、行政效能、行政效率、行政质量、政府形象等各方面内容。① 我国社会保险机构的问责机制还很不健全，许多问

---

① 参见应急救援系列丛书编委会：《企业、政府应急预案编制实务》，中国石化出版社 2008 年版，第 31 页。

题悬而未决，承诺多、落实少，影响了政府的信誉。

其三，增强政府的回应机制。社会保险机构已设立了 24 小时服务电话与政府网站，颁布了各种政策法规、办事制度等。参保者有权通过各种路径对管理者提出质询，回应力意味着政府是否能够反映公民的社会保险需求并满足公民的合法期待。社会保险机构应该建立有效的沟通机制以了解和确定公民的社会保险需求，如通过民意调查、公共论坛、热线电话、电子邮箱等回应参保者的质询；拓宽有效的参与机制以允许公民参与社会保险政策、计划、项目等的规划与实施，如举行咨询会议、听证会等；强化对结果的控制反馈机制以确保达到预期的社会目的。我国社会保险经办机构的回应机制应该设立一些监管指标，考核回应的速度、效率问题。

其四，采用科技手段减少道德风险的分析。近年来养老金的发放已逐步过渡到通过银行等代理机构进行委托发放，在有效保障了离退休人员养老金按时足额发放的同时，社保机构却很难像以往一样了解相关人员生存状况，死亡人员家属继续冒领养老金的现象时有发生，这主要归因于缺乏统一的信息共享平台及现代化的监管手段，社保、户籍、民政等有关部门之间缺乏沟通，信息不对称，既给离退休死亡人员家人办理销户带来困难，也给冒领者带来了可乘之机，公共道德风险突出。人力资源和社会保障部披露：2012 年，全国共核查五项社会保险待遇享受情况，9041 万人项，查出 7 万人冒领待遇 11807 万元。[①] 黑龙江省 2011 年在齐齐哈尔市探索采用外接指纹仪来实现指纹认证功能，通过互联网实现指纹远程采集和上传，经与信息库内指纹比照，让离退休人员本人到养老保险经办机构的指定地点或是社区、企业、银行部署的自助认证网点并进行指纹生存认证，推出了可以连接互联网的自助设备，以方便异地、行动不便人员进行"居家认证、异地认证"，既推进了人性化服务，又使冒领者无机可乘。科技手段加上人性的管理可以大量减少道德风险的发生，节约社保基金。

---

① 参见苏琳：《人社部：2012 年查出 7 万人冒领社保待遇 11807 万元》，中国经济网，2013年 6 月 19 日。

第三章
社会保险应急预案

为及时妥善处理社会保险工作中的突发事件，将由其造成的影响降到最低限度，维护社会稳定，有必要制订社会保险应急预案，及时处置养老、医疗、工伤、生育与失业工作中的突发事件。当然，社会保险领域突发事件的发生并不是常态化的，是小概率事件，如果对社会保险应急预案不重视，就可能在突发状态下陷入混乱的境地。

第一节　应急预案总体概述

一、应急预案的特点

亨廷顿、格尔、齐默尔等人提出的偶发论认为，群体性事件是一种非正常秩序轨道的非正常状态当经济、政治、社会发展不平衡时爆发出的一种事件，同时也认为群体性事件是每个国家社会所固有的普遍状态，只是有的比较激烈表现为显性，而有的平静表现为隐性。[①] 社会保险部门将处置社会保险突发事件应急预案的适用范围定义为：适用但不限于在行政机关办公场所周围非法聚集；围堵、冲击行政机关、破坏其设施；在行政机关办公场所滞留、滋事、堵塞、阻断交通；拦截公务车辆；在酝酿、形成过程中的串联、

---

① 参见 [美] 亨廷顿·格尔：《变化社会中的政治秩序》，王冠华译，上海人民出版社 2008 年版，第 89 页。

聚集等活动扰乱正常社会秩序的事件。①

按照"国家突发公共事件总体应急预案"的定义，应急预案是一个标准化的反应程序，其主要目的是使应急救援活动能够迅速、有序地按照预案规定的步骤来进行，以提高政府保障公共安全和处置突发事件的能力，最大限度地预防和减少突发事件及其造成的损害，保障公众的生命财产安全，维护国家安全和社会稳定，促进经济社会全面、协调、可持续发展。一个完整的应急预案具有以下几个方面的特点：

其一，应急性。具备应对突发事件能力是预案的首要特点。无论是总体应急预案、专项应急预案，还是国家应急预案或者地方应急预案，首当其冲的问题，就是要考虑预案能否在非常规状态下发挥作用，最快时效地发挥应急功能，最大限度地减少灾害损失，凸显其应急性。

其二，权威性。应急预案是由国务院和地方各级人民政府根据宪法及有关法律、行政法规制定的。突发事件发生时，必须根据相应的应急预案规定的流程来作出应急决策。应急预案的出台增强了受众对决策的遵从，让预案得以顺利实施，使领导权威得以延续。

其三，系统性。突发事件分为四类四级，每一个类级的突发事件都有不同的特点。针对四类突发事件，每一类的不同等级又会需要各自等级的应急预案，如此才能适应事件的轻急缓重。一项完善的应急预案，至少应该包括情景、客体、主体、目标、措施、方法等方面的内容。系统的应急预案体系能够保证在突发事件发生的非常规状态下，决策者可以从容、准确地选择出对应的处理方案和解决办法。

其四，可操作性。首先，应急预案必须具有科学性。科学的预案是经过缜密考虑经受过实际考验或者至少经历过情景模拟考验的，预案的每一个节点都严谨地连接，从而串联成一个完整的预案。其次，简洁明了。任何一项应急预案，必须让操作者能够迅速、清晰地观察到所有细节，其前提是预案的内容条理有序，逻辑井然，文字易于理解。预案必须具有以下特点：简洁明了，工作目标和工作职责明确；易记易掌握易操作；重点突出、实用性强。再次，详细具体。应急预案的作用是提高政府保障公共安全和处置突发

———————

① 参见 2011 年《深圳市社会保险事业管理局处置突发事件应急预案》。

事件的能力，这种能力的提升，需要让应急预案落实到管理体系之中，即对应急决策的每一个细节都应该列出并形成流程，而每一个细节的职责也应当明确"动作的触发点是什么、谁来负责实施、如何去实现"。

二、建立社会保险应急预案重在高度防范社会保险突发事件

中国经济社会转型过程中，劳资群体性事件已成为影响社会稳定及构建和谐社会的重大障碍。从个体劳资争议到群体性劳资冲突事件，呈现"井喷式"发展趋势。人力资源和社会保障部发布的年度统计公报显示：2002年，全国劳动争议仲裁委员会受理劳动争议案件为18.4万件，到2007年已达到50万件，2008年受《劳动法》实施和金融危机影响，案件激增至96.4万件，2009年后仍处于高位运行态势，争议案件的比重上升快，劳资冲突程度加剧，并且群体性事件中的暴力性和非理性成分增加，暴露出我国政府社会管理"失灵"、企业社会责任"缺失"和工会参与的"缺位"。这一现象值得高度关注。

警察可以驱散群众，但效果只能是暂时的，就像用手驱赶蚊群一样。[①]劳资群体性事件是社会保障管理风险管理中最棘手的事件，按照风险管理或应急管理的要求，政府要将社会保障可能面临的各种风险、威胁、危险进行管理。我们要转变群体性事件的处置手法，慎用警力，提高应急处置的艺术，同时加强社会控制的技巧与能力，改变以暴易暴的状态。

图 3-1 群体性事件的形成过程

---

① 参见 [德] 埃利亚斯·卡内提：《群众与权力》，冯文光等译，中央编译出版社2003年版。

在社会保险基金管理领域，一部分人利用政策管理漏洞，虚增参保数，截留社保金，也屡次出现违规管理问题。某国企职员柳某利用负责收集客户公司职工工资和社保数据的职务之便，修改社保人数和工资表，两年之间侵吞公款 80 余万元。他还与他人合伙侵吞公款 20 余万元。① 这事件本身是常规管理出现问题，但一经查出便成为突发事件，与单位社会保障管理中缺乏应急预案有关。

我国传染病防治不力直接引起了医疗领域的应急问题。2013 年 8 月 28 日，在第十二届全国人大常委会第四次会议上，国家卫生计生委主任李斌认为，我国传染病防治仍面临三大严峻挑战：一是防治工作面临来自传统传染病和新发传染病的双重压力。有许多新发传染病起病急，早期发现及诊断较为困难，缺乏特异性防治手段，早期病死率较高。二是人口大规模流动增加了防治难度，预防接种等防控措施难于落实。频繁的国际商贸往来加剧了传染病跨国界传播风险，三是环境和生产生活方式的变化增加了传染病防治工作的复杂性。一些地区令人担忧的城乡环境卫生状况，以及传统的生产生活方式，使一些人畜共患病持续发生。②2014 年以来，已有浙江、江苏、上海、广东、福建等五省市出现人感染 H7N9 病例共计 93 例，其中死亡 20 例。传染病防治不力，引发规模型传染疾病，地方的传染病防控领导机构和联防联控等工作机制，主要是针对重大传染病、新发传染病和传染病疫情暴发而成立的，许多工作机制具有临时性，具有严重的应急色彩，各部门传染病防控措施的落实情况也不平衡。对医保部门而言，传染病防治危机管理意识的缺失，导致医保应急预案的出台，确实是不得已而为之。

按照《传染病防治法》的规定，传染病分为甲类、乙类和丙类，其中甲类传染病两种，分别是鼠疫和霍乱，乙类传染病 26 种，分别是：传染性非典型肺炎（严重急性呼吸综合征）、人感染高致病性禽流感、甲型 H1N1 流感、艾滋病、病毒性肝炎、脊髓灰质炎、狂犬病等责，丙类传染病 11 种，分别是流行性感冒、流行性腮腺炎、风疹、急性出血性结膜炎、麻风病等。责任报告人当发现甲类传染病和乙类传染病中的肺炭疽、传染性非典型肺

---

① 陈博：《国企 4 人篡改社保数据贪污百万受审》，《新京报》2012 年 2 月 22 日。

② 参见中央人民政府网站，2013 年 8 月 28 日。

炎、脊髓灰质炎的病人、高致病性禽流感的病人、疑似病人或病原携带者时，应于 2 小时内以最快方式向属地疾控中心报告。图示如下：

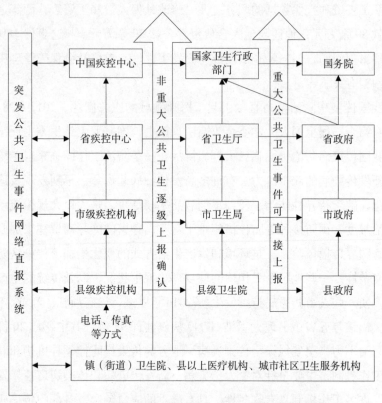

图 3-2　突发公共卫生事件卫生系统内部信息流向示意

我国一些省市社保部门相继出台了一些社会保险工作应急预案，主要局限于社会保险信息系统应急预案、社会保险基金管理应急预案、社会保险公共业务应急预案等，整体来看还是零碎不全。建立社会保险应急预案可以明确要面对的情景和客体，即要应对的事故、背景以及预案实施的对象。如聚众冲击或围堵各级社会保险部门经办服务场所、金融危机或是特大自然灾害引发的大范围失业、拖欠外来务工人员工资引发的自杀或暴力行为、深圳先前发生过的大量外来务工人员彻夜排长队退保现象、社保定点医院突发的伤害事件和大面积医患灾难等，这些情景有助于我们有效地辨识出潜在的风险，及时了解突发事件的相关信息，有针对性地着手准备调用应急保障资源，同时也可以避免或者防止在非常规状态下突发事件不断扩大、升级，最大程度上减少突发事件给民众带来的生命健康和财产方面的损失。

建立社会保险应急预案可以明确突发事件中的主体，即确定预案实施过程中的决策者、组织者和执行者等组织或个人。这样我们就可以落实在非常规状态下的应急管理的责任人和参与者，明确其责任范围和角色分工。通过社会保险预案的执行，可以迅速将应急管理角色落实到位，具体到个人，保证在非常规状态下各个相关主体不会发生角色冲突或者推卸责任，耽误应急管理的最佳时间。

建立社会保险应急预案可以通过明确预案实施所要达成的目的或效果来确定应急管理的措施和方法。应急预案的最初衷目标是预防突发事件的发生，并尽可能地减小突发事件造成的各种损失。因为目标具有比较强的关联性，所以在非常规状态下对应急管理目标的选定必须因时、因地、依据现实状况而定。有时对某些民众有利的目标未必会对其他民众有利，有时为了保证全局目标的实现必须牺牲局部利益。在目标确立之后，必须选择预案实施

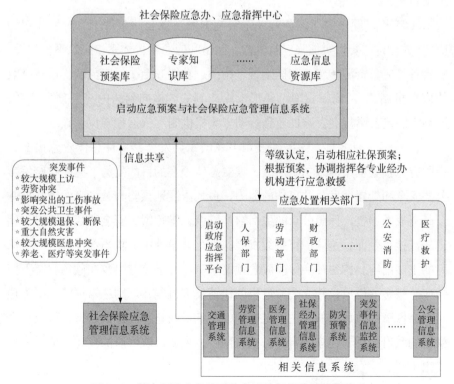

图3-3 社会保险应急管理信息系统与相关系统的关系

过程中所采取的方式、方法和手段。例如应急决策的程序、突发事件现场处置的方法、应急保障各项资源的管理与调用方法、应急管理人力资源迅速调配的方法等。图示如下：

第二节　社会保险应急预案的体系建设

根据《中华人民共和国突发事件应对法》的规定，要求建立健全突发事件应急预案体系："国务院制定国家突发事件总体应急预案，组织制定国家突发事件专项应急预案；国务院有关部门根据各自的职责和国务院相关应急预案，制定国家突发事件部门应急预案。地方各级人民政府和县级以上地方各级人民政府有关部门根据有关法律、法规、规章、上级人民政府及其有关部门的应急预案以及本地区的实际情况，制定相应的突发事件应急预案。"

2005 年，颁布的《国务院关于实施国家突发公共事件总体应急预案的决定》指出："要切实加强应急机构、队伍和应急救援体系、应急平台建设，整合各类应急资源，建立和健全统一指挥、功能齐全、反应灵敏、运转高效的应急机制。"目前，我国已经形成纵向到底、横向到边的应急预案体系，能够为制定非常规突发事件应急行动方案提供制度依据和知识基础。

2006 年 1 月 8 日，国务院发布了《国家突发公共事件总体应急预案》，中国应急预案框架体系初步形成。编制总体预案的目的是为了提高政府保障公共安全和处置突发公共事件的能力，最大限度地预防和减少突发公共事件及其造成的损害，保障公众的生命财产安全，维护国家安全和社会稳定，促进经济社会全面、协调、可持续发展。在公共事件中，相当部分属于社会保障的主体内容，构建社会保障应急预案，一则保证公共财政在危急状态下保障应急基金的供给，建立公共危机的快速反应机制；二则在常规状态下为预防社会保障财政危机的发生制定长期的反危机战略和应急计划，实行权责发生制的政府会计，建立政府财务报告制度，全面反映政府的或有负债及未来支出责任。

一、应急预案体系的构成

"应急预案"是集成"情景—职责—程序—资源",形成"能力",从而实现有效"应对"的核心要素。

按照我国应急管理行政体系的层次,我国应急预案体系主要由国家应急预案、省级应急预案、市级应急预案、县级应急预案和基层单位应急预案组成。同时,各社会单位根据本单位开展应急管理的实际情况也应制定相应的应急预案。各种不同层次的应急预案应相互衔接,互为补充,共同构成我国应急预案体系。

同时,我国应急预案体系中不同层级政府的应急预案体系主要包括综合应急预案、专项应急预案和现场处置方案,针对本单位可能发生的不同类型和不同级别的突发事件明确规定相应的应急响应方案和措施。

（一）综合应急预案

综合应急预案,也称总体应急预案,从总体上阐述突发的应急方针、应急政策,应急组织结构及相关应急管理职责,应急行动、措施和保障等基本要求和程序,是开展本单位应急管理工作和应对各种类型突发事件的综合性文件。综合应急预案处于本单位应急预案体系的顶层,在一定的应急管理方针、政策和原则的指导下,从整体上分析行政辖区内的危险源、可能存在的风险和可能发生的突发事件、应急资源、本单位应急能力,并明确本单位应急管理组织体系及相应职责,应急行动的总体思路、责任追究等。例如,我国应急预案体系中《国家总体应急预案》、各省级人民政府总体应急预案等属于综合应急预案的范畴。

（二）专项应急预案

专项应急预案是针对具体的突发事件类别（如自然灾害、事故灾难、突发公共卫生事件和社会安全事件）、重大危险源和应急保障而预先制定的应急计划或方案。专项应急预案是综合应急预案的重要组成部分,应按照综合应急预案的程序和要求进行制定。同时,专项应急预案应制定明确的应急响应程序和具体的应急救援措施。专项应急预案针对某种具体、特定类型的突发事件的应急响应工作进行制定,比如防汛、危化品泄漏等,涉及一个或多个政府部门,在综合预案的基础上充分考虑了特定突发事件应急态势的特点,对应急响应的形式、组织机构、应急活动等进行更具体的阐述,有较强的针对性。通常，若专项应急预案应急响应工作主要涉及一个政府部门，则该专项应急预案也称为部门应急预案。例如，我国应急预案体系中的《国家自然灾害救助应急预案》、《国家防汛抗旱应急预案》和省级防汛抗旱应急预案属于专项应急预案。

（三）现场处置预案

现场处置预案是针对具体的装置、场所或设施、岗位所制定的应急处置方案和措施。现场处置预案应根据风险评估及危险性控制措施进行编制，做到事件相关人员熟悉预案内容，并通过应急演练掌握现场处置预案的实施过程和技能，做到迅速反应、正确处置，具有具体、简单和针对性强等特征。

现场处置预案是在专项预案基础上，针对特定场所（例如风险较大场所或重要防护区域）的具体情况进行编制的应急预案。例如，根据"单位危化品事故专项预案"编制的"某重大危险源的场内应急预案"，根据"公共娱乐场所专项预案"下编制的"某娱乐场所的场内应急预案"等属于现场处置预案。同时，现场处置预案有更强的针对性，对现场具体救援活动更具有操作性和指导性。例如，根据"地震灾害专项应急预案"，可以编写现场处置预案"发生地震灾害后风力发电设备的处置方案"、"发生地震灾害后针对风电场建筑物的处置方案"等。

现场处置预案属于操作型预案，具体规定了完成特定应急功能和任务的具体操作程序。通常，随着应急管理行政级别的逐渐降低，涉及的现场处置预案越多，预案的内容越具体。

二、突发事件应急预案按标志分类

（一）按照社会保障预案的编制与执行主体划分，可划分为三大类：

1. 国家级预案

对事故后果超过省、自治区、直辖市边界以及列为国家级事故隐患、重大危险源的设施或场所，应制定国家级应急预案。国家级突发事件应急预案包括国家突发公共事件总体应急预案、国家专项应急预案和国务院部门应急预案三类。涉及社会保障的国家部门比较多，如人保部、财政部、民政部、全国总工会、中国证监委、全国社会保障基金理事会等。它们均可以根据自己的职能发布应急预案。发布预案的目的是为了提高政府保障社会保障公共安全和处置突发事件的能力，最大限度地预防和减少突发事件及其造成的损害，保障公众的生命财产安全，维护国家安全和社会稳定，促进经济社会全面、协调、可持续发展。该预案适用于涉及跨省级行政区划的，或超出事发地省级人民政府处置能力的特别重大突发事件的应对工作。

2. 地方级预案

突发事件地方应急预案具体包括：省级人民政府的突发事件总体应急预案、专项应急预案和部门应急预案；各市（地）、县（市）人民政府及其基层政权组织的突发事件应急预案。上述预案在省级人民政府的领导下，按照分类管理、分级负责的原则，由地方人民政府及其有关部门分别制定。如吉林省社会保险系统处置突发性事件应急预案、佛山市社会保险信息系统应急预案、扬州市社会保险基金管理中心社会保险信息系统突发事件应急预案、新疆维吾尔自治区劳动和社会保险突发事件处理工作预案等。

3. 企业级预案

大多是一种现场预案，以场内应急指挥为主，强调预案的可操作性。

（二）按照预案功能和目标划分，可以分为三类：

1. 综合预案

综合预案是总体、全面的预案，以场外指挥与集中指挥为主，侧重规定在应急救援活动中的管理体制、组织协调和应急机制，主要明确各相关部门的职责和权限。针对社会保险制度的碎片化管理，严格社会保险制度的顶层设计，是综合预案的内容之一。

2. 专项预案

主要针对某种特殊或者具体的突发事件，如自然灾害类突发事件专项应急预案、事故灾难类突发事件专项应急预案、突发公共卫生事件和突发社会安全事件等专项应急预案。社会保险工作中的专项预案比较专业、针对性较强，只能适用于该类的突发事件。如广州市劳动保障信息化应急系统专项预案规定：中心机房每天24小时值班，加强设备的运行检查，确保设备正常运行和网络畅通。增加技术人员二线值班，遇紧急情况或突发事件时二线人员要迅速到达现场。核心业务数据采取严格的数据保护措施，备份系统制定完善备份策略，每隔两小时做一次增量备份，每天做一次数据库全备份，备份介质存放银行。

3. 现场预案

是以现场设施或活动为具体目标而制定和实施的应急预案。它主要是建立在专项应急预案的基础之上，根据不同突发事件的非常规状态而编制的。针对某一特定的非常规状态的特殊危险和突发事件背景，在详细分析各个关键节点要素的基础上，对应急救援的各个环节做出准确而又高效的部署，它具有明显的功能指向性，只负责处理这一种非常规状态下的应急管理行为。如广州市劳动保障信息化建设应急预案要求在突然停电的情况下，紧急启动应急程序，保护劳动保障信息不爱损失。如图 3-5 所示。

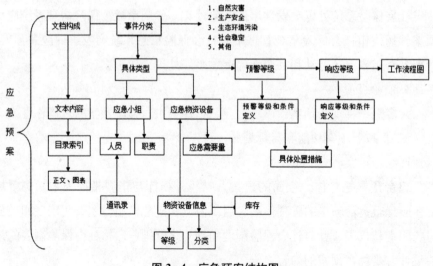

图 3-4　应急预案结构图

（三）按照突发事件的类别划分

第一，自然灾害类应急预案。自然灾害类突发事件应急预案是为了应对自然灾害类突发事件而出台的专项预案，目前，已经颁布了包括"国家自然灾害救助应急预案"、"国家防汛抗旱应急预案"、"国家地震应急预案"、"国家突发地质灾害应急预案"、"国家处置重、特大森林火灾应急预案"等五部自然灾害类应急预案。重特大自然灾害往往也给社会保障部门带来沉重压力，如灾后社会救济、灾后就业安置等。

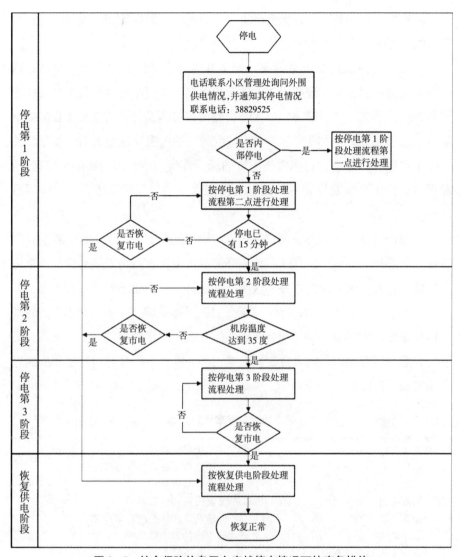

图3-5　社会保险信息平台突然停电情况下的应急措施

第二，事故灾难类应急预案。目前，国家已经出台9部关于事故灾难类突发事件的应急预案，包括："国家安全生产事故灾难应急预案"、"国家处置铁路行车事故应急预案"、"国家处置民用航空器飞行事故应急预案"、"国家海上搜救应急预案"、"国家处置城市地铁事故灾难应急预案"、"国家处置电网大面积停电事件应急预案"、"国家核应急预案"、"国家突发环境事件应急预案"、"国家通信保障应急预案"。安全生产事故灾难类带来的各类工伤重大事故发生频率高、灾害损失严重，生态与环境破坏致使人民健康问题而产生的医疗费用事实上大大地增加了社会保险的医疗成本。

第三，公共卫生类应急预案。为了有效地应对公共卫生突发事件，国家发布包括"国家突发公共卫生事件应急预案"、"国家突发公共事件医疗卫生救援应急预案"、"国家突发重大动物疫情应急预案"、"国家重大食品安全事故应急预案"4部专项应急预案。城市居民纳入医疗保险之后，校园集体食物中毒事件；重特大自然灾害引发的流行性疾病或急救药物的价格猛涨；参保者医疗卫生信息安全等都给社会医疗保险的应急工作带来一定的管理难度。

第四，社会安全类应急预案。当今社会瞬息万变，在中国不断增长的良好经济形势下，也会出现一些诸如恐怖袭击事件、经济安全事件和涉外突发事件等社会安全类突发事件。这类突发事件一旦控制不好，处理不当，其后果及影响面是非常大的，有时甚至会引起国际争端。社会安全引发的各类群体性事件，大多数可能与社会保障发生直接或间接的联系，社会骚乱、罢工、失业、劳务纠纷与重大劳资冲突等，都要求社会保障部门制定相应的应急预案加以防范。

表3-1　突发事件的分类

自然灾害类危机事件	事故灾难类危机事件
水旱灾害	工矿商贸等企业的各类安全事故
气象灾害	交通运输事故
地震灾害	公共设施和设备事故
地质灾害	环境污染和生态破坏事件等
海洋灾害	公共卫生事件类危机事件
生物灾害和森林草原火灾	传染病疫情
其他自然灾害等	群体性不明原因疾病
社会安全事件类危机事件	食品安全和职业危害
战争	动物疫情
革命或武装冲突	其他严重影响公众健康和生命安全的事件等
政变	
恐怖袭击事件	
经济安全事件和涉外突发事件等	

发生上述事件，可以通过手机监控，通过事件检测、短信的联运，实

现应急指挥图像的实时远程监控。通过手机或者电脑远程实时监控动态视频图像，可控制远程摄像机、录像、短信报警、即时抓拍等多种功能，画面清晰、性能稳定、同步性强、保密性高。在高带宽的支持下，手机视频监控不再是以前单纯的图片传输，而是视频图像流的传输，真正做到了实时监控，随时随地了解监控现场情况。

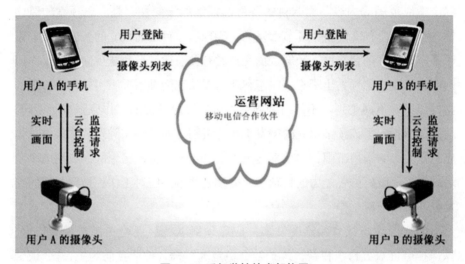

图3-6 手机监控技术架构图

第三节 社会保险应急预案的编制内容与编制程序

社会保险应急预案管理的方式主要包括应急预案文本管理和数字预案管理两种，具体内容如下：（1）应急预案文本管理是对以文本为表现形式的应急预案进行直接存储的一种预案管理方法。应急预案文本管理是当前应急预案的主要管理方式，造成应急预案文本与应急响应过程的数据信息无法进行关联，导致无法有效地利用应急预案文本描述的应急领域知识支持应急行动方案制定过程的开展。（2）数字预案管理是将文本预案描述的应急组织、应急行动方案和措施、应急资源等关键要素进行结构化，并按照合理的结构进行存储的一种预案管理方法。数字预案管理方法能够将预案内容与应急响应过程数据信息进行有效关联，当突发事件发生后，应急管理人员能够根据事件信息及其他相关的数据信息，利用计算机基于数字应急预案快速生成应急行动方案。

根据"国家突发公共事件总体应急预案"，的编制要求，一般而言，一个完整的应急预案应该包括以下六个方面的内容：

第一，总则。总则一般规定应急预案的编制目的、编制依据、工作原则、适应范围等内容。编制目的要阐明预案的指向性，是应急预案的风向标，整个应急预案的各个环节都是为了实现这一目标而设立的。编制依据表明了应急预案的合法性，预案依据宪法及有关法律、行政法规制定。工作原则明确了在应急预案出于常规状态和非常规状态两种情况下实施应急管理的指导原则，不同类别、不同级别的突发事件应急预案的工作原则有所不同。适用范围指出了该预案对立的突发事件的级别，如"国家突发公共事件总体应急预案"的适用范围：本预案适用于设计跨省级行政区划的，或超出事发地省级人民政府处置能力的特别重大突发公共事件应对工作，指导全国的突发公共事件应对工作。

地方劳动与社会保险突发事件应急预案以社会保险法律法规为依据，以保护劳资双方合法权益，维护社会稳定为目标，按照预防为主、"分级管理"和"谁主管，谁负责"的原则，建立健全统一指挥、职责明确、反应灵敏、运转高效的应急工作处置机制，高度重视、精心组织、周密部署、密切配合，妥善处置社会保险工作中的突发事件，及时快速平息事态，减小损失，维护社会稳定，为建立和谐社会环境创造良好条件。

第二，组织体系。包括领导机构、办事机构、工作机构、地方机构和专家组等内容。组织体系的内容主要是明确各组织机构的职责、权利和义务，以突发事件应急管理全过程为主线，明确事故发生、预警、响应、结束、善后处理等环节的主要负责部门和协作部门，同时以应急准备和保障机构为支线，明确各参与部门的职责。一般包括：应急指挥组、现场调处组、综合信息协调组、后勤保障组等。

第三，运行机制。包括预测与预警、应急处置、恢复与重建、信息发布等几个方面的内容。预测与预警要求及时发布、调整和解除包括突发事件的类别、预警级别、起始时间、可能影响范围、警示事项、应采取的措施和发布机关等内容的预警信息。应急处置涵盖了应急管理的主要流程，从信息报告、先期处置到应急响应、应急结束。恢复与重建是突发事件得到控制之后，为了保证受灾群众的正常生活得以延续而开展的一系列的救援工作，包括善后处置、调查与评估和恢复重建。另外。突发事件的信息发布应当及时、准确、客观、全面，事件发生的第一时间要向社会发布简要信息，随后发布初步核实情况、政府应对措施和公众防范措施等，并根据事件处置情况做好后续发布工作。

第四，应急保障。应急保障措施明确了各有关部门要按照职责分工和相关预案做好突发事件的应对工作，明确了在突发事件发生期间的非常规状态下，各个部门和组织应该承担的职责，形成了有法可依、有章可循的部门协同运作的整体制度框架。应急保障主要包括人力资源、财力保障、物资保障、基本生活保障、医疗卫生保障、交通运输保障、治安维护、人员防护、通信保障、公共设施、科技支撑等方面的保障支撑，保证应急救援工作的需要和受灾群众的基本生活，以及恢复重建工作的顺利进行。

第五，监督管理。要求各预案涉及部门结合实际，有计划、有重点地组织有关部门对相关预案进行演练。广泛宣传应急法律法规和预防、避险、自救、互救、减灾等常识，增强公众的忧患意识、社会责任意识和自救、互救能力，同时还要有计划地对应急管理人员进行相关培训，不断提高其专业技能。还要明确突发事件应急管理工作中的责任追究制，在应急工作中失职、渎职的，给予相应处分，在应急工作中做出突出贡献的，要给予表彰和奖励。

第六，附则。包括专业术语、预案管理与更新、跨区域沟通与协作、制定与解释权、实施和生效时间等。

以上六个方面共同组成了突发事件应急预案的结构内容，它们之间紧密联系、互相支撑，共同构成了一个完整而有效的应急预案整体框架。基于基础平台的社会保险预案体系运行环境如图3–7所示。

应急预案的编制程序包括以下七个基本步骤：

一、成立应急预案编制小组

由于社会保险应急预案的编制工作是一项规模庞大、涉及人员众多、专业性较强的系统工作，需要成立专门的预案编制小组，通过组织实施与分

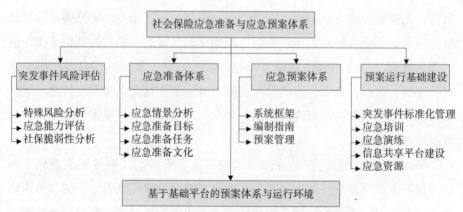

图 3-7　基于基础平台的社会保险预案体系运行环境

工协作，共同完成预案的编制工作。编制小组应该关联到所有与突发事件有利益关系的组织和个人，听取与采纳相关人员的声音和意见，但最基本的人员组成应该包括技术人员、管理人员、应急工作人员等三类，对这三类人员，要求都是各自领域的专家，全面系统地了解各自领域的相关知识，对所负责的各项内容能够提出专业意见。在小组成员规模方面，由于预案编制涉及面广，所以要尽可能囊括突发事件涉及因素的各专业人员，同时，为了保证编制小组的高效运作，小组成员的规模也不宜太大，在相关人员较多时，可以选择部分更加专业、更具权威的人员参加编制小组。项目的组织者应该具有较强的组织协调能力，明确编制小组的任务和资源，根据相关人员的专业特点，指定任务，充分调动各类人员的工作积极性，合理分工，团队协作，使整个编制团队成为一个有机的整体，共同完成预案编制任务。

二、明确预案的基本目的、适用对象与范围

在预案编制之前，应该让参与人员了解该预案的目的，预案的适用对象、适用范围等基本内容。如吉林省社会保险系统处置突发事件应急预案规定：本预案适用于因养老保险、失业保险参保、缴费、待遇计发、管理服务，基金存储的金融风险，媒体对社会保险的不实炒作，信息系统安全等问题引起的突发性事件的应急处置。主要包括下列严重危害人民群众生命财产安全、扰乱社会治安秩序的群体性行为以及造成重大社会影响的群体性行为：

（1）聚众冲击围堵党政军机关、要害部门、重要场所等重要警卫目标的；

（2）聚众冲击、围堵各级社会保险公司（社会保险局）经办服务场所，致使社会保险经办服务工作不能正常进行的；

（3）聚众堵塞国家干线铁路、干线高速公路及重要交通枢纽的；

（4）违法聚众上访、请愿，非法聚会、游行、示威的；

（5）以绝食、自残、自杀等威胁手段制造影响的；

（6）其他严重破坏社会秩序、危害公共安全的事件或行为。

三、资料收集

应急预案的编制需要收集各个方面的资料，以求更加全面综合地了解预案编制的细节和全貌。首先，应该查阅与社会保险突发事件相关的法律、条例、管理办法和上一级预案。这可以确立预案编制的基本原则和依据，使预案具有合法性和合理性。其次，分析与突发事件相关的各个层面的信息，这些信息的渠道可以是网络信息、各类刊物信息、国家颁布的行业文件标准等方面的资料、行业档案等，采用这些信息的前提是必须确保这些信息的真实有效。

四、社会保险应急能力评估

风险评估、应急准备体系、预案系统和预案运行基础是"应急准备与应急预案体系"的四个核心科学问题。

应急风险能力评估是指对应急预案适用范围所具备的应急资源和应急能力的评测与估计。应急资源方面的评估包括应急专业人员、应急设备、应急物流等；应急能力则包括应急人员的专业素养、经验积累和突发事件受众在非常规状态下的应变能力等。应急能力评估能够准确地反映出当前预案适用范围内的应急水平，划分相对应的应急能力等级，发现包括应急力量、设施、应急保障物资等资源的不足，从而根据应急预案的需要更新或者升级应急能力水平。它是建立应急队伍和准备应急保障系统的基础，也是编制应急预案的重要依据。

应急能力可分为内部应急能力和外部应急能力。内部应急能力是指在突发事件发生时，受灾人员或组织自身具备的在非常规状态下的应对能力。较强的内部应急能力可以确保受灾人员或组织在突发事件发生的第一时间展开自救，赢得黄金救援时间。外部应急能力是指突发事件发生之后，其他人员或组织如国际应急救援队、自愿者组织等对突发事件的应急救援的能力。匹配良好的外部应急能力能够迅速展开全面、高效的应急管理，充分地利用专业的应急管理队伍进行专业的应急救援，并帮助实施后期的恢复重建工作，同时，外部应急能力能够节省资源，通过统一的资源调配，为整个区域的突发事件服务，这样就减少了组织内部自行进行应急准备工作所需的巨大财力、物力成本。

评估方法有多种，如合肥工业大学左春荣的国家自然科学基金课题《非常规突发事件快速渐进式应急决策机制研究》，通过对国家、安徽省公共卫生类应急预案文本研究并依据构建指标的原则，设计出 7 个一级指标来对应急预案进行评估，分别是预案的完整性、领导与协调的合理性、监测与预警的准确性、医疗卫生机构应急体系的完整性、物资供应的充分性、公众宣传和教育全面性、应急处置的快速性。公共卫生事件应急预案评估是模糊的事件，因此，选用直觉模糊集作为评价方法。直觉模糊集同时考虑真隶属度与假隶属度两方面的信息，并创建非隶属函数这一概念，使得它在处理不确定信息时具有更强的表现能力，从而能够更加细腻地刻画客观世界的模糊性本质。

$$d(A,B) = \sqrt{\frac{1}{2}\sum_{i=1}^{n} w_j [(\mu_A(x_i) - \mu_B(x_i))^2 + (\gamma_A(x_i) - \gamma_B(x_i))^2 + (\pi_A(x_i) - \pi_B(x_i))^2]}$$

评价模型

计算每一预案 A_i 到直觉模糊正负理想方案的加权距离：

$$d(A_i, A^+) = \sqrt{\frac{1}{2}\sum_{j=1}^{n} w_j [(\mu_{ij} - \mu_j^+)^2 + (\gamma_{ij} - \gamma_j^+)^2 + (\pi_{ij} - \pi_j^+)^2]}$$

$$d(A_i, A^-) = \sqrt{\frac{1}{2}\sum_{j=1}^{n} w_j [(\mu_{ij} - \mu_j^-)^2 + (\gamma_{ij} - \gamma_j^-)^2 + (\pi_{ij} - \pi_j^-)^2]}$$

利用下式计算应急预案的综合评价指数：

$$k_i = \frac{d(A_i, A^-)}{d(A_i, A^+) + d(A_i, A^-)}$$

k_i 值越大，表示对应应急预案 A_i 越优。

为了全面、系统地展开应急能力评估，我们建立应急能力评估列表，通过对比应急能力评估表的各项信息，了解区域应急能力的缺失之处。应急能力评估列表见表3-2。

表3-2 应急能力评估表①

类别	应急能力评估项目	应急能力评估内容
内部应急能力评估	人力资源	1. 非常规状态下可以动员多少应急人员，包括专职、兼职人员和志愿者 2. 各级应急人员是否经过应急知识培训，需要持证上岗的是否持证上岗 3. 应急人员履行应急救援职责的能力 4. 需要多少时间才能够投入到应急救援行动中
	通信设备	1. 有无广播系统和警报系统 2. 广播和警报系统有无盲区 3. 当某系统失效时有无替代系统 4. 有无多种类型的通讯器材
	防护和防卫准备	1. 有多少和何种类型的个人防护装备（防护服、防毒面具等） 2. 有何种类型的防暴自卫器械（棍棒、绳索等）
	消防设施和器材	1. 有无消防水系统，有无替代水源 2. 室内外有无消防栓设施 3. 有无自动喷水灭火系统 4. 有无火灾自动报警系统 5. 有多少和何种类型的灭火器 6. 有无防烟、排烟设施、防火门、防火卷帘和消防电梯、消防供电设施
	医疗设备	1. 有无医疗机构 2. 医疗急救准备如何，是否有担架、急救箱、氧气袋等

---

① 王姝：《去年环境重大事件增长120% 司法渠道解决不足1%》，《新京报》2012年10月27日。

类别	应急能力评估项目	应急能力评估内容
	车辆	1. 有无车辆，有何种类型的车辆 2. 能乘载、疏散多少人员 3. 运输应急物资和设备的能力如何 4. 在非常规状态中，能够借用和租用的车辆
	监控装置	1. 有多少和何种类型的监控装置 2. 是否在重要部位和安放贵重设备区域都安装监控装置
	照明	1. 单位各幢建筑、个区域有无照明设备 2. 有无应急照明设备，数量多少，具体位置如何 3. 有无自备发电设备
	排险装备	是否有梯子、抽水泵、移动照明灯、防爆电筒、扩音话筒、望远镜和其他维修工具
	音像摄录器材	是否有摄像机、照相机、录音机等器材
	警戒设施和人员	1. 是否有实施交通管制的设备（路障等） 2. 是否有足够的警戒保安人员维护现场秩序
外部应急能力评估	公安部门	1. 最近的派出所位置，与突发事件现场的距离 2. 报警后，警方到达现场需要的时间
	消防部门	1. 最近的消防队位置，与突发事件现场的距离 2. 报警后，消防队伍到达现场需要的时间
	医疗救护	1. 最近的医院位置，有多少床位，医院等级如何 2. 报警后，救护车到达现场需要的时间
	社区应急部门	1. 社区（街道办事处、镇政府）能否提供应急救援，能调动多少人员参与应急救援 2. 社区的应急人员到达突发事件现场需要的时间
	解放军部队和武装警察部队	是否能及时获得解放军队和人民武装警察部队的应急支援，能调动多少人员参与救援
	避难设施	1. 突发事件发生地周围是否有安置疏散人员的避难场所 2. 避难场所能够收容多少人员 3. 能否为受灾民众提供包括临时住宿、毯子、食品、饮用水、药品等在内的生活物资

突发事件风险评估指标体系的建立应综合考虑某类突发事件风险潜在

危险因素、风险状态、风险导致的危害和突发事件应急能力等因素，一般来说，考虑产生风险的方面越多，评价指标会越多，评价结果也会更准确，但计算过程会复杂很多。表示如下：

表3-3　突发事件风险评估指标体系框架

突发事件风险评估指标体系	分级指标		二级指标	三级指标
	一级指标			
	危险性：突发事件异常程度（活动频率或规模）			
	脆弱性：危险区内所有财产受灾害程度			
	暴露性：突发事件发生时受威胁的因素的状况（人、物的因素）			
	应对性：防御和应对突发事件能力（人的素质、经济因素、技术或管理因素）			

五、编制应急预案

在搜集各类信息之后，预案编制小组就开始着手编制应急预案。应急预案的编制应该是建立在之前准备充分的基础之上的，必须具备大量的相关应急管理资料。而在预案的编制过程中，应该对全体参编人员进行培训，明确其掌握应急处置的相关方案和技能。同时，也应该充分利用各种社会资源，积极与相关部门、上级预案取得衔接，确保预案的完整、合理、有效。应急预案编制小组负责人应该确定编写预案的目标与阶段，制定任务表格。在应急救援预案编制环节要求给小组的每位成员分配一部分去完成，注意编制前就应该确定好每一部分内容恰当的书写形式，对具体的目标明确时间期限，同时为保证完成任务提供足够和必要的时间。

如国家社会保障"十二五"规划要求，设立失业动态监测预警项目。即为发挥失业保险预防失业的作用，依托基层人力资源和社会保障平台，建立健全统一的失业动态监测预警指标体系，配置必要设备，开发实用软件，加强人员培训和能力建设。争取到"十二五"期末，在所有省级单位和设区市及部分县（市），设立失业动态监测点，跟踪了解监测企业岗位变化、失业人员就业需求等动态情况，适时发布失业预警信息，并相应采取措施，预防和减少失业。美国在四个应急失业保险补偿法案中，联邦政府向经济不景气时期的长期失业者，提供全部应急失业补偿。即依据各州的失业率状况，在支付职工 26 周失业保险的基础上，再延长支付 13—52 周不等的失业保险金。我国的失业概念与国际社会不一致，用登记失业率作为政府的失业率控制指标，实际上还是计划经济的思维与传统社会主义政治经济学的理论使然，国家统计局和人力资源社会保障部，计划在"十二五"期间正式实施调查失业率，但至今为止，还没有实质上的内容，不利于国家的宏观经济调控。在 2008 年世界性的金融危机风暴中，中国为了应对大面积的失业风潮，要求建立三级应急预案的警报系统：

Ⅰ级警报：因某种原因导致本地区，某行业、产业或多个企业关闭破产造成 2000 人以上失业或多个企业一次性裁员超过企业职工总数 60% 以上；单个企业关闭破产造成 1000 人以上失业，或从业人员在 1000 人以上，一次性裁员 500 人以上引起失业人员大规模上访；城镇登记失业率高于年度计划 1.5 个百分点；超过 24 个月未就业人员比例高于 30% 且人数在 1500 人以上；失业人员增幅高于 100% 且增加人数在 1500 人以上；失业保险金发放率低于 70% 且未发人数在 1500 人以上；失业保险基金可支撑月数小于等于 1（月）。

Ⅱ级警报：因某种原因导致本地区，某行业、产业或多个企业关闭破产造成 1000—2000 人失业或多个企业一次性裁员达到企业职工总数的 50% 至 60%；单个企业关闭破产造成 500—1000 人失业或企业从业人员在 500 人至 1000 人，一次性裁员 100—500 人引起失业人员集体上访；城镇登记失业率高于年度计划 1 个百分点；超过 24 个月未就业人员比例为 20%—30% 且人数在 1000 人以上；失业人员增幅 50%—100% 且增加人数在 1000 人以上；失业保险金发放率低于 80% 高于 70% 且未发人数在 1000 人以上；失业保险基金可支撑月数小于等于 2（月）。

Ⅲ级警报：因某种原因导致本地区，某行业、产业或多个企业关闭破产造成 500—1000 人失业或多个企业一次性裁员达到企业职工总数的 30% 至 50%；单个企业关闭破产造成 200 至 500 人失业或企业从业人员在 200 人—500 人，一次性裁员 100 人以上引起失业人员上访；城镇登记失业率高于年度计划 0.5 个百分点；超过 24 个月未就业人员比例为 10%—20% 且人数在 500 人以上；失业人员增幅 30%—50% 且增加人数在 500 人以上；失业保险金发放率低于 90% 高于 80% 且未发人数在 500 人以上；失业保险基金可支撑月数小于等于 3（月）。

六、预案的审核和发布

在应急预案编制工作完成之后，应该组织进行应急预案的审核工作。首先应该进行内部审核，由应急预案主要负责人组织相关部门和人员实施，主要目的是确保应急预案语言整洁、通畅，内容完整、准确。在内部审核完成之后，需要进行外部审核。外部审核是指由本地区或其他区域同级机构、上级机构、专家、实际工作人员和有关政府部门实施的评审。其中根据审核人员的不同，又可分为同级审核、上级审核、专家审核和政府审核。同级审核是预案编制小组邀请本地区或其他地区同级机构中具备与编制小组成员相似资格或专业背景人员实施的审核，通过同级评审，可以收集其他同级专家对应急预案的看法和建议。上级审核是指预案编制小组将所起草的预案交由预案管理部门或其上级机构进行审核，上级审核的主要作用是获得上级支持，取得资源认同。专家审核是将起草的预案送交与应急预案相关领域的各行业专家进行评审，由于专家对行业有着较深刻的理解，能够识别在非常规状态下的行业特征，因此专家审核可以促进预案与行业的紧密结合，提高应急人员救援的专业性。政府审核是指将应急预案呈送政府部门，由政府组织有关部门、专家和应急人员实施的审核；主要作用是确认预案是否符合相关法律、法规、章程和政府的其他规定，并确保与其他预案的兼容。

在通过预案的内部和外部审核，并作出相应的修改之后，预案编制小组将应急预案上报同级政府部门，由政府最高行政官员签署发布，并报送上级政府部门备案。

七、预案的维护、演练与更新

应急预案具备合法性基础和实施的可能性之后，还需要应急管理部门在常规状态下对应急预案进行一定程度的维护，保证应急预案与现实发展相符合。同时，相关部门应该结合实际情况，有计划、有重点地组织实施在常规状态下的应急预案演练，一方面可以强化应急预案的操作性，加深应急人员对预案的理解，确保在非常规状态下应急人员可以迅速反应，结合预案展开救援，有条不紊地做出应急响应；另一方面，对应急预案的演练，可以增强公众的忧患意识、社会责任意识和自救、互救能力。通过演练，可以不断验证应急预案的有效性，及时根据实际情况的变化更新预案。

应急预案是政府为提高保障公共安全和处置突发事件的能力，最大限度地预防和减少突发事件及其造成的损害而制定的整体计划和程序规范。在应急预案编制发布后，并不能保证个人、企业和政府主管部门有效地对发生的突发事件做出响应，以为有了应急预案就可以全面应对突发事件的想法是危险的。应急预案发布之后，我们不能将它弃置一旁而不顾或者将其束之高阁，而是要让它发挥作用，在平时就做好培训、演练、应急队伍建设、宣传教育和应急指挥平台建设等准备工作，为应急预案的实施创造条件。

（一）应急预案的宣传教育

要落实和完善应急预案，必须加强应急预案的宣传教育工作，也就是要让更多的人接受到相应的应急培训。宣传应急知识，是提高民众防灾减灾意识的重要手段，在非常规状态下，是否具有应急意识和应急基本常识往往可能会决定一个人的命运，这在很多突发事件中都能找到对比案例。让公众通过应急预案的宣传教育，了解并掌握在突发事件发生时应该做什么，能够做什么，如何去做等关键步骤；不仅如此，通过对应急预案的宣传教育，还能够让相关的应急人员也掌握必要的应急知识，同时发现应急预案的不足和缺陷。如广东省政府应急办坚持多年的"百人百场"应急管理宣传教育，取得了一个良好的教育效果。

（二）应急预案的演练

应急演练是指通过一系列定期的模拟实验和情景训练来测试突发事件应急预案，并对应急反应能力进行评估的活动。这样一个过程可以验证应急预案是否能够有效地付诸实施，是否不够适用于此类突发事件的非常规状态，可以发现预案的缺陷，找出需要进一步完善和修正的地方，可以检查突发事件应急管理各个环节的合理性，核定应急管理人员是否已经熟悉并切实履行了他们的职责。如图3-8所示。

社保应急管理信息系统与办公信息系统存在着密切的关系，社保应急管理信息系统不但在通信上可以利用和共享办公信息系统的通信网络。应急管理信息系统在功能上有以下几个部件：应急资源管理，舆情管理，信息处

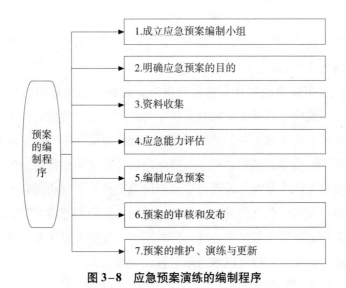

图 3-8 应急预案演练的编制程序

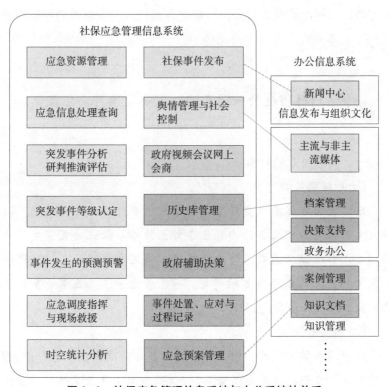

图 3-9 社保应急管理信息系统与办公系统的关系

理与查询，预案管理，预测预警，分析研判推演评估，应急调度指挥，视频会议及网上会商，过程记录，辅助决策，事件发布，时空统计分析，历史库管理。如图 3-9 所示。

社保突发事件会引起社会的强烈反响，社保应急管理信息系统的舆情管理功能可以借助于政务办公信息系统中的公文管理，这样，社保应急信息的上传下达可以统一纳入办公信息系统。社保应急管理中的历史库管理纳入办公信息系统的档案管理中，可以丰富办公信息系统的档案管理内容。应急管理中的决策支持也是对办公信息系统中决策支持的丰富和完善。社保应急管理中的事件发布可以把须发布的信息传送到信息发布与舆情管理组织文化中的新闻中心，从而由新闻中心统一向外发布。方便外界了解事情真相，社保应急管理中的预案管理可以作为知识管理中知识文档的一部分，在知识文档中建成社保应急管理预案知识。应急管理中的过程记录，记录了事故应急处理中的相应过程，典型的事故应急过程可以整理成案例，纳入知识管理中的案例管理，以便以后查询参阅，形成对各类社会突发事件的经验积累与应对决策。

示例：吉林省社会保险系统处置突发事件应急预案
2008 年 1 月 1 日

一、编制的目的和依据

（一）编制目的

建立健全吉林省社会保险系统突发性事件应急工作机制，提高应对突发事件的组织指挥能力和应急处置能力，保证处置突发事件的指挥调度工作迅速、高效、有序地进行，满足突发情况下社会秩序和社会保险经办工作秩序恢复的需要，确保养老金、失业保险金的及时足额发放，维护社会稳定。

（二）编制依据

依据《中华人民共和国劳动法》、《社会保险费征缴暂行条例》（国务院令第 259 号）、《失业保险条例》（国务院令第 258 号）、《吉林省人民政府关于印发吉林省统一企业职工基本养老保险制度实施办法的通知》（吉政发 [1998] 22 号）和《吉林省人民政府关于调整和完善城镇企业职工基本养老金计发办法有关问题的通知》（吉政发 [2004] 28 号）等有关政策法规以及《吉林省突发公共事件总体应急预案》。

二、适用范围

本预案适用于因养老保险、失业保险参保、缴费、待遇计发、管理服务，基金存储的金融风险，媒体对社会保险的不实炒作，信息系统安全等问题引起的突发性事件的应急处置。主要包括下列严重危害人民群众生命财产安全、扰乱社会治安秩序的群体性行为，以及造成重大社会影响的群体性行为：

（1）聚众冲击围堵党政军机关、要害部门、重要场所等重要警卫目标的；

（2）聚众冲击、围堵各级社会保险公司（社会保险局）经办服务场所，致使社会保险经办服务工作不能正常进行的；

（3）聚众堵塞国家干线铁路、干线高速公路及重要交通枢纽的；

（4）违法聚众上访、请愿，非法聚会、游行、示威的；

（5）以绝食、自残、自杀等威胁手段制造影响的；

（6）其他严重破坏社会秩序、危害公共安全的事件或行为。

三、工作原则

（1）统一领导，分级负责。省公司（省社保局）对在系统内发生的突发性事件的处置工作负指导责任。具体处置过程中，坚持"分级负责"和"紧紧依靠地方政府"的原则，落实岗位责任制，明确指挥员及其权限。

（2）预防为主，化解矛盾。坚持预防为主的工作方针，各级社保公司（社保局），都要居安思危，增强忧患意识，定期排查不稳定因素，对发现的突出矛盾和问题要认真加以解决。要努力做到早发现、早报告、早控制、早解决，将事件控制在萌芽阶段、控制在基层，及时消除诱发突发性事件的各种因素。

（3）依法处置，果断处理。坚持依法行政、依政策办事，自觉维护法规和政策的严肃性。要注意工作方法和策略，综合运用法律、经济、行政等手段和宣传、协商、调解等方法处置突发性事件，加强对参保群众的说服教育，引导群众以理性、合法的方式表达利益诉求，防止矛盾激化和事态扩大。发生暴力行为或严重扰乱社会治安秩序的事件后，要及时报告当地政府、由政府协调有关部门果断采取措施，尽快平息事态。

（4）快速反应，相互配合。一旦发生涉及养老保险、失业保险的突发性事件，相关市、县公司（社保局）应及时启动应急预案，严格落实应急处置工作责任制。上级公司（社保局）要及时给予配合和支持。上下级公司（社保局）要相互协作、相互配合，并确保信息收集、情况报告、指挥处置等各环节的紧密衔接，在最短的时间内控制事态；

（5）加强教育，正确引导。在应急性事件处置中，要将政策法规宣传、教育疏导工作贯穿整个过程。要通过新闻媒体、现场广播、印发宣传单等方式，广泛宣传社会保险法规和政策，教育参保群众遵守法律法规，依法维护自身合法权益，通过合法、正当渠道和方式反映自己的诉求。

四、组织指挥体系及职责

（一）社保系统应急领导小组的组成

社会保险系统应急领导小组组长由各级公司总经理、经理（局长）担任，副组长由分管副总经理、副经理（副局长）担任，成员由各级公司（社保局）相关部门负责人及业务人员参加。

领导小组主要职责：

（1）在政府领导下，统一指挥、协调系统内突发事件的应急处置工作；

（2）确定社会保险部门应该负有的应急处置工作职责及分工、事发地市、县社会保险公司（社会保险局）的应急处置工作职责及具体分工；

（3）积极参与事件处置决策，指挥、协调相关部门及下级公司（社保局）组织实施；

（4）按照政府要求组织事件的现场答复、信息发布、舆论引导等新闻工作事项；

（5）研究解决事件处置过程中的其他重大事项。

（二）现场处置指挥

突发事件发生后，事发地社会保险公司（社会保险局）要参与政府组织的现场处置指挥，在当地人民政府的领导下做好相关工作，公司（社保局）主要负责人要积极参与现场指挥。参与现场处置指挥人员的主要职责：

（1）根据政府的统一要求，做好事件处置前的各项准备工作。

（2）具体组织实施现场处置工作，依据现场情况，正确指挥相关人员配合其他部门进行处置，协调和落实现场处置中的具体工作事宜。

（3）负责组织对人、财、物和业务档案、退休人员档案等及时采取抢救、保护、转移、疏散和撤离等有效措施。

（4）掌握事态发生、发展的全过程以及相关情况，及时向上级报告，提出具体处置意见，为决策提供依据。

（5）根据指挥机构的部署，组织现场善后处理，安排处置人员有序撤出，并组织好现场清理和保护。

（6）积极参与现场处置工作全过程的总结、报告。

五、预警机制

（一）预警信息收集

省、市、县三级公司（社保局）都要制定突发性事件的有效预防、预警和处置措施，建立高效、灵敏的情报信息网络，加强对社会不稳定因素的掌握和研判。对可能发生突发性事件的信息，特别是苗头性信息进行全面评估和预测，做到早发现、早报告、早控制、早解决。省公司（省社保局）确定信访办为突发性事件情报信息的管理机构。市、县公司（社保局）也要指定专门机构负责此项工作。要强化情报信息工作，扩大信息搜集的范围，提高信息传报的准确率，不许瞒报、谎报、缓报。

（二）预警信息

（1）因养老、失业保险问题出现不稳定事端和突发性事件苗头，但尚处在酝酿过程中的。

（2）上访人员聚集，尚未发生堵门、堵路、拦截车辆、围攻殴打国家机关和社会保险公司（社会保险局）工作人员或严重影响交通、治安秩序或工作秩序等严重违法违规行为的。

（3）发生在参保企业内部的表达共同意愿的聚集事件，尚未发生行凶伤人、扣押有关人员或打、砸、抢、烧等违法行为的。

（4）到所在单位上访，尚未出现过激行为、可以由主管部门现场开展工作、化解矛盾的群体性行为。

对一般事件可能衍生重大以上突发性事件的预警性信息应及时逐级上报。市、县公司（社保局）在获取信息后上报时限最迟不得超过1小时。

（三）预警行动

（1）各市、县社会保险公司（社会保险局），要了解参保职工、离退休职工及解除关系续保人员的生活情况，定期分析他们的思想动态，并按有关政策及时帮助解决困难，稳定他们的情绪。

（2）各级公司（社保局）都要定期对业务工作、基金存储安全、信息系统安全等方面的矛盾、问题及可能引发突发事件的因素进行排查，发现苗头，及早采取措施加以应对。

（3）有关公司（社保局）接到预警信息后应迅速核实情况。情况属实的，在迅速上报信息的同时，要根据职责和规定的权限启动各自的应急预案，并考虑事件发展的可能、方式、规模、影响，并立即拟订相应工作措施，及时、有效地开展先期处置，控制事态发展，将事件消除在萌芽状态。同时，根据防控情况及时调整措施，视情况安排人员，防止事态扩大。

情况不能迅速核实的：事发地社会保险公司（社会保险局）应积极通过各种渠道进行核查，事态紧急，来不及核查，但有可能造成重大危害的事件，必要时可先行上报地方政府和省公司（省社保局）。

六、应急响应

（一）启动

有关养老、失业保险的突发性事件发生后，事发地的社会保险公司（社会保险局）要按照职责，迅速启动各自预案开展处置工作。根据需要，或应事发地人民政府请求，省、市公司（社保局）要派出工作组，指导、协调事发地公司（社保局）开展处置工作。

（二）现场处置

现场处置指挥机构人员到位后，应立即派出处置人员进入事发现场，并按照职责分工迅速开展处置工作。

事发地社会保险公司（社会保险局）的主要任务：

（1）主要负责人应迅速赶赴现场，了解引发事件的起因和有关情况，提出工作方案，参与指挥现场处置工作，并带领有关人员面对面地做群众工作，及时疏导化解矛盾和冲突，尽快平息事态。

（2）对参保群众提出的要求，符合法律法规和政策规定的，应当场表明解决问题的态度；无法当场明确表态解决的，要及时向上级公司（社保局）请示，确定统一的答复意见；对确因决策失误或工作不力而侵害群众利益的，据实向群众讲明情况，公开承认失误；对群众提出的不合理要求，讲清道理，耐心而细致地做好说服解释工作；有针对性地开展法制宣传，引导和教育参保群众知法守法，运用合法的途径和手段实现自己的诉求。

（3）异地聚集的，参保群众来源地公司（社保局）应及时报告当地政府，请政府出面协调有关部门，采取措施对准备聚集的参保群众进行劝阻，并指派有关负责人率领工作组赶赴现场，开展疏导、化解和接返工作。聚集地公司（社保局）应积极配合、协助做好教育和劝返工作。

（三）信息报送和处理

（1）信息采取分级报送的原则。出现集体绝食、跳楼、堵路等特别严重的突发性事件信息应立即（最迟不得超过1小时）上报当地政府和省公司（省社保局），同时通报各相关部门。省公司（省社保局）要在2小时内报告省政府。

（2）省公司（省社保局）、事发地市（州）公司（社保局）应及时派员赶赴现场，核查、了解、研究并续报有关信息。

（3）信息收集和报送应做到及时、客观、全面、准确。

（4）信息报送内容：

①事件发生的时间、地点和现场情况。

②事件的经过、参与人员数量和估计的人员伤亡数、财产损失情况。

③事件发生的原因分析。

④事件发展趋势的分析、预测。

⑤事件发生后已经采取的措施、效果及下一步工作方案。

⑥其他需要报告的事项。

信息可通过电话口头初报，随后采用传真等载体及时报送书面报告和现场音像资料。

（四）信息发布及新闻报道

（1）严格按照《中共中央办公厅国务院办公厅关于进一步改进和加强国内突发事件新闻报道工作的通知》和《吉林省突发公共事件应急预案》的要求执行。

（2）对突发事件是否公开报道，要按程序报批，由省公司（省社保局）请示省委宣传部决定，市、县公司（社保局）不许向媒体透露。新闻主管部门同意报道的，要引导舆论，多做正面宣传。

（3）突发事件的信息发布，由事件现场处置指挥部报请省政府或省公司（省社保局）确定。

（4）信息发布及新闻报道应坚持实事求是、及时准确、把握适度、遵守纪律的原则。对歪曲性报道或造谣攻击，及时组织有针对性的澄清，正确引导舆论。

（五）后期处置

事发地社会保险公司（社会保险局）应在当地政府指导下安排有关人员及时开展对突发性事件中伤亡群众的救治及其他善后处理工作，积极恢复当地的社会秩序和工作秩序。

事件平息后，事发地社会保险公司（社会保险局）要继续做好群众工作，进一步化解矛盾，并加强跟踪和督查，防止事件反复。事发地社保公司（社保局）还要组织开展事件的损失评估工作，认真剖析引发事件的原因和责任，总结经验教训，并形成专门报告上报省公司（省社保局）。突发公共卫生事件应急处置流程。

七、应急保障

（一）信息保障

各级社保公司（社保局）要加强应急值班工作，确保信息报送渠道的安全畅通。

（二）人员保障

获知突发性事件的预警信息后各级社会保险公司（社会保险局）领导要坚守岗位，并组织好有关业务、信访、后勤保障人员提前做好准备。做到一有应急事件发生，能立即从容应对。并要组建处置大规模群体性事件的应急预备队。

八、工作责任

省、市、县三级社会保险公司（社会保险局）要对当地养老、失业保险问题引发的突发性事件的预防和处置工作进行责任落实。

参与处置的工作人员有下列情形之一的，依照有关规定给予相应的党纪、政纪处分；构成犯罪的，依法追究刑事责任：

（1）对有关规定不执行或贯彻不力，或制定错误政策、作出错误决策，侵害群众利益，引发事件或致使事件升级的。

（2）对本公司（社保局）存在的可能引发事件的问题不认真解决，失职、渎职，致使酿成突发性事件的。

（3）因泄露国家秘密或违反工作纪律等行为，导致群众不满引发突发性事件的。

（4）涉及社会保险的突发性事件发生后不及时报告，不及时采取有效措施，处置失当，或不及时处置，致使可以避免的影响和损失未能避免的。

（5）在预防和处置突发性事件中有其他违法违纪行为，造成严重后果的。

本预案是全省社会保险系统处置突发性事件应急准备和响应的工作文件，各市（州）、县（市）公司（社保局）也要制定具有操作性的应急预案。

吉林省社会医疗保险管理局突发事件处置应急预案

为了切实做好省直医保服务工作，积极应对并妥善处理可能发生的突发性事件，避免和减轻因突发事件造成的损失和影响，维持正常工作秩序，确保社会稳定，特制定本应急预案。

一、适应范围

本应急预案适用于省医保局业务经办大厅及其他办公场所。

二、突发事件

（一）医保业务处理系统故障。

医保业务处理系统事故是指：因电力、电信故障或其他外力原因，以及计算机硬件损坏、软件系统出错等原因所造成的医保业务处理系统无法正常运行。

（二）严重社会治安事件。

严重社会治安案件是指：在服务大厅内发生人身伤害、抢劫财产、打架斗殴、损毁公物以及服务设施被盗等治安案件，威胁到办事人员和工作人员的生命安全和财产安全，影响到服务大厅和工作场所正常秩序的治安案件。

（三）严重灾害事故。

严重灾害事故是指：服务大厅及其周边发生水、电、煤气严重泄露和建筑物损毁等灾害，影响到人身安全和服务大厅开展正常服务工作的事故。

（四）服务对象突发严重疾病。

服务对象突发严重疾病是指：服务对象在服务大厅内发生可能危及生命和其他需要及时救治的突发疾病。

（五）服务对象在服务场所滞留、滋事，或将生活不能自理的人弃留在服务场所的。

三、责任机构及其责任人

（一）建立突发事件应急处理小组。

为加强组织领导，省医保局建立突发事件应急处理小组，王同海局长为组长，李英伟副局长、李立仁副局长、刘鸿声副局长为副组长，相关部门负责人及有关人员为组员，局办公室为应急处理小组办公室。当相关人员外出时，应当事先指定临时责任人，代其履行相应职责。

（二）当突发事件发生时，当场接触人员向部门负责人报告，部门负责人向应急处理小组办公室报告，同时妥善维护现场情况，办公室负责报告领导小组成员。

（三）应急处理小组接到报告后，应当立即到事件现场进行统一指挥，根据突发事件的性质与现场状况，摸清情况与原由、维持现场秩序、做好对服务对象的解释工作、组织设备设施的抢修、维护人身和财产安全、向110、119报警或120急救、做好各项善后处理并向有关上级

四、应急事件处置工作

（一）处置医保业务处理系统故障的应急预案。

（1）判明情况。应急处理小组首先应立即判断系统故障范围与故障原因，区分是区域性还是本单位范围内系统故障。

（2）及时报告。如属于区域性的系统故障，应当及时向本单位领导、厅（局）信息管理中心、硬（软）件供应商、网络供应商（电信、网通等）口头报告故障情况。如属于本单位范围内的系统故障，应当及时向本单位领导报告。

（3）维护秩序。本单位的有关领导应及时组织人员到服务大厅做好解释和疏导工作，维护服务大厅的秩序，并根据情况加强一线工作人员力量。

（4）抓紧修复。如属本单位范围内的系统故障，应快速查找系统故障的原因，并及时修复，争取尽快恢复系统的正常运行。如属区域性故障，应积极配合厅（局）信息管理中心共同排除故障，尽快恢复系统正常运行。

同时，应当判断排除系统故障的大概时间，为窗口服务提供依据，如不能在短时间内排除解决，应当及时通报有关定点单位。

如遭遇停电，应当在备用电源工作时限内，确保应急照明的及时启用并及时做好电脑数据的存储和备份工作。

（5）做好善后。预计在短时间内难以恢复系统运行的，应当区别情况，分别作如下服务处理工作：

1）属于一般情况的，可以先手工办理再补录的，视情况增加人员力量予以快速手工办理；不能手工办理的，应当尽可能做好解释工作，请参保人员在系统恢复正常后再前来优先办理。

2）确实属于特殊困难，难以再次前来办理的，可采用可能的方式，留下有关办理资料和联系办法，在系统恢复正常并代为办理后，用邮寄、快递或上门等方式处理。

3）确实属于疾病诊疗急需办理的，可与定点单位的医保部门联系，先保证其正常就医或购药，然后补办手续。

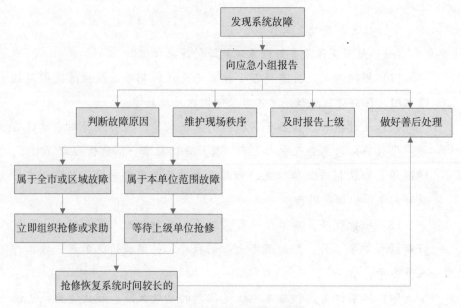

图 3-10　应急处理基本流程

（二）处置严重社会治安案件的应急预案。

（1）当发生社会治安案件时，应当尽力避免与犯罪嫌疑人发生正面冲突，保持镇静，避免激烈言辞和过激行为，首先保证在场的参保人员和工作人员的人身安全。

（2）在可能的情况下，应当立即向110报警并向本单位领导报告。如犯罪嫌疑人逃离现场，也应当立即向110报警并向本单位领导报告。

（3）在安全人员到达现场后，应当积极配合警方工作，疏散无关人员和围观群众。

（4）在公安人员未勘查现场或当场未处理完毕之前，应当注意保护好现场。

（5）如有较为严重的伤者，应当立即拨打120急救电话以及时送往医院救治，并将情况及时报告公安人员和本单位领导。

（6）当发生重大设备设施等盗窃、破坏事件，造成不能正常开展业务时，除按本程序处置外，还要同时参照医保业务处理系统故障的应急预案处置。

（7）案件发生后，应及时将工作安全监控的摄像资料进行备份，作为报警依据。

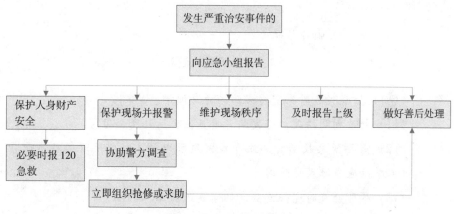

图 3–11 处置基本流程

（三）严重灾害事故。

（1）判明情况。立即判断灾害情况、初步原因及其影响程度。

（2）及时报告。现场工作人员应当及时向本单位有关领导报告。

（3）疏散人员。本单位的有关领导应及时组织人员到服务大厅做好解释和人员疏散工作，维护现场秩序。

（4）及时救治。如有受到伤害者，应当初步判明情况，将发病者安置在合适场所和位置。需要紧急救治者，立即拨打急救电话120以便及时送入医院救治（本单位应当派员陪同），并尽可能及时通知发病者的家属或其工作单位。

（5）抓紧修复。立即通知有关单位进行抢修，同时估计恢复服务的大概时间。

（6）做好善后。预计在短时间内难以恢复服务的，应当区别情况，做好服务处理工作（具体同上）。

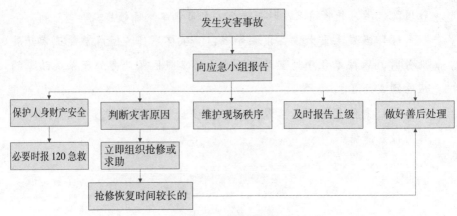

图 3-12 处置基本流程

（四）处置服务对象突发疾病的应急预案。

（1）初步判明情况，将发病者安置在合适场所和位置。

（2）需要紧急救治者，立即拨打急救电话120以及时送往医院救治（本单位应当派人员陪同）。

（3）尽可能及时通知发病者的家属或其工作单位。

（4）疏散围观群众，保持服务大厅正常的工作秩序。

（5）保管好发病者可能遗留在服务场所的有关证件、资料，并在事后交还给本人或其家属。

（6）对疑似传染病者，按国家有关规定处置。

（7）发生死亡事故的，应当在事后的3个工作日内向省劳动保障

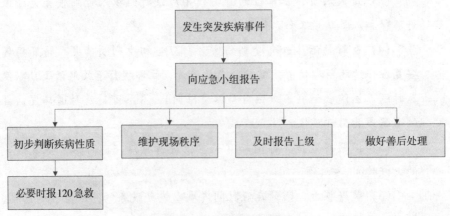

图 3-13 处置基本流程

厅提交书面报告。

（五）处置服务对象滞留的应急预案。

具体参照《信访条例》第四十七条：当对信访人进行劝阻、批评或者教育。经劝阻、批评和教育无效的，由公安机关予以警告、训诫或者制止；构成违反治安管理行为的，由公安机关依法采取必要的现场处置措施、给予治安管理处罚；构成犯罪的，依法追究刑事责任。

五、其他

（一）省医保局应急处理小组负责将有关突发事件向省劳动保障厅报告，并根据情况向其他有关的参保单位或定点单位等进行通报。

（二）本应急预案自 2009 年 1 月 1 日起施行。

第四章
社会保障政策或制度风险研判

　　风险无处不在，无所不有，同样也适合于社会保障领域。风险识别是指在风险事故发生之前，人们运用各种方法系统地、连续地认识所面临的各种风险以及分析风险事故发生的潜在原因。社会保障风险包括内部风险与外部风险，内部风险包括制度风险、政策风险、财政风险等；外部风险包括经济风险，政治风险、投资风险和社会风险等。风险识别过程包含感知风险和分析风险两个环节。风险防范是有目的、有意识地通过计划、组织、控制和检察等活动来阻止防范风险损失的发生，削弱损失发生的影响程度，以获取最大利益。

第一节　公共危机对社会保障领域的影响和渗透

　　现代风险的高度不确定性和巨大危害性，使广大公众对公共产品的需求比以往更为广泛和迫切，"不仅在缩小收入差距、实行社会再分配的基本需求方面，而且在医疗、教育、养老、环境保护等方面，都提出了质和量的强烈需求"[1]。社会风险从物理时空转入心理时空，从实体影响转入虚拟影响，从显性影响转入隐性影响，从社会经济指标转入社会预期指标。公共性

---

[1]　周文翠：《风险社会语境中我国地方政府信用建设面临的机遇与挑战》，《佳木斯大学社会科学学报》2011 年第 1 期。

危机在于其公共特性，不同于误解性危机、事故性危机、假冒性危机和灾害性危机，即其指向对象是特定区域的所有公民，每个公民都是危机侵害的对象。按照风险识别理论感知风险，感知风险即了解客观存在的各种风险，是风险识别的基础，只有通过感知风险，才能进一步在此基础上进行分析，寻找导致风险事故发生的条件因素，为拟定风险处理方案、进行风险管理提供决策服务。

第一，用感知、判断或归类的方式对现实的和潜在的风险性质进行鉴别。

第二，存在于人们周围的风险是多样的，既有当前的也有潜在于未来的，既有内部的也有外部的，既有静态的也有动态的等等。风险识别的任务就是要从错综复杂的环境中找出经济主题所面临的主要风险。

第三，风险识别一方面可以通过感性认识和历史经验来判断，另一方面也可通过对各种客观的资料和风险事故的记录来分析、归纳和整理以及必要的专家访问，从而找出各种明显和潜在的风险及其损失规律，因为风险具有可变性，因而风险识别是一项持续性和系统性的工作，要求风险管理者密切注意原有风险的变化，并随时发现新的风险。

以往对于社会保障政策或制度的解读更多的是将其放在一个隔绝和静态的环境中，对于风险范围更多地强调"内控"，即其风险来自于内部，但随着风险社会的到来，社会保障的外在影响日益表现出一种脱域性，即在空间上不断拓展和延伸，超越了地理边界的限制，以一种整体性的方式影响着社会保障的外部世界。社会腐败问题在侵袭着社会保险事业，如 2008 年至 2010 年，柳某利用负责收集中邮普泰公司各地区手机促销员工资和社会保险、制作薪酬发放明细表的职务便利，利用负责收集客户公司职工薪水和社保数据的职务之便，修改社保人数和工资表，通过虚增社会保险人数等数据，侵吞公款 80 余万元。2008 年至 2009 年，柳某伙同娄某用同样手法侵吞公款 17 万余元，柳某伙同刘某和韩某侵吞公款 3 万余元。①

同时，现代通信技术的发展克服了时间与空间对人类交往的限制，提高了"不同社会下的人群对同一事件的'现场感'以及经验、认识和知识的

①　参见陈博：《国企 4 人篡改社保数据贪污百万受审》，《新京报》2012 年 2 月 22 日。

相互交流"①。在传统的社会保障理念中，人们常将社会保障与经济增长联系在一起，衡量经济增长的核心指标是 GDP，而在发展经济学理论中，发展中国家经济增长与经济发展不能画等号，由此可以产生一个疑问，即：GDP的增长是否就一定意味着带动社会保障的正向增长。

古印度有一格言：空气、水和土地不是父辈给我们的礼物，而是我们向子孙的借款。在我国 GDP 高增长的背后，恰恰是带有过多以向子孙后代借款透支的成分，我国在全球 10 大环境污染最严重的城市中占有 8 席；城市河段 70% 受到污染，众多农村人口不得不饮用已被污染的地表水和浅层水；三分之二的城市居民生活在噪音超标的环境中；国土荒漠化正以每年2600 多平方公里的速度自西向东推进；各种自然灾害爆发的频度和烈度越来越高。

我国经济长期处于高投入、高消耗、低效益的外延粗放型增长形态中，为了营造地方政府官员的政绩工程与形象工程，许多地方的招商引资演变为"让利竞赛"，比地价谁低，拼税收减免。资本利用率不足、不良借款大量增加，GDP 增长的表面繁荣使社会成本剧增。生态被破坏的背后事实上也是社会保障成本的增加。美国经济学家萨缪尔森提出过纯经济福利的概念，他认为福利更多地取决于消费而不是生产，纯经济福利是在 GDP 的基础上，减去那些不能对福利作出贡献的项目，减去对福利有负作用的项目，同时加上那些对福利有贡献而没有计入的项目以及闲暇的价值。我国应该计量 GDP 增长对社会保障所产生的负面成本。我国国民经济始终未能进入良性循环，社会贫富不均程度增加，重视可带动 GDP 大量增加的资本密集型项目，忽视劳动密集型项目，致使城镇实际失业率多年来居高不下。

环境污染、水源污染、噪音污染对城市居民与农民健康的严重损害，自 1996 年来以来，环境群体性事件一直保持年均 29% 的增速。重特大环境事件高发频发，2005 年以来，环保部直接接报处置的事件共 927 起，重特大事件 72 起，其中 2011 年重大事件比上年同期增长 120%，特别是重金属和危险化学品突发环境事件呈高发态势。② 根据国家环境保护部每年发布的

---

① 参见杨雪冬：《风险社会与秩序重建》，社会科学文献出版社 2006 年版。
② 江涌：《假如中国不停止计划生育》，BWCHINESE 中文网，2012 年 6 月 13 日。

《全国环境统计公报》，从 20 世纪 80 年代中期到 90 年代末，中国的环境纠纷一直稳定在每年约 10 万—12 万件。自 1998 年以后，环境纠纷呈现上升趋势，并随着环境问题的加剧而大幅增加。而进入了 21 世纪，环境纠纷更是迅猛增加，2003 年达到了近 53 万件，2008 年更是突破了 70 万件。①

表 4-1　2001 年至 2010 年全国环境纠纷信访情况

年份	来信总数（封）	水污染（件）	大气污染（件）	固体废物污染（件）	噪声与震动（件）	来访批次（批）	来访人次（次）
2001	369712	47536	144880	6762	154780	80575	95033
2002	435420	47438	160332	7567	171770	90746	109353
2003	525988	60815	194148	11698	201143	85028	120246
2004	595852	68012	234569	10674	254089	86892	130340
2005	608245	66660	234908	10890	255638	88237	142360
2006	616122	73133	242298	8538	263146	71287	110592
2007	123357	23788	45986	3762	40638	43909	77399
2008	705127	106521	286699	14135	239737	43862	84971
2009	696134	100497	260168	15010	242521	42170	73798
2010	701073	91967	262953	12908	262389	34683	65948

数据来源：环境保护部《全国环境统计公报》（2001—2010 年）。

我国是二氧化碳第二大排放国，据国际能源机构预测，2030 年，中国温室气体排放达到全球的 26%，超过美国成为世界最大的温室气体排放国；我国已经成为其他主要污染物的第一排放大国，包括甲烷、氧化亚氮、沙尘、黑炭和二氧化硫，其排放量占全球比重均不同程度高于二氧化碳排放占全球的比例；我国三分之二的城市居民生活在噪音超标的环境中；我国在全球 10 大环境污染最严重的城市中占有 8 席；可预见随着汽车数量的大幅度增加无疑将加大城市空气污染的程度，大量使用含硫量高的低质量煤炭使 30% 的土地遭受酸雨影响；水污染也进一步蚕食着大量可供消费的水资源，

---

① 参见国家环境保护部网站。

城市河段 70% 受到污染，众多农村人口不得不饮用已被污染的地表水和浅层水源，此外由于管理不善、资源匮乏、环境变化及基础设施投入不足等种种原因，都造成了目前全世界的水资源危机。例如，目前山西有一半以上的农业县出现氟中毒，2300 万的农村人口中每 4 个人中就有 1 个人喝着含氟超标的水。

世界银行的研究则表明，仅钢铁、炼油、食品、化工、造纸、有色金属、水泥 7 个行业就占了全球大气和水污染物的 90%，如果一个国家或城市没有上述产业或比重较小，那么就可以相对容易或提前实现产业结构的高级化和产业技术的现代化。我国的一些污染性工业占世界的比重高居不下，图示如下：

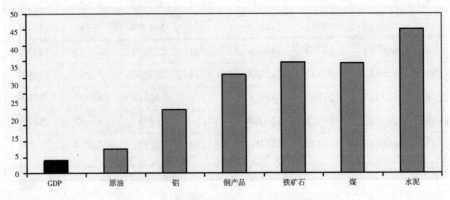

图 4-1　中国污染性工业占世界的比重（%）

大搞开发区的跑马圈地造成失地农民与少地农民的大量增加与土地养老保障功能的日渐衰减，进城务工农民为城市建设创造了大量的 GDP，而他们的养老、生病、子女入学、劳工保护等社会保障相对处于边缘化状态。流动工人没有得到应有的职业医学检查，造成职业病患者未得到及时的诊断与治疗，更有甚者，一些个体业主甚至让工人从事没有任何保护措施的有毒有害作业，又在发病前辞退他们，致使这些打工者的健康受到严重伤害。农村务工人员工作的流动性、不稳定性以及接触职业危害的多样性、复杂性，造成职业危害的不可预见性明显增多，对务工人员健康的影响难以估计且难以控制。

我国目前群体性事件高发，如土地征用、房屋拆迁、拖欠工资、劳资纠纷、城乡居民贫困问题、特大自然灾害等，尽管作用于社会保障领域外部，但需要借助社会保障减压器的作用，进行社会减压。

自 2004 年起，中央政府决定不再以 GDP 作为衡量政府官员政绩与业绩的核心指标，努力降低牵涉到 GDP 高增长背后的社会公平、工业伤害、公共卫生、大众教育、养老与医疗保障、就业增长等社会保障问题的难以计量和缺失的隐性成本。中国经济安全专家江涌指出：在中国西部、落后的农村地区，未来老龄化、性别失衡、空巢和类空巢等问题会更加严重，或将成为社会不稳定的重要源头。[①] 农村经济发展带来的社会问题将直接需要社会保障埋单，真正从体制上减少对社会保障造成的成本灾害，才能使社会保障可持续发展走上与 GDP 增长良性发展的轨道。

第二节　社会保障政策与制度风险

综合汤姆森的管理连贯性和自组织理论，在政策制定过程中根据各阶段的特点可以整合封闭体系和开放体系，利用自组织原理将政策的制定过程转向一种自主并且自我管理的网络。第一，建立政策的多元参与，提高公共政策过程作为一个整体对外界环境的开放性，鼓励多元参与，开放政策网络各节点，不再是单一的政府主导。第二，转变对非平衡的认识，在系统由低级向高级进化，由无序走向有序，非平衡态是一种很重要的推动作用，控制在一定程度内的非平衡状态不仅不会影响到政策的社会稳定，而且会促进政策网络的自我管理和完善。第三，理性决策和控制政策进程，目前的政策运行并不是成熟的机制，通过理性控制，实现资源有效利用，保证效率，仍是当前政策追求的目标。第四，保持政策的连续性与稳定性，政策有序涨落是实现政策自组织的必要条件，也是降低社会稳定风险的保障条件。

社会保障内部风险包括政策风险、制度风险、财政风险等因素，这些风险因素集聚在一起，难免影响社会保障事业的推进与社会保障的可持续发

---

① 沉没成本是指由于过去的决策已经发生了了的，而不能由现在或将来的任何决策改变的成本。人们在决定是否去做一件事情的时候，不仅是看这件事对自己有没有好处，而且也看过去是不是已经在这件事情上有过投入。我们把这些已经发生不可收回的支出如时间、金钱、精力等称为"沉没成本"。

展。政策一般是指国家或政党制定的行动准则，而制度一般是指单位要求大家共同遵守办事规程或行动准则。政策原则性强，制度灵活性大，涉及档案工作大同小异。政策可以决定制度，但制度不能违反政策，符合政策的制度受政策法律保护，执行合法的制度也即执行政策的延续，其本质区别是政策有权威性，制度附属于政策，不违犯政策，但中性制度除外。

一、社会保险政策与制度风险

社会保障政策的风险性与可逆性主要是指政策实施过程中失败的概率有多大、进行政策修订或替代的难度有多大。基于成本—效益的政策设计思想，传统备选方案评估更注重成本和可行性，因此在进行公共决策时，往往会盲目乐观地预测政策效果，而对其走向失败的风险性预测不足。如20世纪90年代初期农村养老保险试点失败规结为对政策失败的风险评估不足。而社会保障政策缺乏可逆性则表现得更严重：第一，政策评估往往会带有评估人的政治性色彩，直接负责者更关心政治联盟和利益集团的支持，公共政策过程是封闭和控制于政府系统内部的，行政权力过于集中，强化了政府的信息特权和决策的倾向性，如2009年广东等五省市事业单位养老保险改革试点，政策设计的风险因素考虑不周，一开始就遭遇高校教师的激烈回应，使试水性改革无法进行。第二，执政者对已经开始执行的政策因沉没成本①(Sunk cost) 的发生往往倾向于继续进行，很难发生变化，高层决策者对有争议的问题虽然持有更加开放的态度，其权威和地位足以影响政策的进程，但其更关心特定项目的费用和效果，如到2020年实施社会保障全覆盖国家战略，其风险程度多大？可持续性难度多大？就缺乏有效的论证和可行性分析，借助于对未来财政的乐观预期是一种不负责任的表现。第三，对于政策失败的补救措施匮乏，在社会保障政策研究中，政策制定者常常不愿意考虑政策失败的可能，所以也缺乏社会保障政策万一失败的"接口"。我们提出了社会保障政策一体化、城乡统筹等改革口号，但"一体化"、"城乡统筹"的内涵并不清晰，而一旦政策走入死胡同时，就可能形成了比较严重的政策

① 周凯：《现有资源分配不公，八成政府投入的医疗费为各级干部服务》，《中国青年报》2006年9月19日。

风险。有专家提出，事业单位养老保险改革触动当事人的利益体制，必然遭遇抵触，可以设立职业年金制度进行差距弥补，试想，相当部分事业单位工资养老支出由财政拨款，职业年金的钱又从何而来？假设事业单位参与了城镇职工养老保险制度，尝受同样待遇，却有一大块职业年金添加到养老收入中，同样会引来社会诟病，移花接木的政策显然不合时宜。

社会保障政策是公共政策的一个重要组成部分，社会保障领域之外的系列公共政策对社会保障发生重要的影响，社会保障政策主要指社会保险政策、社会福利政策、社会优抚安置政策、社会救济政策等。社会稳定作为社会保障政策的终极价值追求，其风险蕴藏于社会保障政策的各个环节，我们必须要有系统、全面、战略性的思维，高度重视社会保障政策过程，才能制定出科学合理的社会保障政策，弥合公众的心理落差，实现社会的稳定与和谐。

（一）养老保险政策与制度风险

《社会保险法》明确了实现养老保险全国统筹的最终目标。我国实行了城镇职工养老保险制度改革、城市居民养老保险制度改革、新型农村养老保险制度改革、有计划地还将实行行政事业单位养老保险制度改革等。我国2006年1月1日起实行养老保险新政，主要的政策有：其一，按照新的基本养老金计发办法，参保人员每多缴一年，养老金中的基础部分增发一个百分点，上不封顶，形成"多工作、多缴费、多得养老金"的激励约束机制。其二，逐步做实个人账户，个人账户基金完全由个人缴费形成，全部归个人所有并且可以继承，具有与统筹基金不同的私有属性。而且，个人账户养老金完全根据个人缴费多少来确定。其三，从2006年1月1日起，个人账户的规模统一由本人缴费工资的11%调整为8%，并且全部由个人缴费形成，单位缴费不再划入个人账户。单位缴费将全部用于社会统筹，确保当期的基本养老金发放；个人缴费则全部用于积累，用于本人将来的养老问题。其四，改革养老金计发办法：以参保缴费年限为基础，以计发基数、计发比例和计发月数调整为重点，采取"新人新办法、老人老办法、中人逐步过渡"的方式来设计的。个体户可以参保：养老新政策在覆盖面上进一步扩大——明确城镇个体工商户和灵活就业人员都要参加基本养老保险。

新政不可避免地带来政策风险：一是个人账户"空账"越来越大，2011

年个人账户达到 1.7 万亿元，2012 年个人账户达到 2.6 万多亿元，2014 年个人账户达到 4 万亿元；二是多缴多得制挑战公平，不合理的工资制度与工资双轨制带来的阵痛蔓延到了退休待遇；三是个人账户大小并没有一定规律可循，而只能参考一国老龄化的程度和趋势、财政状况、宏观经济情况、人口增长速度、制度目标替代率等一些因素予以确定。

养老金的改革已经成为欧洲国家一触即发的敏感问题，对比 2011 年年底英国社会骚乱，罢工的主要目的是为了反对英国政府的养老金改革计划：英国政府要求将公务员的退休年龄延长到 66 岁，增加需要缴纳的养老金额度，同时也减少最终养老金的支付水平。很多英国人感觉这是被欺骗，因为在老龄化程度的逐渐加深、寿命延长的情况下，囊中羞涩的欧洲国家政府希望通过延长工作时间来削减养老成本，并解决日益沉重的福利负担。整个欧元区几乎都笼罩在欧债危机的阴影下，人们越来越清晰地看到这场危机的罪魁，那就是欧洲各国政府力推的高福利制度，欧洲人已经过不了苦日子了，而英国人这次罢工的症结也正是在于此，政府一出台缩紧计划，接着就是全国大罢工并引起其他欧元区国家的大罢工。目前，我国养老保险政策面临的改革是延迟退休年龄，以避免财政支付风险。我国城镇养老保险、城镇居民养老保险制度覆盖面越来越大，城乡居民养老保险收入近 2/3 靠财政补贴，不断推高的养老福利，要警惕英国现象在我国的重演。

我国农村养老金保险待遇太低，2012 年 8 月 27 日央视《经济半小时》披露：黑龙江双城市久援村农民张海亭，《养老金领取证》上写着，每个月领的养老金是 3 角钱，从 2005 年到 2007 年，他先后领过三次，拿到手里的养老金一共是 21.6 元。据《2010 年中国城乡老年人口状况追踪调查主要数据报告》，农村社会养老保障的覆盖率仅为 34.6%，月均养老金 74 元，仅为城市老年人平均月退休金（1527 元）的 5%。2015 年，全国 7974 万名企业退休人员调整基本养老金，调整后基本养老金月人均超过 2200 元；城乡居民基本养老金月人均超过 110 元，城乡居民养老金增长速度太慢。

如此低的保障额度徒具象征性，其所产生的保障作用甚至可以忽略不计。农村老人 44.3% 仍在干农活，务工做生意的占 8.6%。农村养老保障基金财政补贴基金越来越大，但农村养老保险待遇太寒酸，在通货膨胀越来越明显的情况下，致使农民对政府养老保险的期望一降再降，这个制度也逐渐失去了意义。

（二）医疗保险政策与制度风险

我国医疗保险覆盖面实现了国际大超越，覆盖率达到 90% 以上，"看病贵、看病难"的问题有所缓解。各地看病报销比率有所上升，医疗救济项目走上了正轨，医药分离体制改革正在探索之中，公立医院的财政补贴机制正随着民生财政的建立加大了步伐。由于疾病谱系的日益复杂化、人口老龄化与高龄化的压力俱增，社会伦理与道德观念进一步沦丧，医疗保险政策面临着多重施政风险：

其一，医院管理体制、药品流通体制、医疗保险体制三者改革仍不配套，医疗服务缺乏公平与公正性、政府资金使用效率低下。医院、药品和医疗设备分销商、生产厂商联手向消费者抬高药品价格，城乡居民无力支付过多的流通环节层层加价导致的价格虚高的医疗费用，公众不满情绪因此不断上升。同时，中国政府投入的医疗费用中，投入到基层群众方面的很少。

其二，套取医保基金形成灰色产业链。一是根据国家有关规定，医保卡里的钱，只能在定点医院看病或在定点药店买药时才能使用。然而，"医保卡兑换现金"的小广告却在全国各地到处可见，形成了一条灰色产业链。二是一些定点医疗机构存在欺诈、骗取医疗保险基金等违法违规行为，影响了医疗保险基金使用的合法性与合规性，包括冒名顶替、挂床住院、虚记费用、串换药品或诊疗项目、伪造证明或凭据手段骗取基本医疗保险基金的行为，存在将基本医疗保险不予支付的医药项目变通记入基本医疗保险基金支付的行为，存在为不符合条件的参保人员办理特殊疾病的行为或是利用门诊特殊疾病的患者超量购药、搭车开药、从中牟利的行为。加强医疗费用监管是我国一大突出问题，孤寡老人的医疗费实行实报实销，是政府的一种扶助政策，但是也成为犯罪分子骗保的一种手段，北京朝阳区检察院查获孤寡老人亲属先后 8 次拿着假票据，与退休医生共同诈骗，从社保中心领取了 27 万余元的医保报销款。① 河南省 4 个市本级和 31 个县的医疗机构等单位通过虚假病例、挂床住院、滥开药物等手段套取医保资金 1366 万余元；部分

① 《河南省违规发放社保资金近亿元》，《京华时报》2012 年 11 月 5 日。

医疗机构采取违规加价等方式乱收费318万余元。[①] 控制假票据、查处假住院的各种骗保行为，在我国医疗保险管理中急需要建立多元监管体系，防止此类事件的发生。三是以药养医促使医疗费用高居不下。世界卫生组织驻中国首席代表贝汉卫博士指出：中国的公立医院要通过病人付费拿到医务人员工资的50%—90%，导致医院增加临床服务量，而提供的预防和基本服务不足。同时导致不必要的过度开药和诊断服务，而且难以实施成本控制。

其三，政府采购主要是公立医院的药品需要集中招投标，由政府采购，医院药房零售，基本药物实行遴查率。政府的药品集中采购一般来说是采取市场经济方式，由买卖双方进行，根据价格、质量等（定价），谁也没有意见，现在是政府代表医院进行招标，在商业活动里，政府的高度集中与垄断只能导致腐败现象丛生。广东省曾发生过新会医院院长利用新药采购审批和药品定标过程中严重受贿及指使单位受贿金额总共1200万元的案例。政府采购表现为政府采购药很快就可能在市场上消失，按老百姓的话说是"药品先后降价了20多次，我们老百姓还是没有感觉到实惠。"

目前采用的老百姓减少医疗费用的公式为：

减少的医疗费用＝（国家制定的最高零售价格 × 去年的销量）－（药品招标价 × 去年的销量）

坚持药品采购公开招标制度，要求大力规范政府招标行为，消除医疗机构与医药工商企业之间不公正的购销关系，矫正新的不正之风和腐败行为，进一步理顺医药产业的结构性矛盾与产品的低水平重复，减小招标过程中的过高收费现象。同时推行价格听证会制度，打破行业垄断，引入竞争机制，促使药品生产企业不断提高企业管理水平，对医院药品价格实行公开亮牌，增强医院市场竞争意识，保护患者的公共利益。一是通过药品批发企业的兼并与重组，构建以医药电子商务为手段的现代化药品流通体系形成由药品生产企业、流通企业、零售药店数据库组成的药品电子监控系统，实时对药品集中指标采购配送与销售全过程的动态管理。二是在国家制定最高零售限价的情况下积极发挥社会零售药店的作用，通过竞争减少流通环节，降低

---

① 李明波：《各国医患纠纷处理不同：美国禁医闹日本多和解》，《广州日报》2011年9月22日。

药品的价格。三是加大财政对医院的投入，减少"以药养医"体制带来的副作用，有效地防止寻租现象的发生，通过财政购买，特别是低价药和廉价药，政府财政应当参与或委托相关机构参加药品采购。

其四，医患纠纷指医方（医疗机构）与患方（患者或者患者近亲属）之间产生的纠纷。医患纠纷包括基于医疗过错争议产生的医疗纠纷，也包括与医疗过错无关的其他医患纠纷（如欠付医疗费的纠纷等等）。医疗纠纷是一个世界性问题，美国医学研究所 1999 年发布的报告透露，美国每年约有9.8 万人死于可预防的医疗差错，远超过工伤交通事故和艾滋病死亡人数，造成损失高达 290 亿美元。这一报告曾震惊当时的美国克林顿政府。但此后的小布什政府和奥巴马政府，依然未能降低美国的医疗事故。[1] 近年来，我国由医患纠纷处置不当引发的群体性事件日益增多，严重影响正常的医疗秩序，其中不乏医疗服务质量与药品质量引发的问题。南昌市第一医院因一名农村患者在南昌市第一医院进行手术时，不幸死在了手术台上，结果在南昌市第一医院门口发生一起数百人参与的恶性持械斗殴事件。[2]《医疗事故处理办法》等相关政策法规不配套，医疗事故定性与医疗赔偿标准不统一，导致众多高额索赔案例，引发群体性事件。

其五，卫生资源的需求与现状仍严重脱节。近年来，我国老年人患病率比过去有所增加，主要包括老年人慢性非传染性疾病，老龄化、高龄化带来的是老年医疗保健服务需求的快速增长与老年医疗资源不足的双重挑战，基层社区老年医务人员短缺，医疗资源利用率相对低下，高度专业化的单病种诊序模式与老年患者多系统疾病并存的现状严重不匹配。农村老年人的诊疗与城市老年人相比，不管是医疗资源匹配还是医务人员的诊治质量存有相当大的差距。

卫生资源的浪费还表现在医疗资源的浪费与非理性使用。对于国内绝大部分公立医院而言，给科室下"经济指标"现象从 20 世纪 90 年代就已出现，它是公立医院"以创收论英雄"政策的直接产物，"没有指标（压力）就没办法实现高创收"。[3] 全国人大代表、中国工程院院士钟南山认为，医

① 史玉琨：《南昌第一医院疑因医患纠纷引发数百人械斗》，今视网，2011 年 8 月 23 日。

② 闫龑：《应对人口老龄化面临"四在不适应"》，《健康报》2012 年 7 月 19 日。

③ 柴会群：《公立医院创收潜规则》，《南方周末》2012 年 2 月 20 日。

患关系紧张、看病难、看病贵等一系列问题背后的原因是当前公有制医院的非公有制导向，这也是医改的难点。

其六，新农合实施财政补贴、个人缴费与集体缴费三者作支撑，在一些不发达地区，财政补贴比例过高，各级财政补贴大大多于个人和集体缴费，新农合对财政补贴的依赖预期加大了地方财政压力，对新农合可持续发展提出了挑战。以广州市为例，2011 年新型农村合作医疗参合率 100%，实际参加农村合作医疗农民 210.22 万人，比上年末增长 1.85%。新型农村合作医疗基金累计支出总额 6.69 亿元，累积受益 458.89 万人次。① 但一些市辖区，新农合缴费出现了严重的财政依赖，表示如下：

表 4-2　2011 年广州市新型农村合作医疗筹资情况一览表

区 （县级市）	筹资标准 （不含中央财政 补助）（元）	其中		个人或村集体 与财政补贴交 纳比例
		市、区（县级市）、镇三级财政补助（元）	个人或村集体交纳（元）	
白云区	344	224	120	1∶1.87
花都区	320	270	50	1∶5.40
其中：梯面镇	320	295	25	1∶11.80
番禺区	430	250	180	1∶1.39
南沙区	305	235	70	1∶3.36
萝岗区	340	290	50	1∶5.80
增城市	300	255	45	1∶5.67

资料来源：广州市卫生局网站，本文作了资料加工。

（三）失业保险政策与制度风险

金融危机或是经济危机会带来大范围的失业，2008 年由美国将次贷危机引发的全球金融危机加速从虚拟经济向实体经济、从发达国家向新兴经济体和发展中国家蔓延，使中国经济面临严峻挑战，首当其冲的是就业风险进

---

① 陈宁一：《中国企业掀起裁员风暴　美的员工称自己像卫生纸被扔掉》，《南方周末》2012年 8 月 17 日。

一步扩大，劳资关系更为紧张，严重冲击了社会稳定的政治基础，企业倒闭会伴生债权人讨要欠款、工人讨要工资以及失业工人就业甚至社会稳定等问题，需要政府出面处理解决。全球经济发生重大波动时，很多企业因无法承受冲击而倒闭或破产不再是个案，这需要引起地方政府的重视，并应有处理预案。地方政府应担当起破产倒闭企业清算的责任、化解社会矛盾的责任、采取特殊手段维护经济和社会稳定的责任。如美国在四个应急失业保险补偿法案中，联邦政府向经济不景气时期的长期失业者提供全部应急失业补偿。即依据各州的失业率状况，在支付职工 26 周失业保险的基础上，再延长支付 13—52 周不等的失业保险金。

引起失业更多的是社会行为而不是个人行为，一系列激进主义理论中，关键的基础概念是个体经历的一些问题在本质上是社会性的，这些问题在或大或小的程度上是由社会的不公平所导致的。建构主义强调社会经济、政治对个人影响的重要性。Langun 和 Lee（1989）在二十多年前就警告：一些理论试图将某些社会问题如失业归结于个人原因，是十分危险的。企业裁员分为经济性裁员、结构性裁员和优化性裁员；根据企业的决策性行为又可分为主动裁员行为和被动裁员行为。随着欧债危机冲击世界金融体系，全球需求减弱，企业裁员在 2012 年国内外又成风潮，诺基亚西门子 2012 年 1 月 31 日在德国裁员 2900 人，2013 年前全球裁员 1.7 万人。美国航空公司 2012 年 2 月 3 日裁员 1.3 万人，占总员工的 16%。日本 NEC 集团 2012 年上半年在全球裁员 1 万人。上述多家跨国公司在中国的机构也被列在裁员名单内，中国不少分公司订单骤减，过去繁忙的生产线有的已经停产，上千工人无事可做，除了经济下行外，劳动力成本上升与技术更新换代都是大规模裁员的重要原因。国内企业如东北地区最大的煤炭企业——黑龙江龙煤矿业控股集团已经开始了总计 1.2 万人的减员计划。而中国第二大煤炭企业中煤能源，则在通过连续的降薪来延迟裁员。2012 年中国企业密集性地出现裁员风波，美的最新的年报显示，员工人数相比 2010 年减少近 3 万人。[1] 武汉钢铁厂 2015 年 4 万员工被分流，占总人数的一半左右。鞍山钢铁厂 2016 年有职工 16 万人左右，保留 10 万人，40% 的工人转岗。由于去库存、产能过剩等原

---

[1] 《解决就业与社会保障的新思路》，《证券时报》2009 年 6 月 24 日。

因，企业分留的规模还可能扩大。

波士顿咨询集团（BCG）的一项最新调查显示，总部设在美国的制造业高管有超过三分之一的人计划将生产从中国转回美国，而埃森哲咨询公司（Accenture）的报告显示，受访的制造业经理人有约61%表示，正在考虑将制造产能迁回美国，以便更好地匹配供应地和需求地。美国宣称中国不再是全球最佳投资国和美国争夺世界制造业霸主的地位，对中国的就业构成了严重威胁。

美国公共健康的研究表明：失业会导致身体和心理健康的奴化。较多的心脏病、酗酒和自杀现象发生。希伦纳博士估计，连续6年的失业率上升，将会导致3.7万人过早地死亡。世界经济与中国经济下行对失业保险带来的支付压力剧增，中国的失业保险政策覆盖范围也在不断扩大，外来务工人员在一些省市也被纳入覆盖范围。

失业预警制度由失业预警监测指标、失业动态监测、失业信息统计调查、失业预警线及警报级别设定、失业应急预案等部分组成。建立失业预警制度，是对可能出现的较大规模经济恶化造成的失业，采取预防、调节和控制的重要措施。这对于政府从宏观上把握失业波动状况，制定相应的宏观调控政策，保证社会保障体系的良性运行以及社会经济的可持续发展具有重要的现实意义。建立失业预警制度的目的，使各地能够对失业调控目标进行有效监控，以确保各级政府失业调控目标的实现，保持就业局势稳定和社会经济的发展。建立失业预警机制，当失业率等指标达到或超过一定幅度影响就业局势稳定和社会经济协调发展时，即发出预警报告，并启动应急预案；当应急政策措施生效，失业率等指标回归调控范围内时，警报解除。

澳大利亚华裔学者孔保罗提出了一种崭新的就业及社会保障理论，互助循环保障理论：即打破西方社会救济的传统模式——不是发放失业救济金，而是实施就业贷款保障，预支未来的工资给失业者。即社会保障体系向金融信贷体系贷款，然后再贷款给失业者。失业者形成还款能力之后逐步偿还给社会保障体系，社会保障体系再还给金融信贷体系。① 社会保障体系是

---

① 周清树：《国务院扶贫办称全国农村有2365万人未解决温饱》，《新京报》2006年3月29日。

由一个覆盖全民的收费体系和一个覆盖全民的付费体系构成的，采用这一互助循环模式，不会产生呆账和坏账现象，因为没有任何人可以赖掉社会保障的债务。实施就业贷款保障，社会保障体系就由社会救济保障体系转化为全面援助体系，可以节约巨大的失业救济金，有少部分人无力偿还贷款（据测算通常不会超过5%），也不会给社会保障体系带来大的损失。当然，我国创业者的路径并不平坦，出台的创业政策只能为大学生提供贷款和税费优惠，对于经验粗浅、人际关系薄弱的大学生来说，创业成功者仅有10%；而在广东仅为1%。

（四）工伤保险政策与制度风险

在工业化过程中，工伤纠纷属于纠纷最多、矛盾最集中、处理难度最大、诉讼时间最长的劳动保险纠纷。判案从过错责任原则发展到无过错责任原则，职业伤害从雇主赔偿发展到雇主责任保险直到政府举办社会工伤补偿，从私法跨越到社会法，其中不乏进入法律诉讼的漫长程序。工伤保险法是典型的、以生存权保障为理念并付诸实践的社会保障法，集中体现了对受害人生存权利与健康权利的保障，使之不因劳动能力的丧失而被社会所遗弃。

工伤保险是指劳动者在工作中或在规定的特殊情况下，遭受意外伤害或患职业病导致暂时或永久丧失劳动能力以及死亡时，劳动者或其遗属从国家和社会获得物质帮助的一种社会保险制度。职业病是指《职业病防治法》中授权卫生部会同劳动保障部制定的职业病目录中的疾病。按照《职业病防治法》的规定，职业病是指企业、事业单位和个体经济组织（以下统称用人单位）的劳动者在职业活动中，因接触粉尘、放射性物质和其他有毒、有害物质等因素而引起的疾病。

经济全球化背景下，加剧了劳资双方之间权利与信息的不对称，劳资关系紧张、劳资矛盾激烈冲突。我国已经成为世界一个最大的生产工厂，解决劳资关系紧张局面是企业管理和社会管理的一个重要内容。饱受工业伤害和职业病伤害最大的人群是外来务工人员。为了保护外来务工人员的利益，有必要建立并实行与外来务工人员的企业劳动合同制度、劳动争议调解制度、集体协商与集体合同制度。明确企业家协会作为企业方代表在劳动关系协调工作中的地位、作用、职责，促进三方机制的形成和逐步完善。在劳动用工量大、劳动争议多的"三来一补"企业推广集体合同制度，按照劳动法律法规的规定，集体合同的主要条款，着重在加班工时、工资、福利、社会保险、劳动安全卫生、劳动规章制度等容易引发劳动争议的方面，由外来务工人员协商代表与企业方协商代表作出比较规范而全面的约定。在劳动关系调整中，除建立多种协调机制外，还要加强运用法律与行政的手段，加强对企业在执行劳动标准方面的监管，防止各种任意侵犯劳动者权益的行为发生。

在社会分层理论中，受地缘文化的影响，本为农村精英的年轻打工一族，却沦为城市中的弱势群体或受损群体，遭遇不公正社会排斥，外来务工人员工伤与职业伤害问题尤为突出，一个重要的方面是社会身份所带来的种种歧视与偏见，尘肺病被称为中国头号职业病。截至2011年年底，全国累计报告尘肺病突破70万例。病人广泛分布于煤炭、冶金、坑道建设等与粉尘相关的行业。尘肺病是以肺脏为主的全身性职业病，目前医学水平尚无法治愈。病人肺脏纤维化，导致呼吸功能衰竭、心功能衰竭。最后，肺脏会像石头一样坚硬。公开报道显示，这种病，每年杀死万名在粉尘中工作过的中国民工。[1] 正视外来务工人员的生存权利、健康权利与劳动权益，建立外来务工人员社会保障与社会保护机制，是摆在我们面前的一项重要任务。

统计表明，发达国家灾难事故致伤后的死亡率只有5%，而中国高达20%。中国目前交通事故致死率（交通事故死亡人数与交通事故伤亡总人数之比）平均为27.3%，远高于国际平均水平的5%，平均年死亡人数多达10万人之多。[2] 重大生产事故、重大的交通事故、环境污染事故等，可能造成大量的人员伤亡，都可能给工伤保险制度带来重大影响。

据国家安监总局报告：在我国较大事故当中，由于"非法违法"造成的较大以上事故占总量的71.6%。如果加上违规违章，比率高达95%以上。工伤事故应急预案的最重要目的是建立应急反应组织，以便能在紧急时刻在最短时间内及时部署完毕。

工伤事故应急预案必须解决以下问题：

---

① 周清树：《湖南一乡百名打工者患尘肺病　多人不堪病痛自杀》，《新京报》2013年9月5日。

② 黄培荣：《个体自救是减灾的第一道防线》，《浙江日报》2009年5月21日。

（1）紧急情况发生时由谁来指挥操作？

（2）当更多的企业和企业外反应人员到达事故现场时，指挥结构如何变化？

（3）如果紧急情况恶化时，需要更多的资源和出现更多的受影响点，指挥机构如何变化？

（4）谁来决定分配减缓事故的资源？

（5）谁应该在紧急时与谁保持通信联络？

（6）哪些应急功能应该行动？什么时候？如何行动？

（7）哪些人负责专项应急反应功能？

（8）各种指挥岗位应位于何处？

（9）谁来决定采取何种行动以保护外部人群？

（10）所有应急功能协调员互相之间如何联络？

（11）谁提供技术建议来开始反应行动？

（12）谁来决定什么时候应急结束，批准重新进入危险区？

工伤保险制度在我国小微型企业和民营企业的覆盖率不高，一旦发生工伤事故，企业难以赔付。2003 年 5 月 31 日—6 月 3 日，短短 4 天，在我国东北三省接连发生三场火灾，与安全管理不善、生产主体责任不落实、相关部门监管不力有关。2013 年 6 月 3 日，吉林宝源丰禽业公司液氨泄漏引发爆炸，一场大火夺去 120 人生命，77 人受伤，令人痛心疾首。发生火灾的吉林宝源丰禽业公司未依法缴纳包括工伤保险在内的各项社会保险，根据《工伤保险条例》，未参加工伤保险的用人单位职工发生工伤的，由该用人单位按照条例规定的工伤保险待遇项目和标准支付费用。超 6000 万元死亡赔偿需企业自掏腰包，77 位伤者的救治对该民营企业来说，也是一个天文数字。2013 年 8 月 31 日，上海宝山区丰翔路 1258 号翁牌冷藏实业有限公司再次发生液氨泄漏事故，造成 15 人死亡、26 人受伤，其中 6 人危重，死伤者多是外来女工。早在 2005 年广东商学院社会工作系教授谢泽宪对佛山、中山、东莞、惠州、深圳和广州 6 个珠三角城市的 39 家医院、582 位工伤患者进行调查走访，最终写出《珠三角"伤情"报告》，结果触目惊心：每年发生在该地区的断指事故就达 3 万宗，被机器切断的手指头超过 4 万只。

根据国家统计局 2013 年 5 月 27 日发布的《2012 年全国外来务工人员

监测调查报告》，雇主或单位为外来务工人员缴纳养老保险、工伤保险、医疗保险、失业保险和生育保险的比例分别为 14.3%、24%、16.9%、8.4% 和 6.1%。① 工伤保险在"五险"中虽然参保率相对较高，但 5 年来参保率始终徘徊不前。我国工业生产的高风险对工伤保险制度提出了严峻的挑战，外来务工人员作为工伤事故的最大受害者群体，他们的生命健康权益不容践踏。

二、社会救济政策与制度风险

中国社会救济制度包括抚恤、救灾、安置、低保等内容，随着各类自然灾害及社会风险的增大，中央级民政事业费和中央专项转移支付数额不断增大，表示如下：

表 4-3　中国主要年份中央级事业费及中央转移支付社会服务费统计

	中央级民政事业费（亿元）	中央专项转移支付（亿元）							
			抚恤（亿元）	安置（亿元）	救灾（亿元）	低保（亿元）	医疗救助（亿元）	福利（亿元）	其他（亿元）
1999	62.8	1.2	61.6	18	17.6	22	4		
2000	86.6	2.9	83.7	23.7	23	22	15		
"十五"时期	1004.3	11.9	992.4	212.1	217.3	170.1	373.1	12	7.9
2001	109.6	1.4	108.2	26.3	28.7	30.2	23		
2002	140.2	1.8	138.4	31.6	37	24.3	45.5		
2003	213.6	1.8	211.8	37.1	39.2	40.5	92	3	0.1
2004	227.7	3.9	223.8	40.7	47.4	32	100.6	3	0.1
2005	313.2	2.9	310.3	76.4	65	43.1	112	6	7.7
"十一五"时期	4761.3	89.3	4658.9	767.6	699.9	856.1	1941.6	319.6	74.2
2006	406.8	2.8	404	111.7	73.9	49.4	136	14.3	18.7
2007	523.1	5.6	504.4	110.9	117.4	49.9	189.9	36.3	0.1
2008	1207.7	26.6	1181.1	142.1	142.9	478.4	363.1	54.5	0.1

---

① 姚冬琴：《吉林火灾企业未缴工伤保险需 6 千万赔偿》，《中国经济周刊》2013 年 6 月 17 日。

	中央级民政事业费（亿元）	中央专项转移支付（亿元）							
		抚恤（亿元）	安置（亿元）	救灾（亿元）	低保（亿元）	医疗救助（亿元）	福利（亿元）	其他（亿元）
2009	1232.5	5.5	1227	187.3	160.2	174.7	620	84.5		0.3
2010	1391.2	48.8	1342.4	215.6	205.5	103.7	632.6	130		55
"十二五"时期	1817.4	9.4	1808	277.4	206.4	84	1004.7	150	25.2	60.3
2011	1817.4	9.4	1808	277.4	206.4	84	1004.7	150	25.2	60.3

资源源自：《中国民政统计年鉴 2012》。

在上述中央社会救济款转移支付过程中，还可能同时发生地方财政救灾基金的支持，由于资料所限，未能列出。

（一）农村贫困问题有所减弱，留守妇女、老人和儿童成为社会问题

20 世纪末，国务院扶贫办公布的《中国农村扶贫开发纲要（2001—2010 年)》中期评估结果显示，纲要实施 5 年来，全国没有解决温饱的贫困人口由 2927 万减少到 2365 万，减少了 562 万；低收入贫困人口从 6102 万减少到 4067 万，减少了 2035 万。[1]但落后的农村总是难以赶上快速发展的城市，城乡差别拉大不仅仅体现在城乡居民收入差距的持续拉大，还突出表现为城乡二元结构矛盾越发明显，农民安全感逐年下降，青壮年劳动力几乎全部离开了农村，留在农村的都是老弱妇幼人员，农业中因生产要素过度流失而出现了凋敝和萎缩的现象。

农业剩余劳动力大量涌向城市必然同城市本身的就业不足产生矛盾，哈利斯—托达罗的人口流动模型认为：尽管城市中存在失业，投入城市的人仍还是可以作出合理的决策，与其说是城乡现实的收入差异，不如说是城乡预期的收入差异，而影响他们预期的有两个因素：一是城乡实际工资的差异；二是在城市求得工作机会的可能性：[2]

$M = h(PW_u = W_r)$ （本模型假定城市存在失业、乡村没有失业）

---

① 杨培雷主编：《当代西方经济学流派》，上海财经大学出版社 2003 年版，第 484 页。

② 《农村留守妇女成了"体制性寡妇"》，人民网，2008 年 4 月 24 日。

式中：M——某一时期由乡村到城市的人口流动人数；

$\quad\quad$ h——潜在移居者的反映率；

$\quad\quad$ P——在城市找到工作的概率；

$\quad\quad$ W_u——城市收入；

$\quad\quad$ W_r——乡村收入。

本模型中，如果城市预期收入超过乡村的收入，由乡村向城市的流动就会继续；当人口流动迫使城市工资下降或使城市失业率上升，使得城市的预期收入等于乡村收入，流动就会停止；当乡村收入大于城市的预期收入，就有可能出现劳动力回流乡村。经济因素并不是影响农民进城的唯一因素，需要我国政府大力缩小城乡各种机会不平等的现象，通过社会主义新农村建设完善各种基础设施，缩小城乡收入差距，从经济增长与社会发展上高度重视农村的发展，通过人口回流检验新农村建设的实际效果。

要提高社会救济的扶贫效率，除了收入扶持以外，在农村，国家投资的"以工代赈"改善农村基础设施条件的项目，应优先安排贫困劳动力；鼓励和帮助贫困及缺地农民外出打工，促进农村剩余劳动力转移；打破妨碍劳动力流动的制度性障碍，建立竞争性的劳动力市场；对农民进行各类技术培训和文化教育服务。提供基本计划生育服务和基本公共卫生服务，使每个人都能享受基本卫生保健；提供基础教育服务，保证所有的孩子都能获得受教育的权利和机会；提高广播电视人口覆盖率，为贫困地区提供更为方便的通信服务；为贫困地区提供供水、供电的基础条件。

在中国农村青壮年劳动力流出后逐渐形成了大批"留守妻子"群体。她们承担着生产劳作与家庭负担的重担，又有着情感眷恋与经济依附的双重特征。农业女性化现象的背后，是留守妇女在家中守着土地，担起沉重的劳动负担的客观现实。农村留守家庭父亲角色的缺失，削弱了家庭对于子女的教育和影响功能，会对留守儿童的发展造成潜在的负面影响。在中国经济的快速发展中，留守妇女是城乡二元体制的产物，为"体制性寡妇"，"留守妇女会出轨，不能埋怨她们，形势所迫、生活所迫"[①]。媒体的报道中，有69.8%的留守妇女经常感到烦躁，50.6%的留守妇女经常感到焦虑，39.0%

---

① 侯金亮：《每月3角钱养老金　太寒酸太刺眼》，《重庆日报》2012年8月28日。

的妇女经常感到压抑。① 而农村留守妇女在道德上还比较保守，在情感与性的需求方面，要承受很大的压力。究其留守家庭的夫妻关系，务工丈夫和留守妻子两方都不可忽略。丈夫外出务工后，留守妇女的各种负面情绪，例如孤单、害怕、烦躁、焦虑等，较之丈夫务工之前都有明显的变化。高强度的劳动、留守的孤单、安全感的降低、长期的性压抑等，都使得留守妇女抱有沉重的生理和心理压力，身心处于亚健康状态。

目前全国 1.85 亿老年人口中，有超过六成以上生活在农村，农村老年人口超过了 1 个亿，中国四分之三的老年人口在农村。随着老龄化形势的日益严峻，农村老人的养老问题不能再忽略。② 留守老人凸显的社会问题是老人们仍承担着繁复的体力劳动，身体健康状况堪忧；经济拮据，物质生活窘迫；精神生活空虚，孤独寂寞，严重的导致自杀。农村传统的养儿防老不复存在，无助的老年生活给许多老人留下了无奈和创伤。

根据 2010 年全国第六次人口普查资料推算，全国有农村留守儿童6102.6 万人，占所有农村儿童比重达 37.7%，占全国儿童的比例为 21.9%。与 2005 年全国 1% 抽样的调查估算数据相比，5 年间全国农村留守儿童增加约 242 万人，增幅为 4.1%。除了溺水、中毒、交通事故、火灾等意外事故之外，留守儿童还面临来自其他多方面的安全威胁。农村留守儿童中，父母仅一人外出的占 53.3%；父母都外出的占 46.7%。在后者中，与祖父母一起居住的孩子最多，占留守儿童总数的 32.7%；与其他人一起居住的占留守儿童总数的 10.7%；单独居住的占留守儿童总数的 3.4%，人数高达 205.7 万。③城市对外来务工人员的市民待遇无法落实，子女无法接受昂贵的幼儿园入学费用，无法享受城市中小学义务教育，造成这种局面何谈城镇化。本来应该政府和社会承担的巨大成本，无情地压在了太多需要为生存而战的父母头上。他们被迫背井离乡，成为定期迁徙的候鸟，而照顾抚养孩子的重任便交给年迈的爷爷奶奶。留守老人、留守妇女、留守儿童，这是中国当代社会最大的溃疡。他们享受不到完整的家庭亲情与爱情，感受不到公平教育，呼吸

---

① 陈晓辉：《洛阳留守妇女：家的港湾，期待丈夫永远停靠》，《大河报》2014 年 6 月 5 日。

② 广东省民政厅：《关于 2008 年全省城乡低保情况的通报》（粤民保〔2009〕5 号）。

③ 周易：《中国独居留守儿童高达 205 万　人身安全隐患严重》，《中国青年报》2013 年 8 月 8 日。

不到自由和尊严的空气，享受不到城里人的福利，成为流浪和失学儿童、心灵扭曲患者乃至可能少年犯最大的后备军。

（二）城市贫困问题不逊于农村，无土地的难就业人群生存空间更为狭小

中国不仅要付诸巨大努力解决农村领域的不同类型贫困问题，也需要密切地关注并实施有效政策解决城市领域不同类型贫困问题。这样一个庞大的贫困群体来自于国有企业改革和调整导致失业的群体；资源枯竭型城市中大量具有正常劳动能力的城市居民；退休较早、仅依赖退休金生活的老年人；流入城市、成为城市新贫困阶层的大量农村人口。城市残疾人群的就业十分不稳定、收入不稳定、社会保险也不稳定。社会福利企业中残疾职工增长率较多年份呈下降趋势。截至 2012 年年底，全国共有福利企业 20232 个，比上年减少 1275 个；福利企业增加值为 703.4 亿元，比上年下降 4.7%，占第三产业的比重 0.30%；吸纳残疾职工 59.7 万人就业；实现利润 118.4 亿元，比上年下降 15.5%；年末固定资产 1815.1 亿元，比上年下降 0.2%。①

表 4-4　社会福利企业中的残疾职工人数及年增长率

年份 指标	2002	2003	2004	2005	2006	2007	2008	2009	2010	2011	2012
福利企业残疾职工（万人）	68.3	67.9	66.2	63.7	55.9	56.3	61.9	62.7	62.5	62.8	59.7
年增长率（%）	-2.3	-0.6	-2.5	-3.8	-12.2	0.7	9.9	1.3	-0.3	0.5	-4.9

资料来源：民政部：《2012 年社会服务发展统计报告》。

良币驱除劣币是市场规则，但相对残疾人而言，由于现行社会福利企业被异化现象严重，相应对真正的社会福利企业的业务经营范围进行一定程度的相对保护是必要的，本身的弱势地位，使他们无法参与竞争。

社会保险、医疗保险等制度上的缺位与失效，也在随时随地制造和产生着新的城市贫困。城市贫困问题的解决，关键是政府应该对贫困人口给予一定的制度保障，同时积极鼓励劳动者就业，以就业获取收入作为基础保

————————————

① 参见民政部：《2012 年社会服务发展统计公报》。

障，这是由我国国情所决定的保障模式。城市难就业人群的抱怨情绪较大，与外来务工人员相比较，他们缺失土地，也就缺失最基础的保障。实施就业优先的经济发展战略和加强就业服务体系建设，显得尤为关键。另一个存在的问题是政府扶贫计划几乎都是针对男性，并把能够提高收入潜力的就业职位和培训项目提供给男性，妇女仍然是城市贫困人群中最脆弱的人群。因此中国的反贫困政策应使妇女、儿童和老人福利产生积极的正面影响，不仅要把妇女归入发展计划，而且要优先提高妇女的教育水平和经济地位，因为这是实现发展目标的关键。

（三）城乡居民最低社会保障制度风险

保持政策的连续性与稳定性，政策有序涨落是实现政策自组织的必要条件，也是降低社会稳定风险的保障条件。2003年至2010年农村享受低保人上升较快，2011年11月，中央决定将农民人均年收入2300元作为新的国家扶贫标准，这个标准比2009年提高了92%，按此标准，全国贫困人口数量和覆盖面也由2010年的2688万人扩大至1.28亿人。之后截止到2012年7月，农村享受低保人数为5233.5万人。与几年前相比，享受低保人数增长率有所下降，其中有农村人口减少的因素。

1. 农村最低生活保障制度存在的问题与风险（参见图4-2）

农村最低生活保障线由县级人民政府负责制订，但中央政府并没有确定标准线的程序和具体方法。国际社会常用的恩格尔系数法、市场菜篮子法

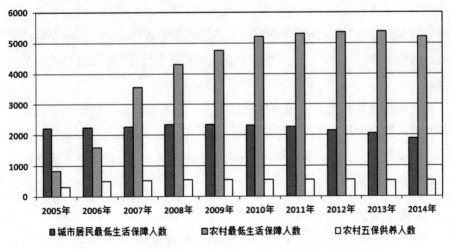

图4-2 2014年城市农村最低生活保障与农村五保户供养人数

以及比例法三种测算方法未真正在我国农村制订低保线中具体运用，各地在制订低保线过程中的随意性很大，缺乏科学性。国务院明确规定：农村最低生活保障资金的筹集以地方为主，地方各级人民政府要将农村最低生活保障资金列入财政预算，省级人民政府要加大投入，中央财政对财政困难地区给予适当补助。从这里可以得知，农村最低生活保障资金的来源主要是地方人民政府，中央仅占其中小部分。将农村最低生活保障资金的支出责任逐级下压，越往基层，财政负担越大。所以，农村最低生活保障资金负担机制是典型的中央请客、基层政府埋单的机制。

经济较好的省份，市级财政基本不负担最低生活保障金支出，区镇两级成为最低生活保障资金支出的主要承担者。农村低保金负担机制的不合理使得基层负担过重，在客观上造成了基层政府过多考虑地方财政负担问题，一些地方可能从减少地方财政负担的角度考虑，采取各种措施来尽可能减轻农村低保资金的负担，例如实行比较低的保障线标准，人为地通过各种办法减少保障人数等等，从而影响"应保尽保"低保政策目标的实现。

以农村家庭为计量单位，"不能科学核算居民家庭收入，势必严重影响社会救助公信力的建立：一是容易滋生人情保、关系保等不正常现象；二是核算收入不能为申请人所接受，容易产生纠纷和矛盾；三是隐瞒收入的错误做法得不到纠正，容易导致更多家庭隐瞒收入。居民家庭收入核对工作的实效，直接关系到社会公平正义的实现。"[1] 但现实上要准确核实农村家庭的收入比核实城市家庭收入更为困难。在实施农村最低生活保障工作过程中，县（区）民政部门和镇（街）遭遇农村家庭收入核定难的问题：一是农村"家庭"的概念难以界定；二是农村家庭收入结构复杂且难以货币化计算和准确核定。

与城市居民相比，农民有经营性收入、工资性收入、财产性收入、转移性收入等多种收入途径，其中经营性收入和工资性收入是主要形式，占农村居民家庭现金收入的90.2%。[2] 现实是经营性和工资性这两种形式的收入都难以准确核算。

---

[1]　数据来源：《国家统计局关于上半年农村居民现金收入的说明》，国家统计局网站。
[2]　石岩：《我国大幅提高扶贫标准　农村贫困人口破亿》，中国新闻网，2011年11月29日。

农业生产的经营形式多种多样，包括养殖、种植等，种类繁多。按照农村最低生活保障的规定，要计算申请人提出低保申请前 12 个月的农业生产收入，其难度是显而易见的。很多农民进城打工，几乎每一户农民家庭都有，其每户家庭的工资性收入难以判断。受保家庭的隐性收入难以跟踪测算，部分家庭没有如实提供其收入状况，给低保工作开展造成一定的影响。

农村最低保障制度导致"福利依赖"现象，同样造成最低生活保障对象"退保难"的问题。在救助资源"叠加"现象比较严重的情况下，最低生活保障对象实际所得已经超过了其参加劳动可能带来的所得，形成了新的不公平。

2. 城市最低生活保障制度存在问题与风险（参见图 4-2）

我国城市最低生活保障制度覆盖人数从 2005 年到 2014 年没有太大变化，城市低保覆盖人群增长率大大低于农村最低生活保障人数的增长率。城市低保覆盖人群包括在职人员、灵活就业人员、老年人、登记失业人员、未登记失业人员、在校生、其他人员。每年的财政投入虽然有所加大，但低保标准过低，或是人为地控制低保人数。即使开展"应保尽保"工作以后，未保人数占应保人数比例偏低值得研究。

致使城市一些困难人员抱怨活得不如外来务工人员。制度存在问题与风险包括：

（1）歧视性条款有失公正。最低生活保障制度是对生活在贫困线以下的居民实施社会救济，是指为维持人体生命延续所必需消费的商品和劳务的最低费用。以此为指导，最低生活保障线的测定基本上是绝对贫困的计算方法，因此，养狗的不能享受低保，有空调的不能享受低保（重庆这样的火炉也不例外），住大房子和买计算机者不能享受低保，投资股票不能享受低保，孩子在中小学自费择校者不能享受低保。这些"排除性条款"事实上是歧视性条款，几乎中国每一个城市都有类似规定。由于担心被举报，一些低保户偶尔打个的也只能躲躲闪闪，各地形形色色的排除性条款直接剥夺了低保户享受现代生活的权利，只能说，一些条款合理，一些条款却有失人性或公允。

（2）城市低保人数多年来未有多大变化预示执行"应保尽保"政策存在问题。比较 2005 年至 2014 年农村低保人数与城市低保人数及增长率，给人的印象是，农村应保人群逐年大幅度增加，城市应保人群相对稳定，预示着农村绝对贫困人数增加或是生活水平下降，城市绝对贫困人口无太大变化是人为控制还是社会经济生活的真实反映，难以判断。我们认为前者的可能性比较大，中国农村贫困线 2008 年确定人均纯收入贫困标准为 1196 元，2011 年将农民人均纯收入 2300 元（约合 355.6 美元）作为新的国家扶贫标准，相较于 2009 年新标准提高了 92%。① 农村绝对贫困线标准提高后农村绝对贫困人口大量增加，为农村低保人数的增加提供了入保条件。而城市绝对贫困标准多年未有国家层面的提高，地方政府出于财政原因有可能在"应保尽保"上打折扣，或是控制低保标准，难敌 CPI 的影响，因为从近几年来的统计数据或是民调资料看，由于通货膨胀等原因，居民的生活水平较几年前下降了，尤其是 2010 年到 2012 年期间，我们认为理所应当增加城市低保人口。北欧一些福利国家全国五分之一的人口享受低保，所以提高低保标准，是这些国家经济实力的表现，而不是贫困的象征。

进入 21 世纪以来，政府的政策注意力逐渐转向农村社会救助领域。在中央政府的推动下，2007 年农村低保制度的覆盖范围扩展到了全国所有农村地区。与此同时，社会救助领域（尤其是农村）出现了"福利扩张"的迹象。城市低保人数、覆盖率 2002 年到 2013 年变化不大，后几年甚至略有下降，而农村低保人数、覆盖率 2002 年到 2013 年变化比较明显，中央财政对农村支出比例 2010 年明显上升（见表 4-5、图 4-3）。

表 4-5　1999—2013 年中国城乡低保人数及覆盖率

年份	低保人数（万人）		覆盖率（%）		低保支出（亿元）		中央财政补贴占比（%）	
	城市	农村	城市	农村	城市	农村	城市	农村
1999	257.0	265.7	0.59	0.32	15.4	6.2	—	—
2000	403.0	300.2	0.88	0.37	219.3	36.5	—	—
2001	1171.0	304.6	2.44	0.38	41.6	4.7	—	—
2002	2065.0	407.8	4.11	0.52	108.7	7.1	41.8	
2003	2247.0	367.1	4.29	0.48	150.5	9.3	61.1	
2004	2205.0	488.0	4.06	0.64	172.7	16.2	58.2	

① 《河南省违规发放社保资金近亿元》，《京华时报》2012 年 11 月 5 日。

年份	低保人数（万人）		覆盖率（%）		低保支出（亿元）		中央财政补贴占比（%）	
	城市	农村	城市	农村	城市	农村	城市	农村
2005	2234.2	825.0	3.97	1.11	191.9	25.3	58.4	—
2006	2240.1	1593.1	3.84	2.18	224.1	43.5	60.7	—
2007	2272.1	3566.3	3.75	4.99	277.4	109.1	57.6	27.5
2008	2334.8	4305.5	3.74	6.12	393.4	228.7	68.5	24.0
2009	2345.6	4760.0	3.64	6.90	482.1	363.0	74.5	24.8
2010	2310.5	5214.0	3.45	7.77	524.7	445.0	69.3	60.4
2011	2276.8	5305.7	3.30	8.08	659.9	667.7	76.1	75.3
2012	2143.5	5344.5	3.00	8.32	674.3	718.0	65.1	60.1
2013	2064.2	5388.0	2.82	8.56	756.7	866.9	72.1	70.6

数据来源：《中国民政统计年鉴》、《中国统计年鉴》，2000 年至 2014 年。

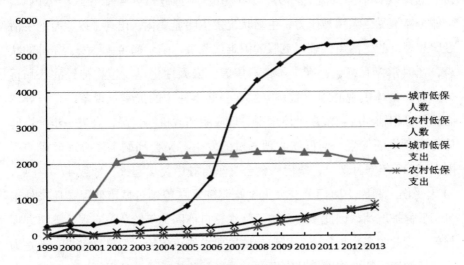

图 4-3　1999—2013 年中国城乡低保人数及城乡低保支出（万人、亿元）

资料来源：《中国民政统计年鉴》、《中国统计年鉴》，2000—2014 年。

（3）制度设计的漏洞较大，公正与公平的天平遭受质疑。近年来，屡屡被曝光的骗保现象，甚至还有漏保、关系保、人情保、搭配保等多种问题。是由于政策在贯彻过程中容易产生"放大效应"、"缩小效应"和"虚置效应"，社会的实际效果和制定政策的初衷往往存在差距：一是居民的隐性收入难以准确计量，恣意隐瞒收入者反成赢家，严重影响了进入机制与退出机制的建立；二是对提供收入等虚假证明的核实难度太大，且行政管理成本过高，处罚成本太低；三是低保标准的计量方法主观随意性比较大，我国多年来低保人数没有太大变化，显然与近几年来中国经济下行、通胀率居高不下是不相称的；四是由于管理的疏漏，低保人员隐性就业不透明；五是社会公众既是政策执行好坏的直接利益相关者，也是政策的当然问责者，善治离不开公民的积极参与，举报制度有时真真假假、是非不分，造成人为的矛盾和隔阂；六是低保标准虽然低于最低工资标准，但低保户享受低保的同时，还可以享受打折的实物福利，两者相加有可能高于最低工资的待遇水平，致使领取最低工资的劳动者丧失了工作热情；七是由于身份的变换，存在重复低保问题，如河南省 2012 年审计表明：河南省 28 个县 2235 人重复享受城市和农村最低生活保障，部分村子未按规定程序审批低保对象。[①]

低保政策不当或处置不力，容易引发心理危机并可能导致个体风险，一些个体遭受巨大精神压力，生活状况发生明显变化，出现了以原有的生活经验和现有的生活条件难以克服的困难或危机，陷于痛苦、不安、压抑的状态，还时常伴有绝望、麻木不仁、焦虑、去人性化以及植物神经症状和行为障碍。个体出现心理应激是突发性公共事件中的最常见现象，它与群体心理危机相辅相成：众多个体出现心理应激和危机的情况，会进一步推进群体心理危机的发生，而群体心理危机的发生，又会加剧个体心理危机的程度。[②]2013 年 6 月 7 日，厦门一辆公交车行驶中突然起火，导致 47 人死亡，34 人受伤，起因于厦门公交大火案嫌犯陈水总曾领过城市低保，后来外出打工低保被取消，因此多次上访。陈水总自称因为年龄登记有误，无法办理低保，为此曾多次前往公安局和信访局要求修正年龄，但最终未果，于是为了泄愤制造了特大惨案。从突发的公共事件分析，由于低保问题酿成了令人发指的恶性社会事件，"但一个人的人性险恶，何以就能对公共安全造成这么大的冲击，政府和社会真的毫无责任？如果此前能够对陈多一些关注和疏

---

①　胡象明：《经济政策与公共秩序》，湖北人民出版社 2002 年版，第 63 页。

②　王声湧、林汉生主编：《突发公共卫生事件应急管理学》，暨南大学出版社 2012 年版。

导，或许他不至于会堕落至此。"①

出现骗保的现象，与我国检查个人收入的方式不完备也有一定关系。建立制度监管骗保，完善家计调查制度，往往成本太高。一些学者在研究了苏联和东欧国家在经济转型期间的社会政策之后，提出家计调查的三项技术条件：第一，对收入水平的了解比较容易，在存在大量的非正式经济和隐性失业的情况下，或雇主愿意协助雇员欺骗国家以骗取待遇的时候，家计调查的社会救助方法就会失效；第二，国家或地区的政府机构有必要的行政能力来管理家计调查的安全网；第三，政府有经济能力提供可以弥补贫困线和实际收入之间的差额，不具备这些条件的情况下实行家计调查的社会救助很可能会达不到制度设计的目标。由于家计调查结果用以作为居民申请低保的依据，我国社会生活中一些居民有意识"叫穷"，隐瞒家庭收入申请低保金也是一种比例不低的骗保现象，凸显了部分居民道德意识的低下。从另一方面看，过高的家计调查成本也促使相关部门工作人员产生责任退化心理。

在我国实施家计调查存在难点，这是因为隐性收入、亲属支助收入、工资外收入的个体差异较大，而社会救济的本来含义是救助处于基本生活水平之下、经济来源不足的"贫困者"。我们应该通过个人申请、财产申报、群众评议等形式弥补家计调查的不足，确定真正的贫困者，规范社会救助的实施标准，使有限的救助基金真正用于救济生活困难的人，以逐步提高救助水平，而不能以目前简单的居民生活费收入指标低于社会最低生活保障线划分"贫困者"。多数情况下只是靠直觉来判断，混淆了社会救济的本来含义。中国实施家计调查要吸取世界各国和地区的经验，谨慎地制定和完善家计调查的科学方法。

对骗取低保金的道德失信问题可采用当面核对、银行审查、开听证会等方式，建立社会诚信体系，加大骗保的成本与惩戒力度。当面核对是检测领取低保者财产拥有状况是否陷入贫困的有效环节，包括住房、家具等实际财产；银行审查即对领取低保人员在银行的储蓄状况进行调查，在银行实行实名制与银行系统联网的情况下，银行审查较为便利，但是否会因此侵犯个人的隐私权在法律上值得商榷。

---

① 王华：《厦门公交纵火案媒体自我标榜不合时宜》，《新京报》2013 年 6 月 17 日。

　　召开社区居民听证会，让社区居民代表与社保所工作人员听取低保者对家庭经济状况的申诉，以最后确定享受低保人员名单。这里我们可以借用肯德尔和谐系数的计算方法以确定申请低保者是否可以领取低保金。公式如下：

$$W = \frac{SS_{R_i}}{\frac{1}{12}K^2(n^3 - n)} \quad 或者 \quad W = \frac{SS_{R_i}}{\frac{1}{12}K^2(n^3 - n) - K\sum c}$$

$$其中： SS_{R_i} = \sum R_i^2 - \frac{(\sum R_i)^2}{n} \quad\quad \sum c = \sum \frac{(t^3 - t)}{12}$$

　　W 为肯德尔和谐系数；SS_{R_i} 为评定贫困等级 R_i 的离差平方和；K 为社区代表及社保所参加评审的人数；n 为社区内申请低保的人数；R_i 为贫困评定等级；t 为相同等级数。

　　对 W 进行显著性检验，比较检验指标观察值 $\chi^2 = K(n-1)W$ 与查表找出 $\chi^2_{(n-2)\alpha}$ 的临界值。

　　当 $\chi^2 < \chi^2_{(n-2)\alpha}$，则认为社区代表对申请低保者的评估不一致，应重新审核。

　　当 $\chi^2 \geqslant \chi^2_{(n-2)\alpha}$，则认为社区代表对申请低保者的评估显著一致，可为这些申请低保者发放低保金。

　　比较仅仅依靠领取低薪工资收入的从业者与享受低保金加上各种优惠及减免政策的折价收入的低保人员，由于对享受低保人员发放低保金与提供各种实物或折价优惠来自于不同的部门，政府与享受低保人员处于信息不对称的状态。2004 年至 2011 年全国城市享受低保人群一直保持在 2000 多万人，与发达国家相比，我国享受低保人员的比例比较低。建立综合信息管理系统，将各部门提供的实物及各种优惠折价信息纳入统一的数据库。建立低保人员的个人档案，使享受低保的各项待遇相加低于享受最低工资的从业人员。除了生理上无能力从业人员之外，还要从制度上杜绝"懒汉经济"的滋生，使崇尚个人奋斗的社会意识成为一种主流文化。

　　为了克服享受捆绑式低保制度设计带来的比较效应后遗症，矫正享受低保综合待遇高于在业者待遇的制度偏差，最有效的办法是积极组织安排有劳动能力的低保人员实现再就业，对拒绝就业的人员以及一方面享受低保另一方面又隐性就业的人员，要从制度上严格申请低保的条件，加强对隐性就业的灰色性鉴别。只有建立社会保障诚信体系，才能保证有效的社会救济基金用于真正需要救济的贫困人口。对骗取低保金的人员，在证据确凿的情况下，应实施经济处罚，建立诚信记录，直至剥夺他们享受低保的权利。

第三节　体制外相关政策对社会保障制度运行总体支撑力的分析

政府经济政策行为可以被定义为政府为解决某些特定的社会经济问题而确定经济政策目标、选择并运用经济政策手段来调控社会经济利益关系的行为过程。就这种行为的内容而言，它主要是经济的。政府掌握着很大部分的公共权力，政府经济政策行为既是政府的一种经济行为，也是政府的一种政治行为。[1] 现代社会保障制度的产生与运行必须有一定的物质条件、社会条件和政治条件。物质条件表现为：社会生产力有了较大发展，社会剩余产品增多，国家直接掌握了足够的物质和货币财富，有能力弥补社会保障基金的不足；企业有一定的经济效益与生产盈余，可以按照马克思的"六大扣除说"参与社会保险；另外，劳动者提供的必要劳动，除满足正常生活需要外，还有一定的剩余，使劳动者有能力缴纳保险费。显见，社会保障制度的运行离不开经济的支撑，唯有经济增长，才能带动社会保障增量的扩张。

我国之所以出现地理分层、行业分层、城乡分离的社会保障二元化现象，与之对应的经济与财力的二元化现象是分不开的，社会保障资源配置的结构性因素除了政府政策的制导性因素以外，与地区、城乡的经济发展状况对社会保障的支撑程度是分不开的。社会保障制度运行的前提首先是经济的可持续发展，庇古（A. C. Pigou）提出通过"收入均等化"和增加国民收入量来增加一国的经济福利，从动态的观点来理解庇古这一论点，便可上升到社会保障（经济福利）的可持续发展上面。

---

[1]　参见［澳］黄有光：《社会福利与经济政策》，唐翔译，北京大学出版社 2005 年版，第17 页。

纳斯（Nath）认为，福祉经济学是一定建立在价值判断基础之上的。黄有光指出：如果要用福祉经济学来作出明确的政策建议或政策决定，则必然涉及价值判断……价值判断是相对于事实判断而言的，事实判断是描述性的，而价值判断是评价性和／或指示性的……特定政策会带来帕累托改进。①我们在对社会保障的经济政策矩阵作出价值性判断时，帕累托原则被普遍认为是社会福祉改进的一个重要条件，如果社会保障改革的结果是有人受益而无人受损，这种社会保障的经济政策矩阵则是最优矩阵。现实经济中无人受损的事实难以成立，由于外部不经济性、公共产品等因素的存在，市场的资源配置不可能达到帕累托最优状态，我们还应在次优条件下寻求经济政策矩阵的次优解。我们在构造中国社会保障经济政策矩阵时，努力消化政策矩阵带来的负面效应，尽力满足并使个人序数效用的伯格森—萨缪尔森式的社会福祉函数成为福祉经济学的标准分析工具，以方便社会价值判断。

社会保障政策又是长效性公共政策，社会保障制度运行还需要一个在更迭的政府中保持政策的稳定性，在专制政治体制下，实施社会保障体现了统治阶级的意愿和意志，从某种意义上说，它是政党或政治家的政治工具或政治手段。统治者根据自己的主观意愿通过国家机器来制定社会保障方面的法律和制度，并进行人为的实施，从而控制整个社会，达到统治国家的目的。专制政治下社会保障的内容尽管仅局限于低层次的救济，其运行也带有很大的人为性质。但是政府的更迭或是社会保障政策的调整可能带来社会的动荡，影响社会保障的可持续发展。西方国家反复出现的因社会福利政策调整而引发的罢工浪潮，除说明社会保障的刚性因素之处，还反映了该国社会保障政策或技术设计的可持续性出现了偏差。

古德诺把政府政策行为理解为政治行为与行政行为的统一，他认为，政府行为过程实际上是一个制度政策和执行政策的过程，前者表现为一个政治过程，后者表现为一个行政过程。② 政策科学的创始人哈罗德·拉斯韦尔把政策过程描述为情报、建议、规定、行使、运用、评论、终止七个功能范畴，政策制定过程就是一个"决策过程"。Nicholas Barr 在《养老金改革的

---

① 参见［美］古德诺：《政治与行政》，华夏出版社 1987 年版，第 11 页。

② 参见 Nicholas Barr：《养老金改革的真实情况》，《金融与发展》2001 年第 9 期。

真实情况》一文中提出：政策设计者在设计养老金计划时有很多选择，但是只有当关键的先决条件被满足时才是这样。在公共部门，首先，国营的养老金计划必须是财政上可持续的。这并不意味着公共养老金支出必须最小化（这与最优化相反），但是它必须与经济的持续增长相一致。第二，养老金体系必须是政治上可持续的。养老金改革，不论是现收现付还是基金积累制计划都不是一个事件，而是一个过程，需要各级政府的支持。财政和政治上的持续性都依赖于政府征收养老金缴费和保持宏观经济稳定的能力。[1] 如加拿大为了降低养老待遇的差距，精心做了制度设计，鼓励存款用于养老，指定到养老保险银行设立储蓄专户，存入的钱不用纳个人收入所得税，存款限制在个人收入的 18% 以内，个人工资最后退休的替代率以 60% 封顶，避免养老待遇过大的差距。

从 2012 年两会发布的预算报告来看，2011 年中央国有资本经营收入中，有 40 亿元被调入财政用于社会保障支出，但国资委早前公布的央企 2011 年净利润是 9173 亿元，前者所占比重仅为 0.4%。央企利润仅划转社保 20 亿元人民币，[2] 针对庞大的社会保障支出而言，显然只是杯水车薪。不免引起中国公民对央企性质的质疑，离全国社保基金理事会党组书记戴相龙在出席社会保障国际论坛暨《中国养老金发展报告 2012》提出将国务院国资委监管的国有企业上缴利润，按不低于 20% 的比例（1834.6 亿元）划拨全国社保基金的要求相差太远。

社会保障体制外的政策对社会保障的运行也会有影响，如 2007 年，上海市公积金管理中心曾试推过"以房养老"模式：一种是"以房自助养老"，即 65 岁以上的老年人将自有产权房屋出售给市公积金管理中心，并选择在有生之年仍居住在原房屋内，出售房屋所得款项在扣除房屋租金、保证金及相关交易费用后全部由老人自由支配使用；另一种是"倒按揭"模式，即指投保人将房屋产权作抵押，按月从金融机构领取现金直到亡故，相当于金融机构通过按月付款的方式，购买投保人的房屋产权。但我国推行的住宅用地

---

① 参见［英］尼古拉斯·巴尔：《福利国家经济学》，中国劳动社会保障出版社 2003 年版，第 11 页。

② 孟俊莲：《养老改革陷囚徒困境，去年央企利润划转社保仅 20 亿元》，《华夏时报》2013 年 4 月 13 日。

70 年年限也是保险公司和银行等机构普遍担忧的问题。当老人年迈将房产抵押时，商品房的使用年限大都已经不多，而当老人身故后，房子的使用年限更是所剩无几。保险公司或银行依靠剩下的使用年限来补偿已支付的养老金成本，一方面所能承受的给付能力有限，另一方面风险也较大。加之法律和制度不完善、养老观念陈旧、适用人群小等原因，"以房养老"的改革难以启动。

党的十八大报告提出：要坚持全覆盖、保基本、多层次、可持续方针，以增强公平性、适应流动性、保证可持续性为重点，全面建成覆盖城乡居民的社会保障体系。我国的社会保障制度属于政府主导型，有较大的财政色彩，从长远发展的角度看，结合社会保障的永恒性，紧密围绕联合国提出的"人的可持续发展"的最新理念，政府的社会保障政策、行为与决策必须是可持续的。社会保障与其他经济社会制度同步改革、协调运用多种政策手段、利用思想意识形态的力量消除制度改革中的阻力、降低社会成本、提高交易效率，均离不开各届政府的长效支持，尤其是在经济发展过程中出现的外部不经济问题中，政府必须从可持续发展的角度全面设计与在社会保障技术上延续社会保障制度。

养老金关乎国运，牵涉民生。2011 年到 2012 年的时间里，爱尔兰、葡萄牙、希腊、意大利多国发生政坛地震，总理下台。这些国家，尤其是希腊和意大利，债务危机的救助方案中均含有养老金改革清单。我国社会保障改革存在可持续发展的瓶颈与压力，主要包括高额的转制成本与巨额的养老保险隐性负债、日趋严重的就业压力、人口老龄化与高龄化带来的医疗保险基金风险、因经济增长过程中市场失灵维系社会稳定的福利增量、缓解城乡贫困中庞大的救助基金、广大农村严重的社会保障资源短缺问题等。调整社会保障资源的配置、改善社会保障的二元结构，都是我国政府未来要完成的重大使命，为此相应的社会保障经济政策调整与科学的价值判断带来更多的帕累托效应。

构建社会保障制度运行的政策矩阵，采用政策工具保证社会保障的可持续发展，通常包括通用政策与专门政策如宏观经济政策、货币政策、财政政策、投资政策等。尼古拉斯·巴尔在针对中国社会保障问题时指出：如果有各种数据，许多政策问题都可以解决，而采集数据的成本是巨大的，如果没有可靠的数据采集，就不可能制定有效的政策。① 社会保障制度运行政策矩阵体现着政府主体的价值判断，即社会保障目标的选择与地位取决于一定时期政府对社会保障功能与作用的认同，取决于政府对社会保障制度运行的支持力度以及社会保障对经济发展所造成的正面或负面影响。在构造社会保障政策矩阵时，这些政策目标也往往存在此消彼长的关系。但实际生活中应该更多地偏重于社会判断，提高民众对社会保障的预期才能使民众理解并关注与之休戚相关的社会保障制度的发展与建设。

第四节 体制外各类经济与社会政策或制度风险

我国社会保障的政府主导型模式，以政府为主导和以制度结构演变及宏观调控为主动力，以市场机制作为资源配置的主要手段，在推进社会保障制度运行中，要对影响社会保障目标、对象、基金来源与运用、社会监督与管理等方面的系列社会经济政策进行全程研究，以不断适应市场与经济行为的社会保障制度变迁来推动社会保障的发展。维护和实现社会公平和正义，是中国社会主义制度的本质要求，我国政府定位为经济职能型政府，社会保障制度运行高度依赖于政策支持，灵活地运用各种政策工具是政府实施社会保障职能重要的组织保证，完善的政策支持系统有助于社会保障实现真正意义上的可持续发展。

一、经济政策可以驱动也可以阻碍社会保障制度的运行

经济政策包括宏观经济政策和微观经济政策，宏观经济政策包括财政政策、货币政策、收入政策、产业政策等。作为"政策科学之父"的以色列学者德罗尔认为，政策科学或政策研究是融合了管理学、行为科学、经济学和政治学等多学科知识的一门全新的跨学科研究领域，其"核心是把政策制定作为研究和改进的对象，包括政策制定的一般过程以及具体的政策问题和

---

① 参见［以］德罗尔：《政策研究的基本概念》，载［美］斯图亚特·S. 那格尔编：《政策研究百科全书》，科学技术文献出版社 1990 年版，第 13 页。

领域。"① 因此，德罗尔将管理科学"系统群研究方法"视为政策科学的方法论基础。社会保障也是一个跨越多门学科的综合性学科，社会保障的经济政策涉及财政政策、税收政策、投资金融政策、劳动及工资政策、人口及计划生育政策等，需要用"系统群研究方法"来研究这些经济政策对社会保障的共同影响。

经济政策是国家或政府为了达到充分就业、价格水平稳定、经济快速增长、国际收支平衡等宏观经济政策的目标为增进经济福利而制定的解决经济问题的指导原则和措施。美国国家科学委员会一份最新报告提出：研发创新不仅可以增强国家竞争力，而且是未来社会福利持续增长的驱动力。②

世界各国都面临着一个基本问题，那就是如何有效地配置有限的资源于各种不同用途，以最大限度地增加经济和社会福利，改善收入分配，提高生活质量。经济发展能给各个国家带来福利，理所当然地成为政府长期追求的主要经济政策目标，也是社会保障制度运行高度依赖的基础性目标。在社会保障资源的代际配置中，尤其是人口老龄化社会的到来，保障后代人在养老与医疗福利发展的可持续发展问题固然重要，但解决现代人生存与社会保障福利的发展问题也不可偏颇。社会保障制度运行高度依赖于经济的可持续发展，在经济落后的地区与落后的农村，社会保障水平低下、社会保障资源之所以成为短缺资源，就是受制于经济的低速增长与落后的生产方式，"吃饭财政"更无暇于社会保障的制度建设。

经济政策的制定和实施要保持连续性，左右摇摆的经济政策必然会给社会保障带来损失；经济政策的制定和实施还要有一定的"弹性"，一旦情况发生变化，有可能对社会保障政策作相应的调整或产生相应的影响。经济政策正确与否，对社会保障的发展具有极其重要的影响，正确的经济政策可以对社会保障事业的发展起巨大的推动作用；错误的经济政策则会给社会保障事业的发展带来严重的破坏。在我国，经济的可持续发展依赖于经济的可持续增长，在社会保障机制下，通过公平这个杠杆，向摆脱贫困和提高人民群众的经济福利水平需要的方向发展。从微观基础看，企业在提高经济效益

---

① 杨培雷主编：《当代西方经济学流派》，上海财经大学出版社 2003 年版，第 287 页。
② 参见赵琪：《世界科研能力格局发生改变》，《中国社会科学报》2014 年 2 月 17 日。

的基础上，增加职工收入，也就具备了增加职工养老与医疗水平的基础性变量。从宏观控制看，国家从经济增量中加大对社会保障的支撑力度，具体地表现为有计划地扩大财政预算中对社会保障的支出比重，并体现为动态的增长，不断扩大人民福利水平。在考虑社会保障的长期可持续发展时，如养老保险制度的代际转借与政府信用问题以及政府可持续的考虑，政府不得不把养老保险对当代人的未来养老以及人口老龄化社会的社会保障资源需求迅速扩张这一双重压力加以通盘考虑，从现实的经济增量中考虑对未来社会的社会保障资源积累水平。

经济学研究及其他国家发展的经验表明，人均 GDP 达到 1000—3000美元的社会阶段，是最容易产生社会矛盾的时期。新制度学派加尔布雷思认为：经济增长后，人们精神上受压抑的程度，不仅没有消除，甚至还加剧了。[①] 我国在 GDP 增长的同时，收入差距却在进一步扩大，政府在农村降低贫困的努力取得了实质性的效果，而城市贫困人口却有扩大化的趋势，相比于农民而言，解决城市贫困问题要比农村脱贫难度大得多，首先，城市贫困居民没有土地等生产资料，不存在"增收和减负"的可能；其次，城市贫困家庭也很少有向其他城市转移的机会和能力，他们没有土地作为最后的生活保障，很难承担迁移的风险。

政府利用有限的财富再分配政策在缓解城市贫困方面所起的作用不大。而在福利经济学看来，将适度的收入从富人手中转移到穷人手中可以提高社会的整体福利，要做到这一点，政府必须借助政治权力来实施转移支付，通过收入再分配来减少贫富差距，提高社会整体福利。因此在制订国家或地方经济发展政策中，要把社会保障的发展作为经济与社会发展的重要内容，将再分配政策作为平抑社会矛盾的基本政策工具。社会保障制度运行也是一把双刃剑，一方面通过社会保障再分配释散社会抱怨情绪维系社会的和谐；另一方面通过福利的扩张促进民众积极的社会心理，并通过意识形态的力量保证社会的良性运行，为社会的稳定与经济的增长创造一个良好的社会环境。为此我们制定经济发展政策时，考虑到社会保障发展"适度"的要素，要充分发挥社会保障再分配政策的作用，建立社会公平与社会和谐机制，发挥社

---

① 　参见李唐宁：《辽宁养老金个人账户被借支 76 亿》，《经济参考报》2012 年 10 月 24 日。

会保障对经济发展的促进作用，并注重消除社会保障对经济发展的负面影响。

二、财政政策是决定社会保障制度成败重要的政策工具

建立公共财政的基本框架之后，公共财政的保障能力是要保证基本国策、国家安全、经济增长、社会稳定及重大政策要求的支出，包括政府购买支付和政府转移支付两种形式。考虑公共财政支出范围内各个方面的需要，一是财政预算编制上要体现公共性，扩张性财政政策不可能长期延续，按照适度从紧的财政政策编制预算，改革工资支出管理，提高保障公务员和教师工资的发放能力，保证重点支出与法定项目，将再就业、最低生活保障、住房补贴、养老与医疗等社会保障等纳入预算范畴，增强财政对社会保障基金缺口的补偿能力；二是按照公共财政的要求在管理模式上体现科学性，按照轻重缓急、主次先后、统筹兼顾、保证重点的原则加强财政保障能力，并全面实施包括药品采购在内的政府采购管理。

社会保障作为政府的一种经济行为，改革开放以来财政政策对社会保障的可持续发展的重要事态表现为：财政预算要认真落实中央关于实施"两个确保"的大政方针，在尚未完全解除国有企业下岗职工再就业中心之前，按照"三三制"原则，做好下岗职工基本生活补助安排预算、对财政困难地区国有企业下岗职工基本生活费缺口实行转移支付、对困难行业离退休人员养老金缺口提供补助，在经济发展、财政收入增长的条件下逐步提高社会保障在财政支出中的比重，保证城镇居民最低生活费的及时和足额发放。王全兴教授曾提出：财政是社会保障活动的财力总后台和根本支柱，财政自身收支不平衡引发的财政支付风险可能导致社会保障制度风险，致使社会保障体系因缺乏必要资金无法进行必要的保障给付，社会保障的功能无法实现并引发社会不安定。反过来，社会保障由于自身内部与外部不确定性，如基金收缴不利、基金投资损失等导致的收支缺口引发的制度无法正常运行，并由此导致贫困加剧、社会不安定或者群体性事件等问题，最终也会转化成财政责任，由此可能引发财政风险。[①]

---

① 参见徐杰主编：《经济法论丛——中国社会保障制度财政研究》第 4 卷，法律出版社 2010年版。

财政政策要落实的具体措施为：其一，依法做好社会保险费的征缴工作，认真清理欠费，提高征缴率，并做好社会保险费统筹向开征社会保障税过渡的工作；其二，加快事业单位和各类所有制企业养老、医疗、失业保险的一体化改革，扩大社会保障覆盖面；其三，在安排正常的社会保障经费的基础上，按预算支出的一定比例建立社会保障周转基金和替代资源建设创收基金，建立养老保险、医疗保险的财政补偿机制；其四，实行社会保障基金财政单立账户储存和财务收支统管的财务管理体制，防止社会保障基金被挤占、挪用，确保社会保障基金专款专用；其五，注重社会保障基金的投资收益，提高社会保障基金的整体效益和规模效益，实现社会保障基金的保值增值；其六，通过财政政策合理配置社会保障资源，实施转移支付政策，规范财税分配关系，真正实施社会保障基金省级统筹目标；其七，建立公共卫生防疫机制，防止类似 SARS 疫病的爆发流行。

加强中央财政和地方财政对社会保障基金需求的保障能力是财政工作的重要环节，尤其是养老金供给。人口老龄化正成为全球性的问题，一些国家已经意识到，如果养老金的收益率及工作年龄人口的贡献率保持不变，21世纪公共养老金的财政需求将高到政府无法承受的地步，最终导致公共养老金计划的崩溃，这意味着老年人可能突然失去财政支持，随之而来可能遭遇社会的动荡和经济的衰退。从 1998 年中央实施"两个确保"以来，中央与地方财政对养老保险基金缺口补贴规模越来越大，各级财政补贴基本养老保险基金从 2006 年的 971 亿元到 2014 年达到 3548 亿元。财政补贴在一定程度上弥补了部分省市的当期养老缺口，从另一个层面解读，这也意味着养老保险对财政的依赖程度越来越强。个人账户"空账"问题已经成为我国养老保险的心腹之患，2014 年，个人账户"空账"已经达到 4 万亿元人民币，做实个人账户，从现收现付式过渡到部分积累式以及实现做实个人账户的养老保险基金最大程度的保值增值，需要落实一系列的财政与金融政策。从财政收入增量中固定性地拿出一定比例用于个人账户的做实以及更多地考虑民生问题这一执政理念，中国的社会保障难题将得到实质性的解决。然而，最早做实个人账户试点改革的辽宁省，在参与做实个人账户 7 年之后，原本做实的个人账户又再一次回到"空账"状态。辽宁养老保险个人账户 2011 年被借支 76.8 亿元，比 2010 年的 63.5 亿元增加 13 亿元，已占到前一年积累额的 1/10。①

从社会保障的财政的支持力度看，发达农村地区与欠发达农村地区出现了分歧，欠发达农村地区财政的支持出现了疲软状态，据广州社情民意研究中心发布的《2013 年广东农村民意白皮书》所披露出来的资料，民生安全四大项包括社会治安、生态环境、社会保障和消费安全，其中社会保障满意水平明显下降，老年村民怨言最大，如下：

表 4-6　发达农村地区与欠发达农村地区村民对社会保障的评价

地区及年份 态度	满意度 (100%)	一般 (100%)	不满意度 (100%)
珠三角地区 2013 年	37	33	22
2012 年	38	32	20
粤东地区 2013 年	29	30	29
2012 年	33	33	23
粤西地区 2013 年	24	30	32
2012 年	33	34	25
粤北地区 2013 年	26	29	33
2012 年	39	28	24

注：粤东、粤西、粤北均为欠发达农村地区。

表 4-7　老年村民对社会保障的评价

年份 态度	满意度 (100%)	一般 (100%)	不满意度 (100%)
2013	34	24	26
2012	43	26	20

从民意最大的诉求看，实行最大程度的就业也是政府工作的第一要务，利用充分就业预算盈余政策，建立反失业的财政政策体系，财政政策的要

————————

① 参见李金磊：《社保个人缴费北京最高　万元月薪到手仅 7454》，中国新闻网，2012 年 7 月 22 日。

点是：要明确财政促进就业政策的基本框架；完善筹资机制，保证必要的就业和社会保障基金的需要；完善失业保险制度，强化失业保险的促进就业功能；完善促进就业有关的税收优惠政策，发挥税收调控促进就业的功能；完善小额贷款担保和财政贴息办法，支持下岗失业人员自谋职业和自主创业；完善财政专户管理制度。尽快建立社会保障财政预算；加强对就业和社会保障资金的财务管理和监督，保证专款专用。因此，必须从促进经济增长、调整经济结构、加强人力资本投资和建立失业保障制度等来治理复杂的失业问题。财政政策促进就业，包括优化产业结构，出台一系列促进地区经济协调发展的财税政策；适度的扩大国债发行规模，充分发挥国债投资对就业的拉动效应；扩大民众对社会保障的经济预期，以社会保障增量拉动消费的增长，从而促进就业的增加。

三、社会保障增税政策普遭参保者不满并激发社会矛盾

税收政策是政府根据经济和社会发展的要求而确定的指导制定税收法令制度和开展税收工作的基本方针和基本准则。税收政策是和预算政策一起发展的。税收政策的核心问题是税收负担问题。对社会保障而言，税收政策通过增税（费）和减税（费）两个方面来扩大或减少社会保障基金，对于政府来说减税容易增税难，政府以增加社会保障税收的办法来弥补社会保障赤字，实质是将资金从个人或企业手中转移到政府手中。如北京个人"五险一金"缴费占税前工资比例约为 22.2%，单位缴费比例约为 44.28%，个人和单位缴费比例之和约为 66.48%；上海个人缴存比例约为 18%，单位缴存比例约为 44%，个人和单位缴费比例之和约为 62%；广州个人缴存比例约为 16%，单位缴存比例约为 36.35%，个人和单位缴费比例之和约为 52.35%（均取下限计算）。如此高的缴费比例，要再在体制内提高缴费比例（或称社会保障税率），已不可能。全国工商联在与 125 个国家的社保费率对比分析后表示，我国社保费率偏高，只有 11 个国家的社保费率超过 40%，而且主要是发达的福利国家。[①] 进入 2015 年以来，天津、重庆、福建、江西等地

---

① 参见《社保个人缴费北京最高　万元月薪到手仅 7454 元》，中国新闻网，2012 年 7 月 22 日。

执行新的社保缴费基数标准。参保人缴纳费用增加，企业用工成本增加。至2016 年 3 月，已有一部分省市相继出台文件下调降低社保费率，主要集中在工伤、失业、生育"三险"。养老、医疗保险费率基本上不下降，对企业降低用工成本作用不大，参保人反而担心相关待遇下降。

从体制外状况看，福利经济学中"效用"及"效用函数"的概念，更是分析政府税收政策对社会福利思想的基本工具。国家在对社会保障制度运行实施的机制是：通过设置特殊税种、减免纳税及确定不同的利率政策来扶持社会保障的发展，或是通过社会保障费改税加大社会保障基金的征缴力度。彼得·冯德利普（Peter Von der Lippe）在税赋负担的国际比较中指出，直接税（收入再分配）和社会保险缴款负担比例会直接影响经济激励体系、附加人工费用、工作干劲和以避税为目的的地下经济的形成。[①] 我国也需要加强对企业和个人税负心理承受力的研究，注重调整社会保险税率。

从个人收入所得税的情况看，世界发达国家个人收入所得税比重通常在 40%—50% 之间，个人收入所得税约占国家财政收入的 30% 左右，而主要用于社会保障的公共支出约占国家财政支出的 20%—30% 之间，从这个意义上说，是持续的个人收入所得税收入大力地支持了社会保障持续性支出。

为了实施税收政策对社会保障的支持，我国曾经采取一系列的税收政策：其一，为了确保下岗职工基本生活费的发放，也为了实现向低收入者倾斜的消费政策，我国曾一度征收利息税，基本用于下岗职工基本生活费的发放，这对于确保下岗职工基本生活费的发放无疑具有重大的补充作用（2008年 10 月 9 日起取消征收利息税）。但从经济分析看，我国利息所得税对储蓄的替代效应并不明显，归根到底还是居民对社会保障的预期偏低造成的。其二，中共中央、国务院在 2002 年 11 月就明确提出了一整套促进就业和再就业的政策措施，在就业援助方面，各级政府要把有劳动能力和就业愿望的男50 周岁以上、女 40 周岁以上就业困难的人员作为再就业援助的主要对象，提供即时岗位援助、岗位补贴、社保补贴等多种帮助。发挥税收调控就业的功能，以税收促进就业：一是直接向重新就业的职工给予一定的税收优惠期

---

① 参见《2011 年全国城镇职工养老保险基金结存近 2 万亿》，中央人中政府网站。

限，以期在自谋职业期间获得更多的投资回报，摆脱就业和生活的困境，提高自我创业和发展的能力；或者是在重大自然灾害中实行税收减免和优惠政策，鼓励就业，共同形成了对灾区居民灾后恢复重建中税收政策支持。一些税收政策优惠直接形成对受灾人员的资金支持，如房屋重建中的税收优惠政策，一些内容形成了对受灾人员的间接支持，如捐赠的税收激励，扩大了灾民资金支持的来源（图示如4-5）。二是对吸纳就业作用较大的劳动密集型产业、中小企业和非公有制企业的税收优惠。三是以减少所得税的方式在体现国家对社会保障的支持。如企事业单位按照国家或省（自治区、直辖市）人民政府规定的缴费比例或办法实际缴付的基本养老保险费、基本医疗保险费和失业保险费，免征个人所得税；个人按照国家或省（自治区、直辖市）人民政府规定的缴费比例或办法实际缴付的基本养老保险费、基本医疗保险费和失业保险费，允许在个人应纳税所得额中扣除；个人实际领（支）取原提存的基本养老保险金、基本医疗保险金、失业保险金和住房公积金时，免征个人所得税；政府对公益救济性捐赠，准予在缴纳企业所得税和个人所得税前全额扣除，以支持社会公益事业发展。

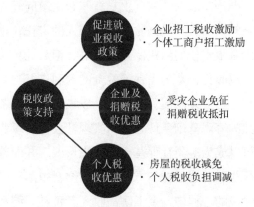

图4-4　灾害税收政策支持途径

社会保障制度的运行，必须建立强有力的征缴机制，中国目前主要以社会统筹的方式征集社保基金，由于近几年来社保基金在一些地区的征缴率连年下降，出现了企业不交、少交、拖欠社保基金的情况。为了达到加强养老保险费征缴的目的，劳动和社会保障部采取了对欠费大户实行媒体曝光的办法。2011年，全国共核查五项社会保险待遇享受情况8436万人项，查出

6 万人冒领待遇 9475 万元，已追回 9084 万元。清理收回企业欠缴养老保险费 468 亿元。[①]

因此，主张社保基金征税制的学者认为：社会保险制度是一种公共产品，具有正外部效应和公共产品非排他性、非分割性和非竞争性以及典型的财政特征。社会保障制度已成为现代经济中政府调控宏观经济的重要工具，政府是公共产品的生产者和供给者，社会保障也是政府的第一职能，需要政府出面以税收方式强制实施全民社会保险服务，增大保险交易数量，以分散市场风险。事实上，社会保障税是一个具有最高限额的税种，不对纳税人的资本所得、利息所得、红利所得等非工薪收入征税，收入越高，社会保障税占其收入的比例就越小，边际税率递减，表现出明显的累退性，有利于高收入者，不利于低收入者。

《社会保险费征缴暂行条例》规定，基本养老保险费、基本医疗保险费、失业保险费三项社会保险费，实行集中、统一征收。社会保险费的征收机构由省、自治区、直辖市人民政府规定，可以由税务机关征收，也可以由劳动保障行政部门按照国务院规定设立的社会保险经办机构征收。社会保险费改税，不仅是征收办法的改变，实际上它意味着对政府介入定位的重大变化。有观点认为，它的负面影响是强化了政府介入的责任，直接加大了财政负担，这与国家承担有限责任的新机制是相悖的。但从社会整体而言，社会保险筹资形式倾向于税收化，是为了保证筹资的顺利进行与征收的固化，保证社会保障基金来源的可持续发展。在中国，应该不断理顺各种社会经济关系，形成了较为成熟的客观基础条件之后，实现社会保险事业一体化，开征社会保险税，自然可以成为筹集社保基金的理想形式，并向着宽税基、低税率、少税种、普遍征收和普遍受益的方向发展。结合中国反腐倡廉制度的建立，在征收社会保险税的过程中，要谨防高收入者税基"缩水"的问题，谨防企业瞒报、少报工资总额等现象，保证社会保险税征收过程中税基的真实与稳定。"五险"税收并轨改革有利于降低应税（费）成本，但牵涉到人保、税务、劳动、财政、卫生等多部门的信息交互问题，建立信息互通平台还有

---

① 《社保基金保值增值面临难题　是否该入市引发争议》，CCTV《新闻 1＋1》，2011 年 12 月 22 日。

很长的路要走。

四、投融资政策关系到社会保障制度的成败

我国社会保险覆盖范围迅速扩大，社会保险基金征缴和管理不断加强，2011 年年底，全国社会保险总资产已达到一定的规模，2011 年年末企业年金基金累计结存 3570 亿元，年末新农保基金累计结存 1199 亿元，其中个人账户累计积累 1077 亿元。加上不断扩大的国务院社会保障基金，中国社会保障基金如何保值增值问题直接问责投融资政策。

表 4-8　2011 年年底全国社会保险基金资产情况

单位：亿元

资产项目	城镇职工基本养老保险	城镇基本医疗保险	工伤保险	失业保险	生育保险	合计
财政专户存款	17084	5587	686	2145	311	25813
支出户和其他银行存款	957	609	54	75	30	1725
暂付款	802	163	6	23	2	996
债券投资	298	29	2	17	1	347
委托运营	444	0	0	0	0	444
协议存款	850	0	0	0	0	850
基金资产总额	20434	6388	749	2260	344	30175

资料来源：中央人民政府网站注：暂付款，反映尚未收回的社会保险基金暂付款项（如周转金等）；债券投资，反映期末持有的用社会保险基金购买的国家债券的账面价值；委托运营，反映委托全国社会保障基金理事会运营的个人账户资金余额；协议存款为做实后的个人账户基金的一种投资方式，反映个人账户基金在商业银行的协议存款余额。

世界银行预测，到 2030 年中国社保基金总额可以达到 1.8 万亿元，成为世界第三大养老基金。事实上 2011 年年底仅城镇职工养老保险基金就超过了 2 万亿元。随着社会保障基金积累的增加，我国在基金运营方面缺乏有效的投资渠道和手段，基金保值增值问题越来越突出。社会保障基金以前多采取银行协议存款，但随着老百姓储蓄率不断提高，银行对协议存款已缺乏热情。买国债的回报率不到 2%。"截止到 2010 年 12 月底，地方管理的基

金养老保险基金结存1.5万亿元，按照规定这笔钱目前只能存银行或买国债，其中90%都用于银行存款，十年来年均投资收益率不到2%。"① 只有1400亿元的零头以债券、委托等方式进行运营，其中只有366亿元委托全国社保基金理事会运营，其余的则用于购买国债或者协议存款。2010年，专家曾对17省市的社保基金投资情况做过调研，发现其中竟有58%的省份社保基金是按活期利率存放的。2010年一年期定存利率为3.5%，而国家统计局公布的2010年7月份CPI增幅已经达到了6.5%，几乎是一年期利率的两倍。② 在这种高通胀的背景下，近九成社保基金面临高负利率存放的风险。③2011年14个省份出现养老金收不抵支，养老金缩水十年达到6000亿元人民币。

通货膨胀对社会保障基金的保值增值构成了最大的威胁，国务院发展研究中心金融研究所夏斌发布的《2005年中国汇率制度报告》称，不排除人民币中长期存在贬值可能性，因为虽然从中长期来看，中国劳动生产率持续高于美国，人民币仍有升值的潜力，但同样从中长期看，处于转轨中的中国经济，2万多亿元的社保资金缺口，1万多亿元的银行不良资产，一些地方政府难以测算的巨额债务，对一个迫于各方压力而经验不足的开放经济体而言，体制中历史痼疾的择机解决和进一步主动调整内需主导战略，并不意味着劳动生产率一定程度的提高肯定会使人民币升值。④

一些学者将出现不足两个纳税人供养一个养老金领取者的局面称为"老龄社会危机时点"。耶鲁大学金融经济学教授陈志武曾在博鳌亚洲论坛2012年年会"亚洲人口形势与老龄化对策"分论坛上表示，中国作为世界人口的第一大国，预计将在2020年迎来人口数量峰值。"养儿防老"这种传统思想目前越来越淡化，取而代之应该是用"钱"防老。他认为，政府可以考虑为金融行业"松绑"，允许养老金进入金融市场增值，用经济办法来解决养老问题。社会保障基金保值增值机制不能有效地应对通货膨胀的未来风

---

① 《社会保险基金如何保值增值》，《国际金融报》2011年3月29日。

② 韩宇明：《2万亿社保基金面临高负利率风险》，《新京报》2011年8月11日。

③ 周凯：《报告显示不排除人民币中长期存在贬值可能性》，《中国青年报》2005年12月16日。

④ 张艳丽：《高官曝出养老金丑闻　日本养老保险遭遇拒缴危机》，《北京青年报》2004年5月9日。

险，就可能使参保者对这一制度失去信心。以日本为例，日本厚生劳动省2003 年 7 月 23 日发表的养老金基金投资运作结果显示，2002 财政年度的养老金基金收益率为 −8.46%，连续三年出现亏损。投资纯利润减去应支付的养老金之后，出现了 30608 亿日元的巨额赤字，创年度亏损最高纪录。截至2003 年 3 月底，该基金亏损额累计已达 60617 亿日元。日本 64% 的人对养老金缺乏信心，加入"国民养老金"的人中，有 37% 没有缴纳保险费。其中，20 岁至 29 岁的人中，有 50% 以上拒绝缴纳保险费。①

原国务院总理朱镕基指出：全国社会保障基金是国家财政的重要储备，类似于国家外汇储备，是国民经济发展和社会稳定的重要保证，一定要把这项有深远意义的工作切实搞好。①目前全国社保基金由中央财政拨入基金、国有股减持划入的基金和经国务院批准以其他方式筹集的基金及其投资收益构成，是国家重要的战略储备，是国民经济发展和社会稳定的重要保证。社会保障基金运营与财政收支平衡状态及国债市场密切相关，社会保障基金大多用于购买国债或投向公共部门，投资收益率低下。因此，不论选择以上何种模式或是复合型模式，利弊相加，对中国的决策者都是一个艰难的抉择。

全国社会保障基金理事会操盘的社保基金，已被明确定位为"国家战略储备基金"，主要目的除了应付未来人口老龄化高峰期的养老金支付危机外，更主要的是为了解决基本养老制度由现收现付制向部分积累制转换的转制成本。实行社会保障基金的市场化运营，取决于资本市场的发展状况和对外开放程度。社保基金入市的直接方式是设立专门的社保基金管理公司或参与发起设立开放式基金公司，对社保基金进行直接地管理与监督；间接方式是委托证券基金管理公司、券商、银行、商业性保险公司等金融机构进行投资理财，两种方式可以同时运行。全国社保基金设立 10 年来，已累计投资收益 2771 亿元，年均投资收益率为 9.17%，比同期年均通货膨胀率 2.14%高出 7.03%。不过，尽管其业绩优异，"体量"却仍然偏小，到 2010 年年末，其资产总额为 8568.25 亿元。②

① 《原国务院总理朱镕基在全国社会保障基金理事会第一届理事大会第二次会议对会议作出的批示》，2003 年 2 月 21 日。

② 参见王珏磊：《中国养老金存在着贬值风险 遵缴率逐年下降》，《时代周报》2011 年 11月 23 日。

经过多年的发展，全国社保基金不断发展壮大，投资领域涵盖股票、债券、产业基金、未上市公司股权和 ABS（即资产支持证券）等。投资领域从国内扩展到国外，可以投资于美国、欧洲和中国香港等海外市场的股票、债券和货币市场产品。从资本市场本身与社会保险基金管理体制看：股票市场机构投资者数量不多，股票市场价格失真、投机性太强，对于养老保险的安全性要求而言有比较大的风险因素，甚至有人认为，社会保障基金入市时机尚不成熟，有可能造成泡沫经济，或者是加剧泡沫经济；与 GDP 关联的蓝筹股所占市场的份额不高，对资本市场的预警功能不强，不适宜养老保险基金的长期投资；中国金融机制创新步伐不快，金融投资工具品种较少，难以适应养老保险基金组合型投资的要求；社会保险基金管理体制目前仍处于朦胧状态，基金投资于多种资产的分割比例已经明朗，但进行实业化投资尚难以寻求到真正长期有效的投资项目。在财政模式下，政府对养老保险基金入不敷出负有终极责任，要提供完善的社会保护机制，建立一定的风险管理准备金，对进入资本市场失败所致的损失予以一定的弥补，但同时也要建立各方的风险份额承担机制。

党的十七大报告指出：推进金融体制改革，发展各类金融市场，形成多种所有制和多种经营形式、结构合理、功能完善、高效安全的现代金融体系。显而易见，适当的金融投资政策对社会保障制度运行起着至关重要的作用，由于投资主体多元化的形成和信贷风险机制的加强，社会保障更多地关心社会保障基金的投资效益。在可持续发展原则下，金融投资政策是政府通过信贷项目的优先序列及信贷条件的正确确定和利率杠杆的正确使用，使社会保障基金融集到有益于社会保障基金保值增值及增强可持续发展建设的项目上来，在资本市场尚不完善的情况下，中国政府需要探索社保基金如何介入交通、电力、石油等高利润行业，或者是一些大型基础设施建设项目等领域。使社会保障基金的投放与可持续发展的国家优势产业相对应，实现社会保障基金最大可能的长期增值。

财政部、原劳动和社会保障部联合发布的《全国社会保障基金境外投资管理暂行规定》，为社保基金境外投资提供了基本的法律依据。由此，2006 年 10 月 9 日，全国社会保障基金理事会与美国北美信托银行和花旗银行签署了全国社会保障基金境外投资全球托管协议，这标志着全国社保基金向境外投资迈出重要步伐。

五、劳动及人力资本政策对社会保障的影响力正在扩大

许多发达市场经济国家解决就业问题的主要对策是推行"积极的劳动市场政策"，其主要内容包括推行就业计划、完善失业保险、开展职业培训等。据原劳动和社会保障部资料：今后几年，中国城镇每年需要就业的人口都将超过 2400 万人，而新增的就业岗位加上自然减员也只有 1100 万个，供大于求的缺口，在 1300 万个以上，矛盾十分尖锐。特别是在中西部地区、资源枯竭的城市就业问题更加突出。在农村，现有劳动力 4.97 亿人，除去已经转移就业的 2 亿多人，以及农村需要务农的 1.8 亿人，尚有 1 亿左右的剩余劳动力。① 我国改革前劳动力资源配置表现为城乡之间对立和严重反差的一种二元结构，改革后形成了两种基本格局：一是农村劳动力进一步向城市释放，相当的农村形成"386199"部队（38 指三八妇女节，代指妇女，61 指六一儿童节，代指儿童，99 指九九重阳节，代指老人）驻守的格局。数以千万的留守儿童是中国当代社会最大的溃疡。他们享受不到完整的父母亲情，感受不到公平教育，呼吸不到自由和尊严的空气，是流浪和失学儿童、心灵扭曲患者乃至少年犯最大的后备军。在快速工业化、城市化的进程中，这些孩子无法救赎。二是城市职工从一而终的就业体制已被打破，形成了就业竞争，国有经济不再是劳动者就业的唯一渠道，多元化就业格局基本形成。我国产业结构的调整，加之科技进步对就业的冲击，一度造成了结构性失业、体制性失业、摩擦性失业的三种主要形态，相当部分失业一族为此成为城市弱势群体，社会保障制度对国有企业下岗职工基本生活保障、城市居民最低生活保障付出了昂贵的成本与代价，地方财政压力沉重，国家财政负荷也是逐年加大。

根据奥肯定律，当失业率达到一定程度时，失业率每增加一个百分点，会对经济增长率带来远高于 1% 的负面损失。显然，社会保障制度是尽最大可能扶持有劳动能力的劳动者就业，减少支付，增加财源。但社会保障制度设计本身与劳动政策会影响劳动者就业。在德国，人们享受较高失业救济

---

① 参见劳动和社会保障部网站资料，2006 年 9 月 15 日。

金，选择了自愿失业。"社会保障体系反过来会扭曲劳动力市场和资本市场的选择权，由于它的抑制效果，工时被缩短，而且出现一种'依赖文化'从而动摇了社会保障受益人和潜在受益人的工作积极性和敬业精神。"① 分析其原因：一是国有企业的高福利及全面社会保障难以割断下岗职工对国有企业的脐带；二是非国有企业的低保障使职工无安全感，如果劳动者没有统一的社会保障体系为其提供社会化的社会保障，那么进入劳动力市场就会困难重重。如果建立统一的社会保障制度，劳动者就可以解除对企业的依赖，进入劳动力市场择业的积极性就会提高。

社会保障制度设计对不同所有制企业的广泛覆盖有利于劳动力就业市场多元化机制的形成，但广泛覆盖原则也会因削弱了企业竞争力致使一些非公有制企业而裹足不前。有观点认为，资助社会保障的费用将会阻止新的工作岗位的产生和重新填补空缺的职位。雇主是最不情愿接受任何社会保障的额外费用的，抱怨他们的国际竞争力将会因高昂的劳动力成本而被削弱。② 在劳动力过剩和工资报酬水平较低的国家，如中国，劳动力的总供给同对工资的期望值没有什么关系。较低的工资还会导致很多工薪收入者离开劳动力行列。③ 显而易见，在国际资本流动一体化与劳动力流动国际化的前提下，消除某些国家廉价劳动力的竞争优势，就是促使这些国家的企业为雇员建立社会保险制度，消除国际竞争力对企业的影响。

在我国，在不同类型企业建立社会保险制度，还存在较大的制度障碍，执法困难，其原因还在于国有、集体、非公有部门工资水平、福利水平的不对称，在人均工资水平中，国有部门增长相对缓慢，非公有部门最快，集体部门最慢；在人均保险福利中，国有部门增长最快，集体部门次之，非公有部门最慢。工资内涵的不一致与福利概念的混淆，加之我国社会保险制度中对养老、医疗保险费（税）征收以工资为基准，就会导致非公有部门对参与

① ［美］彼得·桑得斯：《经济发展和社会保障：亚洲近期实践的有关方面》，载霍斯金斯等编：《21世纪初的社会保障》，侯宝琴译，中国劳动社会保障出版社2004年版，第67页。

② 参见成思危主编：《中国社会保障体系的改革与完善》，民主与建设出版社2000年版，第65页。

③ 参见成思危主编：《中国社会保障体系的改革与完善》，民主与建设出版社2000年版，第219页。

社会保险的抵触情绪。

《2012 中国企业社保白皮书》认为：中国企业社保管理现状不容乐观，仍处于混沌与风险并存的初级阶段。白皮书从参保面、合规比、准确率和成熟度四个维度来描述中国企业社保管理现状。从参保面来看，目前 1/3 的单位仍然存在未及时参保缴费甚至漏缴的问题，27% 的受访单位在试用期结束后办理，3% 的单位视领导安排，还有 3% 的单位尚未实现全员参保。从合规比来看，缴费基数合规问题堪忧，风险巨大，只有 31% 的单位做到了合规缴纳，统一按最低基数缴纳的占到近 1/3；而民营企业和 50 人以下小规模企业尤为严重，合规缴纳占比不到 20%。从准确率来看，社保缴费核算复杂，1/3 企业存在错账或对账混乱不清问题。从成熟度来看，在企业社保管理四级成熟度模型中，中国企业现在正处于从第一阶向第二阶过渡阶段，从初级的社保经办事务专家角色向社保政策专家角色转化，但整体而言仍偏向于事务层面，数据分析、成本筹划、战略规划等深层次业务涉足较少。企业社保管理薄弱，直接动摇了中国社会保险制度的经济基础，企业与政府的博弈，说明了企业尤其是非公有制企业对社会保险制度的支持度不足与认可度偏低的问题，企业的社保成本过高无疑是催化剂。

建立规范的劳动制度、工资制度，对社会保障制度的广泛覆盖与就业制度有重大影响。党的十七大报告要求：建立统一规范的人力资源市场，形成城乡劳动者平等就业的制度。完善支持自主创业、自谋职业政策，加强就业观念教育，使更多劳动者成为创业者。健全面向全体劳动者的职业教育培训制度，加强农村富余劳动力转移就业培训。按照十七大报告的要求，多元化就业机制理顺了，消除了劳动歧视，人们的劳动动机纯洁了，才能真正活跃劳动力市场，社会保障制度运行才能建立在劳动者广泛参与、费源基础广泛、负担降低的基础之上。

人力资本政策在西方国家解决结构性失业问题、促进人力资源配置与合理开发方面发挥了积极的作用，西方人力资本理论认为，完整的资本概念应包括物质资本和人力资本两种形式。人力资本是体现在人自身上的生产知识技能及健康素质存量，是人们作为经济主体创造财富和收入的生产能力。人力资本政策是反失业的有力武器，政府介入人力资本投资如教育投资、职业训练和保健，成为反失业的一种有力武器，舒尔茨将人力资本投资的内容分为学校教育、在职培训、医疗保健、劳动力国内外流动和劳动力牵移几个方面，前三项投资活动将增加个人所拥有的人力资本存量，后两项投资活动更多的是人力资本的生产性和盈利性的利用。其中，教育和培训是人力资本投资的主要内容。现代社会人力资本投资对经济增长的作用越来越重要，教育投资直接拉动国民收入的增长，劳动力素质的提高对经济增长具有重要的推动作用。可以由柯布—道格拉斯生产函数和斯科特经济增长模型决定：

G—总产出水平；T—为总生产率指数；K—为不变价格计算的资本量指数；L—为劳动投入指数，a、b—分别为资本系数或劳动力素质系数；Z—为总量生产函数中表示由教育和训练所导致的新工人生产率的提高。

$$g = a\rho S + \mu gL$$

g—为经济增长率；a—为线性概率系数；ρ—投资增长率；S—产出中总投资的份额即投资率；μ—为劳动效率；gL—为调整过后的劳动力。

劳动力流动对于经济增长的影响，2005 年蔡昉在中国就业促进会、微软（中国）主办的研讨会上提交的研究报告显示：改革开放二十多年中，劳动力流动对 GDP 贡献率达到 21%，而管理水平等因素对 GDP 的贡献率仅为 3%。报告显示：外来劳动力与城市劳动力之间工资差异中，同种岗位因为歧视因素占 39%，岗位间的差异占到了 46%，人力资本禀赋差异引起的工资差异分别为 54% 和 61%。16 岁及以上城市居民的平均受教育年限为 9.77 年，而城市中以务工经商为目的的同一年龄组外来劳动力的平均受教育年限为 8.88 年。在目前单位的工作年数，外来务工人员平均为 8.72 年，比城市劳动力（平均为 15.68 年）少 6.96 年；总工作年数，外来务工人员平均为 11.83 年，比城市劳动力（平均为 20.60 年）少 8.77 年；受过培训的比例，外来务工人员平均为 9.89%，比城市劳动力（平均为 13.36%）少 3.47%；有配偶比例，外来务工人员平均为 62.30%，比城市劳动力（平均为 83.36%）少 21.06%。① 我国的人才流动与外来务工人员流动通过"边干边学"，会有效地提高人力资本质量，杨小凯—波兰德的"劳动分工演进模式"假设个人可获得的生产技术具有边干边学和收益递增的特点：

①　参见谢言俊：《劳动力开始有限剩余　4 年后将出现劳动力短缺》，《新京报》2005 年 9 月 1 日。

$$X_{it} + X_{it}^s = (L_{it})^a, L_{it} = \int_0^t L_{it}dt, a > 1$$

$$\sum_{i=1}^m = 1, 0 \leq L_{it} \leq 1, i - 1, \cdots, m$$

其中：$X_{it} + X_{it}^s$ 为时间 t 内商品的产出水平，L_{it} 是到时间 t 为止的生产商品活动中积累的劳动。

因此，第一式代表到时间 t 为止在生产商品 i 中积累的经验、知识和人力水平；第二式表示个人在时间 t 可支配的总时数为 1，且这些时数不可能转移到其他个人的生产技术中去。随着经济的发展，边干边学效应会扩大人们在人力资本投资与现期消费之间选择的范围，加速人力资本积累，促进更高的专业化。

因此，我国人力资本投资政策尤其要强化和完善人力资本投资的财政政策，实现教育公平，改善教育结构，提高财政性教育经费，矫正当今教育过于市场化与产业化的倾向。针对农村劳动力与城市劳动力人力资本的差距，政策的着力点除了通过教育资源的公平分配，增强农村地区，尤其是贫困地区的基础教育能力之外，对外来务工人员进行培训是一项重要的事业，不仅对于外来务工人员群体具有重要意义，更是保持中国经济增长潜力的重要举措。近几年来，农村劳动力已从过去的无序盲目流动逐步转向有组织的转移，流入地政府部门和企业对外来就业人口进行素质培训、流出地的流动就业中介组织积极开展劳务输出基地化建设、发达和不发达地区实施以组织劳务输出为内容的对口扶贫工程等，这些措施促进了流动组织化程度的提高。

六、人口及计划生育政策对社会保障制度的负能量正在加大

（一）四十多年计划生育政策对降低中国人口规模的贡献值得肯定

制定人口政策的目的在于影响人口增减、过程、规模、结构与分布，客观地说，中国人口的有效控制是在不得已的情况下，在特定历史阶段以行政手段为主，以低廉的经费投入、高昂的政治代价和牺牲人民群众现实利益以及部分育龄妇女身心健康换取的。因此，美国哈佛大学生物学家在其《生命的多样性》一书中指出："我所说的人口政策并不是指像中国或印度那样

在人口遇到困境时控制人口的政策，而是指更理性地解决这一问题的政策，是确定被该国的有识之士视为最理想的人口数量是多少的政策。"①

　　计划生育政策属于直接的人口政策，国家提供避孕药具、人口流产和节育技术。人口政策还包括推行各种教育计划，使人们认识到计划生育和小型家庭的好处。改革开放以来，持续实行计划生育政策，控制人口数量，大力发展教育事业，提高人口素质，这是促进我国走可持续发展道路、实现现代化战略目标的关键。在经济增长率一定的条件下，人口增长率越低，人均收入增长水平就越高，人民福利水平改善的幅度就越大，经济发展的可持续性就越存在可能。

　　计划生育政策为中国创造了近四十年的"人口抚养比较低，社会储蓄率较高，劳动年龄人口比较年轻"的"人口红利"时期。中国从20世纪70年代实行计划生育政策以来，总和生育率降至1.8左右，与经济发展水平相当的其他国家和地区相比，中国的总和生育率要低1.2至1.3，这一变化使我国人口少生了3亿人。② 国家人口计划生育委员会2006年1月11日发布的《国家人口发展战略研究报告》表示，计划生育实现了人口再生产类型的历史性转变。由"高出生、低死亡、高增长"转向"低出生、低死亡、低增长"。总和生育率从20世纪70年代初的5.8下降到目前的1.8，低于更替水平。中国少生了4亿多人，使世界60亿人口日推迟4年。

　　2010年的第六次全国人口普查统计结果显示，与2000年的第五次全国人口普查相比，中国在10年内增加了7390万人，增长率为5.84%，年平均增长为0.57%，与1990年到2000年的年平均增长率1.07%相比下降0.5个百分点。③ 生育率下降导致人口抚养比（指人口总体中非劳动年龄人口数与劳动年龄人口数之比）下降1/3，为经济增长创造了近四十年左右的"人口红利"期。针对阶段性的社会保障预算而言，中国少出生4亿人口为中国社会保障的可持续发展带来了契机：一是社会的发展首先是人的发展，计划生育政策带来了人口整体素质的提高，是依靠人口减少来取得发展的过程，人

---

①　Edward Wilson, *The Diversity of Life*, Cambridge, Mass：Harvard University Press, 1922.

②　参见顾玲、樊曦、马勇：《上世纪70年代以来中国少出生3亿人》，《人民日报》（海外版）2005年8月8日。

③　国家统计局：《第六次全国人口普查主要数据公告》，国家统计局网站，2011年4月28日。

口素质的提高客观上支持了我国现代化的发展，大大充实了我国社会保障资源总量的扩张；二是老龄化社会的突出特点就是养老与医疗资源及各项社会福利费支出需求的迅速扩张，人口政策带来的人口减少大大减轻了我国社会保障的老龄化压力，计划生育政策一方面大大延缓了我国人口老龄化的进程，另一方面也大大节约了社会保障资源；三是人口政策带来的人口减少也大大减缓了我国的就业负担。在目前的情况下，我国的就业形势面临新增劳动力的巨大压力，这与科技进步对劳动力的排斥、市场容量趋近饱和等因素有关。可想而知，若未能实施计划生育政策而多增的近 3 亿至 4 亿人口会对我国社会经济的发展带来了何等困惑的局面，社会保障为失业与贫困问题而付出的努力与巨额资金难以在数量上进行描述。因此，党的十七大报告强调：坚持计划生育的基本国策，稳定低生育水平，提高出生人口素质，这对社会保障的发展与支持具有重大的现实意义。

（二）计划生育政策后遗症催生了"未富先老"的经济格局与"失独"的悲情化格局

据人口普查和人口抽查数据，中国生育率已经降低到 1.3 左右的超危险的超低生育率，这意味着未来中国人口每过一代（约 30 年）减少 40%。联合国人口基金会 2005 年的《世界人口状况报告》数据显示：2005 年全球平均每个妇女生 2.6 个孩子，发达国家为 1.5 个，发展中国家为 2.8 个。2005 年中国的总和生育率（1.3）仅相当于世界平均水平的一半左右，不仅不到发展中国家平均水平的一半，而且比发达国家的平均水平还要低。日历 Z 年分年龄生育率计算公式为：

$$f_x^z = \frac{B_x^z}{F_x(z)}$$

B_x^z——日历年 z、年龄为 x 周岁的女性新生的婴儿数

$F_x(z)$ ——日历年 z、年龄为 x 周岁的年中女性人口数

$$_nf_x^z = \frac{_nB_x^z}{_nF_x(z)}$$

$_nB_x^z$——日历年 z、年龄在 $x-x+n$ 周岁的女性新生的婴儿数

$_nF_x(z)$——日历年 z、年龄在 $x-x+n$ 周岁的女性人口数

总和生育率计算公式为：

$$TFR^z = \sum_{x=\alpha}^{\beta} f_x^z$$

β——女性最晚生育年龄

α——女性最小生育年龄

从另一个角度看，计划生育政策在成功控制了人口数量的同时，也催

生了一个世界上独一无二的"未富先老"的国家。劳动年龄人口比例提高速度不断下降和老年人口比例迅速提高，构成了中国今后人口变化的主要特征。根据中国人口与发展研究中心的预测，在今后若干年内，中国的劳动年龄人口比重还将继续增加，到 2013 年左右达到最高值 72.1%，随后将处于逐年下降的趋势中。从绝对数量看，劳动年龄人口在 2016 年左右达到最高值，为 9.97 亿人左右，随后逐年下降。表示如下：

表 4-9   中国总人口、劳动年龄人口、老年人口及抚养系数变动趋势

年份	总人口（万人）	劳动年龄人口 15—59 岁（万人）	劳动年龄人口比重（%）	老年人口（65 岁及以上）比例（%）	年龄中位数（岁）
2005	133401	88493	66.34	7.53	32.35
2010	138619	91764	66.20	8.06	34.06
2015	143781	93321	64.91	9.24	35.14
2020	148255	94623	63.82	11.33	36.31
2030	154450	90790	58.78	15.19	39.39
2040	157150	89316	56.84	19.88	41.03
2050	156933	86459	55.09	20.34	41.37
2060	154731	84748	54.77	21.52	41.89
2070	153485	83705	54.54	22.15	42.26
2080	151785	81776	53.88	22.68	42.44
2090	150551	80671	53.58	23.48	42.93

资料来源：张二力、郭震威等：《中国中长期人口发展趋势预测》，载《全国和分地区人口预测》，中国人口出版社 1998 年版。

全国老龄办的预测结果表明，中国 2005 年到 2030 年平均每年增加 596 万老年人口，年均增长速度达到 3.28%，大大超过总人口年均 0.66% 的增长速度。到 2030 年，老年人口将达到 3.51 亿。辽宁大学的《人口老龄化背景下的城镇养老金收支均衡研究》课题组的研究结果显示，如果按照现行政策不变，社会统筹养老金收支均衡赤字将在 2016 年后真正地凸显出来，在 2035—2040 年到达高峰，每年将产生 1000 亿元的社会统筹养老金收支均衡

赤字。国家行政学院研究表明，要应对 2030 年的人口老龄化高峰的资金压力，战略储备资金至少要达到 25000 亿元。① 从劳动力无限供给到劳动力有限剩余，从长期的社会保障而言，计划生育政策将对中国未来的社会保障事业发展带来困惑，人口老龄化与高龄化所需要的养老基金与医疗保险等基金需求将快速上扬，劳动力的未来短缺与人口抚养比的迅速提高，不仅可能使中国的经济发展失去优势，也可能使中国的社会保障支付危机快速凸显。国家统计局 2014 年 1 月数据显示，中国总人口为 13.6 亿人，其中年龄超过 60 岁者占 14.9%，到了 2030 年预计将达到总人口的 25%。老龄化将导致劳动人口的萎缩，这一情况目前已开始显露，2013 年，中国的劳动人口数量就减少了 244 万人。② 为此，广东出现大规模的"洋黑工"现象。大批来自东南亚及非洲相对落后国家的境外黑工，在深圳、佛山、东莞、云浮、肇庆等地遍地开花，并大有向整个珠三角扩展之势。

政府有必要在适当的时机调整计划生育政策，使人口抚养比率保持在一个合理的水平上。中国的人口老龄化问题因为独生子女政策而更加恶化，老化的人口将对政府推动消费作为增长新引擎的努力提出挑战。2013 年诺贝尔经济学奖得主、102 岁的罗纳德·科斯在接受网易财经专访时指出：中国实行的独生子女政策是他听过的最奇葩的政策，具有潜在的毁灭性影响。计划生育破坏了家庭，最终会破坏经济。如果中国一直执行独生子女政策，中国可能最终消失。中国至少需要允许"两个子女"的人口政策，这样才能维持人口增长。家庭单位是国民经济所仰仗的基础，破坏了家庭，最终意味将破坏经济体系中最重要一环。③ 人口问题将最终成为中国经济增长的巨大障碍。人口红利的终结，将成为中国经济陷入衰退的主要原因。④

按照中国的传统尤其是在农村，赡养老人更多的是儿子的义务，按照推算，到 2025 年，中国家庭至少有 1/3 可能没有儿子，出现大批生活拮据

---

① 林蔚、陈怡：《2030 年中国将迎来人口老龄化高峰》，《中国青年报》2006 年 9 月 29 日。

② 参见田雪：《全国仅 70 万单独夫妻申请生二孩　远低于官方预期》，参考消息网，2014 年 10 月 31 日。

③ 邓新华、姜戡：《罗纳德·科斯：计划生育对中国有毁灭性的影响》，网易财经，2013 年 1 月 16 日。

④ 朱振：《一场关于中国经济的论辩》，《英国金融时报》2013 年 1 月 28 日。

无依无靠的农村老人。由于内地农村青壮年劳动人口大量向城市转移，农村的老龄化速度将远超过城市，不仅导致农业劳动力的缺乏，也可能导致饿死、病死家中的孤独老人越来越多，人道主义悲剧不断出现。在中国西部落后的农村地区，未来老龄化、性别失衡、空巢和类空巢等问题会更加严重，成为社会不稳定的重要因素。2012年11月20日，梁建章博士在媒体上公开呼吁新一届国家领导人应立即停止计划生育政策，他和茅于轼、许小年等三十多位经济学家一同联名提请了《停止计划生育政策的紧急呼吁》建议书，认为中国现在需要的是增加生育，严格"一胎化"生育政策已经过时，是错上加错，应立即停止。

表4-10 2001—2100年中国人口老龄化状况

	老龄化标志	老年人口峰值（亿）	老龄化水平（%）	80岁及以上人口（万人）	80岁及以上人口占老年总人口的比重（%）
第一阶段 2001—2020	快速老龄化阶段	2.48亿	17.17	3067	12.37
第二阶段 2021—2050	加速老龄化阶段	4.00亿	>30.00	9448	21.78
第三阶段 2051—2100	重度老龄化阶段	4.37亿	31.00左右	—	25.00—30.00

资料来源：根据2010年《中国人口老龄化发展趋势预测研究报告》整理。

一旦三次人口生育高峰期带来的大量廉价劳动人口老龄化，没有核心技术的劳动力密集型经济增长模式，将使中国陷入严重的经济衰退，著名人口学家菲利普·朗曼曾经发出这样的警告："中国将会在变富之前变老。"[1]经济发展使中国人口平均寿命大幅度上升，意味着依赖退休金、政府援助和子女赡养的老年人口越来越多，一个独生子女要照顾自己的一对父母和4位祖父母，压力相当沉重。人口老龄化和纳税人减少将导致依靠税收的中国退休保障体系出现问题，基本国策的存废问题成为改革的关键，调整计划生育政策是历史的必然。

---

[1] 闵纬国：《二十年后谁来养活中国》，商业评论网，2012年8月9日。

根据人口学界的有关数据，我国每 1000 个新生婴儿大约有 5.4% 的人会在 25 岁之前死亡，有 12.1% 的人会在 55 岁之前死亡。全国近千万独生子女在 25 岁前意外死亡导致近千万独生子女家庭的人生悲剧（以城市为例，见下表）。

表 4-11 城市丧子家庭相关指标

丧子概率（%）		平均丧子年龄（岁）		丧子后平均存活年限（年）	
男孩	女孩	男孩	女孩	男孩	女孩
9.65	7.01	54.36	52.78	23.55	30.72

失独家庭的养老问题令人愁心，从生命周期角度测算男性丧偶计算方法的基本公式，运用人口普查数据中的生命表和婚姻信息，对男性丧子的概率进行预测可以发现：卫生部发布的《2010 年中国卫生统计年鉴》中称，中国每年新增 7.6 万个失独家庭，50 岁以上失独群体日益庞大，全国失独家庭已经超百万个。《公益时报》记者黎光寿在《中国独生子女意外伤害悲情报告》中披露：我国儿童意外伤害死亡率为发达国家的 3—11 倍，每天有多达一个班（40—50 人）的孩子因意外伤害包括食物中毒、溺水、交通事故、自杀等非正常原因死亡而死亡。意外伤害，已成为悬在独生子女头上的一把利剑。[1] 这个数据确实触目惊心，让人的心情变得异常沉重。[2] 据人口学专家、《国空巢》作者易富贤根据人口普查数据推断：中国现有的 2.18 亿独生子女，约有 1009 万人在 25 岁之前离世。[3]

一般情况下，老人入住养老院必须由子女签字，如无子女，需要单位担保。现实生活中，很多老年人因此想住都住不进去。有失独者说，老百姓活的就是孩子，没有孩子，就什么都没有了。当他们年老体衰，需要孩子照顾时，不仅孤立无援，甚至连养老院都进不去。他们的后半生，将于何处安放？当失去独生子女的家庭越来越多，当养老成为逼近眼前的社会问题，失独者的养老之路更为艰涩难行。

---

[1] 黎光寿：《中国独生子女意外伤害悲情报告》，《公益时报》2006 年 9 月 9 日。

[2] 吴家翔、于维华：《活着：中国失独老人调查》，腾讯公益慈善基金会、腾讯公网新闻中心联合出品，2012 年 8 月 8 日。

[3] 参见易富贤：《大国空巢》，大风出版社 2008 年版。

2013 年 12 月 26 日，国家卫计委等五部门出台的《关于进一步做好计划生育特殊困难家庭扶助工作的通知》中规定，"自 2014 年起，将女方年满 49 周岁的独生子女伤残、死亡家庭夫妻的特别扶助金标准分别提高到：城镇每人每月 270 元、340 元，农村每人每月 150 元、170 元，并建立动态增长机制。"自 2012 年 6 月 5 日，80 多位失独者代表 2431 名失独父母联名向国家计生委递交了《关于要求给予失独父母国家补偿的申请》，至 2014 年 4 月，这些失独者已四次集体进京。第一批失独父母甚至是独生子女父母都已面临着巨大的养老问题，失独父母不能认可将他们作为计划生育特殊困难家庭来处置，他们是失独者，是计划生育政策的牺牲者，要维护失独父母的权益，要求尽快制定对公民权益的保障制度，给予失独者国家行政补偿，将征收的社会抚养费用于补偿失独家庭。他们提出：我们没有看到国家卫计委有针对失独群体所建立的实施养老保障的细则条款。目前存在严重的责、权、利不对等现象，将征收的社会抚养费用于补偿失独家庭尤为重要。①

失独家庭面临着生活保障、心理救助，医疗、养老保障等一系列问题。由于不能再生育等原因，计划生育政策给失独者带来痛苦、煎熬、绝望的巨大打击，依靠退休费用养老，无法解决失独者年老体衰、失能带来的老年护理问题，低退休费用也无法解决失独者因患大病的医疗费用问题，国家要制定针对失独家庭专门的扶助政策，帮助他们摆脱困境。

---

① 巴芮：《失独父母集体申请补偿：计生风险不该由我们承担》，《法制晚报》2014 年 4 月 25 日。

第五章
灾害救助与政府危机干预

劳动和社会保障领域突发公共事件是指因涉及劳动和社会保障方面的问题而引发影响企业生产、职工生活和社会秩序的事件。范围包括：因国有企业改制改组、关闭、破产涉及职工安置、工资和社会保险待遇而引发的公共事件；因企业或用工单位克扣、拖欠职工工资而引发的公共事件；因劳动关系引发的严重影响生产经营秩序和社会秩序、规模较大的集体上访和罢工事件（30人以上）；因经营不善，企业倒闭或经营者逃逸引发的公共事件；因参加社会保险的离退休人员、失业人员、医保对象涉及社会保险待遇问题而引发的公共事件。社会救助分为常规性救助与非常规性救助，危机状态下的社会救助要做好安置场所设置、救济物资的接收、使用和发放等政府救济工作。前提条件是要做好应急物资的订购、储备工作，利用科技手段和数理模型提高应急资源的调配效率，提升高效的应急物资供应链体系。

第一节　突发或群体性事件涉及社会保障
应急管理专项基金的建立

社会保障发展过程中会遭遇各种不可预测的突发事件，如金融危机、大地震引发的大面积失业；大地震次生性灾害引发传染性疾病；特大自然灾害之后的紧急救援和灾后救济；中央财政年中养老保险补贴的紧急拨款；体制性变革引发的养老与医疗基金不落实等问题。任何国家的一定程度上失业是无法避免的，但是失业率绝不能超过某种程度，否则就有可能危及社会稳定。如汶川地震就曾遭遇数十万人突然失业的问题，对于涉及群体性失业的突发性事件，更应该建立失业保险应急管理专项基金，以缓解未来可能遇到或现在已经面临的突发事件的威胁。

Lucien G. Canton 在《应急管理》一书中提出将用项目管理的思想来进行应急管理，① 而在《项目管理》中杰弗里·K. 宾图提出：一个项目为了缓解风险需要建立应急储备金。② 突发或群体性事件的应急管理属于准公共物品领域，市场没有能力对其提供服务，需要政府通过财政手段给予支持，政府必须负担起建立应急管理专项基金的责任。

按照经济与社会发展的需要，建立应对突发事件的应急管理专项基金，是一项常规性的任务，根据中国《预算法》第三十三条的规定："各级政府预算应当按照本级政府预算支出额的 1%—3% 设置预备费，用于当年预算执行中的自然灾害救灾开支及其他难以预见的特殊开支。"这就形成了中国应急财政的主要来源，即由中央政府的预备费的转移支付和各级地方政府自身的预备费共同组成。

我国政府与一些部门、行业均设立了应急管理专项基金，为处置突发事件提供了重要的财力支持和基金保障，财政部门年内有时补贴地方养老保险基金的不足实行紧急拨款。这类基金的规模较小，每年的随机性变动性较大。2005 年，江苏投入 3.86 亿元专项资金支持突发卫生事件应急防治体系建设。2008 年，北京西城区出台《关于设立公共应急专项资金的若干意见》，筹集设立公共应急专项资金，加强应对突发公共事件的资金保障能力。2009 年 3 月，广州市海珠区划拨 50 万元财政资金作为应急专项基金，并提出以后根据每年财政状况逐年增加，同时制定出相应的专项基金管理规定。上述地方政府设立应急管理基金，从整体看，要真正应对群体性、暴发性事件，基金拨付水平与积累规模恐怕很难"应急"。从汶川地震到芦山地震，确定的救助区域群体的基本生活救助标准是每天每人 1 斤米、10 元钱。从救助

① Lucien G. Canton, *Emergency management-concepts and strategies for effective programs*, Hoboken, New Jersey: john Wiley &Sons, inc., 2007, 86-87.

② 参见［美］弗里·K. 宾图：《项目管理》，鲁耀武、董圆圆、赵玲等译，机械工业出版社 2005 年版。

实际效果来看，仅仅能够满足基本的温饱问题，维持较低的生活水平。汶川
和玉树地震基本生活救助标准相同，但三孤人员、因灾死亡人员抚恤标准有
一定的差异，如汶川灾区的理县，因灾死亡人员抚恤金为 5000 元，玉树地
震因灾死亡人员为 8000 元。

表 5–1　地震灾害社会救助标准的执行情况

	米（斤）/人·天	钱（元）/人·天	死亡抚恤金（元）	三孤人员补助（元/人·月）	自建过渡房补助（元/户）	后续救助（元/·月）
汶川地震	1	10	5000（理县）	600/3 个月	—	200/3 个月
芦山地震	1	10	5000	600/6 个月	2000 + 1000	—

注：三孤人员是指孤儿、孤老、孤残。特别扶助是针对独生子女伤残死亡家庭的扶助。
资料来源：根据民政部网站资料、中国新闻网整理。

　　根据《国家总体应急预案》的规定，各级财政部门要按照现行事权、财
权划分原则，分级负担公共安全工作以及预防与处理突发公共事件中须由政
府负担的经费，并纳入本级财政年度预算，建立健全应急资金拨付制度。2009
年，中央财政安排 50 亿元专项资金用于支持甲感防控工作，并要求地方各级
财政也要拨出专款。发挥中央与地方财政的共同作用，支持公共卫生事业。

　　2006 年，青海省建立全省安全生产专项基金，重点用于公共安全和城
市生命保障设施、安全生产基础装备及宣传教育培训等方面的投入。2009
年，太原市政府设立了 1500 万元的安全生产专项基金，用于安全生产专项
整治的奖励和宣传培训等，为减少工伤保险费用支出奠定了良好的基础。

　　突发或群体性事件对财政运行产生了巨大的冲击，即突发性地增加财
政支出，减少财政收入，增加了平衡预算的难度。2003 年一季度全国财政
收入增长较快，达到 36.5%，由于"非典"的影响，4 月份财政收入增幅下
降了 22 个百分点。[①] 完善应急管理专项基金，合理规划基金的储备规模，
规范基金的有效配置，加强预测防范阶段的财政投入，既能减少财政损失，
又有利于平衡预算。为此，需要完善突发公共事件应急管理专项基金以保证

---

① 　参见梁争光：《非典引出的地方财政思考》，《财政研究》2003 年第 9 期。

财政的收支平衡。

从理论上看，在均衡状态下，预防阶段的投入应大体等于预期的投入能减少的损失。根据防灾经济实践的有关经验，投入一元做防灾准备金能规避未来几元甚至上百元左右的灾害损失。如果危机准备要遵循"最坏的打算、最好的准备"这一要求，并按防灾投入效益比 1∶50 推算，我国单为大流感爆发的严重情形要做的专门投入应该达到 240 亿元人民币。美国根据估计的灾害损失达 6000 亿美元，2006 年，国会现行批准的专项经费为 70 多亿美元，大致相当于预期损失的 1% 略多。如果参照美国目前的标准 1∶100，我国也应投入 120 亿元人民币。[①]

年度最高预备费从 2003 年度至 2007 年度基于预算总支出的增加均有大幅度的明显增长，但据国家统计局发布的《国民经济和社会发展统计公报》显示，2006 年自然灾害造成的直接经济损失达 2528 亿元，比 2005 年（2042 亿元）上升了 23.8%，2007 年的灾害损失是 2300 多亿，而 2008 年则飙升至 11752 亿元，其中，四川汶川大地震的直接经济损失是 8451 亿元。而在灾后重建过程中，其中包括许多与灾区社会保险、社会救济、就业安置相关的费用支出。从这些数据来看，中国突发性事件的财政投入严重不足，以至于每年都造成了双倍甚至更高昂的损失，也严重损害了正常的经济运行和社会发展。

表 5-2 2003—2007 年中央应急预备费支出

单位：亿元

年份	年度总预算支出	年度最高总预备费	地方政府预备费	中央政府预备费
2003	24649.95	740	336	204
2004	28486.89	855	385	470
2005	33930.28	1018	476	542
2006	33930.28	1213	572	641
2007	49781.35	1500	690	810

资料来源：根据《中国统计年鉴 2008》，各项预备费按最高费率 3% 作粗略计算整理。

---

① 参见刘涛雄、彭宗超：《大流感爆发对中国经济的影响预测》，《清华大学学报》（哲学社会科学版）2007 年第 4 期。

根据全国社会保障审计资料，社会保障资金在应对自然灾害，解决受灾群众衣食住医等临时困难、转移安置和抢救受灾群众、恢复重建等方面发挥了积极作用。2005 年以来，中央和地方各级财政投入自然灾害生活救助资金 1410.70 亿元，其中中央财政 1029.10 亿元，地方各级财政 381.60 亿元；累计救助灾民 59588.40 万人次，其中紧急转移安置人口 10643.30 万人次，开展冬春生活救助 48945.10 万人次；恢复重建民房 2191.30 万间。汶川地震、玉树地震、舟曲泥石流重大自然灾害发生后，中央财政累计投入到生活救助方面的资金达 769.24 亿元，灾害中救助灾民 947.79 万人次，恢复重建民房 593.20 万间。这些资金的及时投入，使受灾群众得到妥善安置，切实保障了受灾群众的基本生活。[①]

2013 年，遭遇台风"尤特"、"潭美"和强降雨影响，广东部分地区遭遇严重暴雨洪涝灾害，广东省人保厅紧急出台《关于充分发挥人力资源社会保障职能作用促进受灾地区救灾复产的紧急通知》，明确 25 项措施，分别从促进灾区劳动力就业再就业、帮助灾区企业稳岗复产、发挥社会保险作用保障灾区群众生活、关爱灾区异地务工人员、积极营造和谐稳定劳动关系、帮护灾区技工院校学生就业就学六个方面促进受灾地区救灾复产，并充分做好救灾资金拨付发放工作、允许受灾严重企业缓缴社保费、放宽医保待遇享受条件、灾区学生读技校优先享受减免政策。

理想状态下，我们如果想完全消除突发或群体性事件带来的财政风险，我们需要根据不同类型的突发公共事件发生的概率以及其损失程度计算该损失的期望值，然后再考虑到各种培训管理费用以及预防设施的建设等综合因素，完善突发或群体性事件的应急管理专项基金。但是在现在的经济发展水平下，我们不可能完全有能力预防各种可能发生的突发或群体性事件，但至少我们要提前进行部分的基金筹集。

许多突发或群体性事件会涉及社会保障的基金安排，人为地增加社会保障的运行成本，各种自然灾害也会直接或间接地要求增加社会保障救援基金的投入。在社会保障基金管理中，要明确中央政府与地方政府之间的职责和补贴比例，在各级财政之间、政府部门之间、政府与企业和居民之间逐步

---

① 参见全国社会保障资金审计结果（审计署审计结果公告 2012 年第 34 号）。

建立起风险共担的制度框架，以减少相互之间的推诿，中央政府在财政援助上的有限支持比全额支持更能培养出一个有责任感和危机感的下级政府。

第二节　应对特重大自然灾害的社会救济应急物质储备

一、建立应急物质资源共享与供应链体系

2001 年，美国"9·11"事件造成 2752 人死亡或失踪，直接经济损失达数千亿美元；2004 年，印度洋地震及其引发的海啸，涉及 12 个国家，致使 20 多万人丧生，5 万人失踪，超过 50 万人流离失所，并且衍生出公共卫生危机；2005 年，"卡特里娜"飓风致使 1 千多人丧生，50 万人无家可归，受灾人口高达 500 万，2011 年，日本 9.0 级特大地震及其引起的海啸和核危机，造成 1.4 万人遇难，1.3 万人失踪，对当地社会和经济造成毁灭性影响，并引起东亚各国的核恐慌。[①]

重特大自然灾害或人为的社会骚乱，可能会引发大面积的交通瘫痪、供电供水困难、疯抢救灾物资、价格疯涨和次生灾害等一系列问题。如 1931 年长江洪水泛滥，我国先后有 9 省流行霍乱，发病 10 万余例，死亡 3 万余人。1991 年湖北省水灾期间，抗洪军民约 500 万人与血吸虫疫水接触，上万人被感染。如 1996 年 12 月江苏省宜兴市某废品回收加工厂因将 10 吨含氰工业废渣堆放及处理不当，导致地面水、土壤受到污染，引发临近 547 名居民发生氰中毒。[②]

我国已颁布的多部法律均规定了国家应当建立健全应急物资储备制度，以保障有效应对各种突发事件的社会救援所需，这些法规包括了《防震减灾法》、《破坏性地震应急条例》、《国家粮食应急预案》、《国家物资储备应急预案》、《国家医药储备应急预案》、《国家自然灾害救助应急预案》、《国家综合减灾"十一五"规划》、《国家突发公共事件总体应急预案》等。

1998 年的张北地震后，由民政部、财政部联合出台了《关于建立中央

---

① 根据历年统计资料整理。
② 根据历年统计资料整理。

级救灾物资储备制度的通知》，着手建立救灾物资储备制度。2003 年 1 月 1 日，《中央级救灾储备物资管理办法》开始实行，这是中央级救灾储备物资建设的主要法律依据。以商务部为例，建立起商务部应急管理系统，应急数据库覆盖了 31 个省（市、区），包括大米、面粉、食用油、蔬菜、食盐、饼干、方便面、矿泉水、奶粉、帐篷、毛毯、毛巾被、蚊帐、净水器等 40 个应急商品品种、1000 家重点联系企业。除了物质供应链之外，信息供应链也应运而生，数据库系统中加装了地理信息系统（GIS 系统），应急监测、决策支持和公共服务能力显著增强，实现了灾情和突发事件处置的程序化管理，在应对突发事件中发挥了重要作用。商务部的数据库智能系统。实现了数据网上时时报送、更新；数据库自动生成、汇总各类应急商品地域分布、库存水平、产出能力、商品质量等情况，突发事件发生时，能够按照市场供应应急工作需要，迅速落实应急商品来源，并组织调运、投放应急商品，保证市场供应、平抑突发事件状态下价格的异常波动，保障社会经济安全。应急管理各部门数据库资源共享机制非常重要，形成联合态势，有利于减少人财物的损失，争取更多的救援时间。

表 5-3　应急管理资源共享机制

事件分类	职能部门	合并的职能	共享资源
气象灾害	防汛抗旱指挥部 气象局 水利部	防汛、抗旱、防台风以及其他气象灾害的预警与救助	全国性数据库系统 全国性的指挥网 全国性的信息传导系统 相似领域的专家库 相似领域的专业工作人员 相似领域的技术经验 相似领域的物质设备
地质灾害	国土资源部 国家地震局	地震、山体滑坡等地质灾害的预警与救援	
技术灾害	安全生产监督管理局	矿业事故、交通事故等安全事故的预防与抢救	
传染病卫生灾害	卫生部	大规模传染病的预防与控制	
危险化学物品	工商总局 公安部 国家安全部	有毒气体、化学原料等的安全指导，应急抢救	
社会性危机	公安部	群发性事件的舒缓	

资料来源：罗煜：《中国政府应急管理机制构建的经济学分析》。

2008—2009 年，中国各类自然灾害数量激增，原有的救灾物资储备资源不足以应付多发的灾害，民政部和减灾委员会着力加强救灾物资储备制度的建设，首先，根据灾害分布点和事发频率调整中央救灾物资储备库的布局，2009 年与国家发改委联合规划，计划将全国中央级救灾物资储备库由10 个增加到 24 个，各省、自治区、直辖市和大部分市县都建立了储备库点，基本覆盖全国所有多灾地区，同时还完成了格尔木、乌鲁木齐两个首批中央级救灾物资储备库的可行性研究报告的批复工作以及沈阳、哈尔滨、武汉、长沙和喀什 5 个中央级救灾物资储备库的可行性研究报告编制工作。完成了《救灾物资储备库建设标准》的编制工作，将按照救灾物资的标准和储备库建设的规范（其中包括了 13 个救灾物资行业标准、2 个救灾物资储备库的建设标准）加大救灾物资储备的种类和数量，建立物资储备和调运的信息管理系统，实行"实物储备、能力储备、协议储备"多管齐下。建设成为应急物流协调中心，图示如下：

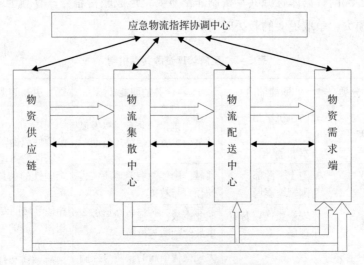

图 5-1　应急物质集成供应链体系

应急物流具有难预测性、不确定性、时效性等特点，人们总是期望在最短的时间内有效地解决突发事件。那么就要求应急供应链中的不同节点之间存在着物流、信息流、资金流等不同形式的流，他们之间相辅相成，而信息共享使得供应链各节点能有效沟通，提高了供应链的响应能力。而快速响应是应急供应链的第一需求。①

二、建立社会救济应急物资储备体系要解决的问题

国家《社会保障"十二五"规划》提出：进一步强化社会救助能力建设，进一步完善自然灾害救灾应急体系，提升灾害紧急救援能力，提高灾害救助水平。建立应急物资储备、技术储备、产品储备信息数据库加强相关物资储备。

（一）灾害应急物资的需求内容

尽管中国政府已颁布了相应的灾害预案，但由于自然灾害等非常规突发事件的不可预见性、罕见性以及后果的严重性，使得其对应急资源的需求具有突发性、紧迫性、多样性、巨量性等特点。灾害发生后，短时间内就需要大量的物资，从救灾专用设备、医疗设备、通信设备到生活用品，所以支出的物流成本是巨大的，这就对应急物资的储备提出了更高的要求。应急物资储备水平直接关系到是否能够有效对各种突发事件进行控制，避免灾难扩大，使损失最小化。发生重特大自然灾害或社会骚乱，灾害应急物资的需求主要包括三个方面的内容：应急物资的数量需求、应急物资的质量需求、应急物资的结构需求。

（1）应急物资供应链的数量需求。灾害应急物资的数量需求是物资需求内容中最基本、最重要的，指突发灾害事件发生后，为保障灾区人民的基本生活物资需求所必需的最小的物资需求数量。

（2）应急物资的质量需求。应急物资的质量需求是指物资供应的及时性、物资供应数量的准确性、物资的安全性和成本等方面的要求。如地震事件中造成灾区交通中断，物资的及时供应受到阻碍；而信号中断则给物资需求数量的信息收集造成困难，这些都属于应急物资的质量需求。

（3）应急物资的结构需求。物资的结构需求主要是指需求的各类物资之间的结构比例关系，用一个相对的指标来刻画，通常用数量比来表示。突发事件的类型通常决定着物资的结构需求，不同类型的突发事件需要不同种类的物资需求组合。如在抗震救灾中，对伤员进行紧急抢救时，不仅要考虑

---

① 参见左小德等：《应急物流管理》，暨南大学出版社 2011 年版。

到医药品的需求量，同时还要考虑到一定比例的配套医疗器械的需求量，这些不同类型的物资之间存在着一定的数量比例关系。如作为自然灾害大省，福建省建立了省、市、县三级救灾预案，优化救灾物资储备及仓储设施的数量与结构，各级救灾应急预案和救灾物资储备系统进一步完善，灾害紧急救援能力进一步增强。

应急仓库预案根据潜在危险源和可能发生事件的类型，就应急过程中涉及的应急物资的种类和数量、仓库人员、物资筹集，配送及其指挥协调等方面事先作出具体计划安排，形成环环相扣，配套衔接的应急仓库预案体系，做到事事、时时、处处分工明确，责任清晰，应对有法。

表5-4　不同突发事件应急物资需求种类

突发事件类型	专业应急物资	后勤保障物资	救济生活物资	居民生活物资
自然灾害	生命搜救、救生设施；消毒、灭菌药物、破冰、铲雪等设施；工业盐、融雪剂等；沙子、麻袋等	车辆、石油等交通运输资源；水、食品等等	衣服、被子、帐篷等防寒物资；食用水及方便面等食品	粮食、水、食盐、蔬菜、食用油、肉等日常食用品；电、液化气等
事故灾难	生命搜救、救生设施；专业消解毒剂；专业检测、监测等设备			
公共卫生事件	防护设备；救护车；检测、监测等设备；专业、解毒等药品			
社会安全事件	防护类装备；安检类装备；排爆类装备；应急通信装备；武器装备；侦查类装备			

（二）救灾物资储备库的建设规模

根据2009年1月民政部编制的《救灾物资储备建设标准》，对各类救灾物资储备库的规模作出了如下规定：

表5-5　救灾物资储备库存规模分类表

规模分类		紧急转移安置人口数（万人）	总建筑面积（m²）
中央级（区域性）	大	72—86	21800—25700
	中	54—65	16700—19800
	小	36—43	11500—13500

规模分类	紧急转移安置人口数（万人）	总建筑面积（m²）
省级	12—20	5000—7800
市级	4—6	2900—4100
县级	0.5—0.7	630—800

资料来源：民政部《救灾物资储备建设标准》，2009 年。

储备库的建设也应当包括房屋建筑、场地、建筑设备和其他必要装备。其中：

（1）房屋建筑包括库房、生产辅助用房（用于设备维修、清洗缝补救灾物资）、管理用房和附属用房。

（2）场地包括室外货场（货场罩棚）、观察场（用于对救灾物资进行入库前的清洁、整理，发现并消除其安全隐患）、晾晒场（用于晾晒救灾物资）、停车场（用于停放货车、应急调度车和物资转运车等车辆）等。省级及省级以上救灾物资储备库的观察场应满足紧急情况下直升机的起降要求。

（3）建筑设备包括电气、给排水、采暖通风、安保、通信、消防、网络等设备。

省级及省级以上救灾物资储备库有条件时可设置铁路专用线。

在选址布局上，救灾物资储备库应满足以下 7 个要求：[①]

（1）地势较高，工程地质和水文地质条件较好，能减少洪涝等自然灾害的影响；

（2）市政条件较好，具有稳定的电力供应和完善的排水供水系统，确保物资储备库的全天候作业；

（3）远离火源、易燃易爆厂房和库房等；

（4）交通运输便利，适宜临近货运站、高速公路口等交通要带，确保物资运输的时效性，尽量缩短物资运输时间。市级及市级以上救灾物资储备库宜临近铁路货站或高速公路入口；省级及省级以上救灾物资储备库对外连接市政道路或公路的通路应能满足大型货车双向通行的要求。

（5）地势较为平坦，视野相对开阔，市级及市级以上救灾物资储备库

---

① 参见民政部：《救灾物资储备建设标准》，2009 年。

的库址应便于紧急情况下直升机起降，确保地面交通受到阻塞时能使用空中运输的方式。

（6）库房宜与生产辅助用房毗邻并与管理用房和附属用房隔开。

（7）建设用地应包括建筑、场地、道路和绿化等用地。

建筑系数[①]宜为35%—40%，其中专用堆场面，宜为库房建筑面积的30%。而且，储备库的选址还会受到一些限制性条件的约束。一般而言，在（1）设防烈度大于9度的震区；（2）重湿陷性黄土，厚度大的新近堆积黄土，高压缩性的饱和黄土；（3）泥石流、滑坡、流沙等直接危害地质的地段；（4）设计防洪标准低于救灾物资储备库的设防标准的堤或堤坝溃决后可能淹没的地区；（5）具有开采价值的矿藏区；（6）居民区；（7）雷暴区；（8）受交通管制的地段；（9）历史文物古迹保护区；（10）膨胀土等工程地质不良地区等地域均不适宜兴建救灾物资储备库。

目前我国还没有全国统一的应急物流信息平台，虽然有关部门正在筹建全国联网的信息平台，但仍只局限于本部门内部的数据联网，与其他部门和机构缺乏联系和统一，以至于在遇到突发灾害需要应急救援时，运输的救灾物资各自为政，灾区不同地区需要什么物资，什么物资已经出现多余，这些信息既不能共享也不透明，甚至出现了部分区域救灾队伍没有足够的食物，而部分区域投放的救灾食品过多无法存放处理等现象。

构建应急物流系统的技术支持平台，建立应急物资信息系统或数据仓库、应急物流运载工具信息系统或数据仓库、应急物流预案数据库，构筑应急运输方案自动生成的应急物资运输调度平台以及基于GPS、GIS的应急物资运输监控平台。将GPS、GIS应用于应急物流中，利用GPS的定位导航技术，可以对灾区建筑物破坏的地方进行位置定位，实现现场调查人员与救援指挥中心的信息获取。采用GIS的空间分析和可视化功能，能方便地分析任何区域的宏观社会经济数据、人口分布和密度以及医疗卫生、警力、道路交通灯的分布情况。GPS与GIS的技术结合被应用于应急物资调度中，主要是采用GIS电子地图与GPS的实时定位技术，对配送路网、车辆所在

---

① 建筑系数：建筑系数＝（K＋F＋S＋D）/Z×100%（K—库房用地面积；F—生产辅助及配套设施建、构筑物用地面积；S—管理用房和附属房建筑物用地面积；D—专用堆场用地面积；Z—库区总用地面积）

位置和存在状态进行分析和管理。

（三）做好社会救助应急物质的采购工作与存储工作

由于应急供应链物流的突发性和随机性，决定了应急物流的供给不可能像一般的企业内部物流或供应链物流，根据客户的订单或需求提供产品或服务。应急物流供给是在物流需求产生后在极短的时间内在全社会采购所需的应急物资。

应急采购是指在如抗灾抢险、战时动员等紧急状态下，为完成急迫任务而进行的采购活动。在应急采购活动中对应急物资的供应商进行了解、评价、开发、使用和控制是保证应急物资采购质量的必要工作。

应急物资需求的急迫性要求灾害事件发生前就应储备一定数量的应急物资。应急灾害事件的非预见性造成对应急物资需求的不确定性，灾害事件发生，特别是一些重大灾害事件，短时间之内会需求大量物资，以致使储备的应急物资仍无法满足需求。这就要求除了储备一定数量的应急物资外，还应该开展应急物资的临时采购，而且临时采购的程序应该简单。同时，在突发事件发生时，所需应急物资具有多样性，从救灾专用设备、医疗设备、通信设备到生活用品无所不包。因此就需要对多产品的应急物资进行合理采购安排，保证应急物资的需求。从而使得资源能够满足应对突发事件的需求。

应急物资的采购是应急管理中极其重要的一环，它关系到应急活动能否顺利进行，采购成本能否有效控制等，对应急系统效率有着重大影响（应急物资一般用于防止灾害的蔓延和灾后重建工作，也包括灾区民众基本生活物资的及时补充）。当储备的物资出现缺口时，就需要进行采购。采购部门能否准确及时，以适宜的价格购进救灾所急需的各种设备用品，往往是应急救援活动成败的关键之一。

（四）做好应急资源的调度工作

由于应急资源的调度具有多目标、动态性、不确定性和时效性强的特点，快速准确的资源调度保证了救灾工作的开展，及时有效的资源供给促进和推动救援工作的顺利进行，有助于应对突发事件及灾后重建。

其一，研究现实背景下需求的应急资源调度问题。分析与现有应急资源调度问题的研究之间的联系与区别，提炼出应急资源调度问题的约束条件，在此基础上建立相关应急资源调度问题的数学模型，并运用计算机软件工具来求出应急资源调度模型的最优解。如一些研究表明：改进的进化规划算法具有较强的局部寻优能力，在收敛速度和求解精度方面优于遗传算法、差分进化算法和进化规划算法，解决了标准进化算法的问题。

其二，将某一辖区划分为几个应急区域，并将这些区域分别看作可能的事件发生点。每个区域有一个或数个应急救援站，负责此区域突发事件的应急处理，救援站的位置分布已知。考虑到当某地点发生突发事件时，常常会有同一辖区其他点有发生突发事件的可能性，即潜在发生点。在进行应急资源调度时，应在尽量满足事件发生点的同时，要根据其他地方的突发潜在发生概率和资源需求量来预留资源。在考虑潜在事件发生概率及路径可靠性的情况下，事件发生点的应急救援不一定由离它最近的救援站来负责，且救援站在通过不同路径调运资源时，到达发生点加权距离短的路径应负责运送更多的资源，提高应急救援效率。

其三，资源调运过程要同时兼顾到事件发生点和潜在发生点，以防止潜在点突发事件发生后造成资源短缺。考虑两种调度策略：一是在发生点对应的救援站预留部分资源以备潜在点的需求，当发生点对应的救援站资源不足时，则从邻近救援站调运部分资源；二是优先调运发生点对应的救援站的资源，同时为应对潜在点的需求，从其他邻近救援站调运资源到发生点对应的救援站以备潜在点的需求。

其四，针对调度策略构建资源调度模型。目标函数是：在考虑各点资源需求、救援站总资源量等约束下，在兼顾从救援站到发生点与潜在发生点总调运的最短时间的前提下，寻求最早到达发生点的应急资源供应率的最大值。其中调度时间可以用在实际中可最直接得到的各路径行车距离来衡量。考虑应急资源在调运过程中，通行能力常会受天气、交通流量、路况等因素的影响而降低，使得实际的调运时间增长。故我们引入基于时间意义上的调运物资的可靠性水平。

（五）价格干预是灾害救助中政府最重要的决策行为

价格规制分为正常时期的价格规制和应急时期的价格规制，正常时期的价格规制是在正常市场经济条件下，对特定产业和不正当价格行为进行规制。应急时期的价格规制是在非常时期或称应急状态下，在政府认定某些商品范围内，按照法律规定实行的临时性价格规制。如吉林省通化市从2010

年 7 月 30 日起全市因市内全部供水管线被洪水冲毁，33 万居民从 7 月 31 日起开始断水，百姓解决饮水的手段主要是矿泉水和罐装水。政府直接干预价格，各大超市的矿泉水价格降价。①2011 年，日本 9.0 级大地震引发核泄漏事件，网络盛传"吃碘盐能防核辐射"以及"日后食盐供给将受影响"，自 3 月 16 日起，中国大部分地区出现抢购食盐现象。原本一包只卖一两元钱的食用盐价格飙升，一些地方甚至炒到了 20、30 元钱一包。即便如此，食盐还是被抢购一空，很多地方"无盐以对"②。在平息这场因谣言兴起的抢购风潮中，一批无良商家受到官方严格处理。突发事件期间出现价格异动的商品都是当时急需或紧缺的物资，如果不对异常波动的价格适时加以必要的控制和引导，将会给正常的市场秩序和社会带来诸多不良的影响。

表 5-6　近十年来广东市场部分商品价格异动价格监测

突发事件	商品	事前最高价格	事中最高价格	事后最高价格	增长幅度（%）
"非典"	食用醋	3 元 / 瓶	30 元 / 瓶	3 元 / 瓶	900.00
韶关冰冻	方便面	5 元 / 包	20 元 / 包	5 元 / 包	300.00
日本大地震	食盐	1.3 元 / 包	20 元 / 包	1.3 元 / 包	1438.46

资料来源：根据广东省价格监测中心监测报表整理。

2007 年 11 月《中华人民共和国突发事件应对法》颁布实施后，国家发展改革委价格司又会同价检司、价格监测中心对《突发市场价格异常波动价格工作应急预案》进行了修改完善。成为全国价格系统应对和处理价格突发事件的主要依据，也是目前中国应急价格规制的主要模式。预案基于全局视角，从工作原则、制度保障、组织体系、职责划分、预警机制、应急准备、应急响应等方面，对各级价格主管部门如何应对价格突发事件作了详尽规定，图 5-2 是国家发展和改革委员会应对突发价格异动时，在应急预案实行的组织管理流程图。

---

① 曹刚：《吉林多地因洪水冲毁管道停水多日　今起恢复供水》，《新民晚报》2010 年 8 月 4 日。

② 俞岚：《中国各地盐价渐趋稳定　一批无良商家受官方严惩》，http：//www.chinanews.com/ gn/2011/03-19/2917066.shtml。

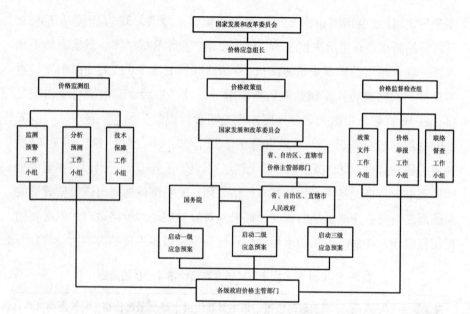

图 5-2 国家发展和改革委员会应急预案的组织管理流程

从预案总体看，在组织管理机构方面，以各级政府价格主管部门为主，实行属地管理、分级负责，各级价格主管部门分级负责本行政区域范围内的应急工作，上一级价格主管部门对下一级价格主管部门的工作负责指导、督促、检查和协调。[1] 只有实行限价等应急价格规则的手段才向省级以上政府申请报批。在管理方式方面，围绕三个级别价格异常波动警情，启动三个级别预案，实行分级别管理方式。在工作制度方面，建立了指挥协调制度、应急监测制度、应急值班制度、信息报送制度、法律支持制度、新闻宣传制度。在指挥体系和职能方面，成立应急组，由国家发展和改革委员会副主任当组长，应急组下设价格监测组、政策法规组和价格监督检查组，并明确了各组的分工职责。在国家价格应急预案的框架下，全国各级价格主管部门根据实际情况，也相应制定了各级价格应急预案。政府干预价格异动的决策行为包括：

（1）快速平抑突发价格异动。突发价格异动是由于某种突发事件引发信息不对称、垄断和外部性等原因造成市场价格机制失灵而引发的。当前治

---

[1] 林毓铭：《政府如何加强重特大灾害应急能力建设》，《领导科学论坛》2015年第12期。

理市场价格机制失灵的主要手段就是价格规制。实践证明，政府实行应急价格规制能快速平息突发价格异动，因为应急状态下价格规制能使执法人员更容易认定价格违法行为，提高执法效率，起到了快速平抑突发价格异动的作用。例如，对某种商品价格实行临时限定价格，只要经营者以高于临时限定价格出售这种商品，执法者就可以认定其价格违法。

（2）修复失灵的市场价格机制。在出现突发价格异动时，不论是完全竞争市场，还是不完全竞争市场，都会出现垄断、信息不对称和外部性的现象，造成市场价格机制失灵，在这种应急状态下，更需要政府实行价格规制，通过规制手段对失灵的市场价格机制进行修复。

（3）保护消费者合法权益。消费者权益作为一项基本人权，是生存权的重要组成部分，消费者权益保护关系到每位消费者的切身利益。当突发事件发生时，消费者所受的冲击最大，对价格的异动反应最敏感。消费者作为单个的个体，在发生价格异动事件时明显地处于弱势地位。一方面，由于严重"信息不对称"，消费者对事件的认识严重不足，出于自身防御需要，会对相关商品的边际效用产生过高期望值，对相关商品的价格接受能力相对也会提高；另一方面，经营者利用信息不对称和垄断地位，可以随意提高价格。在这种情况下，消费者的权益容易受到侵害。在发生突发价格异动时，政府有必要对异动价格的相关商品进行价格规制，保护消费者合理权益。

（4）维护非常态情景下的价格稳定。重特大自然灾害一旦发生，就可能发生应急物资的哄抢问题，如果应对不及时或措施不得力，应急物资价格暴涨，引发社会混乱，政府要迅速调配应急物质，物价部门要迅速进行价格控制，对哄抬物价行为进行强力干预，维护重特大自然灾害状况下的社会稳定。另一种非常态状况是一些商品价格被人为地哄抬。

第三节　发展巨灾保险的紧迫性与路径依赖

近几年来，全球自然灾害造成的危害特别严重，巨灾保险引起了世界各国的高度重视。中国巨灾保险发展较为落后，党的十八大报告要求加快建立符合我国国情的巨灾保险制度，利用保险机制预防和分散灾害风险并提供灾后损失补偿，急需加速与完善建立一系列政策保障、制度保障与技术保障工作，促进受灾地区灾后恢复与重建工作顺利进行。

一、自然灾害肆虐致使灾害损失极其严重

巨灾是指对人民生命财产造成特别巨大的破坏与损失、对区域或国民经济产生严重影响的自然灾害，主要包括地震与海啸、特大洪水、特大风暴潮等。巨灾保险要求通过对因发生地震、飓风、海啸、洪水等自然灾害可能造成巨大财产损失和严重人员伤亡的风险，通过保险形式，预防和分散风险，促使受灾地区灾后重建工作得以顺利进行。

2008 年，中国先后发生了历史罕见的雨雪冰冻灾害和汶川大地震，当年中国累计各种自然灾害直接经济损失超过 10000 亿元人民币。2009 年，中国部分地区自然灾害十分严重，灾害种类多、范围广、程度深、危害大，干旱、洪涝、地震、风雹、台风、高温热浪、低温冷冻和雪灾、山体滑坡和泥石流、森林和草原火灾、病虫害等各类灾害均有不同程度发生，部分地区重复受灾，特别是区域性极端暴雨、阶段性严重干旱、局地性强风暴线、高频次登陆台风和大范围雪灾给中国经济社会发展和人民生命财产安全带来严重影响。民政部将 2009 年自然灾害总结为：部分地区受旱程度历史罕见、局部地区降雨强度历史罕见、部分中小河流洪水历史罕见、台风登陆比例历史罕见、华北地区暴雪历史罕见。[①]

2010 年初，中国西南大面积干旱，由最先的贵州渐渐扩散到云南、四川、广西等地，农业受损严重，农村居民饮用水都十分困难，云南大旱持续发展影响到 15 个省份。2010 年 3 月 20 日的风沙天气带给中国一场巨大的沙尘暴，来自内蒙古干旱地区的沙尘蔓延数千公里抵达中国东部和南方地区，2010 年 4 月 9 日，北京、天津、唐山等地发生了四级左右地震。2010 年 4 月 14 日早晨 7 时 49 分，青海省玉树藏族自治州玉树县发生 7.1 级地震。据国家防总办公室统计，截至 2010 年 7 月 29 日 9 时，全国共有 28 个省（区、市）遭受洪涝灾害，累计农作物受灾 8858 千公顷，受灾人口 1.35

---

① 参见《民政部发布 2009 年全国自然灾害损失情况》，民政部门户网站，2001 年 1 月 12 日。

亿人，因灾死亡 968 人、失踪 507 人，倒塌房屋 88.7 万间，提前转移受威胁地区群众 990 万人，直接经济损失 1810 亿元。[①] 据民政部、国家减灾委办公室 2011 年 10 月 10 日发布 2011 年 1 至 9 月份全国自然灾害情况，2011年 1 至 9 月份，各类自然灾害共造成全国 4.8 亿人次受灾，1074 人死亡（含失踪 127 人），912.7 万人次紧急转移安置；农作物受灾面积 3882.6 万公顷，其中绝收 380.4 万公顷；房屋倒塌 85.3 万间，损坏 308.2 万间；直接经济损失 3028.1 亿元人民币。针对各地灾情，1 至 9 月，国家减灾委、民政部共启动国家四级救灾应急响应 29 次，三级响应 2 次。[②]

纵观全球，2008 年以来的特大自然灾害更是层出不穷，全球自然灾害频发的原因众说纷纭，世界观察研究院的高级研究员阿巴拉莫维兹认为，频繁的自然灾害的发生是因为越来越多的人采取一种破坏生态的生活方式。[③]全世界人口迅速增长、工厂大量增加、交通工具成几何级数增长等加剧了二氧化碳等废气的排放，导致温室效应的产生，使世界气候正在变暖，而世界气候变暖，打破了原有的自然规律，引发干旱、洪水、暖冬、冰灾等自然灾害。而地震、火山等灾害的发生，一方面跟地球内部的运动有关，另一方面跟地球运动到太阳系间的位置、运动到银河系间的位置有关，天体在运动时对地球产生变化的引力，从而引起地球上海水的波动引发海潮，甚至影响着地球的形态和结构，火山、地震也就随之发生了。还包括人为过量地抽汲地下水和采矿等原因引起的地面沉降、地面塌陷；水库蓄水、油田注水等诱发的地震；滥伐森林、过量开荒、破坏植被引起的洪水泛滥、水土流失和土地沙漠化现象，各类工程建筑所导致的滑坡、坍塌、泥石流；工业"三废"和化肥农药等对环境严重污染和生态系统的破坏等。[④]

二、巨灾保险发展状况及滞后原因分析

与世界一些发达国家相比，中国的巨灾保险相当落后，2008 年，中国

① 参见《中国28省份遭受洪灾 1.35亿人受灾968人死亡》，中国新闻网，2010年7月9日。
② 参见卫敏丽：《今年以来各类自然灾害造成1074人死亡》，新华网，2011年10月10日。
③ 参见陈群：《日本核灾警示"天殇式"发展必须改变》，《香港大公报》2011年3月29日。
④ 林毓铭：《发展低碳经济——中国产业体系与消费体系转型的战略思考》，《国际学术文化交流》2010年第11期。

先后发生的历史罕见的雨雪冰冻灾害和汶川大地震，受灾地区电网设施损毁严重，共造成电网资产损失约211亿元，电网恢复重建需466亿元。由于财产保险只按损失部分资产原投入价值最高限额赔付，并不将现实抢险支出理赔和恢复重建支出理赔考虑在内，这就使得赔付金额与抢险抢修恢复重建支出费用相差甚远。加之，电网在建工程没有保险，导致雨雪冰冻灾害毁损的在建项目无法索赔，而地震毁损的电网资产也不在保险索赔范围之内。2008年年初的雪灾降临南部二十多省市，造成直接经济损失高达1516.5亿元。汶川地震、玉树地震、西南数省旱灾、南方大范围洪灾诸如此类特大自然灾害，均由于缺乏地震保险法、洪水保险法、旱灾保险法等使灾区群众无法得到更充足的经济补偿。

（一）财政支持不足，农业保险发展缓慢

面对自然灾害，中国的农业保险发展步伐比较缓慢，但地震保险、洪水保险等基本上没能发展起来。

农业是世界公认的抵御自然灾害能力极差的"弱质产业"，农业基本靠天吃饭，原中国人民保险公司从1950年至1952年先后试办了棉花保险、麻、大豆保险和牲畜保险。1953年农业保险全面停办。1980年中国国内保险业务得以恢复，一些保险公司开办了包括粮、棉、油、麻、糖、猪、牛、羊、鱼、虾、鸡等在内的百余个农业保险险种，称为种植业和养殖业保险，但人保公司经营农业保险并没有得到实际经济利益，一是地方财力有限，二是中央财政支持不足。受地方财政的影响，农业保险的发展全国良莠不齐，保险公司难以在低保费、高赔付之间寻求平衡。纯商业保险公司出于利益考虑，不愿意涉足亏本大的农业保险项目，特别是在近几年的快速推进中，无论从农业保险的承保面、承保险种，还是保障水平与国际水平相比，都有较大的差距。

表5-7　中央一号文件对农业保险的政策要求

年份	中央一号文件主体内容
2004年	加快建立政策性农业保险制度，选择部分产品和部分地区率先试点，有条件的地方可对参加种养业保险的农户给予一定的保费补贴
2005年	扩大农业政策性保险的试点范围，鼓励商业性保险机构开展农业保险业务

年份	中央一号文件主体内容
2006 年	稳步推进政策性农业保险试点工作，加快发展多种形式、多种渠道的农业保险
2007 年	由过去没有中央财政支持，主要由地方财政支持，改为中央财政拿出一部分资金进行配套的政策支持。

从 1982 年到 1994 年，农业保险的支付赔款多于保险费收入，平均赔付率超过 100%，如果加上经营费用，亏损就更为严重。农业保险一度出现萎缩。以 2008 年为例，由于农业保险等政策性保险业务发展非常缓慢，汶川地震中，据相关数据统计，2008 年投入抗震救灾及灾后重建的所有中央财政直接投入为 1684.57 亿元以上，而农业保险在汶川地震中的补偿微乎其微。

（二）地震洪水等灾害损失巨大，保险业无奈避重就轻

中国的地震、洪水等重大自然灾害大多发生在农村地区，农业保险不能满足农业及广大农民抵御自然灾害的需求，未能形成综合的农业保险体系。2009 年民建中央的提案指出：第一是很多农业保险产品还没有推出，保险覆盖面还不能适应农业发展要求；第二是农业保险的政策性要求与保险公司商业化运作之间存在矛盾；第三是农业保险低补偿与农业产业高风险之间存在矛盾；第四是农业保险高成本与农户家庭低收入之间存在矛盾；第五是缺乏政策和法律支持；第六是农民保险意识差。① 财政部每年对重特大自然灾害的财政补偿主要发生在农村，是因为农业保险对灾害补偿的贡献率过低，地方财政心有余而力不足。

中国整体上来说没有地震险种，而且在绝大多数其他可能涉及的险种中，地震也属于除外责任。比如在财产险、房屋险中，地震都属于免责条款，保险公司是不赔付的。财产保险的免除责任包括地震，只有工程保险和地震险在保单中明确涵盖地震保险责任，总体上财险所受影响较小。有的人寿保险和意外伤害险将地震、海啸等自然灾害引起的意外伤亡是否纳入保险责任范围，要看保险合同的具体规定。如果地震造成了房屋损失，要看房屋属于家庭财产还是企业财产。如果是企业财产，在一些企业财产保险的附加

① 参见朱继东：《民建中央建议加快发展和完善农业政策性保险》，新华网，2009 年 3 月 9 日。

扩展中可以附加地震责任，如"建筑工程一切险"就附带有关地震内容。但是在一般家庭财产方面，地震是不属于保险责任的。在"个人贷款抵押房屋保险"中，地震也不在保险范围内。这个险的保险责任涵盖的是由于火灾、爆炸、暴风、暴雨、雷击、洪水等自然灾害和意外事故造成的保险财产的直接损失。中国江西九江地区曾试图开办地震保险，对受灾房产进行补偿，但因费率过高而投保率极低未开办。

近十几年来，中国洪涝灾害尤其严重，保险公司怕承担巨额风险，对开办洪水保险积极性不高。据统计，中国长江、黄河流域洪涝灾害最为严重，150 年中分别发生 76 次和 50 次，差不多每一二年就会发生一次。① 中国曾有过洪水保险。例如：1998 年长江流域洪灾之前，在有关部门的推动下，某保险公司在长江流域的一个小范围内试行"洪水保险"，当时确定的保费是每户人家 98 元 / 年。当那场百年难遇的特大洪灾降临时，这家保险公司立即发现自己陷入困境，保户财产损失巨大，公司面临巨大的理赔支付。最后这家公司用了一个既不合理也不合法的方式即他退回给每个保户98 元的保费，单方面终止了保单关系，保险公司尝试开办洪水保险，因损失过大以失败而告终。洪水保险是针对洪水高发区域，由受洪水威胁的人群、政府和其他参与部门共同分担洪水风险的保险模式。洪水灾害损失巨大，洪水保险决定了本身不是一个盈利品种，没有财政支持，所以这一险种无法通过商业保险独立承担。

突发事件风险评估标准既是风险评估中的关键性内容，也是风险评估中的重点与难点之一。没有标准，人们就失去了研究的准绳，因此，确定风险标准是风险评估的必备工作。1994 年《质量管理和质量保证》对安全性的定义是：将伤害（对人）或损坏（对物）的风险限制在可接受的水平的状态。风险管理的目标就是将伤害和损失控制在可接受的程度之内，也就是突发事件的风险标准之内。突发事件风险标准是控制、管理突发事件的标准，针对不同的突发事件具有不同的意义，如表 5–8 分别列出了一些突发事件的划分标准：②

---

① 参见刘建芬等：《中国洪水灾害危害程度空间分布研究》，《河海大学学报》2004 年第 6 期。
② 参见王宏伟：《突发事件应急管理：预防、处置与恢复重建》，中央广播电视大学出版社 2009 年版。

表 5-8 洪水等级划分标准（GB50201—94）

洪水频率 P	洪水重现期 Tp	洪水等级 N
>20	<5	1
20—10	5—10	2
10—5	10—20	3
5—2	20—50	4
2—1	50—100	5

从表 5-8 可以看出，一类突发事件划分标准的建立需要应急工作者多年的跟踪监测和研究，是一个不断累积的过程；同时也是一个长期、复杂的资料收集、整理和深入研究的过程。

（三）保险的补偿作用犹如杯水车薪

2001 年，美国"9·11"恐怖袭击导致全球保险赔偿达 350 亿—700 亿美元。其中航空保险赔偿超过 50 亿美元，该数字相当于 2000 年度航空保费收入总额的 4 倍。全部理赔过程需数年才能完成；2005 年 1 月，东南亚海啸发生后，全球巨灾风险管理巨头美国风险管理咨询公司发表公告称，保险业赔偿达 40 亿美元，其中，财产险损失高达 25 亿美元至 30 亿美元。2005 年 8 月，发生在美国、墨西哥湾和巴哈马群岛的"卡特里娜"风，造成逾千亿美元经济损失，全球保险业累计赔付达 450 亿美元，国际再保险公司承担了其中的三分之二。巨灾保险由保险公司承担赔偿责任，一度使保险公司步履维艰，灾难过于庞大，有时通过巨灾国际再保险也可能以承受巨灾之重，或是国家通过简接方式减轻保险公司的负担。

中国对巨灾保险的赔付率过低，2006 年，中国因各种自然灾害直接经济损失 2528.1 亿元，2007 年全国为 2363 亿元，2008 年全国高达 11752 亿元人民币。[①]2009 年和 2010 年，全球进入地震活跃期，中国异常天气造成的自然灾害特别频繁，地震风险点数字惊人，损失异常惨重。

从保险赔付看，根据中国历年保监会统计资料，1998 年洪水灾害造成

---

① 参见《暴雪考问巨灾保险 因灾直接经济损失 44.6 亿元》，《.经济导报》2009 年 11 月 16 日。

直接经济损失 2000 多亿元，国内保险公司共支付水灾赔款 30 亿元左右；对于 2008 年年初雪灾，本着人道主义精神，保险公司对受灾的投保人实行特事特办，实行融通赔付，以实际行动加大对灾区的支援力度，比如对于保险责任的免责条款，有些保险公司主动"撤销免责"，放宽理赔标准。其相应的保险赔付为 19.74 亿元，这意味着在这次历史罕见的雪灾损失中，保险偿付比例仅占 1%。对于汶川地震，远低于全球平均 30% 和发达国家 60%—70% 的巨灾保险赔偿水平。①2008 年 12 月开始施行的《中华人民共和国防震减灾法》的第四章第四十五条规定：国家发展有财政支持的地震灾害保险事业，鼓励单位和个人参加地震灾害保险。但目前在国内保险市场上，地震灾害在寿险中基本不属于免责条款，而在财险中却大多属于"除外"责任，国内财险公司的多数险种基本都将地震、洪水"拒之门外"。汶川地震中遇难、失踪以及受伤人员共计 46 万多人，汶川地震发生一年后，据保监会统计，保险行业合计赔付 16.6 亿元，赔案涉及遇难人员 1.29 万人、伤残 743人、受伤医治 3343 人。汶川地震保险赔付遇难、失踪以及受伤人员 16986人，相对地震中遇难、失踪以及受伤人员共计 46 万多人，几乎微乎其微。2013 年 4 月 20 日的四川芦山地震，保险赔偿金额不到 1 亿元。对保险公司盈利而言，几乎可忽略不计。另外 11 家大型保险公司向芦山灾区捐款数千万元，是出于人道主义责任或社会责任，而不属于保险赔付。从表 5-9可见，与保险赔付占经济损失比例国际平均水平 36% 相比，中国保险业巨灾赔付率低得惊人。

表 5-9　中国自然灾害补偿统计表

年份/事件	直接经济损失（元）	受灾人数（人）	政府拨款（万元）	社会捐助（元）	保险赔付（元）	保险赔付占经济损失比例（国际平均水平 36%）
一般年份	>1000 亿	>1 亿				
05 年	6000 亿	>2 亿	400 亿	30 亿	80 亿	1.3%
08 年雪灾	1111 亿	>300 万	13.98 亿	11.95 亿	10.4 亿	0.9%

---

① 从国际统计数据来看，国外巨灾后，保险赔款可承担 30% 以上的损失补偿，发达国家甚至高达 60%—70%。

年份／事件	直接经济损失（元）	受灾人数（人）	政府拨款（万元）	社会捐助（元）	保险赔付（元）	保险赔付占经济损失比例（国际平均水平36%）
08年地震	8451亿	>4600万	1684.57亿	529.49亿	400亿	<5%

资料来源：林毓铭：《常态与非常态风险的视域与应急管理》，知识产权出版社2012年版，第342页。

三、发展中国巨灾保险的路径依赖

近十多年重特大自然灾害，大都以中央财政、地方财政补偿为主，保险业的重大巨灾保险功能明显不足，起因于保险企业巨灾保障难以获得政府持续稳定的支持，2008年汶川发生罕见的地震灾害，损失特别巨大，中央政府动员了各方力量，实行举国体制的救援政策。

（一）举国体制喜忧参半

在自然灾害等各种风险越来越频繁、损失越来越大的情况下，巨灾保险仅仅依靠商业保险公司难以支撑，如果没有再保险，一场灾难就可置大多数原保公司灭顶之灾，需要社会共同参与尤其需要政府财税支持。[1] 国际上比较完善的巨灾风险补偿机制通常包括7个主体，区域灾民、地方政府和商业保险公司、再保险、证券市场与国际再保险市场，最后才是中央财政救助。2008年汶川地震中，在巨灾保险较为缺位的情况下，中国对巨大灾害损失采取的是举国体制，采取的是财政紧急拨款、对口支援、各界募捐的方式。民政部要求按照"一省帮一重灾县"的原则，依据支援方经济能力和受援方灾情程度，合理配置力量，建立对口支援机制。与以往不同的是，以往发生重特大自然灾害，主要由当地财政和中央财政解决，而汶川地震的举国体制，是由省外地方财政和中央财政对汶川进行强大的对口支援。

汶川地震灾后恢复重建对口支援方案中，21个省份将对口支援四川省18个县（市）以及甘肃省、陕西省受灾严重地区。各支援省市每年对口支援实物工作量按不低于本省市上年地方财政收入的1%考虑，连续支援三年。在具体安排时，尽量与安置受灾群众阶段已形成的对口支援关系相衔接。各地对口支援汶川特大地震灾区，提供受灾群众的临时住所、解决灾区

---

[1] 林毓铭：《发展巨灾保险的紧迫性与路径依赖》，《保险研究》2014年第2期。

群众的基本生活、协助灾区恢复重建、协助灾区恢复和发展经济，提供经济合作、技术指导等。确定由北京等 21 个省份分别对口支持四川省的一个重灾县。这种举国救灾的方式在中国取得了较好的效果，但一旦形成路径依赖，并不是长久的选择，其原因是 21 个省份中，有的省份地方财政并不宽裕，灾后重建过程中出现了基金管理不善、审计报告不理想等问题。

新西兰地震委员会（EQC）设计了一套完整的风险分摊规划制度。有了这套制度，当巨灾来临时，可避免政府陷于财政、救灾危机之中，分摊规划见下表：

表 5–10　新西兰地震委员会巨灾风险分散表

单位：亿元（新元）

	损失金额	再保险分层	补偿机制
第一层	0—2	—	由 EQC 支付
第二层	2—7.5	—	由再保险人承担损失的 40%，计 2.2 亿元，剩余的 60% 由 EQC 再承担 2 亿元，超额者再由再保险人承担 1.3 亿元
第三层	7.5—20.5	7.5—9.5 9.5—13 13—20.5	超额损失保险合约承保
第四层	20.5 以上	—	自然灾害基金＋政府承担无限责任

资料来源：senlin，《法国与新西兰巨灾保险制度及其借鉴意义》。说明：当巨灾事件发生时，首先由 EQC 支付 2 亿新元作为第一层支出。如第一层难以弥补损失，则启动再保险方案。再保险方案也分三层，损失若在 2 亿—7.5 亿新元之间时，由再保险人承担损失的 40%，即 2.2 亿新元，剩余 60% 的损失由 EQC 再承担 2 亿新元。超额者再由再保险人承担 1.3 亿新元。第三层是当损失额在 7.5 亿—20.5 亿新西兰元之间时，则安排超额损失保险合约承保，如果损失额超过 20.5 亿新元时，则由自然灾害基金支付至耗尽，仍不足时，由政府负无限赔偿责任。

新西兰地震灾害由新西兰地震委员会、再保险人、政府共同分担灾害损失，体现了三方机制，值得中国政府借鉴。2006 年 6 月，国务院的"国十条"提出："充分发挥保险在防损减灾和灾害事故处置中的重要作用，将保险纳入灾害事故防范救助体系"，建立国家财政支持的巨灾风险保险体系，鼓励国内保险公司多为社会提供巨灾风险保障。2007 年 8 月 30 日通过的《中华人民共和国突发事件应对法》第三十五条规定：国家发展保险事业，建立国家财政支持的巨灾风险保险体系，并鼓励单位和公民参加保险。党的十八届三中全会通过的决定指出：完善保险经济补偿机制，建立巨灾保险制度。

中国较早形成了巨灾保险的法律框架，但中国的巨灾保险实施办法久久不能得以出台：一是未能解决中央政府与地方政府的权责利问题，形成了风险的大锅饭，政府在巨灾保险的职能、角色不明确；二是相关政府部门机构之间的协调不力，各成体系，沟通机制不灵活；三是政府与保险公司之间责任的划分不明确，政府部门有时人为地干涉保险公司经济行为时有表现；四是原保险公司与再保险公司在巨灾保险的运作与经营模式、再保险方式难以达成一致。多年来由于缺少国家层面的巨灾准备制度安排，由保险公司自行承担风险责任，往往隐藏着极大的巨灾风险偿付危机，保险公司也大多将属于巨灾险范畴的地震、海啸、台风等列为除外责任。

（二）中国巨灾保险的路径依赖

巨灾模型必须具备三个参数：灾害源的发生频率，受灾区域的空间分布以及致灾因子强度。通常情况下，这三个参数都是高度相关的，建模过程和结果验证所需的数据也非常相似。对于致灾因子的强度，往往会有这样一种情况，即灾害等级一样，区域受灾的情况却不一样，出现这种情况是因为区域的环境因素差异。自然条件或预防措施较好的区域受灾害影响的程度较低，致灾因子的强度就较小，反之，自然条件不利而又没有预防措施的地区的致灾因子强度就较大。灾损率（年度灾害经济损失与国内生产总值的比值）小于2%时，对国民经济产生的影响比较轻微；大于5%时，对市场物价和经济发展产生的影响则比较明显。如果以大于2%的灾损率为中等灾害的度量标志，中国容易发生灾害事件并且中国大部分地震灾害发生西部地区、农村是重灾区。2010年大范围持续强降雨造成严重洪涝灾害，湖南、四川、重庆多次受灾；江西、广西个别县城和乡镇街道进水；甘肃、宁夏等西部地区因短时强降雨造成严重人员伤亡；特别是四川、甘肃、陕西、重庆、云南等汶川大地震灾区山洪灾害频发，导致崩塌、滑坡、泥石流等严重地质灾害，造成重大人员伤亡。地震灾害及引发的各种次生灾害大量发生在农村地区，尤其是不发达地区的灾民损失惨重。

中西部地区的地方政府财力并不宽裕，相当多的地方政府尤其是县乡财政赤字严重，中央财政除了一般的常态性财政预算拨款之外，中央救灾资金是由中央财政预算安排的，用于遭受特大自然灾害的省在安排灾民基本生活经费发生困难时给予的专项补助，遵循专款专用、重点使用的原则执行。灾害稳定后，省级民政部门调查核实灾情，将分县的灾情数据通过全国灾情信息管理系统报民政部。民政部组织有关部门和专家组成"灾情评估小组"，采取抽样核定、典型核定和专项核定等办法核实灾情，并对灾区的灾害损失情况、灾区自救能力以及灾区需求做出全面评估，形成灾区损失情况和救灾需求评估报告。在这方面，东部地区、中西部区的财力具有明显的差距，东部地区抗灾害的能力大大强于中西部地区。

在经济与保险发达的欧美国家，保险赔付往往更能充分发挥分散风险、转移损失的作用，保险赔付占损失的比例往往能高达60%以上，大大减轻国家财政负担。中国法律法规对投保地震、雪灾、风暴、洪水、火灾等巨灾保险缺乏必要的强制要求，中国保险市场影响力与日俱增，但灾后损失补偿与灾害造成的重大损失却不成比例、难成气候。建立由政府主导、保险公司市场化运作、再保险公司进行分保、根据立法基础强制推行的巨灾保险制度的呼声日渐高涨。对中国保险公司而言，保险市场风险分散渠道有限，再保险市场仍不发达，巨灾保险损失基本上是在直接保险公司内部自行消化。在近几年大灾不断的情况下，政府救助能力有限，中央财政救助与损失相比，供给与需求的差距太大。解决中国巨灾保险的巨大需求，应从以下思路考虑中国发展巨灾保险的路径依赖问题：

1. 建立政府、保险、再保险等多方社会力量融为一体的巨灾保险制度

中国巨灾保险急需政府、保险、再保险等多方社会力量参与其中的巨灾保险制度安排。党的十八大召开伊始，保险监管部门就明确要推动保险业在关系全局的"五大体系"建设中发挥更大作用，其中重要一项是加快建立符合中国国情的巨灾保险制度，在完善防灾减灾体系中发挥保险业优势，利用保险机制预防和分散灾害风险并提供灾后损失补偿。

再保险业务是国际保险市场上通行的业务，它可以使保险人避免危险过于集中，不致因一次巨大事故的发生而无法履行支付赔款义务，对经营保险业务起了稳定作用。巨灾再保险是一种证券化的再保险产品，通过发行巨灾债券、巨灾期权、巨灾期货等金融手段，实现风险在资本市场的分散，由保险人、再保险人、投资者共担风险。分出人须有相当份额的风险自留，分

入人仅承担有限责任。中国自然灾害频繁，再保险的需求旺盛，但再保险供给能力明显不足，加之中国巨灾保险的覆盖率和投保率极其低下，利用国际再保险市场较为充足的供给能力，急需大力发展中国的巨灾保险和再保险。2010年6月31日，保监会发布了修订后的《再保险业务管理规定》，不再强调"优先国内分保"，新规鼓励2002年就进入中国的慕尼黑再保险和瑞士再保险等外资机构积极为中国农业保险和地震、台风、洪水等巨灾保险提供再保险服务，支持在中国建立巨灾风险共保体。

　　多方社会力量参与和多层次补偿体系中，中国的举国体制仍旧具有一定的制度优势，借助于中央与地方财政的力量实施大救灾，但必须对其中的制约性因素加以剔除，实行有限使用。中国富人阶层人数众多，完善救助税收减免制度，需要鼓励更多的富人跻身于社会救助事业，彻底改变有些富人为富不仁的社会状态。

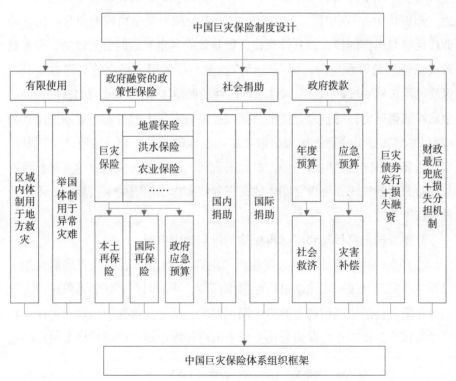

图 5−3　中国巨灾保险体系组织框图

2. 建立明晰的责任边界，共筑多层次补偿体系

从国际经验看，各国政府纷纷通过采取与保险相结合的方式应对巨灾风险所造成的严重后果，一般是政府支持和直接介入，与商业保险公司共同建立巨灾保险基金，对巨灾风险进行单独有效管理，并形成了一套较为成熟的运作模式。在日本，政府直接救助构成了日本抗灾的第四道防线，即由中央政府和地方政府直接给灾民补助支援金。日本政府主要是根据受灾者生活再建支援的制度对受灾的国民直接给予现金资助。日本现行的支援制度不仅放宽了享受支援金的条件，同时将支援金的最高限额从原来的 100 万日元提高到了 300 万日元。资金由中央和地方共同承担，主要根据受灾者的严重程度及自救能力等因素具体确定对受灾者的支援额度。①

中国政企合作以商业保险公司为主体还是以政府为主体，目前可能很难作出抉择，商业保险还无法充分发挥其在巨灾风险管理和防范中的重要作用，而多年以来的政府埋单型的巨灾风险管理模式，又让政府遭遇过大的压力。阎波认为："在中国，比较可行的巨灾管理模式是由政府主导，由保险业广泛参与运作的模式。具体来说，就是政府制定有效的公共政策，国家财政提供适当的财政资助，保险公司广泛参与，采用市场化的运作方式和再保险风险转移手段，形成全国性或地区性的保障体系。"② 政府出资的救助基金底线如何确定，财政紧急援助或追加拨款会有很大的变数，如前面提到的《新西兰地震委员会巨灾风险分散表》四层次的补偿机制，就有一个明晰的责任边界，中国中央财政与地方财政的责任、政府与一般企业的责任、政府与保险公司的责任，要设立明晰的责任界线和作出明确的事权界定，不要让救灾留下遗憾。

3. 建立国内再保险和国际再保险的巨灾救助机制

在日本，数家商业保险公司组成"地震再保险公司"，负责地震保险分保业务并向政府按一定比率进行超赔再保险。法国则由公营的再保险公司承接再保险。目前中国市场上共有中国再保险、慕尼黑再保险、瑞士再保险和科隆再保险公司四家再保险公司，但中国再保险市场仍然是世界上最小的市

---

① 参见陈昕晔、曹卫国、刘浩远：《巨灾保险的多国样本》，《环球》杂志 2008 年第 6 期。

② 高远至：《国家"巨灾风险保险体系"前瞻》，新华网，http：//news.xinhuanet.com/fortune/2008-03/11/content_7765182.htm。

场之一，仅占全球市场份额的 0.1%。有研究表明，目前中国国内保险公司在自然巨灾等方面存在的责任累积数额巨大。国内有效保单中，洪水、风暴的累积责任约为 13000 亿美元，其中至少有 80%—90% 风险累积在国内，未向国际市场再保险。[①] 中国自然灾害风险巨大，一是要提高本土再保险水平，提高国内再保险公司的协作能力与共担风险的合作机制；二是要借助于国际再保险市场，充分利用国外再保险市场强大的再保险能力，分散巨灾风险；三是制定中国的再保险法规，尝试建立"侧挂车"司[②]，加快与国际再保险法规的接轨，建立再保险共同体，进行风险分散，否则一些再保险技术问题不解决，难以使再保险持续发展。

4. 建立鼓励单位和公民参与的巨灾保险债券基金

2007 年 8 月 30 日通过的《中华人民共和国突发事件应对法》第三十五条规定：国家发展保险事业，建立国家财政支持的巨灾风险保险体系，并鼓励单位和公民参加保险。巨灾债券，成为支撑全球再保险市场的重要力量之一。借助于资本市场，可由保险公司发行与巨灾联结的债券，这是一个良好的风险分散工具，鼓励单位和公民参加保险，可实行巨灾保险债券基金的税收减免与利率优惠制度。巨灾基金来源包括：保险公司及再保险公司按保费收入的一定比例投入、政府财政拨款、国家按保险公司应交营业税额的一定比例提取巨灾风险准备金、发行的巨灾债券、各种捐赠。巨灾保费收入的累积效应非常重要，需要动员更多的人投保，做大做强巨灾保费收入，进行专业化管理，实现专款专用、保值增值，这样累积的巨灾保费收入，就为抵御较大的自然灾害准备了较为充足的风险准备金，加之其他来源的巨灾保险基金尤其是财政累积的风险准备金，便可以在大灾面前，尽可能做到万无一失。

资本市场工具可以使用或有权益，投资者预先承诺，一旦发生偶然事件，

---

① 参见钟伟、顾弦：《巨灾再保险市场的发展困境与对策研究》，《理论前沿》2008 年第 18 期。

② "侧挂车"指的是一种允许资本市场投资者注资成立，通过比例再保险合同为发起公司提供额外承保能力的特殊目的的再保险公司。其目的是给发起人提供更高一层的承保能力。"侧挂车"实际上是比例再保险协议，只是以一个独立的公司形式出现。在比例再保险协议中，保险公司同意将部分保费等比例转移给再保险公司，而再保险公司将承担等比例的风险。"侧挂车"通常只为某一特定的（再）保险公司提供专一的服务且寿命较短，通常只持续 1—2 年时间。

如地震，他们将从保险人那里按商议好的价格购买新的普通股；或是由保险人发行巨灾债券，筹集支付可能发生巨灾损失所需要的资金。在这些交易中，由保险人发售利息和本金依赖于巨灾发生与否的债券。一旦发生巨灾，保险人可能不必支付这些债券的利息，或者保险人可以延迟许多年偿还本金。

5. 建立公共应急平台，在风险多发区开发出更多的巨灾保险产品

由于缺乏跨部门的巨灾风险管理合作机制，现有的灾害资料数据库、相关知识系统、灾害预警系统、电子信息技术应用平台等资源，还难以达到整合和优化的效果。在大数据的背景下，跨部门的巨灾风险管理合作机制需要将气象、环保、财政、保险、地震、应急等多个部门的数据库连为一体。巨灾信息在任何时候和地点均可集中处理。大数据和云计算联系到一起，对大数据进行专业化处理，实现灾害信息处理全流通。这些信息或数据对保险企业提供保险产品具有很大的参考价值，对在全国形成大尺度的风险区划、评估风险等级具有重要的作用。保险企业要努力完善自身的应急预案，完善与其他部门的指挥协调和情报信息共享机制。只有这一工作完成了，形成保险精算，不断完善数理模型，保险公司才能设计出巨灾保险产品，厘定费率，进而投放市场。由于地震数据和洪水灾害的水文数据较为全面，根据试点经验，可率先进行产品设计，为风险企业提供更多的自留方式，如已赔付损失回溯计划、巨额免赔保单和损失转移等，并尽可能扩大投保对象，利用大数法则，使产品具有推广价值。地震保险和洪水保险同属于政府提供公共服务的产品，理应由政府主导，政策支持和扶助，同时需要引入商业保险机制进行市场化运作。

6. 高度重视农业巨灾保险，巩固农业的基础性地位

农民自身抗御自然灾害特别是巨灾的能力非常有限，有关研究资料显示，洪涝、干旱灾害对农业生产的破坏程度每提高 10%，农村贫困发生率就会相应增加 2%—3%。当年返贫的农户中，有 55% 的农户当年遭遇了自然灾害，其中，16.5% 的农户当年遭受了减产五成以上的自然灾害，42% 的农户连续两年遭受了自然灾害打击。①2010 年，中国长江中下游部分地区甚

① 参见方舟：《农业巨灾险制度近期会有突破性进展　有望年内破题》，《中国经济时报》2010 年 5 月 10 日。

至遭遇高于 1998 年的大洪水，农业灾害损失特别严重，农业政策性保险产品严重短缺，种植业养殖业保险在许多地区名存实亡，大灾之年，灾区农民感知农业保险的可贵，尽管保险公司应保尽保，特事特办，也难以弥补灾民的重大损失。农业保险经营风险和难度很大，农业保险费率过高，赔付率过高，造成了农业保险的死结。政策性保险也要寻求再保险，依靠政府大量的财政补贴也难以应对类似 2010 年这样严重的洪涝灾害。2009 年，北京市政府直接出资与瑞士再保险公司和中国再保险集团公司签署协议，为在京从事政策性农险的保险公司购买再保险，由政府购买再保险的模式给农业巨灾风险的转移打开了思路。如果将这一模式推广到农业灾害的高风险地区，推行强制型加补贴性农业巨灾保险，就为中国的农业保险引入了一线生机。农业巨灾风险保障体系包括农业再保险、农业巨灾基金、农业灾害救济，对中国农业巨灾保险而言，财政资金的融入一定要纳入年度预算，逐年增大出资比率，设立包含中央和省级政府财政的二级巨灾基金或含市区级政府的三级巨灾基金，对农业巨灾保险提供资金保障。

中国每年农业遭受自然灾害的影响越来越大，中央政府与地方政府每年要提高对农业保险的保费财政补贴，压力也越来越大，限制了增加扩大农业保险险种的能力。加大中央与地方财政支持力度，探索建立农村信贷与农业保险相结合的银保互动机制，是中国发展农业保险要解决的问题。政策性的农业保险不可动摇，如格林伯格所言：政府与商业保险公司之间必须缔结良好的合作关系，建立巨灾保险制度，设立专用的巨灾保险基金，才能有效应对巨灾发生后的损失补偿。[1]

---

[1]　参见方华：《巨灾保险制度期待"时间表"》，《金融时报》2012 年 11 月 21 日。

第六章
养老保险的风险研判与危机处置

　　全民参与养老保险列入了 2020 年国家发展战略目标，而养老基金短缺之忧和养老基金缩水并存，难以触动利益体制的养老保险待遇双轨制及引发长达十一年的调整、行政事业单位养老保险改革按兵不动、空账运行规模不断扩大、人社部延迟退休年龄的试探性政策，由此引发了一系列的改革纠结症。延迟退休年龄是否是养老保险制度可持续发展的最终选项，也引发了极为强烈的社会争议。延迟退休年龄是国际趋势，养老保险制度可持续发展是一个社会系统工程，考虑到大多数体制内参保人对延迟退休年龄的抵触心理，政府有必要对养老保险制度进行全方位改革和梳理，多管齐下兼顾各方利益格局，集反特权和反民粹为一体，促使延迟退休年龄改革在公平与公正的社会氛围中顺利进行。

第一节　基本养老保险全覆盖衍生了多轨制矛盾

　　建立和谐社会，扩大社会保障覆盖面，是最重要的考量指标。迄今为止，中国城乡居民社会养老保险参保人数达到 4.84 亿，1.3 亿城乡老年居民领到了养老金，成为全世界基本养老保险覆盖人口总量最多的国家，也是世界上缴费率最高的国家。按照世界银行 2009 年测算的实际承受税率，中国的社会保险缴费在 181 个国家和地区中排名第一，约为"金砖四国"其他三国平均水平的 2 倍，是北欧五国的 3 倍，是 G7 国家的 2.8

倍。① 其中，养老保险缴费率占有重要的比例。养老保险是一种社会保险制度，其基本原理和运行规则应当是强调自身财务平衡，不能过度依赖财政资金，欧债危机即为殷鉴。②

一、压力型体制下养老保险广覆盖，引发滞后性养老金支付风险

"压力型体制"是对地方政府运行的形象描述，指的是一级政治组织（县、乡）为了实现经济赶超，完成上级下达的各项指标而采取的数量化任务分解的管理方式和物质化的评价体系。③ 它强调地方政府的运行是对不同来源的压力分解和应对。数理模型表明，在 2045 年左右人口老龄化最高峰期之前，扩覆与人口预期寿命延伸、慢性病患者剧增与疾病谱系的变化及 2015 年左右人口红利期的过早结束，会对中国的养老、医疗、就业带来一定的社会风险与财政风险。现全国建立了城镇职工养老保险制度、农村新型养老保险制度、城市居民养老保险制度，较多城市试图实现制度并轨，外来务工人员更多地被纳入城镇养老保险制度，广覆盖作为政治任务被广泛发酵，新农保的自愿性变成了事实上的强制性。现时的人口老龄化还不算太严重，随着人口老龄化程度的递进，在不久的将来，现时广覆盖的相对轻度老龄化的人口结构会过渡到未来更深度的老龄化结构，引起退休金支付危机，刺激延迟退休年龄的改革。城市居民养老保险和城市居民医疗保险已出现了覆盖面越大、亏损越大的问题，加大了地方财政补亏压力。享受养老保险人群的养老金待遇与应对通货膨胀将成为参保人对制度广覆盖的认可能力。

广覆盖已经成为一种政治口号，也成为衡量领导政绩的一项重要考核指标。广东阳春市春城街道城郊村的一些村民因为 2003 年没有参加新型农村合作医疗（简称新农合），被村里开除了"村籍"，选举权、村民福利待遇

---

① 参见傅蔚冈：《学者质疑养老金双轨制公平性　企业缴纳负担过重》，《华夏时报》2013 年 4 月 18 日。

② 参见《媒体称养老金改革方案设计已启动　人社部部长负责》，《农民日报》2013 年 6 月 17 日。

③ 荣敬本等：《新密市县乡两级人民代表大会制度运作机制的调查研究报告》，《经济社会体制比较》1997 年第 4 期。

被剥夺，村民为此上访多年，问题一直未能解决。① 本是自愿的保险变成了强制保险，以剥夺农民自主权为手段显然背离了新农合制度设计的初衷。

广覆盖的背景下，用人单位少缴漏缴社会保险费严重，据广东省中山市人社局对 65 家单位（含事业单位、国有企业、外资企业、私营企业、个体企业、其他类型企业）的统计，2012 年 11 月份，参保职工比例为 86.34%，缴费工资 21348450 元，人均缴费工资仅为 1113 元，仅比最低限额（1110 元）多出 13 元，11 月份少缴漏缴社会保险费 2844280 元。

在政绩推演下的广覆盖，与欧洲国家从 20 世纪 70 年代后逐步变全民保障为有选择性的保障有些背道而驰，城市居民养老保险、城市居民医疗保险、新农保、新农合的缴费与支出相比，可能会增加财政负担，如 2011 年广州市城市居民医疗保险亏损近 2 亿元，最后由财政补贴。有学者认为：欧洲一些小国尚可以靠借贷和外援搞社会福利，中国这样的世界第一人口大国，所有社会福利只能源自社会成员的创造和集体积累。中国社会福利一直都在很低的水平线上，中国人如今关注福利其实是对过去的一种补课。然而，中国人的福利观一定要扎根经济发展的现实，提高福利不可搞"大跃进"。即使中国有意，也不可能成为放大上百倍的"大希腊"，因为绝不会有一个大一百号的"超级欧盟"为中国输血。②

二、广覆盖背景下待遇不公扩大了贫富差距

美国密歇根大学即将发布的一项研究报告显示，中国 2010 年的基尼系数为 0.55，中国的贫富差距已经超过美国，位居全球贫富差距最大的国家之列。如果贫富差距持续扩大，将对政治、社会和经济稳定产生恶劣影响。③ 中国贫富差距持续扩大，在此背景下，广覆盖的动态发展指标具有较多的不确定型：一是全民养老保险制度的外延和内涵如何进一步延伸，事实上十多年来近半数中小企业的困境甚至倒闭已难如愿扩覆；二是在广覆盖的背景

---

① 参见王伟正：《多名村民未参加新农合被开除村籍数年上访无果》，《南方农村报》2012 年 10 月 16 日。

② 参见《延迟退休，一个捂不住的难题》，《中国经济时报》2012 年 6 月 13 日。

③ 参见赵强：《美报告显示我国贫富差距 20 年扩大一倍超美国》，《环球时报》2014 年 4 月 30 日。

下，城乡养老保险待遇差别过大，企业退休人员与行政事业单位退休人员差别过大，广覆盖质量不高甚至存在穷覆盖现象。20 世纪 90 年代开始推行的"老农保"只能领到几毛钱的现象十分普遍。新华网 2009 年 7 月 16 日一篇题为《农村社会养老保险，离农民还有多远?》的报道中称："黑龙江省领取农村社会养老金的 4 万余人中，每个月只能领到几毛钱养老金的占到 1/4，半数农民也只能领到五六元钱，起不到保障作用。"① 据《新京报》报道：新农保农村月均养老金 74 元，也仅为城市退休人员平均月退休金（1527 元）的近 5%，农村目前主要还是靠家庭和土地养老，新农保的养老保障只占到 18.7%。

城镇住房公积金、企业年金、职工养老以及医疗保险个人账户差距，均在一定程度上扩大了城乡人均收入差距。《中国社保收入再分配状况调查》报告认为：由于城乡居民社会保障收入差距较大，社会保障在一定程度上对城乡收入差距产生了"逆调节"作用。调查报告显示：92.3% 的机关事业单位退休人员领取的退休金高于 4000 元 / 月，没有低于 2000 元的。而 75.4% 的城镇职工退休人员养老金低于 2000 元或仅有 2000 元，最低的只有 200 元，养老金高于 4000 元的只有 1.8%。这使得一方面机关事业单位退休人员普遍认为养老金公平，占总数的 53.9%。另一方面企业退休职工则普遍反映养老金水平不公平，占总数的 59.6%。② 城乡居民养老保险，被称连续缴费 15 年，60 岁后每月最低只能领取 73 元养老金，即便按照最高标准缴费，最多也只能获得每月 129 元的养老金。

中国社科院发布的 2014 年《社会蓝皮书》显示：2012 年，城镇基本养老保险和新农保的参保率分别呈上升趋势，其中，城镇职工人均养老金水平已达 2.09 万元，新农保为 859.15 元，两者养老金水平相差 24 倍之多。③ 相比城镇职工连续九年大幅上调养老金待遇水平，城乡居民养老保险制度实施已近四年，但基础养老金水平从未变动。居民养老保险保障水平过低、待遇

① 参见王建威：《农村社会养老保险，离农民还有多远?》，新华网，2009 年 7 月 16 日。

② 参见定军：《社保制度差异扩大城乡收入比　被指起逆调节作用》，《21 世纪报道》2013 年 2 月 23 日。

③ 参见《最可怕城乡差距在哪：养老金水平相差 24 倍难公平》，《工人日报》2014 年 1 月 26 日。

调整机制缺失的问题逐步凸显。① 农村居民养老保险多少还可以在一定程度上依附于土地养老，城镇居民养老保险待遇过低则是对养老保险全覆盖功效的质疑。

养老金差距不单存在于机关事业单位退休人员与企业退休人员之间，很多国企退休员工养老金也明显高于非国企员工。至 2014 年，全国已有7400 多万企业退休人员，各省的养老金差距也比较明显，如 2014 年，北京企业退休人员月均养老金达到 3050 元，居全国第一位，云南企业退休人员月均养老金达到 1820 元，两者相差 1230 元。城镇体制内离退休人员与体制外离退休人员养老金存在较大差距，农村老年人养老待遇与城镇体制内离退休人员又存在更大的差距，广覆盖背景下掩盖的不公平矛盾冲淡了制度本身给参保人带来的满足感，反而成为人们深度抱怨贫富差距的火力点。2016年两会披露，第十二次调整养老保险待遇办法，是将给行政事业单位和企业离退休人员均加 6.5%，之前所说的"大加法与小加号"改革，以缩小行政事业单位与企业离退休人员待遇差距的做法没有被实施。就养老保险新政而言，多缴多得制（缴费确定型）也是将不公平的工资带入养老保险制度的档口，养老金计发上不封顶每多缴一年多发一个百分点，垄断型企业的高工资，高管人员的高薪酬、高工资并不等于高贡献，这些人员退休后享受高额的退休金，违背了养老保险制度应该具有的减缓贫富差距的功能。

早在 20 世纪 90 年代初期，我国就提出了城镇养老保险一体化改革，如果这一改革到位的话，企业退休人员与行政事业单位退休人员养老金水平差距过大的矛盾能够得到缓解。但是，由于政治体制与财政管理体制的原因，这一改革始终未能付诸实施。城镇养老保险一体化改革是否存在可行性需要认真论证，一些城市先前曾提出了公务员养老保险改革方案，由于"待遇相对过高"遭遇了企业界的强烈反对。企业养老保险制度与机关公务员养老保险制度两者能不能并轨运行，取决于机关行政单位财政拨款体制对统筹基金缴付的重大改革，取决于身份制观念的重大变革，城镇养老保险改革要从理论信号变为实际行动，政治体制改革与财政体制改革的政策调整不可避免，

---

① 参见《城乡居民养老金 4 年末涨，连缴 15 年每月领 73 元》，《经济参考报》2013 年 7 月20 日。

使之符合国际社会养老保险的两大政策目标：一是满足养老需求；二是调整养老金收入差距。即使实施养老保险新政，与国际社会保障规范接轨还应成为中国社会保障改革的一个支点。

第二节　剩余与短缺并存的结构性问题
导致财政补贴刚性增长

一、劳动力流动和老龄化导致养老金剩余与养老金短缺并存

在人口老龄化等复杂背景下，英国巴克莱集团发布的一份报告称：中国政府的总负债占国内生产总值的比例很高，其中蕴含了巨大的财政风险，长期来看，最大的财政风险是养老金缺口。人口老龄化将进一步扩大养老金缺口，而目前的养老保险制度正在严重损害财政可持续性。[①] 中国银行研究员廖淑萍认为："到 2033 年中国养老金缺口将达到 68.2 万亿元"。美国《纽约时报》2013 年称：未来 20 年内，中国的养老金缺口将累计至 10.9 万亿美元。[②] 这是否危言耸听，目前难以定论，但为中国延迟退休年龄改革埋下了伏笔。如果剔除财政补贴，全国近半数省份基本养老保险基金收不抵支，一些地区已要求从 16 岁开始征缴养老保险费被指变相延迟退休年龄，也有一些地区已开始从银行贷款支付社保，凸显了地方政府社保债务危机的信号。北京大学黄益平教授等学者的研究结果表明：长期来看中国政府最大的财政风险是养老金缺口，未来养老金总负债将占 GDP 的 62%—97%，随着养老金支出的迅速上升，甚至有可能超过国有资产总额。[③] 中国社科院"中国国家资产负债表研究"课题组发布的《中国国家资产负债表 2013》，估算和预测了 2010 年至 2050 年历年的养老保险收支情况。结果显示，如果继续执行现行养老体系，不对退休年龄等进行调整改革，到 2023 年，全国范围内职

---

① 参见《报告称中国总负债或达 50 万亿　最大风险是养老金缺口》，中财网，2013 年 2 月 20 日。

② 参见马克·W. 弗雷泽：《中国人或老无所依　养老金缺口将达数万亿》，丁雨晴译，《纽约时报》2013 年 2 月 19 日。

③ 左林：《消息称养老金改革方案设计启动　人社部部长负责》，《财经》2013 年第 12 期。

工养老保险即将收不抵支，出现资金缺口，需要动用养老金累计结余。到2050年，为了维持养老体系运转所需财政补贴占当年 GDP 的比例已经达到8.46%，而占当年财政支出的比例达到 34.85%，即约 1/3 的财政支出被用于弥补养老保险的资金缺口。①

发达地区盈余巨大，绝大部分西部地区仍处于收不抵支的状态。2011年收不抵支的省份有 14 个，收支缺口达到 767 亿元。养老保险入不敷出的省份中，出现缺口较大的省份多是昔日的老工业基地，由于领取养老金的老工人不断增多，而缴费的新工人又在减少，出现了日益严重的支付缺口，也可能归因于人口老化严重或是大量的青年劳动力流出导致的缴费人口减少。养老金剩余的省份，主要是归因于人口老龄化还不太严重或是劳动力流入较多导致缴费人口大量增加，如广东、江苏、浙江、山东等经济发达省份为劳务输入大省，基本养老保险基金结余额度却在不断扩大。虽然全国累计结存数额巨大，各省却苦乐不均。根据 2011 年的统计数据，广东累计结余已经高达 3108.15 亿元，江苏、浙江、山东、四川也超过了 1000 亿元。这五个省份加起来一共有 8928.23 亿元，占全国基金累计结余总额的 45.79%。②

广东省 2012 年累计结余近 3700 亿元，省内地区失衡现象却十分严重，劳动力净流入地珠三角地区参保覆盖率高，参保人数较多，基金结余较大，单位缴费比例较低，普遍在 10%—12% 左右，缴费工资较低，普遍低于全省在岗职工平均工资的 60%，因而企业负担较轻；而非珠三角地区则相反，覆盖率低，参保缴费人数少，基金结余较少，有的市出现当期赤字，单位缴费比例普遍高于 15%，最高的达到 22%，缴费工资普遍已达到或接近全省在岗职工平均工资的 60%，因而企业负担较重。各地参保人员和企业对实现养老保险均衡发展的诉求日益强烈。

中央与地方财政对养老保险的补贴不可能无限期扩大，财政的兜底机制势必要受社会、政治与经济思想的影响，依靠社会统筹与个人账户相结合的养老保险制度自身的平衡机制，其中一个重要工具是延迟退休年龄。制度

---

① 参见耿雁冰：《报告称 2023 年养老保险出现缺口　2029 年结余耗尽》，《21 世纪经济报道》2013 年 12 月 25 日。

② 参见郭晋晖：《人社部：养老金贬值风险加大　投资不只靠入市》，《第一财经日报》2013年 4 月 26 日。

规定缴费年满 15 年可终身享受养老金，加之提前退休，在人口预期寿命延长的情况下必然对养老保险制度形成基金冲击，现今脆弱的养老保险制度结构与碎片化管理，客观要求延迟退休年龄或是提高缴费率作为可考虑的政策选择。若作为唯一选择的话，就可能在一定程度上激化社会矛盾。

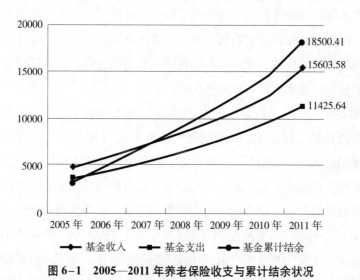

图 6-1　2005—2011 年养老保险收支与累计结余状况

从全国的角度，由于没有实现养老保险全国统筹，整体性的养老基金短缺风险较大，国家与地方财政对养老保险的补贴呈快速和刚性增长（见下表），

表 6-1　2002—2011 年全国企业职工基本养老保险基金财政补贴情况

单位：亿元

年份	2002	2003	2004	2005	2006	2007	2008	2009	2010	2011	2012
中央与地方财政合计	408.2	530	614	651	971	1157	1437	1646	1954	2272	2648

资料来源：根据历年劳动和社会保障事业统计公报及其他资料整理。

二、养老保险基金贬值与"空账"加大了基金短缺风险

中国股票投资市场已经连续三年名列全球最差股市，全国社保基金理事会之前公布的 10 年平均收益率为 9.8%，企业年金 2006—2009 年平均

收益率为 10.5%。如果取上述二者中位数 10% 为基准收益率，剔除基本社保五险基金 2% 的名义收益率之后，1997 年以来五险基金的利息损失高达 6000 亿元以上，相当于抵消了同期财政对养老保险制度的所有补贴。① 财政补贴付之东流，纳税人因股票市场的混乱和银行存款的负利息的所承付高额税收打了水漂。数十年计划经济体制下国有企业职工的养老保险事实上成为财政的隐性负债，中国随时有可能爆发严重的经济、社会、环境与政治上的危机，届时虚弱的财政不能给予养老保险以有力的支持，财政危机的传染效果很可能影响对养老保险财政补贴的硬性约束。

中国 2 万多亿社保基金分布在 2500 多个县市级统筹单位，且不同险种基金的管理核算是独立的，每个统筹单位有 3—5 个基金行政管理机构（包括新农保基金），呈现出严重"碎片化"状态，较低的统筹层次，意味着养老金的管理主体就越多越分散，十几年来存银行和买国债是没有办法的权宜之计，只能通过财政专户存入银行和购买国债的方式将其死死管住；在缺乏完善的法人治理结构和专业人士的情况下，如此"碎片化"的属地化社保基金管理体制，不可能具备实行市场化投资的基本条件，而一旦盲目放开，后果又不堪设想。因此，马克·W. 弗雷泽指出：中国养老金改革的障碍更大程度上是政治问题，而非财政问题。缺少一个像美国社会保障署这样管理养老保险的中央机构。相反，中国的养老社保体系类似美国 20 世纪 30 年代新政之前的状况：一种以州为基础的权宜之计，各州规定不同，几乎没有针对跨州工作或退休人员的条文。在中国，约有 2500 个县级和市政府各自运营养老保险基金。②2011 年，国家审计署曾对社保基金开展为期半年的审计。审计结果显示，2011 年，城镇职工基本养老保险基金结余中，活期存款占到 31.37%，定期存款占到 63.65%。全国新农保、城居保、城乡居保三项社会养老保险基金收入中，活期存款占到 55.23%、定期存款占到 42.00%。养老基金很难买到国债，一些地方甚至需要地方领导动用人脉才能买到政府债券产品。国债已经买得很少，很多地区都是存活期存款，实际收益率远远低

---

① 参见《社保基金收益率不到 2% 两万亿养命钱面临贬值风险》，中国证券网，2010 年 9 月 8 日。

② 参见马克·W. 弗雷泽：《中国人或老无所依　养老金缺口将达数万亿》，丁雨晴译，《纽约时报》2003 年 2 月 19 日。

于 CPI。①

中国资本市场长期低迷不振，严重影响养老保险基金投资回报，甚至造成养老保险基金的严重贬值，银行存款为主的投资体制致使十年来养老金缩水 6000 多亿元人民币，形成了对延迟退休年龄的倒逼机制。2014 年 6 月 25 日，审计署公布的《2014 年第 20 号公告：中央部门单位 2013 年度预算执行情况和其他财政收支情况审计结果》发现，社保基金会在信托投资业务管理、定期类存款业务、自营指数化投资等方面存在问题，合计造成损失 175 亿余元，其中因对利率调整不敏感而白白损失的利息收入高达 1.65 亿元，按 2014 年全国人均退休金 2082 元计算，相当于 7.9 万企业职工的月退休费之和。② 审计署 2014 年 6 月 25 日公布的社保基金会基金管理及 2013 年度预算执行情况和其他财政收支情况审计公告显示，社保基金自营指数化投资的标的指数范围较窄，近年投资收益欠佳。自 2010 年到 2013 年，社保基金会自营指数化投资组合亏损共计 69.53 亿元，其中 2013 年亏损 14.7 亿元。此外，2013 年年底，社保基金会未按规定对 6 只禁售期满的转持股票计提准备，少确认减值损失 103.02 亿元。③ 万亿资产在贬值，万亿空账却无钱去做实。中国社科院专家郑秉文等认为：如果真正做实个人账户基金，贬值的速度将更快，养老保险基金贬值实际上强化了对延迟退休年龄的隐性依赖。

中国首个试点做实个人账户的辽宁省，试点十年已宣告失败，自 2006 年宣称做实个人账户的养老保险新政之后，中国"空账化率"反而加速，标志着中国做实个人账户制度的流产，中国基本养老制度面临二次改革。至 2012 年中国养老保险的"空账"规模大约 2.25 万亿元，而基金总结余 1.96 万亿元，要填平"空账"实际上只需要财政另外支出 3000 亿元左右，中国财政具有这种支付能力。但彻底还清债务之后，统账结合制下的养老金投资问题，仍将面对巨大的福利损失。2014 年全国养老金个人账面亏空高达 4

---

① 参见郭晋晖：《多地养老金收益跑输通胀 政府酿新投资渠道》，《第一财经日报》2013 年 6 月 25 日。

② 孟俊莲：《社保基金损失 175 亿被批最败家：损失利息 1.65 亿》，《华夏时报》2014 年 6 月 28 日。

③ 《社保基金 2010—2013 年投资亏损 69.53 亿》，审计署网站，2014 年 6 月 25 日。

万多亿元，作为最大机构投资者的养老基金，如果无法在资本市场增值，对养老保险制度的可持续性形成了现实的威胁，延迟退休年龄只能是一种无法规避的选择。目前，国家养老金监管委员会、省级养老金托管委员会、独立的运营管理机构三种模式成为养老金投资机构设置的备选方案。重振资本市场，扩大融资渠道，大幅度提高养老保险基金的投资回报率，迫在眉睫，回报率高，延迟退休年龄的改革环境更为轻松，可以减少体制内参保人对延迟退休年龄的逆反心理。

个人账户做实，基础养老金全国统筹就有了一定的经济基础。基础养老金是指职工退休时上年度省在岗职工月平均工资与本人指数化月平均缴费工资之和的平均值，参保者未来的养老金收益一定程度上取决于个人账户积累额，

假定：$TC_N = Z_{支出} - Z_{收入}$

其中，设养老保险金开始支付时间 N 为现期，则 TC_N 表示养老保险个人账户支付成本的现值，$Z_{支出}$ 表示个人账户养老金支出的现值，$Z_{收入}$ 表示个人账户养老保险金收入的现值。

$Z_{收入}$ 的计算原理为，从劳动者每年工资薪金收入中提取一定比例的资金进入养老保险个人账户，劳动者每年的工资都会存在一定的增长率，此外，把积累的养老保险资金进行投资也会获得一定的投资收益率。把每年积累的个人账户资金进行加总，即可以得到 $Z_{收入}$。

$Z_{支出}$ 的计算原理为，劳动者退休后每月获得的个人账户养老金是根据 $Z_{收入}$ 除以计发月数得到，则每月获得的个人账户养老金乘以 12 即可以得到每年获得的个人账户养老金。此外，由于通货膨胀因素的存在，政府每年都会对养老金参照通货膨胀的情况进行调整，以此抵消通货膨胀对退休人员正常生活的影响。根据 $Z_{收入}$ 和 $Z_{支出}$ 的计算原理，可以得到计算公式如下：

$$TC_N = \frac{12w_0 a}{b} \cdot \frac{(1+r)(1+\theta)^n - (1+r)^{n+1}}{\theta - r} - w_0 a \frac{(1+r)(1+\theta)^n - (1+r)^{n+1}}{\theta - r}$$

其中，w_0 表示劳动者参加工作时的初始工资；a 表示养老保险个人账户的缴费率；n 表示劳动者一生中进行工作的时间，这里假设劳动者从参加工作到退休一直处于连续工作状态，主要特征表现为劳动者初次参加工作后到退

休前每年都向个人账户缴纳养老保险金；r 表示利率；θ 表示每年的工资增长率；b 表示劳动者退休年龄所对应的养老保险个人账户计发月数；通过退休年龄、退休余命等因素对养老保险个人账户支付成本和边际支付成本影响的测算，可以分析中国当前养老保险制度中这些因素的设置是否合理，从而为中国养老保险制度改革提供有价值的参考依据。

第三节　养老保险省级统筹如何走向
基础养老金全国统筹

国家《"十二五"时期人力资源和社会保障事业发展规划纲要》提出：全面落实城镇职工基本养老保险省级统筹，实现基础养老金全国统筹。然而，至今为止，养老保险省级统筹并不顺利，"十二五"实现基础养老金全国统筹的时间表已迫在眉睫，养老保险省级统筹走向基础养老金全国统筹的路径还异常艰难。理顺体制，完善机制，调整利益分配格局、建立公平的政策矩阵是成功的关键。

一、是否已真正实现养老保险省级统筹尚存争议

养老保险制度省级统筹是提高统筹层面、增强制度的互济共助作用，提高财政兜底能力和基金支付力，最终实现制度统一的重要途径。1987 年，我国首次提出养老保险省级统筹的概念，国务院曾要求 1998 年年底实现养老保险省级统筹的目标，但最终目标落空。2007 年，国务院要求养老保险省级统筹的期限在 2009 年年底完成。2009 年 7 月，人保部透露，全国已经有 25 个省份建立了省级统筹制度，比 2008 年底增加了 6 个，其他 7 省也正在积极研究制定省级统筹方案。至 2011 年，人力资源和社会保障部部长尹蔚民在十一届全国人大四次会议举行的记者会宣布："十一五"期间我国社会保障体系建设取得"突破性进展"，但现在养老保险基金统筹层次还比较低，我们在"十二五"期间要实现基础养老金的全国统筹，在更大范围内进行资金调剂，化解风险。至 2012 年 8 月 2 日，国家审计署公布的社保审计报告显示，目前我国尚有 17 个省份未能按照规定真正实现养老保险的省级

统筹。① 而同期人保部认定，全国仅有广东、山东、江苏、浙江四个发达省份养老保险省级统筹不达标。中国社科院世界社保研究中心主任郑秉文却认为：实现省一级的只有四、五个直辖市，绝大部分还是没有实现，而统筹层次低是影响我们整个社保制度运行质量的致命弱点。② 无论国家审计署与人保部存在什么分歧，还是专家另有看法，也就是意味着 2009 年全国实现省级统筹的目标落空，致使国务院曾提出 2012 年实现全国统筹的期望也成为泡影。

养老保险省级统筹要求实施"统一养老保险政策、统一缴费基数和比例、统一计发办法和统筹项目、统一业务经办机构和规程、统一计算机信息管理系统"等"五个统一"的省级统筹标准。养老保险省级统筹的工作启动了二十多年的时间，并做了多次部署，但最终未见成效。

表 6-2   养老保险省级统筹时间进度表及执行情况

时间	政策文件	主要内容	政策执行结果
1987	国家体改委、劳动人事部下发通知	在全国大多数市、县实行退休费用社会统筹，有条件的地方也可以进行全省统筹的试点	"省级统筹"概念首次使用，处于宣传阶段
1991	国务院《关于企业职工养老保险制度改革的决定》	尚未实行基本养老保险基金省级统筹的地区，要积极创造条件，由目前的市、县统筹逐步过渡到省级统筹。明确提出要积极创造条件，由目前的市、县统筹逐步过渡到省级统筹	无明显起色
1995	国务院《关于深化企业职工养老保险制度改革的通知》	提出将改革的重点放在地市	各方意见分歧增大，进程停滞在县市级养老保险统筹，条块分割、企业负担不均衡、基金共济能力弱等缺陷愈演愈烈

---

① 《审计署发布全国社会保障资金审计结果　社会保障工作成效显著》，《中国劳动》2009 年第 9 期。

② 《养老改革方案有望年内出台　统筹层次亟待提高》，中国广播网，2013 年 6 月 16 日。

时间	政策文件	主要内容	政策执行结果
1998	《国务院关于实行企业职工基本养老保险省级统筹和行业统筹移交地方管理有关问题的通知》国发[1998] 28号	要求各省区逐步推行养老保险的省级统筹，1998年在全国实现省级统筹，建立养老保险基金调剂机制；2000年省、区、市范围内基本实现统一企业缴费比例，统一管理和调度使用基金，对社会保险经办机构实行省级垂直管理	国务院提出实行省级统筹的时间表和标准；时间表因各地进展不理想而未能实现。只有少数省市如北京、上海等实现，大部分省份仍是市、县一级统筹
2006—2007	期间没有出台相关政策文件		湖南、西藏、江西、河南4省份和新疆兵团相继出台省级统筹办法
2007	原劳动保障部、财政部联合印发《关于推进企业职工基本养老保险省级统筹有关问题的通知》	明确了省级统筹标准田成平在2007年9月表示，力争用两年左右的时间在全国基本实现养老保险省级统筹	劳动保障部首次明确公布工作时间表：2009年年底实现全国省级统筹；截止2007年9月，除为数不多像北京、上海等省市实现，大部分省份仍停留在市、县一级统筹
2008	中共"十七大"报告和十一届全国人大一次会议通过的《政府工作报告》	中央明确提出要加快企业职工基本养老保险省级统筹步伐。劳动和社会保障部有关负责人表示：力争用两年左右的时间在全国基本实现养老保险省级统筹	计划2009年年底在全国实现养老保险省级统筹。海南、安徽、湖北、河北、山西5省份规划启动省级统筹。截止2008年3月北京、天津、吉林、黑龙江、上海、福建、重庆、云南、陕西、甘肃、宁夏、青海、新疆等13个省份实现省级统筹
2009	全国人力资源和社会保障部工作会议	全国人力资源和社会保障部工作会议决定，在2009年实现养老保险省级统筹。人社部表示决策层已下定决心，"在本届政府任期内实现养老保险的全国统筹"	2009年有望迈出实质性的改革步伐。广东、广西壮族自治区、贵州、内蒙古自治区、江苏、浙江、四川、辽宁、山东9省份规划启动省级统筹。2008年年底，北京、天津、新疆等17个省份实现养老保险省级统筹；海南和新疆生产建设兵团出台了养老保险省级统筹办法；其余省份的

时间	政策文件	主要内容	政策执行结果
2009			仍停留在县市统筹，统筹单位超上千个。截止 2009 年 7 月，河北、山西两省实现养老保险省级统筹。已建立或开始建立省级统筹制度的省份已增至 22 个
2012	国家审计署《全国社会保障资金审计报告》	国家审计署 2012 年 8 月公布的社保审计报告显示：17 个省份未能按照规定真正实现养老保险省级统筹。之前人保部仅认定只有广东、山东、江苏、浙江四个发达省份省级养老保险统筹不达标	1. 延压养老保险费收入；2. 调剂金管理不规范；3. 基金存在会计记账和核算错误；4. 保费被欠缴；5. 有人重复领养老金；6. 部分外来务工人员未参保；7. 养老金相互串用；8. 省内缴费比例统一；9. 未以单位职工工资总额为单位缴费基数；10. 违规运营养老保险；11. 部分保险金未入专户

资料来源：本表由吴素洁根据历史资料整理。

对照着"五个统一"，原先纷纷宣告已实现养老保险省级统筹的相当部分省份未能通过国家审计总署的社保审计。"真正实现"还是"虚拟实现"，是人保部的统筹标准与国家审计署的统筹标准不一致，还是政府诚信问题，如果是后者，有悖于政府的诚信原则，参保者有权利启动问责机制。何平认为：实行省级统筹，说白了就是要求基金结余较多的地、市，拿出一部分基金支援基金有缺口的地、市，确保全省的养老金按时足额发放。所以，省级统筹并不是一个理论问题，而是一个现实利益的调整问题，涉及地方财政的责任担当问题和一个省之内各个统筹地区之间的利益调整问题，"这才是根本症结所在"①。

二、养老保险省级统筹的制度障碍与基础养老金全国统筹的发展难点

2009 年全国实现养老保险省级统筹的目标踏空，1995 年国务院发布《关于深化企业职工养老保险制度改革的通知》，就提出了建立全国统一养老

---

① 《养老保险省级统筹年底实现　利益平衡成最大阻力》，《法制日报》2009 年 7 月 13 日。

保险制度的问题，1997 年全国各地 33 个养老保险方案并轨，曾提出养老保险下世纪初实现养老保险全国统筹的时间表。进入 21 世纪，国务院又再次提出 2012 年年底实现养老保险全国统筹，结果计划再次踏空，之后又提出"十二五"规划期间实现养老保险全国统筹。国家发改委将"研究制定基础养老金全国统筹方案"列为 2013 年深化经济体制改革的重点。

可以看出政府一次次提出省级统筹的时间表，目标一次次的设定，但执行效果总未达到预期，原因在于政策的出台没有考虑各方意见、各地经济状况制约以及条块管理的限制，导致上有政策、下有对策。《2012 年度人力资源和社会保障事业发展统计公报》称，全国 31 个省份和新疆生产建设兵团已建立养老保险省级统筹制度。但事实上，我国只有为数不多的几个省份实现了基础养老金在省级的统收统支，绝大多数省份养老保险统筹层级仍然停留在县市一级，全国统筹单位多达 2000 个。①

真正意义上的省级统筹为什么如此困难，主要原因在于：

（一）地方利益作祟导致统筹层次无法提高

养老保险统筹所涉及的最主要的问题就是直接的利益关系，无论省内各地市之间还是各省之间，只要养老保险基金的利益问题无法平衡，实行省级统筹或是全国统筹的任务就难以推行。中央政府是政策制定者，省级政府是政策实施的监督调控者，而地方政府是执行者。对于中央政府和省级政府而言，实现省级统筹是提升养老保险保障能力的有效办法，但省级政府存在一定的顾虑，按照惯例，哪一级统筹就由哪一级财政负责，因为财政责任的上移，无疑给省级政府增加了财务负担以及更多的行政管理责任。已经实现省级统筹的地方，除了直辖市之外，大多属于欠发达地区，比如甘肃、青海、宁夏、新疆；没有完全实行省级统筹的地方，大多属于发达地区。② 出现这种经济较不发达地区先完成省级统筹任务的现象，主要由于中央财政对欠发达地区实行省级统筹给予一定的中央财政补助，再加上省级财政补助，省级就有足够的资金开展养老保险省级统筹，且省内地市由于结余少也愿意

---

① 郭晋晖：《养老金全国统筹 22 年无大进展 阻力在政府本身》，《第一财经日报》2013 年 6 月 4 日。

② 参见杜萌：《养老保险省级统筹年底实现，利益平衡成最大阻力》，《法制日报》2009 年 7 月 13 日。

将责任上移。而发达省份无法得到养老保险中央财政补贴，省内养老保险基金结余又滞留地市级，若省内经济差异化大，则各地市不愿将养老保险金上缴省级补差调剂，就产生了越发达地区省级统筹越困难的现象。

对于省内各地市来说，养老保险的属地管理规则，基金限制在各个行政片区内，基金的上缴就可能导致利益受损，涉及当地财政收入、经济和政绩，地市政府对养老保险基金爱不释手，经济好的地市担心省级统筹劫富济贫，降低本地居民养老待遇水平，损害本地利益；而经济差的地市希望得到外援降低自身支出压力。当出现局部利益与全省利益冲突的时候，各个市、县往往选择局部利益。① 各级政府都在衡量自己的利益得失以及风险与收益，对是否接受省级统筹受利益驱使而使然。

养老保险省级统筹的困难，不是理论或技术上的困难，而是利益平衡问题。在当前以及今后很长一段时间内，各省级行政区间的巨大经济差距将继续存在，各地对自身利益的争夺与地方保护主义将继续存在，中央政府也很难在短期内完全协调好各省级行政区的利益诉求。

（二）碎片化管理导致无法统一养老保险制度

按照我国公共政策制度的设计，中央往往只负责养老保险制度宏观政策的制定和指导，具体细则由各地政府依据自身特点、经济状况以及地区居民的收入水平进行设定，如缴费基数、缴费模式、费率水平等不同，导致养老保险制度的碎片化，不仅省际之间制度不一，甚至省内各地市差异也非常大，不易进行统一管理。因此，省内经济差异化、工资水平差异化和养老待遇发放数额不同等，使省级统筹障碍重重。以广东省为例，珠三角地区外来人口多，参保覆盖率高，基金结余较大，单位缴费普遍在9%—12%左右的低缴费区，深圳、珠海、佛山为10%，东莞只有9%，缴费工资较低，普遍低于全省在岗职工平均工资的60%，企业负担较轻；而欠发达地区则相反，覆盖率低，参保缴费人数少，基金结余较少，有的地市出现当期赤字，单位缴费比例普遍高于15%，韶关、河源、汕尾企业缴费率达到18%，最高的达到22%，缴费工资普遍已达到或接近全省在岗职工平均工资的60%，

---

① 杜萌：《养老保险省级统筹年底实现，利益平衡成最大阻力》，《法制日报》2009 年 7 月13 日。

企业负担较重。各地参保人员和企业对实现养老保险均衡发展的诉求日益强烈。

（三）统筹调剂基金部分用于做实个人账户，地市参与省级统筹积极性降低

全国各省级养老保险统筹要求从各地市上调养老保险调剂金，如广东省规定从 2009 年 1 月 1 日起，将省级养老保险调剂金上缴比例由 3% 统一调整为企业养老保险单位缴费的 9%，养老保险基金调剂金上移至省级主要用于补差欠发达地市统筹资金的支付缺口。由于养老保险制度从现收现付转制到部分积累制时，统筹账户对个人账户的侵占，导致个人账户"空账"运行。地市的统筹账户基金，除了向省人保上缴调剂金之外，一部分还要用来做实个人账户。2006 年之后实施养老保险新政，中央政府要求积极做实个人账户，除采取财政补贴和转移等方法外，也是在利用提高统筹层次的方式来筹集基金以弥补个人账户无法支付的部分。这进一步影响较发达地市政府进行省级统筹的积极性。本可留在本地当作自身资源、提高当地居民福利、提高政府政绩的养老保险基金，不仅要用做补差其他地市养老金支出，还要用作做实个人账户，从当地短期收益来看，收益远小于支出，导致地市倾向于将基金截留本地。

2006 年开始的养老保险新政要求做实个人账户，每做实 1 个百分点，中央财政补助 0.75 个百分点，最高不超过 3.75 个百分点；每做实 1 个百分点，地方财政补助 0.25 个百分点。到 2012 年，我国养老保险的"空账"规模大约为 2.25 万亿元，整体做实个人账户计划落空，反呈扩大化趋势，发达地区省级统筹难，使改革陷入纠结。其实，真正做实个人账户，遭遇我国非景气的资本市场，基金贬值的压力更大。一方面基金贬值，另一方面大量的财政补贴，这是改革之大忌。

在真正意义上的省级统筹尚未做实的情况下，"十二五"期间走向养老保险全国统筹，考验着决策层的智慧与胆识。中国社科院世界社保研究中心主任郑秉文认为：统筹层次无法提高的阻力在于政府本身，导致社保制度碎片化，[①]

---

① 郭晋晖：《养老金全国统筹 22 年无大进展　阻力在政府本身》，《第一财经日报》2013 年 6 月 4 日。

最大的问题在于我国经济发展的严重不平衡，我国养老金储存结构的严重不平衡、我国人口老龄化程度的严重不平衡，最终使利益失衡问题引起中央和地方之间的博弈。

（四）全国养老保险水平、规模与结构及赡养率等指标差异之大难以平衡利益关系

按照"统一制度政策、统一缴费基数和比例、统一待遇、统一基金管理、统一基金预算、统一业务规程"的六个统一标准，面临双轨制待遇调整、促进行政事业单位养老保险改革的舆论压迫、养老金缺口与延迟退休年龄等难题，加上全国复杂的经济社会环境与经济发展差距，不同地区在经济水平、基本养老保险历史债务和现状等方面的巨大差距，都在严重制约着基本养老保险统筹层次的提高。现行的省级统筹之所以不是真正意义的省级统筹，一是存在统而不筹的问题，省级统筹仅仅停留在市级基金统收统支、省级调剂的层面，事实上属于分散管理的状态；二是缴费基数和缴费比例在省级范围内难以统一；三是基本养老金计发基数不统一。省级调剂基金的运行路线为：

$$Q_1' = \sum |AS \times \bar{B}_a - P| = \sum AS |\bar{B}_a - B_a|$$

其中：Q_1——表示调剂金额；AS——表示单位工资总额；$\bar{B}_a$——表示平均负担率；B_a——表示单位负担率；P——表示社会保险费用（离退休费用）。

实际工作中，平均负担率用基金提取率 D_{ra} 取代，此时的调剂金额用下式计算：

$$Q_1' = \sum |AS \times D_{ra} - P|$$

如果考虑结余积累等因素，同时达到少调出地区的部分调剂金额的目的，这时采用下式计算：

$$Q_1' = \sum |(AS + P) \times D_{ra} - P|$$

实现省级统筹，覆盖范围扩大与覆盖人数大量增加，就是要在更大的区域范围内均衡各地市畸轻畸重的养老负担，通过调剂手段使小区域（地

市）平均负担率高于大区域（省级）平均负担率的差额通过再分配的形式，转由大区域来分担，这样，养老金发放风险降低，同时，还可以在更大区域范围内降低对企业的养老金缴费率，扩大企业的竞争力。由下式计算如下养老保险基金调剂金额：

小区域平均负担率 $\overline{B}_{a小} = \sum P_小 / \sum AS_小$

大区域平均负担率 $\overline{B}_{a大} = \sum P_大 / \sum AS_大$

大小区域养老保险费用负担离散系数 $V_{\sigma(大或小)} = \sigma_{(大或小)} / \overline{B}_{a(大或小)}$

养老保险基金调剂金额 $Q_1' = \sum |\overline{B}_{a小} - \overline{B}_{a大}| \times AS$

$\sum P$——表示养老保险费用总额；$\sum AS$——表示工资总额；σ——表示标准差

$$\rho = \sqrt{\frac{\sum (B_a - \overline{B}_a)^2 \times AS}{\sum AS} - \left[\frac{\sum (B_a - \overline{B}_a) \times AS}{\sum AS}\right]^2}$$

上述省级养老保险统筹水平的考量，计算地区负担率不均衡的状况，通过省内调控，实施省内地区间养老基金的调剂。但是受地方保护主义体制的影响，在实践过程中政府的调剂手段往往十分有限。

党的十八大报告明确提出："逐步做实养老保险个人账户，实现基础养老金全国统筹。"然而，人口老龄化与高龄化、经济指标下行、国际局势动荡、社会矛盾日益尖锐，加之我国严重的地区差别与养老负担差别，致使养老保险全国统筹的目标实施难度加大，根源在于哪一级统筹需要哪一级财政负责、中央财政的压力凸显、城乡居民整体缴费标准较低的问题依然存在，而要增加城乡居民养老金的发放，就需要延长缴纳年限或提高缴费标准。延迟退休年龄制度的提出并不是养老保险制度本身的原因单独所致。东部、中部与西部地区差距带来一系列的养老保险发展不平衡的问题，我们可以借用 Theil 于提出的熵来研究养老保险水平在不同地区之间的差异：

$$T_{全国} = T_{区间} + T_{区内} = \sum_{i-1}^{3} Y_i \log(Y_i / GDP_i) + \sum_{i-1}^{3} Y_i \left[\sum_j Y_{ij} \log(Y_{ij} / GDP_{ij})\right]$$

式中，T 代表熵，Y_i 为第 i 个地区的养老保险费用支出份额，GDP_i 为第 i 个地区的 GDP 份额。以 Theil 表示的各地区之间总差距可以直接分解为组间差距和组内差距，比如我们将养老保险份额与 GDP 的份额之比分解为东部地区、中部地区与西部地区，了解三大地区差距（组间差距）和各地区内部差距（组内差距）各自的变化趋势及其对总差距的影响。式中，$i=1$、2、3，时，分别表示东部地区、中部地区与西部地区；j 表示省、市、自治区，ij 分别表示我国东部、中部、西部各自对应的省、市、自治区，Y_i 表示东部、中部地区或是西部地区的养老保险费用支出份额占全国三大地区总额的比重，GDP_i 表示东部地区、中部地区或是西部地区的 GDP 占全国 GDP 总额的比重；Y_{ij} 表示某省、市或自治区养老保险费用在相应东部地区、中部地区或是西部地区总额中的比重；GDP_{ij} 表示某省、市或自治区的 GDP 在相应东部地区、中部地区或是西部地区 GDP 的比重。

赡养率在全国极大不平衡，是制约省级养老保险统筹的重要因素，更是影响全国养老保险统筹的重要因素。以广东省为例，新兴发达地区人口红利期延长、赡养率低，老城区赡养率高。2010 年，深圳在职参保人数686.73 万人，离退休人员只有 15.62 万人，赡养率为 2.3%，珠海为 5.4%，东莞为 5.1%，惠州为 5.6%；而与此相反，湛江、茂名、汕头、韶关包括广州等地区的养老负担较为沉重，赡养率分别为 36.1%、35.3%、33.5%、31.9%、21.3%。[①] 广州市赡养率相对较低些是由于大量劳动力进入广州市就业延长了人口红利期。赡养率问题影响缴费率，在全国养老保险统筹时，不同省份巨大的赡养率差距会引起基金再分配问题，中央政府与省级政府之间的博弈将更加激烈。

（五）基础养老金全国统筹再分配问题存在制度不公

现实的情况是，一方面财政对收不抵支地区进行年复一年的财政补贴；另一方面，发达地区社保金躺在银行内缩水。没有解决保值增值问题，银行利率跑不赢 CPI，就意味着社保基金一直在缩水，而且养老金的基数越大，缩水越多。所谓全国统筹，将要求发达省份大量的剩余养老金转移给不发达地区，基础养老金全国统筹要求加大收入再分配功能，实现全国统筹后基本养老金计发标准由省级统筹在岗职工平均工资变为全国在岗职工平均工资后，分析对地区间基本养老保险收入再分配的影响，将基本养老保险的计发

---

① 根据广东省 2010 年度社会保险基金决算表数据计算得出。

基数中的在岗职工平均工资表示为：

$$C = \lambda W_n + (1 - \lambda) W_p \qquad (0 \leqslant \lambda \leqslant 1)$$

其中 C 为计发基数中的在岗职工平均工资，W_n 为全国在岗职工平均工资，W_p 为地区养老保险省级统筹后在岗职工平均工资。当 $\lambda = 0$ 时，$C = W_p$，基本养老金的计发标准为各地养老保险省级统筹后在岗职工平均工资，各地区之间收入再分配功能最小，基本养老金发放越注重效率；当 $\lambda = 1$ 时，$C = W_n$，基本养老金的计发标准为 W_n，各地区之间收入再分配功能最大，基本养老金发放越注重公平；当 $0 < \lambda < 1$ 时，各地区之间的收入再分配功能介于两者之间，收入再分配功能随着 A 的减小而逐步减小。由此可见，λ 是决定收入再分配功能强弱的重要参数，λ 在 0—1 之间取不同的值，可以实现不同程度的收入再分配功能。

2009 年 2 月 5 日，人力资源和社会保障部在其官方网站公布了《外来务工人员参加基本养老保险办法》和《城镇企业职工基本养老保险关系转移接续暂行办法》（简称"两个办法"），进城务工农民离开原统筹地，原统筹地区可以留置 12% 的统筹基金（基础养老金），8% 的统筹基金拨给外来务工人员新务工的统筹地区，不论如何分割企业以外来务工人员名义上缴的统筹基金，外来务工人员大部分都不享受这一部分共有财产权，尽管已经部分地实现了不同统筹地区的基础养老金的再分配，是以牺牲外来务工人员利益的制度性剥夺，这对未来养老保险城乡统筹会产生十分不利的影响。其实这 12% 的统筹基金的转出并不顺利，因为一是全国并未都已实现了养老保险转移接续功能；二是并不是所有的养老保险制度都能接续；三是接入地担心增加支出，不愿意接收缩水的统筹账户的劳动者；四是转出地由于可以截留 8% 的统筹资金，特别是经济发达地区，仍可能热衷于外来务工人员向其他非统筹地区的转移。

三、实现养老保险全国统筹要解决的问题

全国各地企业养老保险的覆盖率、缴费比例和缴费基数、计发办法和计发基数、待遇水平均存在差异，短期内实现全国统筹有重大的阻力与意想不到的困难，需要进行以下改革：

（一）全国养老保险统筹制度模式的改革

分税制财政管理体制，中央与地方养老保险责任的划分不清晰，中央财政与地方财政的养老保险补贴无严格的制度性规定，从实行多年的中央与地方养老保险基金财政补贴比率来看，基本无规律可循，近几年统计报告中没有细分中央与地方财政的补贴比例。分税制改革后，中央财政财力相对雄厚，加之几十年计划经济财源向中央的集中，中央财政理应负担更高的财政补贴责任。

2010年通过的《社会保险法》规定："基本养老保险基金逐步实行全国统筹，其他社会保险基金逐步实行省级统筹。"之后，国家"十二五"规划以及社会保障"十二五"规划变为"实现基础养老金全国统筹"，即中央负责基础养老金及待遇调整，地方负责个人账户。这种分工是养老保险全国统筹的第一步战略，在未来改革的进程中可以向基本养老金统筹过渡。我国养老保险的替代率应适当进行改革，多缴多得是将不合理的工资制度带进了养老保险，为了实现养老保险缓解贫富差距的功能，可适当地采取高收入者低替代率、低收入者高替代率的制度。目前情况下在实行国民年金的基础上实行全社会统一制度的全国统筹难度较大，全国养老保险改革一体化的步伐不一致。如果将职工养老保险、城市居民养老保险、新农保整合在一起，牵涉的因素太多，全国统筹的适用人群适宜采取分步走战略为宜。养老保险全国统筹以后，省际之间养老保险关系转移的政策主要是外来务工人员的问题，现阶段基础养老金按8：12的方式分割于原务工城市与新务工城市未必合理，本书主张将外来务工人员的基础养老金与新农保联系在一起，不要制度性剥夺外来务工人员与城镇职工享有共有财产权（基础养老金）的权利。

养老保险全国统筹如果采用税务全责征收模式，执行主体将移位于国家税务局，在全国范围内，经办规程在推出一站式服务、三方协议、缴费方式创新与多元，推动企业社保费稽查与清理欠缴，完善社会保费的税式管理等方面，都是难题。统一的基金流程与统一的基金预算需要银行、财政、人保、国税进行全方位的整合，完善真正意义上的费源管理、欠费管理、分类管理、征收管理、档案管理、咨询管理与入库管理。

（二）养老保险基金预算改革

养老保险基金预算要根据养老保险制度的实施计划和任务编制，经过法定程序审批执行基金财务计划。在年末经办机构应按人社部下达的主要指标计划和财政部门的要求，根据本年度执行情况和下年度基金收支增减变动预测，编制下年度基金预算草案。经照法定程序审批后，应严格执行。养老保险全国统筹后，养老保险基金预算管理包括以现金收支为基础的财务收支预算与结余管理。

第一，编制要求与编制原则。预算编制一是要坚持以收定支、以筹定支原则，充分考虑全国范围内多重因素对基金预算编制的影响；二是提高养老保险质量，努力扩大征缴面与征缴额，清理有意拖欠与恶意欠缴基金，确保支付及时到位；三是在现收现付体制下，实施当年基金收支平衡、略有节余原则。实施基金制，要努力研究积累系数与积累率对企业生产经营的影响，考虑企业与个人的承受能力。

第二，养老保险基金预算审批。预算编制要根据基金收支增长和平衡指标的宏观调控计划，在省级基金预算的基础上，做好基金增减变动因素的年度预测，提出基金预算草案上报，中央政府根据上报的基金预算草案，分类审核汇总后报经财政部门审核。按法定程序审核批准后的预算，由财政部门及时向人保部门批复执行。

第三，养老保险基金预算的执行与调整。采取了各种措施，严格执行养老保险基金预算，理顺征缴关系，强化征收管理，做到应缴尽缴，确保收缴任务的完成。预算支出管理要严格防止基金流失，杜绝假冒领取行为。在统筹范围内合理调度基金，以保证养老保险基金的支出需要。经办机构要认真分析基金收支情况与动态发展、掌握投资盈利情况，定期向同级财政和人保部门报告收支情况，加强基金运行的财务监督，确保预算的顺利进行。养老保险基金经营管理机构要及时调整预算方案，说明更改理由，上报人保部门和财政部门审核。经同级政府批准后，由财政部门及时向人保部门下达预算调整计划，并报上级财政和人保部门备案。

第四，养老保险基金决算。每年年末，养老保险基金经营管理机构要根据财政部门规定的表式、时间和要求编制年度基金财务报告，在规定期限内经省人保部门审核并汇总，报中央人保和财政部门审核，对不符合法律、法规及政策和制度规定的，财政部门有权予以调整，经财政部门审核无误后，由同级政府批准。批准后的年度基金财务报告为基金决算。财务报告包括基金资产负债表、基金收支表、财务情况说明书、附注及明细表。养老保险基金经营机构编制财务报告时，应做到数字真实、计算准确、手续完备、内容完整、及时报送。在办理决算的过程中，要十分重视财务报告及基金决算的收支分析和情况说明，认真分析基金财务收支的增减变动情况，经办机构可根据实际需要增加基金当年结余率、养老保险费实际收缴率等有关财务分析指标。

（三）中央和地方政府责任划分改革

养老保险全国统筹，有一大有利条件，是我国至今养老保险滚存积累基金 2 万多亿元。发达地区最担心的是自身多年积累的滚存积累基金被收缴统筹，因此寄希望于改革之前的基金留存省级政府。如果这样，改革伊始必须要完善中国财政补贴制度，着手建立中央调剂金制度。通过全国基金预算管理明确中央与地方政府责任，对于预算内基金缺口，有三种处理方法：一是动用滚存积累基金；二是通过中央调剂金进行余缺调剂；三是中央财政直接补贴，第三种办法是现在常用的办法。包括部分地方财政补贴在内，如果养老保险全国统筹之后，取消这种办法，会有财政退位之嫌；第二种办法建立中央调剂金制度，需要一个缓冲期更宜。在实行"六个统一"之后，第一种办法动用滚存积累基金，必然遭遇发达地区的抵制。却不知，发达地区巨额的滚存积累基金中的大部分是由不发达地区大量劳动力进入后积累的养老金。如果发达省份强烈反对养老保险全国统筹，则有悖于社会公理。

养老保险全国统筹起步阶段仍需通过调整现行中央财政补助进行调剂，暂不上解各省份中央调剂金。待建立中央调剂金的条件成熟之后，再逐步建立中央调剂金，当然这是矛盾与利益冲突的集中点，缴费率、覆盖率、缴费基金基数、赡养率、人口红利期的长短等指标的差异，都会使中央调剂金的上缴与再分配产生利益冲突。建立中央调剂金的规模和作用，要进行动态跟踪管理与精算分析。滚存积累基金继续滚存下去，还是在中央财政补贴和中央调剂金启用一段时期之后动用，要择机而行，可以考虑一定比例的基金留存地方，其他部分集中于中央管理，在人口老龄高峰期使用。

（四）经办管理与信息系统的改革

目前的养老保险经办管理体制面临着"省级统筹统而不筹"、垂直和平行管理模式不一致、信息系统不一致、服务体系和窗口管理不一致等问题，尤其是发达地区，人员少任务重，劳动力流入与流出频繁，导致经办能力不足，信息系统建设相对滞后。

实现养老保险全国统筹，其中最重要的元素是信息流和资金流。信息流的前提是，社保机构起着关键的信息纽带的作用，在全国整体构建居民个人信息库和征信制度的基础上，建立与居民联系紧密的公安、民政、税务、银行等相关部门的共享数据库，减少重复建设成本，实现资源交集。社保机构现有的金保工程要发挥核心作用，政府、企业的很多业务系统都要围绕金保工程进行系统化建设，以实现各种信息资源的数据整合、信息交换和网络共享。在全国养老保险统筹统一的网络平台上，构建中央、省、市三级人力资源和养老保险系统网络；在此基础上建立网络互联、信息共享、安全可靠的全国统一的养老保险参保信息服务网络；以网络为依托，优化业务处理模式，建立规范的业务管理体系、完善的社会服务体系。

养老保险经办管理就是对养老保险的费用征收、档案管理和账户管理、政策咨询、基金使用与投资等各种具体事务提供的具体服务，经办规程需要做顶层设计，从上至下做好流程设计。养老保险经办管理体制建设主要有三个方面内容：一是确立养老保险"六个统一"的管理原则；二是明确养老保险行政管理、业务管理和监督管理的责任、机构和分工；三是确立管理方式和管理手段，以此提高养老保险的管理效率。从社会实践来看，高效的养老保险经办管理体制应表现为：全国统筹后养老保险经办管理决策高度统一、科学管理；养老保险的行政管理、业务管理和监督机构分工明确、职责分明；以现代技术为依托，实行养老保险信息化、社会化管理。

《2012 中国企业社保白皮书》称：我国社保缴费基数上下限相差过大，费率也不统一，直接导致各地用工成本出现显著差异。全国社保差异碎片化现象严重。以缴费基数为例，31 个主要城市社保缴费基数上下限相差甚远，上限有以社平工资 300% 或 600% 为依据的；下限有以社平工资 60% 或 40% 为依据的，甚至还有险种以最低工资为依据的。企业为了节省人力成本，只按照缴费标准的"低线"也就是社平工资的 60% 来缴纳。而对于"社平工资"也有诸多区别。31 个主要城市的社保缴费费率也不统一。上述这些情况直接导致社保缴费结果不一致。这种差异更是导致各地用工的成本出现显著差异。而诸多差异也使得社保经办业务出现核算错误或对账不清的比例有时高达三成左右。①

为了有效地履行养老保险的管理职能，确保各项养老保险制度的实施，需要按照养老保险经办管理的一般原则建立社会化和专业化的管理机构。这些管理机构通过法律规定和政府授权而成为养老保险经办管理的权威组织。

全国统一的基金预算库，最关键的是预算的科学性与合理性。预算与决算相结合、常态预算与应急预算相结合，预算要考虑的因素或指标众多，包括基金缴费率、征缴基数、待遇增长率、欠缴率、当年离退休率、死亡率、基金增值率等均需要进行测算和预算。养老保险基金预算国家数据库从下至上层层递进，汇集至中央政府进行总基金预算，按照严格的预算管理与控制执行预算计划。

第一，规范养老保险业务经办管理。一要研究制定既相对独立又相互制约、既有内部控制又有外部监督的统一操作程序的业务经办流程。二要研究设定工作内容明确、工作程序清晰、工作职责分明的科学合理的工作岗位，规范岗位设置。三要加强标准管理，统一制订经办工作管理标准、业务操作和流程设计管理标准、基金营运和监督管理标准、对外服务管理标准、网络建设和信息技术管理标准等，实行标准化管理。四要疏通业务申报渠道，统一开发业务申报软件，实现网上、磁盘或光盘等多种形式申报业务，尽量减少手工操作，提高工作效率。五要明确养老保险经办机构与人保行政部门之间的业务职责分工，经办机构的主要职责是按照政策规定明确操作业务，而不仅仅是研究制定政策。

第二，实现服务方式的转变。一是在前台服务全能化上有所突破，通过建设"综合服务窗口"，实现所有业务可在一个窗口实现"一站式"办理。二是在服务平台网络化上有所突破，推行分散式、下沉式的服务形式，实现经办服务功能向街道和社区延伸，近距离接触服务对象，服务更方便也更加个性化。三是在服务手段多样化上有所突破，改变原来单一的服务手段，尽快实现网上办理、就近办理、一站式办理和"一卡通"办理。

第三，实行垂直管理。一要遵循不断提高养老保险统筹层次的发展方

---

① 杨丹：《首个针对中国企业社保管理现状的白皮书日前发布》，中国劳动保障新闻网，2013 年 1 月 14 日。

向，对养老保险部门实现垂直管理，省以下养老保险部门的人、财、物统一由省级养老保险部门管理，包括干部任免、编制配置、经费拨付、业务管理等等。二要适应规范统一办理各项养老保险业务的要求，统一流程，不断提高经办业务的水平和效率。三要优化经办机构的组织架构，创建管理、服务、监督三位一体的管理模式，加强管理，优化服务，实现信息共享，加大监督力度，不断提高依法办事能力。四是包括组织架构、岗位职能、业务流程、运行机制、信息系统和内控体系等各个方面。

第四，确保政令畅通，明晰中央与地方责任体系。彼得·鲍尔曾提出：福利国家的根本问题不是经济问题，而是道德问题。其问题在于人们是否对他们所管理的事务负有责任感。履行政府的社会保险职能，中央政府与地方政府应各负其责、各有分工，这种划分主要通过中央与地方养老保险职能部门之间的权力配置与责任体现出来。旋蒂格勒认为：与中央政府相比，地方政府更接近民众，因此地方政府比中央政府更了解辖区内的公民需求与偏好；奥茨也认为：相当部分公共物品由地方政府提供要优于由中央政府提供。特里西的偏好误识论认为：中央政府在提供公共物品时必然会受到失真信息的误导，提供的物品或者太多造成浪费，或者太少满足不了需要，从而不能达到配置优化与社会利益最大化。如果由地方政府来提供公共物品情形就不一样，就不会发生偏差。[①]

养老保险责任机制是旨在实现养老保险责任的一套制度安排或确保责任实现的途径。养老保险行政机构中的各个部门要履行其所承担的行政责任与业务责任，都必须具有相应的行政权力。各级行政机构中部门的责任与权力必须是内在统一的，行政权力的配置应当同机构承担的行政责任相对称和相平衡，从而形成权责统一，达到事权统一。各部门专司其职，权责统一，有利于形成部门间的职权分离和彼此制约的权力运行机制。养老保险作为最贴近于公众的民生问题，地方政府具有相当的知情权与处置权，中央政府的调控不可替代。根据契约理论，一种有效率的责任分配方式可以是中央政府和地方政府通过协商机制确定一个养老保险边界，一边是明确规定由中央政府负责，那么就由中央政府来提供；另一边是明确的地方养老保险事务则要

---

① 乔林碧、王耀才编著：《政府经济学》，中国国际广播出版社 2002 年版，第 222 页。

由地方政府来负责。完成这个任务，需要的是一个有高度权威的中央政府和政令统一、令行禁止的行政体系。地方政府搞"上有政策，下有对策"，既阻碍了科学发展观的落实，也破坏了中央与地方关系的和谐。因此，坚持中央与地方政府在社会保险职能分工上的权责对称原则、集中与分散管理相协调原则、法律规范原则，才能克服地方本位主义，发挥中央与地方两个积极性。

养老保险行政机构的组织划分与业务分工，应该本着专业化、效能化和顾客利益至上的原则进行；机构设置以及组织与业务的分配与划分，要试图在专业分工与事权整合之间寻求平衡，以期达到业务专门化，同时又避免叠床架屋、事权冲突、责任不清、协调困难等问题，使政府组织事权集中，职掌明确，责任清晰，从而达到精简、效率、统一的效果。具体表现在以下两方面：一是要适度集中事权，在合理范围内集中事权，避免分散决策，形成高效率的作业；二是要适时裁撤、重组或根据需要增加机构，随着政府社会保险职能角色的变化，机构可予以强化或是裁减，包括阶段性任务已经完成或任务已改变的、任务或职能明显与其他机关重叠或职能萎缩，可以实行机构裁减、重组或是以作业外包方式委托民间机构办理。

第六，养老保险基金征管税式改革。养老保险基础养老金全国统筹如果采用税务全责征收模式，执行主体将是国家税务局，在全国范围内，经办规程在推出一站式服务、三方协议、缴费方式创新与多元，推动企业社保费稽查与清理欠缴，完善社会保费的税式管理等都是一个难题。统一的基金流程与统一的基金预算需要银行、财政、人保、国税进行全方位的整合，完善真正意义上的费源管理、欠费管理、分类管理、征收管理、档案管理、咨询管理与入库管理。社会保险经办管理就是对养老等五大保险进行费用征收、档案管理和账户管理、政策咨询、基金使用与投资等等各种具体事务提供具体服务的管理，经办规程需要做顶层设计，从上至下做好流程设计。养老保险经办管理体制建设主要有三个方面内容：一是确立养老保险六个统一的管理原则；二是明确养老保险行政管理、业务管理和监督管理的责任、机构和分工；三是确立管理方式和管理手段，以此提高养老保险的管理效率。从社会实践看，高效的社会保险经办管理体制应表现为：社会保险经办管理决策高度统一、科学管理；社会保险的行政管理、业务管理和监督机构分工明确、职责分明；以现代技术为依托，社会保险实行信息化、社会化管理。

第七，基础养老金划为中央事权改革"383"改革方案提到，基础养老金由中央提供，归为中央事权，这只是"383"改革方案报告的一部分改革设想，是否为中央所采纳，不得而知。

基础养老金归为中央事权，符合理论界的推论，即计划经济时期绝大部分的利税上缴了中央财政，而中央未能在计划经济时期留下国有企业职工未来的退休金，导致目前养老保险基金隐性债务特别严重，各种口径计算的养老保险基金负债均以万亿为单位，学者提出这些债务理应由中央财政埋单，这是理论共识，但并非政府认可。

假设实施"383"改革方案，基础养老金由中央提供，归为中央事权，这对广东、山东、江苏、浙江等发达省份，是一个绝对的利好，因为发达省份积累了大量的养老保险滚存基金，这些省份担心实施基础养老金全国统筹改革，其积累基金要上缴中央，作为全国统筹弥补余缺的调剂基金，因此大有以做实本省个人账户为名的"洗钱"欲动，如果基础养老金由中央提供，划为中央事权，这些发达省份可能不必再为上缴滚存养老基金而担忧。

从另一角度看，实行基础养老保险全国统筹，如"383"改革方案提到基础养老金由中央提供，归为中央事权，其实这还是一个伪命题。因为养老保险预算内的收支缺口依然十分沉重，养老保险基础养老金全国统筹改革前发达省份积累的滚存养老基金封存在本地，在改革后由中央财政提供基础养老金可想压力山大，这几乎是不可能的政策臆想。

本研究支持基础养老金划为中央事权，但认为是有限事权。在现实状况下，全国半数以上的省份养老保险入不敷出，全国3万多亿元的滚存养老基金主要为发达省份所有，这大量地归功为不发达地区劳动力流入发达省份外来务工人员退保所遗留的统筹基金（外来务工人员的贡献率有多大值得专题研究）。实施基础养老金全国统筹，发达省份现有的滚存养老基金应该部分比例上缴中央养老保险专户，同时建立中央调剂金制度，加之中央政府出一部分钱用于基础养老金的事权，三项基金来源才能保证基础养老金全国统筹改革平稳过渡，否则又可能步入改革的死胡同。

第四节　触动社会神经的养老金
并轨改革能否成功启航

养老金"双轨制"是计划经济时代向市场经济转型期的特殊产物，指对不同用工性质的人员采取不同的退休养老金制度。养老保险的这种制度设计，根源在于政府在设计制度时偏向于自我的"顶层设计"。这种制度设计是政府利用公权力在不受约束的情况下的一种自肥，它造成的后果便是今日的现状。为什么养老金双轨制是最敏感的社会神经，是因为这一问题若不解决，政府需要体制内人群延迟退休年龄、养老保险省级基础养老金统筹走向全国均难以实施。

一、养老金双轨制导致的社会矛盾频发

随着改革开放的不断深入，"双轨制"的弊端越来越明显，同等学历、同等职称、同等职务、同等技能、同等贡献的人因退休时的单位性质不同，退休金也不同，表示如下：

表 6-3　企业与行政、事业单位退休干部职工退休金比较

单位：元

年份	企业	行政	事业单位
1990 年	1607	1715	1771
2005 年	8565	17633	16147

注：资料来源有限，无法搜集近十年对比数据。

由上表可知，从 2000 年到 2005 年的 6 年间，机关、事业单位的退休金年均增长 13.07% 和 11.48%，但是同期企业退休职工的收入年均增长仅有 6.92%。[1]2008 年，全国企业月人均养老金仍只有 1080 元，远远低于机

---

[1]　张贵峰：《企业退休人员养老金提高该和谁比》，《解放日报》2007 年 8 月 8 日。

关事业单位的水平。从 2005 年至 2011 年，我国企业职工养老金年均增长 13.40%，由 2005 年的每人每月 713.25 元提高到 2011 年的每人每月 1516.68 元，和同期居民消费价格指数（CPI）相比，平均上涨幅度高出 10.03 个百分点。[①] 尽管如此，2012 年的一些调研报告称：企业比政府机关和事业单位的养老金低两至三倍。中国社科院发布《2012 年社会保障绿皮书》和《中国社会保障收入再分配状况调查》，指出现阶段不同养老保险制度的养老金最低是 200 元，最高 10000 元，最高相差近 50 倍，而养老分"双轨"是造成差距的重要原因。绿皮书显示，在被调查者中，75.4% 的职工养老金不高于 2000 元，92.3% 的机关事业单位退休人员养老金却都高于 4000 元。作为发展中国家的我国城镇企业职工养老保险替代率，应介于 55%—60% 之间，机关事业养老保险替代率可提高到 65%—75% 较为合理，也符合国际通常的标准。目前，机关事业养老保险替代率太高，达到 90% 以上。如此高的替代率，伴随着老年化社会的来临基金收支倒挂将成为不争的事实，也为并轨留下了隐患。

养老金双轨制从制度上人为地划分了两大阵营，为机关事业单位编制内职工规定了达到正常待遇 3 到 5 倍的超国民待遇，贬低了企业职工及其他从业者的社会地位与尊严，一定程度上激发了社会矛盾，是当今中国社会最大的不公平、不合理的政策。养老保险双轨制所引起的社会矛盾正在从原来的隐性向显性发展，已经成为严重影响社会和谐的一个负面因素。

二、行政事业单位养老保险改革较长时期光打雷不下雨

从 20 世纪 90 年代初到 21 世纪初的 2008 年，由中央和省级政府部门制定的相关事业单位改革文件就达 400 多个，但从事业单位数量、人员编制以及国家财政负担来看，都缺乏实质性、突破性的改革。事业单位养老保险改革从 1992 年启动，始终未动摇利益体制，已经成为一种社会惰性，表示如下：

---

① 《职工养老险 17 省未实现统筹　部分地区少征 500 多亿》，《新京报》2012 年 8 月 3 日。

表 6-4 行政事业单位养老保险改革只打雷不下雨

时间	政策	内容或执行	政策结果
1992	原人事部下发《人事部关于机关、事业单位养老保险制度改革有关问题的通知》	在云南、江苏、福建、山东、辽宁、山西等省开始局部试点	改革以失败告终。各地试点步调不一，没有形成全国统一的事业单位养老保险的全面改革方案
1993	1993 年工资制度改革后，机关事业单位的干部退休费标准政策	实行职级工资制后退休的机关干部，在新的养老保险制度建立前，其退休费暂按下列办法计发：基础工资和工龄工资按本人原标准的全额计发；职务工资和级别工资按本人原标准的一定比例计发。其中，工作满 35 年的，职务工资、级别工资两项之和按 88% 计发；工作满 30 年不满 35 年的，职务工资、级别工资两项之和按 82% 计发；工作满 20 年不满 30 年的，职务工资、级别工资两项之和按 75% 计发 事业单位这次工资制度改革后退休的人员，其退休费按本人职务（技术等级）工资与津贴之和的一定比例计发。其中，退休时工作满 35 年的，退休费按 90% 计发；工作满 30 年不满 35 年的，按 85% 计发；工作满 20 年不满 30 年的，按 80% 计发。工作人员原享受的政府特殊津贴、教龄津贴、护龄津贴，在退休时均按 100% 发给	一方面是没有对公务员、事业单位人员的养老金实施联动改革，涉及公平问题；另一方面是方案中没有明确改革后养老金水平是否变化的预测和承诺，这是改革方案的技术问题
1995	1995 年以前，我国的养老模式一般为国家和企业完全保障，企业与机关事业单位之间，几乎没有区别。但 1995 年企业改革时，机关和事业单位	机关、事业单位退休人员的工资是由财政发放，一般是依据其工龄和退休前一月的工资按比例折算后计发 企业退休人员工资由社会养老保险发放，按照其交纳的养老保险费以及当年的社会平均工资等因素计发	机关事业单位职工退休后基本是原工资，与在职人员差不了多少；还可以随着机关事业单位调资也相应调整养老待遇 企业单位职工退休后连原来的三分之一都可能拿不到。养老保险待遇调整频率和幅度却较小，到 2014

时间	政策	内容或执行	政策结果
	没有列入改革范围，仍旧由国家财政完全拨付。这就形成了在养老制度上，企业和机关事业单位两种截然不同的模式，即"双轨制"		年实现了九连调，也无法抵御通货膨胀的影响。企业、事业、机关三类退休人员养老金替代率分别为72.1%、92.1%和94.3%；2000年，三者的替代率分别为66.8%、100.2%和94.4%；2005年，三者的替代率分别是47.8%、86.3%和84.6%
2008	国务院重启事业单位的养老保险制度改革，在五省市开展试点改革	对庞大的事业单位队伍进行分类，其中行政类事业单位可直接并入机关单位，按公务员对待；经营类事业单位则直接转为企业，与企业养老保险制度对接 对这部分人实行与目前的企业职工基本养老保险制度模式一致的养老保险制度，即改为由个人及单位共同缴费的养老保险制度，最终待遇将在有所平衡的基础上，参照企业职工基本养老保险制度衡定	改革试点方案没有实质性进展
2009	人社部正式下发《事业单位养老保险制度改革方案》	1. 要求山西、上海、浙江、广东、重庆5省市进行事业单位养老保险制度改革试点 2.2009年度人力资源和社会保障事业发展统计公报称：在山西、上海、浙江、广东、重庆等5个省市开展的事业单位工作人员养老保险制度改革试点工作稳步推进	试点的省市没有拿出实质性的改革方案，改革停滞不前。有关部门曾试图重启事业单位的养老保险改革，但在酝酿阶段就遭到高校等教职工的强烈反对。企业退休高工连续发起退休金维权活动
2010年10月	出台《社会保险法》	1. 公务员和参照公务员法管理的工作人员养老保险的办法由国务院规定 2.2010年度人力资源和社会保障事业发展统计公报称：在山西、上海、浙江、广东、重庆等5个省市开展的事业单位工作人员养老保险制度改革试点工作稳步推进	公务员和事业单位养老金的改革并不在《社会保险法》覆盖范围内

时间	政策	内容或执行	政策结果
2011	人社部出台《事业单位职业年金试行办法》	1. 两会《政府工作报告》中提出，要积极推进机关和事业单位养老保险制度改革 2. 2011 年度人力资源和社会保障事业发展统计公报称：在山西、上海、浙江、广东、重庆等 5 个省市开展的事业单位工作人员养老保险制度改革试点工作稳步推进	实质上至 2013 年底无实质性内容
2012	深圳市人力资源和社会保障局与深圳市财政委员会共同颁发《深圳市事业单位工作人员养老保障实行办法》	1. 对《办法》实施后新进入深圳事业单位并受聘在常设岗位的工作人员也试行社会养老保险加职业年金的养老保障制度 2. 2012 年度人力资源和社会保障事业发展统计公报称：在山西、上海、浙江、广东、重庆等 5 个省市开展的事业单位工作人员养老保险制度改革试点工作稳步推进 3. 深圳聘任制公务员参加社会保险，缴纳的标准和比例与当地企业员工一样，基本养老保险费缴费比例为其缴费工资的 18%，其中个人按本人缴费工资的 8% 缴纳，财政按个人缴费工资的 10% 缴纳；地方补充养老保险费缴费比例为其缴费工资的 1%，由财政缴纳	经测算，改革后的事业单位职员养老金和现行的退休待遇大致相当；机关养老保险改革不会降低公务员待遇
2014	机关事业单位与城镇职工统一的养老保险制度改革方案经国务院常务会议和中央政治局常委会审议通过，公务员养老保险由单位和个人缴费	改革的基本思路是一个统一、五个同步。"一个统一"，即党政机关、事业单位建立与企业相同基本养老保险制度，实行单位和个人缴费，改革退休费计发办法，从制度和机制上化解"双轨制"矛盾。"五个同步"，即机关与事业单位同步改革，职业年金与基本养老保险制度同步建立，养老保险制度改革与完善工资制度同步推进，待遇调整机制与计发办法同步改革，改革在全国范围同步实施 渐进式延迟退休年龄政策将伴随出台	期待 2015 年开始的改革

社会保障《"十二五"规划》提出"十二五"期间要实现养老保险全国统筹，但由于这种双轨制实行多年，已经形成了一个庞大的既得利益群体，因此这种改革显得十分艰难。早在 2008 年 3 月，国务院就决定在山西、上海、浙江、广东、重庆 5 省市先行开展事业单位养老保险制度改革，之后人社部在 2009 年 1 月提出"事业单位的养老金按照企业模式计发"，结果在当年的全国两会上，就有 120 名政协委员提案反对人社部对事业单位养老金提出的改革模式。可取的途径只能是加速提高企业退休人员的养老金待遇，争取让它与事业单位职工退休待遇平衡，而要实现这个目标，则需要政府财政做保障，弥补隐性债务，即所谓做"大加法"和"小加法"，十年之后的养老金调整还要持续多少年？时间上的煎熬实际上使改革越来越被动。

在 2009—2012 年度人力资源和社会保障事业发展连续 4 年的统计公报中，连年的表达都是："在山西、上海、浙江、广东、重庆 5 个省市开展的事业单位工作人员养老保险制度改革试点工作稳步推进。"这种公文式的表达带来更多的质疑是，连续 4 年的试点工作稳步推进，这是自 2009 年该试点启动以来一贯的统计公报表达，统计公报不客观、不真实，给社会留下的政府印象是负面的。事业单位养老保险要实现从"退休养老制度"到"社会养老保险制度"的转变，与企业养老保险改革一体化，必然需要一定的"并轨"成本，并轨成本的支付主要靠中央和地方财政资金补足。从 20 世纪 90 年代企业实施养老保险改革以来，行政事业单位要照付的巨额统筹基金，还需要个人账户的巨额补缴，才可能与企业养老保险制度并轨，但是中国财政根本就没有做好这一改革准备。

三、不公平的工资制度与养老保险新政助长了双轨制

行政事业单位与企业单位职工的工资是否公平？这是一个很难回答的问题，不同地区基层公务员反映强烈。各地经济发展水平差异非常大，不同地区工资水平比较悬殊，就养老保险制度内而言，中国垄断性行业包括石油石化、烟草、电信、电力、武器、铁路、航空、银行 8 个行业。由于垄断性行业侵蚀其他行业利润，拉大了工资的贫富差距，垄断性行业的职工参与了养老保险，按照新的基本养老金计发办法，参保人员每多缴一年，养老金中的基础部分增发一个百分点，上不封顶，形成"多工作、多缴费、多得养

金"的激励约束机制，这种制度设计事实上也拉大了制度内的养老保险待遇双轨制。

行政事业单位与企业工资水平孰高孰低，不可一概而论，从事传统产业和制造业的职工、劳动密集型企业的职工的工资一般低于行政事业单位的职工。就可支配工资而言，养老保险体制内的职工，要个人缴纳养老保险、医疗保险、失业保险费，可支配工资水平下降，而体制外的行政事业单位职工，不需要缴纳养老、医疗、失业保险费用，月度可支配工资水平高于企业职工。目前不合理的工资制度关系到退休金的高低，多缴多得不符合国际社会养老金两个功能：一是基本养老，二是调整贫富差距（实现青年人向老年人、富人向穷人、男性向女性的再分配）。

2014 年我国企业退休人员达到 7400 多万人，他们为国家建设作出过重要贡献，妥善解决他们的退休待遇，让他们安度晚年，是政府的重要职责。当然，在现有财政条件下，完全拉平企业退休人员与行政事业单位退休人员的养老金标准是不可能的，在现有养老金政策体系中维系制度公平要关注以下政策行为的调整：

其一，企业现有职工就是未来的退休人员，我国《劳动法》第四十七条在法律上给予了企业制定工资的自主权，原国家劳动和社会保障部早在 2000 年 11 月就出台了《工资集体协商试行办法》，但这些法律和规章的执行效果并不理想，政府应当审时度势，按照中央"提低、扩中、调高、打非，促进共同富裕"的目标责任要求，将对企业工资的分配调控作为政府的重要职能，加强对企业工资分配的干预、指导和调控，规范分配秩序，建立正常的工资增长机制，促进分配起点、过程和结果的公平。企业在职职工工资的正常增长是养老保险"多缴多得"机制最终实现退休工资公平的逻辑起点，从长期看，政府一定要重视在职职工的工资正常增长机制的完善，以避免使提高企业退休人员养老金成为一个长期的财政问题。

其二，2015 年是国务院连续第十一次提高企业退休人员基本养老金标准，提高幅度 10%，以"进一步缓解收入差距的矛盾"。这里的调整与"缓解收入差距"的重要命题是：对现有 7400 万企业退休人员养老金的调整，以提高较低养老金退休人员和企业高职退休人员的养老金为起点，普遍提高企业退休人员的养老金水平，"缓解收入差距"，是要将企业退休人员与行政事业单位退休人员养老金作横向对比，在两者享受社会经济发展成果养老金都有所增长的前提下，企业退休人员的养老金增长比率应该高于行政事业单位退休人员的养老金增长比率，否则就不可能"缓解收入差距"，就并轨而言，对于垄断企业和一些高薪的行政事业单位来说，"多缴多得"机制将会使调整低收入企业单位养老金待遇成为一个长期的财政问题。

四、养老金"双轨制"转型为"单轨制"的改革难点

我国的事业单位发展迅速但定性不清，其性质、规模、准入、经费、功能、人员、行为和监督等方面的管理较为混乱，部分事业单位与政府从事同样的工作，部分事业单位参公管理；组织性质方面包括行政、行政辅助、公益、营利等；事业单位的经费包括全额财政拨款、差额拨款以及自收自支三种形式，这种局面困扰财政体制，对服务型政府产生挤出效应。因此国外一些研究机构将中国定性不清的事业单位称为"政府代理机构"。

行政单位是进行国家行政管理、组织经济建设和文化建设、维护社会公共秩序的单位，主要包括国家权力机关、行政机关、司法机关、检察机关以及实行预算管理的其他机关、政党组织等。其人员实行公务员体制管理，经费、工资福利等全部由政府拨付，各类津贴比较复杂。2009 年政府提出事业单位养老保险改革，而行政单位不参与改革，遭社会广泛吐槽和拍砖。2014 年，全国"两会"政府工作报告明确提出"改革机关事业单位养老保险制度"，并将其列入 2014 年重点工作中。

1994 年，笔者就曾参与并主笔了国家财政部《行政事业单位养老保险基金管理制度》的研究报告，时过二十多年，2014 年，重新确定了行政事业养老保险改革的主基调。双轨制转型为单轨制，围绕两大阵营的养老利益问题，改革难度相当大。

（一）要维系机关事业单位职工的养老利益，社会反对的声音加大

行政事业单位职工的养老待遇是企业退休职工养老待遇的 2 至 3 倍，2012 年调整后企业退休人员月人均养老金达到 1721 元。而人社部和民政部此前公布的数据显示，2013 年城乡居民基本养老金月人均仅 81 元，还不到城市低保金的七分之一，是农村低保金的三分之一。据人社部统计数据测算所得，2012 年，我国城镇职工人均养老金水平约为 2.06 万元，新农保为

859.15 元，两者相差近 24 倍。① 另一种说法是：退休前的事业单位人员比国企职工特别是比垄断性国企职工的工资要低很多，退休后的事业单位人员享受的养老金待遇，比一般企业职工优越，但比公务员、垄断性国企的职工还是要差一些，忽视这些因素，片面要求事业单位养老制度与企业接轨，必然会让事业单位人员产生强烈的抵触情绪。②

2 至 3 倍与 24 倍，极大地反映了这种制度势差给老百姓带来的精神挫伤，政府对企业离退休职工连续第九次调整养老金待遇，想抚平 2 至 3 倍的差距估计还要持续多年，而企业离退休职工与并轨后城乡居民养老保险 20 多倍差距如何抚平（差距并不代表不公平，但这差距实在过大）。经历了山西、上海、浙江、广东、重庆 5 个省市进行事业单位养老保险制度改革试点失败的阵痛之后，事业单位对改革抵触是尤其激烈的，政府不得不放弃了这种试水性的休克疗法，一种改革思路是行政事业单位离退休职工做小加法、企业离退休职工做大加法，以此缩小养老金待遇差距。

2014 年重提行政事业单位养老保险改革并列入重点工作，政府发出的信号是：养老金"并轨"重在转机制，并非降待遇。机关事业单位与企业的基本养老金是一样的。如此，机关事业单位较改革之前的退休待遇有很大差距，意味着改革导致机关事业单位的待遇显著下降，这显然是不可行。于是，国家会对机关事业单位退休人群有一个过渡性政策安排——如建立职业年金作为补充养老保险。③

职业年金是一个敏感的问题，公务员的职业年金，单位缴费部分由财政负担；事业单位的职业年金部分可分为两类：一类是财政核拨经费的单位，按统一的标准建立职业年金，经费主要由财政负担，个人适当缴费；另一类是差补或自收自支的单位，由单位根据经济情况，效益好的多建立，效益差的少建立，个人缴费部分要比全额拨款事业单位多，充分体现激励机制和社

---

① 参见李唐宁：《居民养老金不及城市低保七分之一 月人均仅 81 元》，《经济参考报》2014 年 4 月 14 日。

② 参见降蕴彰：《事业单位将与公务员改革联动 养老金是重头戏》，《经济观察报》2014 年 5 月 3 日。

③ 参见欧阳晓红：《养老金并轨方案或年内出台 双轨制将画句号》，《经济观察报》2014 年 4 月 11 日。

会公平原则。但追溯历史，各地公务员补充养老保险（职业年金）改革方案屡遭人大否决，其实是众多人大代表出于"公愤"的原因所致。

企业年金制度已实施多年，而企业年金的发展速度非常慢，参保企业之间差距非常大，企业年金被称为"富人俱乐部"。2012 年年末，全国有 5.47 万户企业建立了企业年金，比上年增长 21.8%；参加职工人数为 1847 万人，比上年增长 17.1%；年末企业年金基金累计结存 4821 亿元。[①] 与 2012 年参保企业职工养老保险的 30427 万人相比，拥有企业年金的职工仅占 6.07%。发展企业年金十几年，可以享受企业年金的企业与人数与参保企业与参保人数相比，是一个相当小的比率。政府启动行政事业单位养老保险改革，试图在帕累托最优的改革情景下以公务年金、职业年金的利益补差安抚行政事业单位职工，想必会高度刺激企业参保职工，无疑是在他们的伤口上撒盐。

（二）并轨需要行政事业单位补缴 20 年的两账户基金，财政做好准备了吗

从五个方面推动机关事业单位养老保险"双轨制"改革：一是统账结合，二是实行单位和个人缴费，三是改革基本养老金计发办法，四是改革基本养老金待遇调整办法，五是建立职业年金。这种改革与企业养老保险改革相一致，就是要与 20 世纪 90 年代启航的企业养老保险改革并轨，时隔 20 年，并轨并非易事。

国务院于 1995 年启动养老保险社会统筹与个人账户相结合的养老保险制度，曾出台 A 方案和 B 方案，各地又派生了 A 方案与 B 方案相结合的折中方案，期间大账户、中账户、小账户的制度设计可谓政出多门，全国养老保险制度十分混乱，全国一举出现了 33 个省级方案，出于高度混乱，国务院迅速叫停了两个方案，进行并轨，如图 6-2 所示。

经过统一养老保险制度的治理之后，企业养老保险制度步入了正轨，2006 年 1 月 1 日的养老保险新政，主旨是做实个人账户、11% 的个人账户记账调整为 8%、改革养老金计发办法、个体户可以参保。时至今日，行政事业单位养老保险改革启动与并入企业养老保险，财政供养的机关事业单位，至少要补缴从 1995 年开始，企业一直缴纳的统筹账户基金和个人账户

---

① 参见《2012 年度人力资源和社会保障事业发展统计公报》。

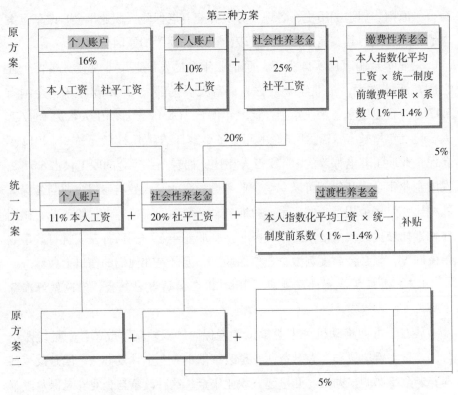

图 6-2 全国 33 个方案并轨示意

基金，补缴基金应带来的增值收益或称利差。由于制度与管理十分复杂，缴费工资、缴费基数、缴费人数都十分复杂，这是一个庞大的工程，建立征缴模型特别复杂。现实的问题：一是机关事业单位个人账户 20 年历史欠缴的基金由在职职工按工龄补缴，肯定行不通，如果由政府补缴，更会在社会上引起轩然大波；二是财政要与行政事业单位职工的工龄挂钩补缴社会统筹账户基金，20 年的沉积，这可能是一个天文数字，各级财政做好准备了吗；三是从年龄结构看，我国行政事业单位的年龄结构的老化程度有可能高于企业职工年龄结构（限于中国官方数据难于查实，只是一种假设判断），如果这种假设成立，这种并轨对企业是不公平的。

行政事业单位人员十分庞杂，编制难以统计，一种较为普遍的说法是中国"官民比"高达 1：26，即每 26 个纳税人供养 1 名公务员。胡颖廉、叶岚在《专家驳中国 26 人养 1 名公务员：官民比低于英俄》一文中提出：严格意义上说，截至 2013 年年底全国公务员总数为 708.9 万人，同时期中国大陆总人口 135404 万人，因此真正的"官民比"为 1∶191。① 下一步的改革将按照综合管理类、专业技术类和行政执法类三种类别，对全国 700 多万公务员进行划分。未来被划入行政执法类、专业技术类的公务员将全部实行聘任制。

不论存在什么统计口径的争议，行政单位公务员、事业单位中全额拨款事业单位人员、差额拨款事业单位的人员、行政事业单位大量的由财政支付工资的临时工，均要纳入养老保险体系，财政部在 2012 年出版的最新的《2009 年地方财政统计资料》中披露的数据显示，到 2009 年年底，中国财政实际供养人数超过 5700 万人。曹开林撰文指出：到 2012 年，中国财政供养人口或已超过 6000 万。② 财政要弥补改革前二十年两个账户的基金历史欠缴，数量之大可想而知。2016 年，关于公立医院、高校取消编制管理试点将在一些城市进行，高校和公立医院在事业单位编制中占绝对多数，这事实上是为事业单位养老保险改革减负的前奏。财政弥补数量庞大的基金欠缴，政府理应选择专业的机构进行养老金的管理，选择银行作为基金托管人，专业投资机构作为基金投资管理人，个人账户的受托责任和账户的记录由现在的社会保险经办机构来承担，通过专家理财使养老金获得更好的收益，使退休人员获得更好的回报。但是中国现行的资本市场、产业市场，很难承接资金增值之重，资金贬值风险难以避免。

（三）下调行政事业单位的养老金替代率困难

将机关事业单位的养老保险制度依照统一化原则统一列入改革范畴，涉及养老金的缴费基数如何确定的问题。一般来说，行政事业单位机关工资现状构成比企业工资构成复杂得多，津贴改革之后的隐形工资曾经占有较大比例，这一现状也必然给养老费的核算带来缴费基数难以确定的问题，这也就减缓了机关事业单位养老保险制度的改革进程。随着中央八项规定的展开，行政事业单位很多隐性福利都没有了，收入也更加阳光化了，缴费基数与企业缴费基数的交集会更加趋于一致，有利于养老保险并轨改革，但还需

---

① 参见胡颖廉、叶岚：《专家驳中国 26 人养 1 名公务员：官民比低于英俄》，《瞭望新闻周刊》2014 年第 4 期。

② 参见曹开林：《中国财政到底养了多少人?》，《凤凰周刊》2013 年第 5 期。

要时间。

从另一个侧面看，机关事业单位养老金替代率水平大约 90% 左右，企业 60% 左右，如果完全按照企业职工基本养老金计发办法执行，机关事业单位养老保险改革当年退休人员的养老金替代率水平将大幅降低，显然，其待遇水平落差过大，将引发机关事业单位退休人员的普遍抱怨，不降低替代率，并轨失去了意义。机关事业养老保险替代率太高，伴随着老年化社会的来临基金收支倒挂就成为不争的事实。具体而言，目前世界各国公职人员养老保险的发展趋势是建立三层次的保险体系，即国家基本养老保险、补充养老保险和职工（职员）个人储蓄性养老保险。其中，发达国家的国家基本养老保险的替代率较低，而第二、第三层次的养老保险替代率较高。

改革中以建立公务年金和职业年金的办法来弥补行政事业单位退休人员因降低替代率带来的损失。提高企业经济效益，建立中国的 401K 计划，让更多的企业建立企业年金制度，这是消除待遇不公的关键。

（四）行政事业单位"中人"待遇难以确定

按照"老人老办法、'中人'中办法、新人新办法"的政策设计，我国行政事业单位现有离退休人员不参与养老保险并轨改革，仍由财政供养，老人待遇水平不变。新人的养老金待遇办法与企业完全并轨，核心问题是要解决好"中人"的养老金待遇水平过渡问题。行政事业单位改革被置换人员的风险突出表现在未来的社会保障上，要缴纳社会保险费，而行政事业单位人员此前未曾参与社会养老保险，"中人"的"视同缴纳"的年限有可能会被从零算起，具体由哪级财政买单并无刚性规定，增加了改革的模糊性。

2008 年，人事部、财政部征求意见稿《机关事业单位工作人员养老保险改革意见》（国发 [2008] 10 号），要求本办法实施前参加工作、实施后退休的工作人员（即"中人"），在享受基本养老金和退休津贴的基础上，以本人退休前 2 年月平均缴费工资为基数，按照符合国家规定的工作年限（不超过 35 年）与缴费年限之差计算，每满一年增加 1% 的过渡性养老金。计算公式为：

（1）月过渡性养老金 = 本人退休前 2 年月平均缴费工资 × 未缴费年限

$\times 1\%$

（2）月基本养老金＝退休前 2 年月平均缴费工资 $\times 38\%$ ＋个人账户储存额 $\times 1/120$

（3）月退休津贴＝退休前 2 年月平均缴费工资 $\times 0.6\% \times$ 工作年限

其中：计算退休津贴的工作年限最高不超过 35 年

行政事业单位"中人"月计发基本养老金＝（1）＋（2）＋（3）

如果将养老金双轨制度转型为单轨制，行政事业单位"中人"养老金计算办法就要与企业"中人"计算办法趋于一致：

月基本养老金＝基础养老金＋个人账户养老金＋月过渡性养老金

其中：基础养老金＝（退休时上一年全省在岗职工月平均工资＋本人指数化月平均缴费工资）$\div 2 \times$ 缴费年限（含视同缴费年限）$\times 1\%$

本人指数化月平均缴费工资的计算公式为：

$$S = C_0/12n \times (X_1/C_1 + X_2/C_2 + \cdots X_n/C_n)$$

式中：S 为参保人的指数化月平均缴费工资；

X_1、$X_2 \cdots X_n$ 分别为统一制度前 1、2、$\cdots n$ 年的本人缴费工资；

C_1、$C_2 \cdots C_n$ 分别为统一制度前 1、2、$\cdots n$ 年的当地职工平均工资；

C_0 为职工退休前一年的当地职工平均工资。

个人账户养老金＝退休时个人账户储存总额 $\div$ 本人退休年龄相对应的计发月数

月过渡性养老金＝（退休时上一年全省在岗职工月平均工资＋本人指数化月平均缴费工资）$\div 2 \times 1995$ 年 12 月 31 日及以前未建立个人账户的累计缴费年限 $\times 1.3\%$（计算系数）

2008 年人事部、财政部征求意见稿中，行政事业单位"中人"月养老金计发办法如何与企业"中人"养老金计发办法统一需要艰难地调整：理由如下：一是行政事业单位的"中人"本人的缴费工资要服从于"收入工资化、工资货币化"的要求，谨防非统筹工资（如各种津贴）纳入统筹范围内。二是如果在"十二五"期间实现养老保险全国统筹，假定保持上述公式不变，计算全国在岗职工月平均工资更加复杂化，缴费基数下限与上限如何确定、行政事业单位工资构成如何与企业工资构成区分？都需要在工资统计上进行改革。三是财政支付行政事业单位的工资中，要增加 20% 的统筹基金，意味着财政要增加 20% 的工资支付，同时官方发出的信号是要弥补公务人员参加养老保险要增加个人 8% 的缴费和 8% 的职业年金，中央财政可能问题不大，地方财政是否可以长期承受。四是"目前的方案是根据公务员的工龄进行一系列计算来确定如何补齐养老保险。"养老保险补齐的年限至少为 15 年，如果是按照 15 年的底线思维，而不是制度性确定财政补齐上限，就可能在并轨中因政府走下线而侵犯企业职工利益，因为在企业职工缴费中，在职职工只要没有下岗，就一直在正常缴费，正常职工缴费年度远超15 年，财政因景气状况补齐不作为，就可能引发养老基金不足的问题。五是人社部专家认为："财政只需要将公务员养老保险逐年补齐就可以了。比如，只要补齐本年度退休人员的养老保险即可，不需要一下把所有公务员的养老保险都补齐，这样不会对财政部门造成太大的压力。"[①] 我们假设中国资本市场健康发展并有增值功能，作为并轨的行政事业单位，欠缴 20 年逐年补齐实际上是一种强势政府的公权力所为，这对需要增值的企业养老金制度是极不公平的。

2015 年，人力资源社会保障部、财政部关于贯彻落实《国务院关于机关事业单位工作人员养老保险制度改革的决定》的通知，提出了 10 年"中人"过渡计算公式要求：

全国实行统一的"中人"过渡，对于 2014 年 10 月 1 日前参加工作，改革后退休的"中人"设立 10 年过渡期，过渡期实行新老待遇对比，保低限高，新办法包括职业年金，计发待遇低于老办法待遇的，按老办法待遇标准发放，保持待遇不下降；高于老办法待遇标准的超出部分：第一年退休的人员（2014 年 10 月 1 日到 2015 年 12 月 31 日）发放超出部分的 10%，第二年退休的人员（2016 年 1 月 1 日至 2016 年 12 月 31 日）发放 20%，依此类推，到过渡期末年退休的人员（2014 年 1 月 1 日至 2014 年 9 月 30 日）发放超出部分的 100%。过渡期结束后退休人员执行新办法：

$$老办法待遇计发标准 = (A \times M + B + C) \times \prod_{n=2015}^{N} (1 + G_{n-1})$$

---

① 索寒雪：《公务员养老金将按工龄补齐保险　实施时间待定》，《中国经营报》2014 年 3 月 29 日。

其中：A 为 2014 年 9 月工作人员本人的基本工资标准；

B 为 2014 年 9 月工作人员的职务职级（技术职称）等对应的退休补贴标准；

C 为按照国办发【20153 号】文件规定相应增加的退休费标准；

M 为工作人员退休时工作年限对应的老办法计发比例；

G_{n-1} 为参考第 $n-1$ 年在岗职工工资增长等因素确定的工资增长率，$n \in [2015，2024]$。且 $G_{2014}=0$；

N 为过渡期内退休人员的退休年度，$n \in [2015，2024]$。

2014 年 10 月 1 日至 2014 年 12 月 31 日期间退休的，其退休年度视同为 2015 年。

新办法待遇计发标准＝基本养老金＋职业年金

其中：基本养老金＝基础性养老金＋过渡性养老金＋个人账户养老金。具体计算方法如下：

（1）基础性养老金＝退休时当地上年度在岗职工月平均工资 ×（1＋本人平均缴费工资指数）÷ 2 × 缴费年限（含视同缴费年限，下同）× 1%

其中：本人平均缴费工资指数＝（视同缴费指数 × 视同缴费年限＋实际平均缴费指数 × 实际缴费年限）÷ 缴费年限。

各地根据测算形成与机关事业单位职务职级（技术职称）和工作年限相对应的袖指数表，工作人员退休时，根据本人退休时的职务职级（技术职称）和工作年限等确定本人视同缴费指数。

$$\text{实际平均工资缴费指数} = \frac{X_n/C_{n-1}+X_{n-1}/C_{n-2}+\cdots+X_{2016}/C_{2015}+X_{2015}/C_{2014}+X_{2014}/C_{2013}}{N_{\text{实缴}}}$$

其中：X_n、$X_{n-1}\cdots X_{2014}$ 分别为参保人员退休当年至 2014 年相应年度本人各月缴费工资基数之和；C_{n-1}、C_{n-2}、$\cdots C_{2013}$ 为参保人员退休上一年至 2013 年相应年度当地在岗职工年平均工资。

$N_{\text{实缴}}$ 为参保人实际缴纳养老保险费年限。

（2）过渡性养老金＝退休时当地上年度在岗职工月平均工资 × 本人视同缴费指数 × 视同缴费年限 × 过渡系数

其中：过渡系数与区职工基本养老保险过渡系数一致，视同缴费指数由各省级地区统一确定。

（3）个人账户养老金＝退休时本人基本养老保险个人账户累计储存额÷计发月数（计发月数由国家统一规定）

按照上述人力资源社会保障部、财政部文件规定的"中人"10年过渡办法，10年过渡期后"中人"待遇如果出现低于老办法待遇计发标准时又如何处理，都是悬而未决的问题。

起始于1992年的中国行政事业单位养老保险改革，一直雷声大雨点小。2014年，新政府再次启航行政事业单位养老保险改革，试图打破养老保险双轨制，在2015年年底之前，在联动推进机关事业单位分类改革的同时，还要出台养老双轨制并轨方案，缩小机关、事业和企业退休人员的养老金待遇差距；能否"于无声处听惊雷"，百姓翘首以盼。

事实上，养老金双轨制引发的社会阵痛起源于收入分配体制的不合理，加上在养老保险制度设计上，是一种自肥式的顶层设计，加大了行政事业单位职工与企业两大阵营职工在退休后的待遇势差，激发了社会矛盾。因此，政府试图推行延迟退休年龄改革、推行养老保险基础养老金全国统筹，饱受社会诟病与"拍砖"。

政府下决心破解养老保险双轨制，要认真对待几大政策问题：一是要尽快破题收入分配改革，加大国民收入分配结构的调整力度，增加初次分配收入群体工资水平，通过收入分配改革调整利益关系，解决利益矛盾与利益失衡问题，谨防将不合理的分配制度为养老体制改革带来负面影响；二是政府要为20年的历史负债（两大账户）尽清偿责任，但如果财政为并轨中的个人账户部分埋单，会引起企业参保职工（个人缴费）的强烈不满，如果政府逐年清偿债务，显然对体制内企业参保职工的权、责、利是不对称的，他们或是利益的受损者；三是行政事业单位的公务年金或是职业年金全覆盖显然会严重刺激企业参保职工，全国拥有企业年金的职工仅占6.07%，我们大力宣传行政事业单位的职业年金制度，搞不好会引发企业职工争取权益的集体行为。

无疑养老保险并轨改革是一块难啃的骨头，正如国家主席习近平接受俄罗斯电视台"星期六新闻"节目主持人谢尔盖·布里廖夫专访时所言：中国改革"已进入深水区，可以说，容易的、皆大欢喜的改革已经完成了，好吃的肉都吃掉了，剩下的都是难啃的硬骨头……改革再难也要向前推进，要把改革推向前进，必须加强顶层设计"。养老保险并轨要的不是公权力的继续发酵，而是在社会的监督下，让公共政策在阳光下运行，理性地兼顾各方利益，谨慎解决历史遗留问题，作出公平科学的顶层设计。

第五节　第一代外来务工人员城市留置的养老保险权益不能被制度性剥夺

李克强总理在 2013 年中国工会第十六次全国代表大会上表示，我国大概有 3 亿多人参加了城镇职工养老保险，2013 年有累计 3800 万人中断了缴保险。① 弃保者中最主要的群体是外来务工人员，这一群体工作的候鸟性质决定了他们很难在一个城市长期、稳定的工作和连续缴费，而以往退保大潮中分布的 2000 多个统筹单位间由于缴费基数和缴费比率各不相同，又很难进行对接转移。即使出台了转移政策，也因为人为的障碍而难善其终，弃保行为反映出现行社保体制未能适应外来务工人员群体的真实需求。在人社部做的一项调查中，有 23% 的工作人口中断了缴费。从 2011 年《社会保险法》实施之前外来务工人员狂热的退保潮到《社会保险法》实施之后的大量外来务工人员中断养老保险，长此以往，这将严重动摇养老保险的经济基础，它发出了一个危险信号，中国以外来务工人员贡献最大的 3 万多亿元的滚存积累基金将受到挑战，在提高缴费率和降低替代率都行不通的情况下，延迟退休年龄就可能成为自然选项，而这是制度内参保人所诟病的选择。

一、马克思关于产权的论述与社会保险财产权

（一）产权的论述与启示

20 世纪 50 年代后兴起的产权学派与制度学派，主要着力于产权、激励与经济行为关系的研究。尤其探讨了不同产权结构对收益—报酬制度及资源配置的影响，财产权利在经济交易中的作用也给予了极大的关注。正如

---

① 参见贾玥、常红：《3800 万人中断保险体现社保转移接续难》，人民网，2013 年 11 月 29 日。

H. 登姆塞茨所言：产权是一种社会工具，其重要性就在于事实上它们能帮助一个人与其他人进行交易时的合理预期……产权的一个主要功能是引导人们实现将外部性较大地内在化的激励。① 产权是用来界定人们在经济活动中如何受益、如何受损以及在人们之间如何进行补偿的规则，其主要功能就是实现其交易预期。

马克思研究了历史上的公共产权和私有产权，研究了资本主义原始积累，研究了法律在资本主义原始积累时期变公共产权和国有产权为私有产权过程中的作用。《马克思的产权思想》一书主要包括阶级人假设、阶级分析方法、产权一般、资本产权、劳动产权、土地产权、阶级产权与社会和谐等。马克思从其阶级方法的独特视角，在与剩余价值有关的范围内观察研究了现代产权理论所关注的一些问题，如外部性、风险或不确定性、产权、激励、交易费用、剩余（剩余劳动的控制权和索取权）、产权界定、产权变迁、不完全契约、企业组织等，贯穿于其一系列产权思想之中，得出了有利于劳动者而不利于剥削者产权的结论。② 外来务工人员的养老保险权益应属于劳动产权。按照 A.A. 阿尔钦的观点，财产权益包括私有产权、共有产权和国有产权。私有产权就是将资源的使用与转让以及收入的享用权界定给了一个特定的人，他可以通过自由合约将这些权利同其他类似权利的物品相交换，他也可以将权利自由合约转让给其他人，他对这些权利的使用不应受到限制；共有产权则意味着在共同体内的每一成员都有权分享这些权利，它排除了国家和共同体外的成员对共同体内的任何成员行使这些权利的干扰；而国有产权在理论上是指这些权利由国家拥有，它再按可接受的政治程序来决定谁可以使用或不能使用这些权利。

马克思研究的产权包含所有权、占有权、使用权、支配权、经营权、索取权、继承权和不可侵犯权等一系列权利。所有权是一种排他性的权利，产权方法的中心任务是要表明产权的内容以特定的和可预期的方式来影响资源的配置和使用。社会保障私有产权、共有产权与国有产权作为不同的产权安排或产权结构，都应该在产权配置效应最大化的目标下使产权受益者得到

---

① 参见 [美] H. 登姆塞茨：《关于产权的理论》，《美国经济评论》1967 年第 5 期。

② 参见武建奇：《马克思的产权思想》，中国社会科学出版社 2008 年版。

严格的维权保护。产权的功能包括：激励功能、约束功能、资源配置功能、协调功能，它是以法权形式体现所有制关系的科学合理的产权制度，是用来巩固和规范商品经济中财产关系、约束人的经济行为、维护商品经济秩序、保证商品经济顺利运行的法权工具。

（二）社会保险产权关系的注解

社会保险经济是一种资源配置型经济，将产权方法应用于社会保险研究，是基于社会保险财产权在社会保险契约交易中居于重要的地位，明晰社会保险产权与维护参保者正当权益，是当今社会保险改革进程中要高度重视的命题。社会保险产权结构是一种制度安排，其内部激励机制与排他性同样是社会保险产权的重要特征。明晰和保护社会保险产权，促进参保者社会保险权益的维护，有助于社会保险的可持续发展。社会保险产权与维权是根据目前社会保险改革的要求而提出的，社会保险中的基金配置划分为三种产权，具有不同的产权功能。

美国当代著名经济学家斯蒂格利茨在《社会主义向何处去》一书中提出：在经济学中，还没有一种迷信像产权迷信那样影响人们的思想和行动。这一迷信认为，人们所要做的一切，就是正确地分配产权，这样经济效率就有了保证。[1] 从产权视角看，社会保险中的养老保险个人账户与医疗保险个人账户属于私有产权，它是强制性社会保险制度下的一种专门合约，也是产权明晰化的关键。参保人在投资方面应该享有选择权，主要是指个人账户模式下参保人在选择基金管理主体、基金投资方案或策略、养老金给付方式等方面所享有的自由和权利。[2] 英国个人账户计划给予参保人的个人选择权包括：除非自己愿意，否则不必一定开设个人账户；建立个人账户后，可以自行挑选基金管理公司和投资工具；此外，对那些选择退出国家养老计划的人，还可以在随后的年份重新退回原养老计划；香港的强制性公积金更是完全由参保人自己决定如何进行基金的投资，基金管理公司只负责执行参保人发出的投资指令。

养老保险统筹账户与医疗保险统筹账户应属于参保者的共有产权，也

① 参见［美］约瑟夫·E.斯蒂格利茨：《社会主义向何处去》，吉林人民出版社1998年版。
② 参见刘子兰：《析养老社会保险个人账户管理模式》，《财贸经济》2002年第12期。

是"由一个大型的覆盖面很广的群体所共享的社会化财产"。养老保险统筹账户的主要用途：一是用于统筹范围内的基金调剂；二是用于养老金计发中的基础性养老金部分；三是用于养老保险中超过15年的终身养老金支出。医疗保险统筹账户主要用于进入大病统筹后参保者的医疗费用支出。上述两种账户意味着养老保险与医疗保险的参保者作为共同体，都有权按照规则分享这些权利，其排他性特征排除了国家和共同体外的成员对共同体内的统筹基金财产权利的干扰。

社会保险产权结构关系社会保险事业的成败，产权与各种社保基金相联系，各类产权保护不是最终目的，产权结构是否有效率，主要是看在产权支配下的参保者能否提供将外部性较大地内在化的激励。社会保险共有产权与国有产权都可能产生极大的外部性。

中国城镇养老保险制度设计的初衷是为国有企业职工设计的，之后逐渐扩大到非国有企业职工、外资企业等，并强制性地将候鸟性就业的外来务工人员也纳入了城镇职工养老保险体系。中国养老保险的隐性债务问题的产生，是由于计划经济时期国有企业大量的利润与税收上交国家财政并用于工业建设，国家没有储备应该为职工未来养老而必需的养老基金，"中人"和离退休职工以低工资的代价向国家预付了社会保险的积累基金，部分养老基金构成了国有资产的一部分，变现部分国有资产充实社会保险基金，事实上就是在理论上对离退休职工和"中人"过去养老金财产权利的认可。他们是隐性债务的债权方，没有任何经济理由要求"中人"和老人为"债权回溯"支付金钱。由于社会保险责任主体不到位，养老保险隐性债务本该由国家财政偿付但至今并未偿付，由此造成的2012年年底累积2.6万亿元的个人账户"空账"并还在继续扩张成为中国养老保险制度建设中的一个难点。排除制度外财政补贴的因素，养老金制度本身由新人交纳的养老保险费来补偿"中人"的部分债权和老人的绝大部分隐性债权显然是不利于新人未来养老待遇权利的对价。

如果沿用下一代人养上一代人的"代际转嫁"技术，在遭遇通货膨胀的情况下，如今的新人在退休后，养老保险支付的现值与养老保险享受待遇的终值不对应，他们的财产权利部分遭到剥夺。一些国家已印证了这一事实，养老金制度遭遇寒流。以日本为例，越来越多的日本人不愿意交纳保险金，因为他们怀疑等他们退休后，是否真的能从中受益，特别是年轻人认为他们将无法从养老金制度中获益，因此不愿意作出贡献。在日本养老金体系中，代与代之间的养老待遇不公平，据日本政府测算，1935 年出生的日本人得到的养老金 8.4 倍于其向养老金体系中支付的保费，1995 年出生的日本年轻人得到的只是付出的 2.2 倍。数据显示，年轻人需要担负更重的养老金负担。[1] 养老金投资的股市蒸发与通胀威胁、人口老龄化社会赡养率的提高等因素，都可能使参保者的财产权利遭遇不公平的对待，使基金制回复到现收现付制。在美国的青年一代中，对社会保障制度的怀疑更多地表现在对未来养老金支付的待遇公平问题。

中国将外来务工人员纳入城镇养老保险体系，起始于 2003 年前后，基于分层分类保障的原则，稳定就业的外来务工人员，其养老保险有望纳入现行的城保制度；不稳定就业者，则可能将其社会保障权益直接记入个人账户。一种思路是为外来务工人员建立专门的养老保险制度，因为有可能加剧制度的碎片化而被放弃。而事实上，外来务工人员进入城市务工大都为中青年劳动力，这一阶层本身在一定的期限内不存在养老负担，是完全的积累账户，他们所交的个人养老金和企业以外来务工人员身份所交的养老保险统筹基金，为缓解城镇职工的养老金短缺作出了突出的贡献，外来务工人员阶层是绝对的"债权人"。

二、第一代外来务工人员养老待遇缺失引发社会不公

（一）《社会保险法》出台的前后的退保与断保

据媒体报道，2007 年，深圳共有 439.97 万人参加基本养老保险，而退保人数竟然高达 83 万人，一年中，退保人就把 8 亿多元企业缴费贡献给了当地社保。[2] 全国普遍的外来务工人员退保行为一度曾被媒体称为城市的印钞机。在深圳、广州、浙江等发达地区，外来务工人员退保问题曾一度十分突出，在深圳曾因派长队退保引起流血冲突，全国每年退出养老保险的人在

---

[1] 参见苏蔓薏：《养老金丑闻搅乱日本政坛 37% 国民漏缴、少缴保险》，《国际金融报》2004 年 5 月 14 日。

[2] 郭晋晖：《外来务工人员养老保险政策年内推出将纳入城保体系》，《第一财经日报》2008 年 8 月 12 日。

3000 万左右。

2009 年 2 月 5 日，人力资源和社会保险部在其官方网站公布了《外来务工人员参加基本养老保险办法》和《城镇企业职工基本养老保险关系转移接续暂行办法》（简称《两个办法》），在个人账户储存额的转移方面，基本维持了现行政策规定，以体现政策的连续性；统筹基金的转移量，则确定为本人 1998 年 1 月 1 日后各年度实际缴费工资的 12% 左右，但是统筹基金跟以后个人领取养老金的金额是没有关系的，只是外来务工人员新旧两个务工城市的利益分配问题。2011 年《社会保险法》出台后，外来务工人员不允许再退保取现，只能办理转移接续。法律禁止参保者提前支取个人账户养老金，终结了以取现为目标的退保行为，但并没改变其他类型的中断或退出行为。人力资源和社会保障部社保中心统计数据显示，2011 年全国开具基本养老保险参保缴费凭证以转移接续的人中，成功转移的人仅占 20%，约八成的人流动后，要么没有就业，要么就业后没去办理或没办理成功。至2012 年，国家审计总署 8 月 2 日公布的社保审计报告显示，我国尚有 17 个省份未能按照规定真正实现养老保险省级统筹，全国数千个统筹单位造成社保体系地区割裂、城乡割裂、不同群体割裂的状况导致劳动者在流动时被迫断保。

中断或退出养老保险行为包括：（1）外来务工人员换工作后新单位不给缴纳养老保险而断保；（2）因就业中断而断保；（3）已经累计缴费 15 年，按照现行政策即可在达到退休年龄后按月领取养老金，自己不愿再多缴；（4）转移接续不畅导致的断保。

（二）外来务工人员的反复退保与断保，留下了养老隐患与现实困境

我国有 2.6 亿外来务工人员，其中 1.5 亿人在城乡间流动，6000 多万人跨省流动。不论是哪一种流动，都涉及社保转移接续的问题。据国家统计局发布的《2011 年我国外来务工人员调查监测报告》显示，我国外来务工人员总量达 25278 万人，其中 50 岁以上的外来务工人员占 14.3%，首次突破3600 万。① 其中有相当一部分人中途甚至屡次退保，在工作过的城市留下了

---

① 邱萧芜、于松：《第一代外来务工人员面临高龄困境：养老问题将在 5 年内集中爆发》，《东方早报》2013 年 2 月 26 日。

企业为外来务工人员向社会缴纳的统筹基金，而随着外来务工人员年龄的递增，第一代外来务工人员"退休"后的养老问题将会日益凸显，将在今后几年内集中爆发。

如全国社保基金理事会副理事长王忠民所言："劳动者从农村流入城市，大多没有上交或没有带走个人名下的养老社会保险。而今天这些劳动者已经或即将步入老龄化，却没有得到相应的养老红利或社保红利。"① 形成了今天发达地区养老基金大量剩余而不发达地区养老基金大量亏损的局面。在不久的将来，当纳入城镇养老保险体系的外来务工人员群体陆续达到退休年龄之时，外来务工人员福利被原打工城市截留这一触动外来务工人员权益的法律问题必将浮出水面，包括 2009 年 2 月 5 日出台《两个办法》之前遗留在外来务工人员原务工城市，以及《两个办法》出台后 8% 遗留在原外来务工人员务工城市的统筹基金。这两部分遗留的统筹基金遗留在原打工城市归城镇职工所有，是对外来务工人员权益的侵犯；

与国家审计部署认定 2012 年全国 17 个省份养老保险省级统筹不达标不同的是，同期国家人保部仅认定广东、山东、江苏、浙江四个发达省份养老保险省级统筹不达标。以广东省为例，至 2012 年底，社会保险基金累计结余 5131.3 亿元，其中养老基金份额比重最大，4000 亿元左右，相当部分属于农民离开广东省未被转续到其他省市的统筹账户基金。国务院有关文件规定：农村居民因就业和居住等情况变化，在不同阶段参加了多种养老保险制度的，国家将制定有关衔接政策，保障农村居民的养老保险权益。从宪定权利到现实权利，这事实上为外来务工人员最终回归农村，其遗留在打工城市的统筹基金应归外来务工人员所有提供了存有争议的法理依据。2013 年 3 月 22 日出版的《第一财经日报》为我们提供了一个可以信服的答案，该报记者经过深入的调查采访认为，广东省这部分积余下来的养老金来自历年来外来务工人员迫于养老制度的巨大缺陷而不得不放弃的养老权益。而企业为外来务工人员缴纳的那部分养老金，就这样成了广东养老金账户的"公共财产"。《上海商报》专栏作家周俊生呼吁：让那些几十年前曾经为广东的发展挥洒血汗，如今垂垂老矣的外来务工人员兄弟们，感受到来自广东的脉脉温

---

① 　王忠民：《社保基金需扩至十万亿解决养老问题》，证券时报网，2013 年 3 月 1 日。

情吧。① 当我们将外来务工人员权益问题摆上桌面之时，企业为外来务工人员名义缴纳的庞大的统筹基金积累是否可以应城镇职工养老急需，做实城镇养老保险个人账户还是从法理上"物归原主"？如果"物归原主"，可能一些学者会说制造新的"碎片化"，这不是"碎片化"的问题，是外来务工人员被纳入体制内应享有的财产权利。为了社会公正，这所谓的"碎片化"是值得的。

三、应尊重外来务工人员对统筹基金的共有财产权益

（一）外来务工人员跨统筹地区应享受的养老金权益被严重忽视

从退保到断保，简单地分析外来务工人员断保的客观原因，显然只是表面的而没有深入到问题的实质。按照产权理论，一个产权的基本内容包括行动团体对资源的使用权与转让权，以及收入的享用权。② 它的权能是否完整，主要可以从所有者对它具有的排他性和可转让性来衡量，如果权利所有者对他所拥有的权利有排他的使用权、收入的独享权和自由的转让权，就称他所拥有的产权是完整的，如果这些方面的权能受到限制或禁止，就称为产权的残缺。

从私有产权视角进行分析，A.A. 阿尔钦认为：产权是一个社会所强制实施的选择一种经济品的使用的权利。私有产权则是将这种权利分配给一个特定的人，私有产权的强度由实施它的可能性与成本来衡量，这些又依赖于政府有非正规的社会行动以及通行的伦理和道德规范。③ 马克思产权理论认为：和谐社会需要有一个与其成员构成相适应的由多种经济成分共同构成的公平正义的财产权基础：一是对财产权利和财产自由的有效保护，公私财产不受侵犯；二是出于"公共利益"的需要而对财产权利的适当限制，保障社会所有成员的基本权利，维护好社会和谐的"安全阀"。产权是经济所有制关系的法律表现形式，它包括财产的所有权、占有权、支配权、使用权、收益权和处置权。在市场经济条件下，产权的属性主要表现在三个方面：产权具有经济实体性、可分离性、流动的独立性。

---

① 周俊生：《广东的养老金结余何以如此雄厚》，《南方都市报》2012 年 3 月 24 日。
② 国务院社会保障基金理事会：《全国社会保障基金 2004 年年度报告》。
③ [美] R. 科斯、A. 阿尔钦、D. 诺斯等：《财产权利与制度学派》，上海三联书店 2000 年版。

从资源的物理属性转到财产权关系上，CPR 作为共有产权资源（common-property resource）的含义，已被广泛使用，奥斯特罗姆强调要考察的不仅仅是法律意义上的所有权界定，而是实际使用行为与出钱出力维护资源存量行为之间的关系。① 构成组合整体的五项权利分别是"进入权 access"、"退出权 withdrawal"、"管理权 management"、"排他权 exclusion"和"让渡权 alienation"。通过奥斯特罗姆对行为关系整体的共同财产制的强调可以得出，该项研究的重要考察范围必然涵盖人们围绕物打交道的关系，而非仅仅是资源存量—流量等物的情况。这种关系，简单地说，既有别于私人个体之间的买卖交易关系，或者说不是市场关系；也有别于国家政府权力机构与参保人的关系，可以说是非市场化非行政化的第三种体制的关系。

社会保险经济也是法制经济，我国目前社会保险制度的产权界定存在的问题包括：第一，产权界定不清晰，基金管理中：挪用、流失、浪费；管理体制上存在多头管理，存在"共享区间"，人们不能确定其努力能换来多少成果，究竟有多少能属于自己所有；第二，产权界定不合理，效率低且无效。由于权利是由国家所选择的代理人来行使，加之国家对这些代理者进行充分监察的费用极其高昂，再加上国家权力的实体往往为了追求其政治利益而偏离利润最大化动机，这种行政权、事权和财权的高度集中意味着谁取得基金管理权谁就可以支配一大笔滚存结余基金和间歇性沉淀基金，为基金管理者对基金的滥用（内在化激励）创造了条件。

实施外来务工人员个人账户可携带转移政策后，企业为外来务工人员缴纳的统筹账户基金仍大部分留在原地区不能转出到新务工城市。在经济发达地区，外来务工人员转移到其他地区后遗留的统筹账户基金数额巨大。中国养老保险滚存积累基金达 2 万多亿元（其中大量属于发达省份外来务工人员遗留在务工城市的统筹基金，外来务工人员贡献份额最大），第一代外来务工人员暂时作为一个没有养老负担的独立群体，个人账户可转续，其遗留在原工作城市的统筹基金财产权归属问题值得研究，当第一代外来务工人员大量进入退休年龄，而不能享有他们在务工城市遗留的统筹账户基金的共有财产权益时，这在法理上是他们权益的侵犯，在制度上将外来务工人员强制

① 埃莉诺·奥斯特罗姆：《公共事务的治理之道》，余逊达译，上海译文出版社 2006 年版。

性纳入城镇养老保险制度，在待遇上又剥夺他们享有共有财产权益的权利，这是极大的社会不公，甚至可能成为一个重大的社会问题。坚持让退休者包括外来务工人员在内享受社会经济的发展成果的政策，应成为一项永久的政策固定下来，这是使不同代参保者的财产权利实现待遇公平的先决条件。

当第一代外来务工人员即将面临退休大潮，他们需要稳定的退休生活，政府有必要检讨自己的制度设计是否公平，外来务工人员和城镇职工的共有产权资源不能人为地无代价地要外来务工人员让渡给城镇职工。2012年3月，广东与全国社保基金理事会正式签署合同，将1000亿元企业职工基本养老保险结余资金，授权该理事会投资运营，以期实现保值增值，广东委托全国社保基金理事会投资运营的1000亿元养老金当时的年化收益率为6.72%。2013年广东的城镇职工基本养老保险基金累计结余继续增加，已经达到4368.5亿元。①1000亿元养老金据报道一年赚了67.2亿元，这1000亿元养老保险基金相当部分是务工农民的贡献，难道在67.2亿元的净收益中曾做出过贡献的务工农民仅仅是看客吗？

（二）重视外来务工人员对统筹账户基金的分享权与制度设计的公平正义，断保现象可能自行消解

Ross Garnaut、Jane Golley、Ligang Song从中国外来务工人员参加养老保险的角度出发，分析了在城市中由户口不同导致的养老保障问题，其主要观点是低水平的社会统筹导致了养老保险转移的不便并且阻碍了高流动性的外来务工人员将他们的养老缴费进行接续。结果，当一个外来务工人员要去异地工作时，他不得不牺牲他的养老保险缴费；并且当劳动力市场波动时，会有大量的外来务工人员退出养老保险。由于只有个人账户可以进行转移而不包括统筹账户，因此，无论是外来务工人员还是他们的雇主都没有很强的意愿参加养老保险。②Catherine Jones Finer从养老保险制度的角度出发，研究了养老保险不公平的原因，其主要观点是：中国养老保险系统的一个非常显著的特点是城市与农村区域的分离。农村人口的需求在历次养老保险的改

---

① 张焕：《广东千亿元养老金6.73%收益引争议，高了还是低了》，《第一财经日报》2014年1月21日。

② Ross Garnaut, Jane Golley, Ligang Song.《China：the next twenty years of reform and development》，Australia：anue Press，2010：334.

革中都被忽略。

中国养老保险制度强制型要求将外来务工人员纳入城镇养老保险体系，劳动用工企业要为外来务工人员缴纳统筹基金。李妍、贾康撰文指出：在中国的现实情况下，有很多连带效应要把握，处理不好就是群体事件多发局面。大原则还是要通过立法保障产权，尊重市场，政府要有法规体系维护公平竞争。① 一个产权的基本内容包括行动团体对资源的使用权与转让权，以及收入的享用权。所有权是一种排他性的权利，产权方法的中心任务是要表明产权的内容以特定的和可预期的方式来影响资源的配置和使用。社会保险私有产权、共有产权与国有产权作为不同的产权安排或产权结构，都应该在产权配置效应最大化的目标下得到严格的产权保护。②

从产品权角度考虑，将产权方法应用于社会保险研究，是基于社会保险财产权利在社会保险契约交易中居于重要的地位，养老保险个人账户属于私有产权，它是强制性社会保险制度下的一种专门合约。养老保险统筹账户应属于参保者的共有产权，也是"由一个大型的覆盖面很广的群体所共享的社会化财产"。养老保险统筹账户的主要用途一是用于统筹范围内的基金调剂；二是用于养老金计发中的基础性养老金部分；三是用于养老保险中超过15年的终身养老金支出。将外来务工人员纳入城镇养老保险制度，事实上企业为外来务工人员名义缴纳的统筹账户基金和企业为城镇职工缴纳的养老保险统筹账户基金构成了两者的共有产权，社保部门强制性要求企业为外来务工人员投保，而外来务工人员离开原有城市，又允许他们自由退保，留下数额巨大的统筹账户基金却剥夺了他们与城镇职工一道共有产权的权益。《两个办法》颁布后虽不允许退保，准许统筹基金的转移量，则确定为本人1998年1月1日后各年度实际缴费工资的12%左右，但外来务工人员本身并不涉及这12%的利益，不论是原务工城市还是新务工城市，外来务工人员都不享有对统筹基金的共有产权的分享权。其实这12%的统筹基金的转出并不顺利（中山市的一份小型民调显示，40.31%的人认为社保转移衔接困难），因为一是全国并未都已实现了养老保险转移接续功能，二是并不是

① 李妍、贾康：《养老金进入全国统筹是大势所趋》，《中国经济周刊》2013年4月16日。

② 林毓铭：《社会保险研究的另一视角：社会保险若干产权问题》，《中共福建省委党校学报》2006年第6期。

所有的养老保险制度都能接续，三是接入地担心增加支出，不愿意接收缩水的统筹账户的劳动者，四是转出地由于可以截留 8% 的统筹资金，特别是经济发达地区，仍可能热衷于外来务工人员向其他非统筹地区的转移。①

外来务工人员被强制参保事实上被政府赋予了"进入权"，构成了外来务工人员自缴的个人账户（私有产权）和企业以外来务工人员名单缴纳的统筹账户，后者应是外来务工人员和城镇职工的共有财产权。外来务工人员的退出是由于外来务工人员的工作不稳定，他们退出了政府设计的原城市城镇职工养老保险制度，政府一度赋予了他们自由选择（退保）的权利，但养老待遇中统筹账户这一共有财产权被剥夺，被制度性"排他"，"让渡"给了城镇职工。这显然是政府通过行政化的手段，对外来务工人员共有财产权益的剥夺，实际上是外来务工人员对城镇职工的再分配，造成了极大的制度不公。正如降蕴彰在《养老金双轨制被指最大不公　专家吁莫忘过亿农民》一文中指出：在 2012 年年底的一个慈善论坛上，全国老龄委办公室副主任阎青春不无忧虑地表示，现在有 2.5 亿的青壮年外来务工人员进城打工，农村的空巢家庭已达到 45%，很多农村留守老人都是带领着留守儿童种田，这种状况使得我国农村养老状况甚至不如过去的计划经济时代。事实上，现在参加基本养老保险的外来务工人员不到外来务工人员总量的六分之一，并存在参保率低、缴费水平低、退保率高等问题。那么等到这些进城务工者老了之后，养老的钱从何而来？②

反复退保，是因为候鸟性的劳动和针对外来务工人员不公平的养老保险制度使得外来务工人员不得已而为之；对断保而言，如上述客观原因之外，关键的问题是政府要真心从农民的切身利益出发，打破地方分配利益格局，严禁"上有政策、下要对策"侵犯外来务工人员利益的行为，让外来务工人员有权享受他们曾务工城市留下的统筹账户这一共有产权，建立规范的制度保障，遏止弃保行为，必须从提高社保体系兼容性入手，"断保"现象就可能自行消解。2016 年，全国人大代表张晓庆提出关注老年农民工的话

---

①　林毓铭：《体制改革：从养老保险省级统筹到基础养老金全国统筹》，《经济学家》2013 年第 12 期。

②　降蕴彰：《养老金双轨制被指最大不公　专家吁莫忘过亿农民》，《经济观察报》2013 年 5 月 4 日。

题，反映了务工农民的共同心声，参与了城镇职工养老保险的老一代农民工，他们的权益应该得到保障。

四、弥补政策缺失，公平与社会稳定的迫切需要

荷兰前首相维姆·科克认为：如果社会存在大量不平等问题，经济发展将付出巨大代价。[①] 世界银行的下属部门 Poverty Reduction and Economic Management Unit 从中国户籍制度出发，研究了户籍制度带来的身份不同进而导致社会保障不公平问题，其主要观点是尽管改革的趋势是将社会保障与工作单位分离，但社会保障的获取仍然是由户口性质决定的。因此，为了实现户口改革的目标，有必要将社会保险项目与户口相分离并最终使城市和农村的居民都能公平地获得社会保障。导致城市与农村社会保障系统巨大差异的一个重要原因是计划经济时期留下的巨额欠债以及政府较弱的财政能力。城市户口所包含的额外福利实际上也表明了农村地区社会福利和公共服务的数量过少。[②] 中国股市疯狂为国企圈钱，使得中国股市成为世界最差股市，外来务工人员进城务工，被强制纳入城镇养老保险体系，事实上是为年龄结构严重老化的国企缓解养老金之急，而制度设计却不为外来务工人员的未来养老着想。由于共同的原因，不满情绪会发展成为怨恨，怨恨的产生是利益被剥夺的群体无力改变现状的一种情绪表达。而这种情绪在从个人向群体传递发展的同时，变成了一种共同的情绪和心理支撑。勒庞认为：当个体处于群体当中时会产生心理趋同，它假设置身于群体中的人们会有一种共同的倾向，有同样的行为方式和看待事物的角度。正是这种共同的倾向，使人们聚集起来成了群体。从外来务工人员养老被制度性剥夺的情况下，"无疑，一定范围内的社会公众在一定时期内，可能面临着共同的社会问题，这些问题因长期得不到解决而在民众中形成广泛趋同的心理基础。这也在客观上为'弱者'博得'旁观者'的同情，甚至为争取其加入维权抗争的行列提供了潜在基础。但是，从根本上讲，这种博弈方式之所以存在是因为目前一些社

---

① 褚国飞：《全球发展目标不能忽视边缘化群体》，《中国社会科学报》2014 年 2 月 14 日。

② Kong Yam Tan.《China Integration of National Product and Factor Markets Economic Benefits and Policy Recommendations》，World Bank，2005：41-42.

会问题的处理是以非制度化的方式进行的"①。

"城乡一体化"是中国进行缩小城乡差别的社会实践所要追求并且实现的最终战略目标，相当部分外来务工人员在城乡间流动，不同的年龄结构表现为转移劳动力、农业劳动力、剩余劳动力三重结构，40岁以上农民大量回归农村成为主要的农村劳动力（见下图）。目前我国对职工养老保险和新农保如何衔接尚未做出详细规定，直接影响外来务工人员持续参保。

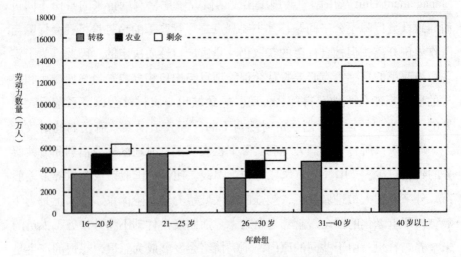

图6-3　农村劳动力不同年龄组配置结构

40岁以上的农民再进入到城镇务工的不多或者说大量的外来务工人员40岁以后回到了农村，而且相当部分在城镇退保、断保。《社会保险法》从法律层面明确了跨地区就业劳动者基本养老保险权益及关系转接的原则，即"个人跨统筹地区就业的，其基本养老保险关系随本人转移，缴费年限累计计算。个人达到法定退休年龄时，基本养老金分段计算、统一支付"。外来务工人员加入了城镇养老保险制度，他们在城市务工退休后的基本养老金来源在哪？显然离不开原在若干城市务工后遗留的统筹基金作后盾，《社会保险法》并没有明文排除外来务工人员享受统筹基金的权利。

外来务工人员在城乡间流动，目前我国对职工养老保险和新农保如何衔接尚未做出详细规定，直接影响外来务工人员持续参保。如何不让劳动者

---

① 于建嵘：《抗争性政治：中国政治社会学基本问题》，人民出版社2010年版。

被动断保？国家人社部社保所的课题指出，应当有针对性地完善外来务工人员养老保险制度。一方面加大扩面征缴力度，以人员流动性较强的商贸业、建筑业、交通运输业为重点，对不给外来务工人员缴纳养老保险的行为及时纠正；另一方面应当放开以个人身份参加养老保险的户籍限制。这既能使外来务工人员在返乡后以个人身份继续缴纳职工养老保险，又允许非本地户籍外来务工人员从事个体经营时能以灵活就业人员的身份参加基本养老保险。此外，还应尽快出台统一的城乡养老保险衔接政策，对不同地区、不同制度间转移接续时的条件、资金规模、年限认定、待遇标准明确具体规定，真正实现"不管你到哪里干，养老保险接着算"。①

五、《暂行办法》使外来务工人员使用统筹基金有了交集，但交集有限

《社会保险法》出台之前，外来务工人员退保是一种自主行为，在他们身上，现实体制赋予了他们太多的无奈与困惑的元素，部分农民工被政府制度性安排纳入了城镇养老保险体系，却在享受养老保险待遇上体现了制度的不公，户籍的困顿与身份的歧视使他们无法享受城市的养老红利与其他红利，退保是理性的选择。《社会保障法》与《两个办法》出台后，外来务工人员自主退保的选择权利被切断，体制的梧桎与多个统筹单位错综复杂的利益链，使外来务工人员依旧成为城市的过客，断保也许是理性的也许是无奈的，也许是主动的也许是被动的。企业以城市职工和外来务工人员名册同时缴纳了统筹基金这一共有财产，两者享受养老保险财产权利理应是平等的，在法理上应是无懈可击的，可是我们为什么要造就这么一种不公平的利益分配制度？市民化改革应明确外来务工人员享受参保城镇养老保险统筹基金的权利，尽管会有较复杂的操作层面的难度，会有城乡养老保险制度衔接的障碍，但为了社会公平与社会稳定，这是必要的社会付出与产权安排，才可能产生经济激励，在基础养老金全国统筹的大背景下做好外来务工人员享受参保城镇养老保险统筹基金的顶层设计工作，只有这样，退保可能成为历史，断保行为才会自行逐步消解。

---

① 白天亮、李刚、曹玲娟：《中国每年有 3000 多万人中断社保为哪般》，《人民日报》2013年 12 月 19 日。

《中华人民共和国社会保险法》规定，要做好城镇职工基本养老保险与新型农村社会养老保险制度、城镇居民社会养老保险制度的衔接。2014年2月24日，人力资源社会保障部、财政部关于印发《城乡养老保险制度衔接暂行办法的通知》（人社部发〔2014〕17号），以下简称《暂行办法》，将于2014年7月份日起正式实施。《暂行办法》规定对于参加了城镇养老保险但不再返回城镇就业的外来务工人员，若其在城镇参保的时间已经满了15年以上，只要达到规定领取养老金的年龄条件，就可按城镇同样的标准在待遇地计算领取养老金；如参保者累计缴费年限不满15年，则可以将其在城镇参保的相关权益记录和资金转到新型农村社会养老保险制度，其缴费年限也能得到承认。《暂行办法》明确了职保与城乡居民养老保险的衔接办法。这对流动性较强的外来务工人员而言，是一个重大的政策利好，使外来务工人员可以公平地享受与城镇职工一致的社会养老保险待遇。

《暂行办法》规定，只要在城镇职工养老保险制度缴费满15年，就可以将城乡居民养老保险转入城镇职工养老保险，享受城镇职工养老保险待遇。缴费不满15年的，允许延长缴费至满15年后再办理制度衔接手续，享受相应的待遇。这样处理，在政策导向上鼓励参保人员特别是外来务工人员长缴费多缴费，从而享受较高的待遇；在制度安排上体现了对外来务工人员的生活保障，有利于促进人口和劳动力流动，有利于推动我国城镇化的健康发展。

《暂行办法》对城镇职工养老保险向城乡居民养老保险转移的，没有规定转移城镇职工养老保险统筹基金。主要考虑：一是统筹基金是国家对城镇职工养老保险制度的专门安排，既是为了解决已退休人员的养老保障，也是为了均衡单位的养老负担，体现的是社会保险的互济功能，与个人账户功能和权益归属不同，不属于个人所有。二是现行城镇职工养老保险跨地区转移接续办法规定划转12%的统筹基金，主要是为了适当平衡转出与转入地区的基金支出负担，不影响参保人员个人养老保险权益，因而在参保人员转入城乡居民养老保险制度时，不转这部分资金，不影响其应有的养老金水平。三是按照现行政策规定，参加城镇职工养老保险人员缴费年限不足15年申请终止基本养老保险关系的，仅将其个人账户储存额一次性支付给本人，如果城镇职工养老保险向城乡居民养老保险转移统筹基金并计入其个人账户，会造成两类制度在政策上的不平衡。四是社会保险法规定，城镇职工养老保险缴费不足 15 年的，可以延长缴费至满 15 年，从趋势上看，应引导、激励外来务工人员等群体从城乡居民养老保险转入城镇职工养老保险，并享受相应的待遇。

统筹基金不是个人财产权益，但属于城镇职工养老保险包括外来务工人员在内的参保者的共同权益，是基础养老金发放的来源，构成了参保者个人养老金计发中的一部分，加上个人账户积累基金，两者加在一起构成了个人每月所获得的月养老金，最终形成了个人养老金权益。共同权益转化成了个人权益，《暂行办法》认定统筹基金不属于个人所有从表面形式上是对的，实质上是共有权益转化成了个人权益。城镇养老保险制度包括城镇职工的参保的外来务工人员，外来务工人员没有独立的养老保险制度设计，他们自然也要与城镇职工一道享受统筹账户的基础养老金。社会保险制度一定要公平，否则就要激起民怨，只有我们从理性出发，设计好公正的养老保险制度，为城市建设洒下血汗的务工农民才不会遗憾。政策的决策者绝不要以"统筹基金是国家对城镇职工养老保险制度的专门安排"这种逻辑剥夺外来务工人员享受统筹基金的权益，以统筹基金"是一种制度安排不属于个人所有"无法解释统筹基金属于基础养老金的经济属性。

《暂行办法》认定在外来务工人员由城镇职工养老保险制度转入城乡居民养老保险制度时，不转这部分基金（统筹基金），不影响其应有的养老金水平。实际是也是一种悖论，试想，外来务工人员由城镇职工养老保险制度转入城乡居民养老保险制度，显然是由于缴费不满 15 年或是中途退保等原因造成的，《暂行办法》规定不将现行城镇职工养老保险跨地区转移接续办法规定划转 12% 的统筹基金转入城乡居民养老保险制度，应该承认划转的操作难度非常非常大，但城镇职工养老保险制度的待遇与城乡居民养老保险的待遇差别是显而易见的，对在城市务工多年（正常参保不足 15 年）的外来务工人员而言，他们只能享受待遇极低的城乡居民养老保险待遇，毕竟企业以他们的个人名册为这座城市缴纳了统筹基金，而最终转化不了基础养老金，这些缴费不足 15 年的外来务工人员最终只能享受城乡居民养老保险待遇显然是影响了其应有的养老金水平的（本文对"应有"的解释是指这些外来务工人员对城镇统筹基金有贡献而不能享有）。

当然，《暂行办法》也在一定程度上让在城镇务工并缴费 15 年以上的外来务工人员享受城镇职工养老保险待遇，可以享受到统筹基金配置的基础性养老金，突破了"统筹基金是国家对城镇职工养老保险制度的专门安排"的制度约束，在制度公平上迈开了一大步。但结合图 6-2 来看，40 岁以上的外来务工人员转移到城镇务工的不多或者说大量的外来务工人员 40 岁以后回到了农村，而且相当部分退保、断保的外来务工人员在城镇难以缴费 15 以上，40 岁之后返回农村也只能享受待遇较低的城乡居民养老保险。据国家统计局发布的《2011 年我国外来务工人员调查监测报告》显示，我国外来务工人员总量达 25278 万人，其中 50 岁以上的外来务工人员占 14.3%，首次突破 3600 万。[①] 企业以他们个人名册缴纳的统筹基金只能是而对工作过的城镇职工养老金的贡献，成为"统筹基金是国家对城镇职工养老保险制度的专门安排"的"囊中之物"。已于 2014 年 7 月 1 号起正式实施《暂行办法》，使农民工对统筹基金的使用有了交集，但交集有限。课题组与广州市白云区地税所作的"白云区农民工参加养老保险意愿调查"中发现，从白云区的问卷调查中可以发现，在被抽取的 5133 名参保人中，有着退保经历的人数竟然高达 51.60%，见下表：

表 6-5　请问您在穗退保次数

		频数	百分比
	1 次	1834	35.7
	2 次	491	9.6
	3 次	213	4.1
	4 次及以上	120	2.3
	合计	2670	51.6
	无退保经历	2475	48.4
合计		5133	100.0

对即将大范围进入退休年龄的外来务工人员而言，《暂行办法》是社会公平的一大进步，但虽然存在制度缺陷：我们要充分肯定城市化建设中企业

---

① 邱萧芜、于松：《第一代外来务工人员面临高龄困境：养老问题将在 5 年内集中爆发》，《东方早报》2013 年 2 月 26 日。

为城镇职工和外来务工人员为名册所缴纳的统筹账户属于两者的共有财产，不能强制型将外来务工人员纳入缴费体制内而在待遇上又实行体制内"排他"，消解外来务工人员的财产权利。在 2009 年 2 月 5 日出台《两个办法》之前，就存在大量的外来务工人员退保问题，《两个办法》之前大量外来务工人员退保遗留在原务工城市的统筹基金没有作转出地与转入地的 8% 和 12% 的分割，20% 的统筹基金留在了原务工城市，需不需要按照 8% 和 12% 的比例分割清算？《暂行办法》称"在参保人员转入城乡居民养老保险制度时，不转这部分统筹基金，不影响其应有的养老金水平。"本文认为这不能自圆其说，政府不能抱定"统筹基金是国家对城镇职工养老保险制度的专门安排"的定论，应体现"工业反哺农业、城市支援农村、城乡一制化框架内互助共济"的宗旨。相当部分外来务工人员返回转入城乡居民养老保险制度，他们在城镇务工退保、断保及缴费没有满 15 年遗留的城市的统筹基金为什么就不能转移一部分到城乡居民养老保险制度中充实这个制度的基金存量呢？存量增大了，城乡居民养老保险制度内的参保者的养老金水平不就可以提高吗，不就可以缩小城乡居民养老保险制度与城镇职工养老保险制度的巨大差距吗？政府应该扪心自问，截至 2012 年年底，基本养老保险基金累计结存 23941 亿元，大量基金累计结存是以外来务工人员名册缴纳的统筹基金所作的贡献。

《暂行办法》称，"按照现行政策规定，参加城镇职工养老保险人员缴费年限不足 15 年申请终止基本养老保险关系的，仅将其个人账户储存额一次性支付给本人，如果城镇职工养老保险向城乡居民养老保险转移统筹基金并计入其个人账户，会造成两类制度在政策上的不平衡。"本文并不主张将统筹基金直接计入个人账户，主张转移一部分以外来务工人员名册缴纳的统筹基金转入到城乡居民养老保险制度并落实到外来务工人员头上，增加这一制度内曾在城镇务工多年的外来务工人员的养老待遇。当然，进行这一改革需要增加信息系统建设管理成本，难度非常大，为了公平，付出昂贵的管理成本也是必要的。《暂行办法》没有准确的社会保障精算。据称 2013 年，进城外来务工人员总量达到 2.7 万亿，其中预期有多少人缴费满 15 年可能领取城镇养老保险待遇，有多少人退保、断保，接续后进入到城乡居民养老保险制度，转出地与转入地 12% 和 8% 的统筹基金分割后地区间的平衡状况如何、中国庞大的养老保险基金累计结存中有多少是由外来务工人员的统筹基金构成的？都是未知数。劳动与社会保险领域的统计体制大变革需要早日到来，尽管实现统计管理现代化，为中国的社会保险事业决策精算化和科学化做好基础性的工作。

第六节　谨防延迟退休年龄制度成为
社会发展的另一个风险源

一、延迟退休年龄引发体制内群体对政府的信任危机

法国退休改革的目的当然是政府为了削减财政赤字，避免陷入主权债务危机。2003 年 5 月，法国民众因政府延长退休年龄、降低养老待遇爆发了 60 多个城市的罢工抗议浪潮。2010 年 10 月，法国爆发了近年来持续时间最长、规模最大的全国性罢工和抗议示威活动。事件的导火索是法国总统萨科齐提出了退休金改革计划将退休年龄由 60 岁提高到 62 岁。法国政府称，由于人们的寿命越来越长，现有退休金制度不仅一直亏损，甚至可能在 2018 年"破产"。美国、英国、德国、希腊、西班牙等国曾因延迟退休年龄引发民众的抗争或街头数以万人的抗议。

英国政府要求将公务员的退休年龄延长到 66 岁，增加需要缴纳的养老金额度，同时也减少最终养老金的支付水平，很多英国人感觉这是被欺骗。2011 年以来，英国已经在各地爆发了超过 1000 场反对延迟退休年龄新养老金计划的示威游行。由于反对政府企图迫使公共部门雇员"延长工作时间来换取养老金"的计划，英国发生了自 1979 年"愤怒冬天"社会抗议活动以来，共有 200 万名公共部门的工人参与的规模最大的一次罢工。数千学校停课、医院手术取消，机场、出入境管理部门、气象预报台、博物馆等公共服务部门的服务都在这次罢工中受到影响。在英格兰，政府估计有 40 万的医务人员参与了这次罢工，这意味着 6 万个手术、预约或检查都被延迟；在北爱尔兰，公车、火车都全部停运，三分之二的中学和大学关闭。①

---

① 游心、缪琦：《英国雇员不满新养老金计划 200 万人大罢工》，《第一财经日报》2011 年 12 月 1 日。

据英国《每日邮报》网站报道，一项研究调查表明，英国有近半数的年龄 50 岁以上的老年人将不得不为自己能够安度晚年而工作到至少 77 岁。这项来自于信服度很高的退休金政策研究所（Pensions Policy Institute）的报告显示，上百万英国工人陷入了这个"过于贫困以至于无法退休"的危机当中。养老金的改革已经成为欧洲国家一触即发的敏感问题，在老龄化程度的逐渐加深，寿命延长的情况下囊中羞涩的欧洲国家政府希望通过延长工作时间来削减养老成本，并解决日益沉重的福利负担。在一些欧盟国家内部，提高法定退休年龄的计划成了工会与政府，甚至是在野党与执政党相互博弈的政策焦点。欧盟委员会曾发布报告，警告欧洲人口老化严重，工作年龄的人供养退休人口的压力越来越重，必须延迟退休，才能确保社会保险制度免予崩溃。委员会预计，到了 2060 年，欧盟成员国必须将退休年龄推迟至 70 岁。延迟政策将不利于年轻人就业，延迟退休引起世界大动荡，罢工、堵路、断油、烧车在不少国家出现并引发社会骚乱。

表 6-6 部分国家延迟退休年龄引发社会大动荡

时间	国家	罢工、抗议或争议内容	规模	结果	民调
2008 年 5 月 22 日	法国	抗议总统萨科齐提出的将退休年限推迟一年的改革方案	在 5 个主要工会的组织下，数十万工人参加了包括首都巴黎在内的 153 个城镇举行游行示威，工会方面人数达 75 万		
2010 年 5 月 31 日		抗议政府将法定退休年龄，朝 62 或 63 岁目标进行	5 大联合工会宣布 6 月 24 日发起大游行，捍卫法定退休年龄 60 岁		《西法日报》（Ouest France）30 日公布 Ifop 民调公司在 27、28 对 956 人所做的民调显示 60% 民众反对延后法定退休年龄。《巴黎人报》委由 CSA 民调公司对 812 人所做的电访指出，62% 民众愿意为捍卫 60 岁退休上街头示威抗议

时间	国家	罢工、抗议或争议内容	规模	结果	民调
2010 年 10 月		抗议法国总统萨科齐提出了退休金改革计划将退休年龄由 60 岁提高到 62 岁，可领取全部养老金的退休年龄从 65 岁提高至 67 岁，以迫使政府取消延迟退休年龄的计划 民众的反对声音已经不仅针对退休改革法案，而升级为对政府执政方式的抗议	爆发了史无前例的四次全国性、跨行业大罢工和示威游行，是近年来持续时间最长、规模最大的全国性罢工和抗议示威活动各行各业超过 300 万职工纷纷涌上法国各大城市街头，全国性的罢工共有 114 场，还有大批学生们的积极加入。"学生军团"的加盟，成为法国舆论备受关注的焦点，据悉全法有近 300 所高中参与罢课游行，打出"退休，也是年轻人的问题！"	政府不放弃改革 为平息民愤，奥朗德上台后宣布把退休年龄恢复到 60 岁	民调显示 65% 民众支持工会行动
2010 年 10 月	保加利亚	抗议政府计划提高退休年龄，从男性退休年龄为 63 岁，女性为 60 岁提高至 65 岁	大约 1 万名工人当天聚集在首都索菲亚，抗议政府计划提高退休年龄，示威者高呼："我们想要回权力。"一些手持标语写着："不要干涉养老金系统"	政府放弃这一计划，改为提高劳动者养老保险缴纳比例	
	罗马尼亚	总统将一份退休制度改革法案退回议会，议案内容包括将女性退休年龄从 58 岁提高至 65 岁	总统认为，这一法案对女性而言不公正，他说"除了（在单位）工作，女性还要在家工作，我建议议会考虑将女性退休年龄从 65 岁降至 63 岁"		
	马其顿	警察游行抗议宪法法院裁决，废除有关允许警察服役 40 年后即可退休的法律条款	超过 2000 名警察 7 日身着制服在首都斯科普里游行		
2012 年 1 月 30 日	比利时	三家主要工会联合发起总罢工，抗议延迟退休	公共交通系统因罢工基本瘫痪，波及定于同一天举行的欧洲联盟峰会		

时间	国家	罢工、抗议或争议内容	规模	结果	民调
2013 年 9 月 11 日到 9 月 14 日	波兰	抗议政府提高退休年龄到 67 岁，"差不多工作到死"	首都华沙爆发 10 万人大游行	要求总理唐纳德·图斯克辞职	

　　为什么一个在技术上可行的办法却导致公众的激烈吐槽与强烈反感?
中国目前养老金制度在公平和效率上的缺失可能是最为主要的原因。中国延
迟退休年龄影响青年就业也成为矛盾焦点，就延迟退休年龄问题，重庆一家
媒体的调查，超 9 成网友反对退休年龄延至 65 岁。共有 5000 多名网友参与
调查，调查选项"退休年龄延至 65 岁，你愿意吗?" 95.84% 的网友选择了
"不乐意"，仅有 4.16% 的网友选择"支持"。2012 年 7 月网调结果，数万网
民中有 93.4% 投了反对票，赞成的却只有约 3%；在 2013 年"两会"查中，
在是否支持弹性退休年龄的调查中，83% 网友表示支持，15% 不支持，"延
迟退休"与"弹性退休"分属不同概念，搜狐网一项调查显示，363682 名
参与投票的网友中，有 228584 名网友同意实行弹性退休，认为弹性退休可
灵活解决就业问题，所占比例达到 62.86%。选择弹性退休制度也许是可行
的政策选择。根据斯梅尔塞的加值理论模型，延迟退休年龄处置不力，有可
能酿成社会公共安全事件。延迟退休年龄成为世界趋势，在不少国家曾一度
引发了严重的社会骚乱。中国人保部在 2012 年 7 月 25 日召开的新闻发布会
上表示：中国延迟退休年龄将借鉴国外经验，拟对不同群体采取差别措施，
并以"小步慢走"的方式实施。中国延迟退休年龄改革应吸取国际社会近几
年来引发强烈社会动荡的教训而做出审慎决策，人保部称将研究弹性延迟退
休年龄的时间表，这无可厚非，从未来看，只要养老保险财政支持力足够强
大，延迟退休年龄改革的压力就会减小，劳动力供给充足，养老保险赡养率
一旦下降，就可考虑下调退休年龄。

　　基于养老保险基金缺口等问题，世界多个国家并不否认，由于政府对
社会基本养老的承诺具有制度刚性，随着人口老龄化进程推进，养老保障覆
盖面扩大对财政的潜在压力将逐步显现。2008 年金融危机之后，长期财政
偿付能力使一些发达国家的养老保障更加不堪重负。据 IMF 统计，从 2007

年至 2014 年，20 国集团中工业化国家的平均国债负债率（国债与国内生产总值之比）将上升至近 25%。数据显示，当前深陷债务危机的欧盟国家中，国有养老金债务是其 GDP 总和的 5 倍左右。据弗赖堡大学研究机构报告，早在 2009 年，这些国家的养老金债务规模就已经达到了 39.3 万亿美元（30 万亿欧元）。其中，德国占有 7.6 万亿欧元，法国有 6.7 万亿欧元。目前，欧洲年龄超过 60 岁的人口比例为全球最大，2009 年这个数字为 22%，到 2050 年这一比例将上涨至 35%。因此，沉重的债务负担正在吞噬着政府的财政资源，也使这些国家难以真正有效的削减债务。根据日本 2005 年人口普查结果推算，日本将分别在 2012—2013 年、2016—2018 年以及 2038—2041 年三个时间段迎来退休高峰。其中，在 2012—2013 年和 2016—2018 年两个时间段，养老体系支付压力将达到顶峰。偿债高峰与退休高峰的重叠将令日本政府破产风险一触即发。[1]2012 年 2 月，美国调查机构皮尤中心公布报告称，美国至少面临 1 万亿美元的养老金缺口。

我国是否存在养老金缺口？一直存在"悲观主义"与"乐观主义"两种论调。如果存在养老金缺口，延迟退休年龄有可能是政府未来最后的政策选择，弹性退休制度[2] 只是一个辅项。有网友尖锐地提出："当代中国政府一方面强调稳定，另一方面却制造类似于延长退休年龄这种非常容易引起动乱的事件，让人匪夷所思。"美国调查报告显示，当前美国 65 岁以上人群的失业率是 6.2%，而随着年龄的增长这一比率越来越低。另一方面，24 岁以下年轻人的失业状况则比较严重，20 岁至 24 岁年轻人的失业率则超过 50%。而一旦人的年龄超过 34 岁以后，失业率便会骤然降低。报告指出，由于美国长期处于经济低迷状态，这意味着，如果推迟退休年龄的话，那些现在 20 多岁的年轻人在 10 年后会发现，那些本该退休的老年工作者已经占据了他们本该拥有的大量工作岗位。[3] 宋九成在《延迟退休年龄严重影响年轻人就业》指出：无论机关、企事业单位目前人员已经严重超编，这个问题

①　张茉楠：《以多元养老体系为中国"减负"》，《中国证券报》2012 年 2 月 6 日。

②　注：弹性退休制度是指允许劳动者在退休年龄、退休方式和退休收入方面具有某种弹性、较为灵活的退休制度。比如不一定必须将退休年龄指定在一个硬性的年龄里。可以根据不同的工种和岗位，规定只要满足相应的工作年限就可退休。

③　王可：《美酝酿进一步延迟退休年龄》，《北京商报》2012 年 6 月 14 日。

人社部可以摸底普查，就会发现问题的严重性，企业改革减员，使几千万职工下岗失业，至今没有得到完全安置，现有企业特别是国有企业人满为患，应届大学生都无法安置，面临严峻的就业困境。假如再延迟退休年龄，就业矛盾就会雪上加霜，更难解决，推迟退休年龄严重影响就业，使年轻人的就业更加困难，就业竞争更加激烈，就业矛盾更加突出，社会压力和社会影响以及随之而来的社会矛盾更加突出，其带来的副作用远远的超过退休基金的缺口矛盾。① 延迟退休年龄或提前参保，均不利于平衡普通民众的社会心态，就业是最大的民生工程，延迟退休年龄是否影响青年就业很可能使这一项改革患上"改革纠结症"。我们可用反失业财政政策、中小企业扶持政策等解决青年就业问题，不要让其成为绑架延迟退休年龄政策出台的理由或借口。只要将延迟退休年龄与参保人的利益机制结合起来，建立利益模型，相信这一政策能获得较大多数人的理解与支持。

盛翔在《养老金先并轨再谈延迟退休》一文中指出：要弥补养老金缺口，至少有三条路径：一是划拨国有资产、提高国企分红、加大财政补贴以还清旧账，改变新人为旧人发放养老金的模式；二是改革养老金双轨制，像取缔公费医疗一样取缔机关养老金，全部参与社会统筹，给养老金"造血"；三是加强养老金投资管理，严格资金管理纪律，保障养老金的基本投资收益。现在，相关部门对这三条一条都不做，却唯独将原本不相干的延迟退休放到台前来拼命"烘烤"造势。② 外来务工人员为打工城市留下的巨额养老金结余成了最好的供品。人均寿命越来越长，退休年龄自动调整将成为全球风向标，中国人口老龄化程度有升有降，延迟退休年龄也应该动态调整。延迟退休年龄改革引发的社会反响强烈，政府一方面要做好宣传工作，另一方面要做好养老保险基金的长期预算安排，适时动态调控退休年龄。延迟退休年龄牵涉众多普通劳动者的利益，往往也是最后的政策选择。延迟退休年龄，几乎是每一个面临老龄化社会压力的国家绕不过去的一道坎，也是一个事关民生与社会稳定的大问题。我们有必要采取多种措施，解决养老金缺口问题，尽力实现国民养老保险待遇均等化，降低民粹主义的影响，实现养老

---

① 宋九成：《延迟退休年龄严重影响青年人就业》，华声在线，2012 年 6 月 7 日。

② 盛翔在：《养老金先并轨再谈延迟退休》，《新快报》2013 年 4 月 9 日。

保险制度的公平与公正，这样，延迟退休年龄改革才可能在社会和谐的环境下有序进行。

多地养老保险制度新规要求 16 岁缴纳被指变相延迟退休，如 2012 年 11 月 15 日，由天津市政府第 93 次常务会议审议并通过的《关于进一步调整完善我市社会保险制度的意见》（以下简称《意见》），该《意见》调整了城乡居民基本养老保险的初始参保年龄，自 2013 年 1 月 1 日开始，由现在的 18 周岁调整为 16 周岁。中国社会科学院社会政策研究中心秘书长唐钧在《"延退必然论"可以休也!》的文章中认为，"延退"对大多数劳动者不利。从国际经验看，支持"延退"的，大多是白领；而反对"延退"的，多为蓝领。因为年龄的增长，对白领而言是积累优势，对蓝领而言则是劣势。唐钧还认为：虽然目前对于劳动的体力要求看起来有所降低，但实际上劳动强度和工作紧张程度却成倍增加。普通工人到了男 50 岁、女 40 岁以上时，多有心有余而力不足之感。唐钧指出，蓝领工人到"40"、"50"以后，被企业以各种理由辞退的可能性大为增加。一旦被辞退，不但意味着不再有稳定的收入，还意味着仍然要缴纳保险费。① 生命周期假说（Life-Cycle Hypothesis，简称 LCH）是由诺贝尔经济学奖获得者，美国经济学家莫迪利亚尼等人创立的。这样，延迟退休年龄改变了人的生命周期，新生命周期假说是老年期缩短、工作期延长，实际是下一代人养上一代人的间隔拉长了，延长了人口红利期。

老龄化成本的广义含义是指老龄化趋势带来的三个潜在风险：即经济增长减缓、财政收入减少、公共支出增加，成为主权国家财政恶化和主权债务攀高的潜在因素。中国延迟退休的计划应该设计得更缜密，避免欧洲国家那样伴随大量非理性抗争引发的社会动荡。通过宣传与政策引导，有助于公众对国家养老保险新政实际情况的了解，扩大社会对延迟退休年龄改革的共识，对一旦推行这一改革所遇到的具体问题，政府也应更有能力予以化解，出台应对措施。

延迟退休年龄对青年就业是最敏感的问题，亨瑞克·尤达的研究表明，

---

① 李泽民：《养老金缺口 1.7 万亿　人社部称"延退"大势所趋》，http://house.china.com.cn/newscenter/view/520655.htm。

失业青年的工作与生活没有保障，会导致社会失望情绪渐浓、自杀率提高、犯罪率上升的社会问题。青年失业的膨胀会造成社会不稳定，甚至容易引起武装冲突。① 延迟退休在欧洲多国引发激烈社会冲突，法国、英国等国家延迟退休年龄引发的青年人担心失业加剧而大规模参与反政府示威应以为镜。

中国延迟退休年龄政策近期内出台可能性较小，提高缴费率的空间不大，主要通过扩大覆盖面来延缓延迟退休年龄的压力，而一些地区不得不通过银行贷款来对付社会保障问题，地方政府债务过重，对新农保、城市居民养老保险的补贴已使一些地方政府难负其责，即使是作为上交中央财政利税大户的广州市，也因中央财政对广州市新农合、新农保的补贴过低而陷入财政困境。考虑到地区间社会经济复杂外生变量的影响与养老保险制度内生变量的影响，人口老龄化社会老年人的支出将大量增加，这将对地方政府的财政状况产生巨大影响，延迟退休年龄必然是一个难以回避的政策选择，尽管目前最大的财政风险是地方政府债务，但从中长期来看，针对中国老龄化与高龄化人口刚性增长的养老财政补贴，可能进一步加大地方政府债务，全国社会经济不平衡的问题将更加突出，延迟退休年龄面临复杂的政策抉择。人保部提出未来针对不同群体采取差别措施，并以"小步慢走"的方式推进延迟退休年龄改革，具体的操作难度较大。

二、计生政策导致养老保险制度的脆弱性

根据日本第一生命经济研究所得研究显示，当老年人口比率上升 1%，总生产力就会减少 0.11%，到 2050 年，日本占全世界经济总量的比率将由目前的 8% 下滑至 4%。中国国家统计局公布的数据显示，中国劳动年龄人口在 2012 年首次减少，较上年减少 345 万人，这是一个重要的、表明中国人口结构变化的分水岭。中国的计生政策对中国养老保险制度有重大影响，其存废与养老保险制度的脆弱性相关。中国延续 30 多年的计划生育政策使中国少生了 3 至 4 亿人，导致人口红利期在 2015 年前后结束，未来劳动人口的缺失会直接导致养老保险制度的脆弱性，对延迟退休年龄改革产生正推动。

---

① 曾霜泉：《青年就业——中国就业研究战略重点的转移》，《求实》2006 年第 10 期。

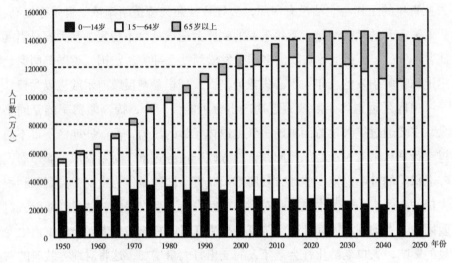

图 6-4　未来人口瞻养率将越来越大

人口瞻养率越来越大，从长远看，直接导致养老保险基金支付风险，在中国延迟退休年龄的政府决策已定，但迫于压力，何时出台？没有正式的时间表。

四十多年来，城市实施了严格的计划生育政策，农村地区实施计划生育政策的把握尺度不一，全国实施计划生育政策初期，城乡把握尺度都非常严厉，在实施计划生育政策中期阶段之后，劳动力供给减少。但农村的计划生育政策有所松弛，二到三个孩子的家庭较为普遍。未来城市化、工业化进程中农村力的供给主要来自农村（图示如下）。而农村"386199"的人口结构格局，大量的青壮年劳动力进入城市，导致了农村的人口老龄化比城市更严重，农村的新农保政策将面临更严重的挑战。低的生育率，就意味着下一代人要比上一代人要减少30%—40%，将会引起一个非常典型的倒金字塔形的人口结构，如图6-5所示。

老龄化造成养老金紧张，这是全球共同面临的问题。美国的社保制度创建于1929年，由于生育率一直比较高，从来没有人想到，这笔资金有朝一日会消耗殆尽。在1950年时，平均每16个工作人口支持1个退休人口，而目前这个比例是3比1。当婴儿潮人口逐渐退休时，将是2个人支持1个人。针对美国生育率严重下降的问题，1998年美国总统克林顿曾指出："如果任其发展下去的话，后果只有两种：一是宣布破产，谁都拿不到钱；二是

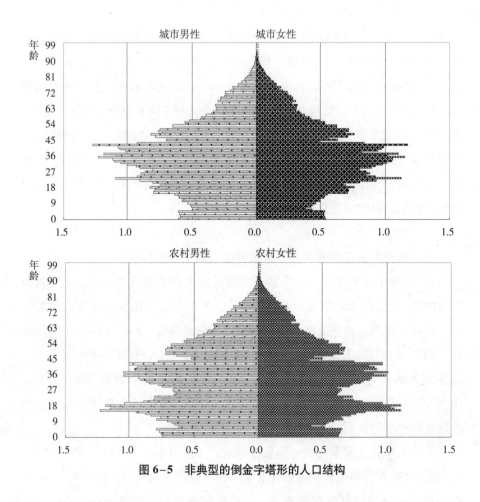

图6-5　非典型的倒金字塔形的人口结构

如果动作太慢，我们这一代人为承担社会保障义务而承受的压力，就会减少你的收入，或是降低你照顾孩子的能力。"[1]2005年美国总统布什认为："2018年，社保将会出现入不敷出的情况。自那以后，社保缺口将逐年递增。到了2042年，整个社保系统将被消耗殆尽，全面破产。"[2]

有专家根据数字推算，1996—2010年中国实际生育率只有1.35左右，这说明中国的生育率已经处于超低水平。如此低的生育率意味着年轻人快速减少。对于未来经济来说，这会导致新增劳动力严重不足，由此将会产生巨

---

①　易富贤：《老有所养，谁来养?》，《中国经济周刊》2004年第42期。

②　易富贤：《老有所养，谁来养?》，《中国经济周刊》2004年第42期。

大的经济、社会与政治冲击，而最终导致未来中国社会的活力也将衰竭。中国是否出现社保基金支付危机？根据测算，今后38年中，养老金累计缺口占GDP比重将达到75%，远高于环保成本，是融资平台和铁路债务对财政压力的近20倍。人口结构及养老问题视作中国的"阿基里斯之踵"，没有资金支持的养老金支出责任大约是GDP的150%，虽不致命，但中国经济会因此拄杖跛行。① 养老保险基金不足将直接引起延迟退休年龄政策的更早出台，在目前甚至未来的情况下，饱受中国体制内养老保险制度的参保人高度诟病的延迟退休政策难以为他们所接受。

三、放开单独二胎政策要有系统的配套政策作支持

在2008年汶川地震中，失去子女的计划生育家庭有上万户，而这其中有8000多个独生子女家庭。如科斯所言，家庭单位是国民经济所仰仗的基础，破坏了家庭，最终意味将破坏经济体系中最重要一环，中国至少需要允许"两个子女"的人口政策，这样才能维持人口增长。②2008年全国第四次卫生服务调查结果显示，65岁以上老年人慢性病患病率为64.5%，其中城市中65岁以上老人的慢性病患病率高达85.2%，独生子女政策对高比例老人慢性病患者的护理令人担忧。

国家人口计生委发布的一组数据显示，中国每年人工流产至少1300万，不包括1000万药物流产和在未注册私人诊所做的人流数字，位居世界第一。在中国，人流在计划生育背景下，是合法和随意的。而且，对单身女子来说，怀孕后做流产手术几乎是唯一的出路。我国一方面提出要可持续发展，另一方面要求稳定生育率，而2.0左右的生育率是中国维系可持续发展的不能再低的生育率。要达到1.8的生育率，以目前育龄妇女人口结构，每年需要出生1700万。我国出生人口性别比持续升高，自20世纪80年代以来，2012年公布的数据竟高达117.70（表6-7）。联合国明确认定了出生性别比的通常值域为102—107之间，其他值域则被视为异常。但在中国，男女出生性别比则严重失衡，推行单独两胎政策将对偏高的性别比有所缓解。十八

---

① 曹远征、马骏：《今后38年养老金缺口占GDP比重将达75》，财经网2012年6月12日。
② 邓新华、姜戬、罗纳德·科斯：《计划生育对中国有毁灭性的影响》，《网易财经》2013年1月16日。

大三中全会确定的单独二胎政策改革了现有的计划生育政策，目前仅有少数省份宣布了放开单独二胎政策的时间表，罚没政策仍在有效使用中，形成交叉效应。

表 6-7　1981 年至 2012 年中国人口出生性别比

1981 年	1990 年	1993 年	2000 年	2010 年	2011 年	2012 年
108.48	111.30	113.28	116.90	118.08	118.50	117.70

（一）罚没政策实际上为放松计划生育政策松了绑

目前对于超生人群采取了罚没政策，促使了生育率的小回升，但全民不知这些年计划生育罚款的"钱"到底交给了国家多少？截至 2013 年 10 月 1 日，全国已有 22 个省份陆续依申请公开了去年社会抚养费征缴总额，共计 168.8 亿元。[①] 全民皆知违反计划生育政策要罚款甚至开除公职，但却不知道国策规定超生一个到底要罚款多少？如跳水名将田亮因超生第二胎被罚 200 万元，中国浙江温州一对夫妇因生育二胎被罚款 130 万元人民币。

经济发展使中国的中高阶层人数不断增加，一些富人有能力交罚款，往往超生 2 个甚至 3 个孩子。各地独生子女政策执行起来存在很多不平等，各个地方对富人阶层超生罚款标准也各不相同，在北京生二胎要交 10 倍于平均收入的罚款，而上海只需要交 3 倍的罚款。这种不平等现象在既没钱也没关系的群体当中引发了极大的不满。

（二）单独家庭可生育两个子女政策可逐步缓解养老压力等正能量，政策效果有待检验

四十多年来的计划生育政策，执行政策的尺度不一，针对经济发达地区和城市的计生政策偏紧，针对农村的计生政策偏松；针对本地户籍人口的计生政策偏紧，针对外来流动人口的计生政策偏松。城乡二元化和逆城市化倾向的生育政策，加之对超生的罚没政策，彰显政策的不公平，人口老龄化速度加快迫使调整生育政策的形势非常紧迫。单独二胎政策仍能是计划生育政策的一部分，计划生育政策的最终存废要有一个时间表，现在有必要实现

---

① 魏铭言：《22 省公开超生罚款 168.8 亿元，江苏广东仍拒绝》，《新京报》2013 年 10 月 2 日。

政策的微调，以缓解民众对计划生育政策的不满，减少对经济的负面影响，适时调整计划生育政策，红利期延长，有利于减少对延迟退休年龄政策的经济性依赖。

实施单独二胎政策后生育率将适度反弹，有利于应对老龄化趋势带来的问题，同时可以有效增加劳动力供给、逐步缓解养老压力。

中共十八大三中全会调整完善生育政策，单独家庭可生两胎，社会反响却比较平静，国家卫生和计划生育委员会（国家卫计委）数据称，政府原本预计新政策推行后，每年将增加超过 200 万个新生儿，但截至 2014 年 8 月，符合条件的 1100 万对夫妇当中，只有 70 万对提出申请，而目前获批的仅 62 万对，远远低于官方预期。①

受制于人们生育观念的重大变化，丁克家庭比例迅速增加。昂贵的生育成本、培养成本、就业成本使更多的家庭对多子女说不。婚姻从一种普世价值已经变成纯粹的个体选择，与西方国家一样，不婚族人口尤其是单身女性的比例呈明显上升趋势，日益增多的"不婚"现象已俨然成为一道都市风景线。《2010—2011 年中国男女婚恋观调查报告粉皮书》指出：2010 年全国整体婚恋状况中，一个明显特点是，单身人口的性别比例失衡日趋明显。早在 2006 年深圳一家社会调查机构研究显示，深圳市 28 岁以上的未婚女白领近 20 万名，其中包括离婚后未能成功再婚的。不婚不育尽管目前还没有形成严重的社会问题，但迟早会对婚姻传统、法律以及社会保险制度等提出严峻的挑战，"不婚族"日趋壮大，是不能忽视的事实，甚至有人呼吁，政府单位与婚姻咨询专家应关注"不婚族"的心理健康问题。

中国社会科学院人口与劳动经济研究所的王广州、中国社科院社会学所的张丽萍等研究人员，也分别就"单独二胎"与"全面二胎"两种方案进行过测算。得出结论是：（1）如果 2015 年，全国城乡统一放开"单独二胎"，则每年多出生的人口将比现在增加 100 万人左右，超过 200 万人的可能性很小。中国总人口高峰将在 2026—2029 年左右出现，高峰总人口估计值的

---

① 田雪：《全国仅 70 万单独夫妻申请生二孩　远低于官方预期》，参考消息网，2013 年 10 月 30 日。

均值为 14.01 亿人，上限为 14.12 亿人左右。（2）如果 2015 年，全国统一实施"全面二胎"，则每年多出生的人口将增加 600 万人左右，超过 1000 万人的可能性很小。总人口高峰将在 2029—2031 年出现，高峰总人口估计值的均值为 14.39 亿人，上限为 14.59 亿人左右。（3）而如果维持现行生育政策不变且生育水平保持基本稳定，则中国总人口高峰将在 2023—2025 年出现，高峰时期总人口估计值的均值为 13.92 亿人，上限为 14.1 亿人左右。以估计值的均值计算，如果只放开"单独二胎"，则中国人口最高值比不放开此项政策多出约 900 万人，增幅仅为 0.65%。放开"全面二胎"，则中国人口最高值将比不放开政策多出约 4700 万人，增幅为 3.38%。[①]

山东的社会实验表明，山东长岛放开生二胎近 30 年：人口连年负增长山东长岛县因二胎政策的放宽，一度出现人口反弹，可是未过多久就进入负增长，且持续至今。让人意想不到的是，尽管生育政策的口子一点点在放大，可是该县人口的增长还是没有达到政策设计之初的预期。[②] 湖北省宜昌市长阳、五峰县以及新疆生产建设兵团在实行独生子女政策之后改为放开二胎，生育率都没有回升。

（三）放开两胎促进生育率回升需要调整相关政策

我国家庭规模不断缩减，从 1982 年的 4.43 人降至 2010 年的 3.10 人。[③] 独居老人家庭比例有所升高。我国现有独生子女家庭 1.5 亿多户，出现一些"失独家庭"特殊困难家庭。家庭的婚姻、生育、养老等传统功能有所弱化，抵御风险的能力下降。广州市社情民意研究中心提供的资料显示：作为儿童成长最基本的安全环境，女性评价显低。以发展水平较高的广东城镇地区为例，超过半数女受访者认为儿童食品消费安全"不好"与"不太好"，比例为 52%。对儿童人身安全，认为"好"与"比较好"的女性也不多，为 28%（见表 6-8），较男性少了 10 个百分点。

---

① 李微敖：《媒体称"单独二胎"启动后　每年或多生 100 万人》，《21 世纪经济报道》2013 年 11 月 18 日。

② 王雅洁：《山东长岛放开生二胎近 30 年：人口连年负增长》，《每日经济新闻》2013 年 11 月 4 日。

③ 吕诺：《"单独两孩"将改变什么》，新华网，2013 年 11 月 17 日。

表6-8　女性对儿童成长环境的评价

单位：%

事项　　　　态度	"不好"与 "不太好"合计	一般	"好"与"比较好" 合计
儿童食品消费安全	52	32	9
儿童人身安全	20	46	28

　　至于儿童未来发展，女性看法并不乐观。认为儿童身体素质与心理素质"越来越差"的女受访者较多，比例为31%与34%，基本每三人中就有一个；同时认为儿童社会适应能力"越来越差"的女性也有29%。分析表明，虽然女性多认为生两孩适当，但现实生活中多面临"当妈难"的挑战：对儿童成长环境有忧虑，尤其感到"养孩贵"，并担心医疗、教育服务不足会降低"生二胎"的意愿。

　　我国已有一些省市宣布放开单独二胎政策，这是顺应民心的好事，但也要一些用工单位特别是女性劳动力比例偏重的企业有所担忧，需要调整相关政策。

　　其一，抚养负担问题。人口学专家彭希哲教授曾指出：独生子女现象对个人和家庭层面上的影响将非常深远，并已经成为中国转型时期风险社会中的一个风险要素。[①] 我国综合国力虽然增强了，但国家依然没有为独生子女建立健康平安保险，在就学、就医、就业、养老等各个方面，实行政策倾斜，更没有加大扶持和救助力度，让独生子女家庭真正享受到执行计划生育国策应得的实惠。尤其是独生子女一旦遭遇伤亡等变故，给家庭和社会带来难以消解的痛感，至今没有国家行为的支撑。一些国家为了鼓励生育，如俄罗斯生育子女多的妇女被称作"英雄母亲"，放产假3年，且工资奖金照发，职位保留至产假期满，总统向有6个以上孩子的家庭颁发英雄父母勋章。别尔哥罗德州政府曾承诺，出资为多子女家庭购买小洋楼和小轿车；乌里扬诺夫斯克州曾专门召开机关人员全体大会，给每个人下达生孩子的任务，生儿育女多的人员不仅将获赠汽车，甚至还能升职。[②] 加拿大，生俩孩子政府每

---

① 蒋丽娟：《从制度上提升独生子女家庭抗风险能力》，《深圳特区报》2012年9月25日。

② 《发达国家鼓励生育出奇招》，《甘肃日报》2011年10月31日。

月补贴 800 加元。在印尼，一个母亲生育十个小孩，那么政府就会帮她养育其中的几个作为奖励。我国城市养育成本过高尤其是一线城市，过高的婴儿、儿童商品与服务价格、过高的幼儿园培养成本、过高的子女教育成本，可能是许多年轻夫妇不愿意多生育甚至不生育的原因，国家对严重高于成人商品价格的儿童类商品必须进行价格干预，或采取政策补贴的办法让一些并不富裕的家庭放弃生育顾虑。

其二，女性就业问题。女性就业遭遇歧视，是因女性的一些弱势地位决定的，女性的生育、产假及抚养子女带来的制度与非制度性成本影响了用人单位对女性的就业选择。放开单独二胎政策，对女性就业的影响可能更大，作为配套政策，政府应在放开单独二胎后女性的就业问题予以高度重视，出台相关政策措施，不要因就业问题影响女性对生育意愿的选择。

其三，女性的工作岗位的稳定性问题。一些公职女性或是在企业工作的女性，不敢生育是担心产假之后丢失自己原有较理想的工作岗位，单独二胎后这种担忧更会增加。政府应像某些欧洲国家一样，立法对生育女性之前的工作岗位予以保护，不因生育而丢失原有的岗位。

其四，生育女性的福利问题：生育不仅是个人行为、更是社会行为，俄罗斯提出，不生孩子就是不爱国，有非常强烈的社会政治意义，"男人决定家族，女人决定民族"，充分肯定了女性的社会地位。政府要完善生育保险、失偶保险的养老政策，并立法对生育家庭的正常产假、晚育假、剖腹或Ⅲ度会阴破裂的难产假、吸引产或钳产或臀位引产假、多胞胎生育假、流产假、男配偶看护假期等作出详细严格的立法规定。对哺乳期等期间的工资、资金、生育津贴作出详细的规定，以保证单独二胎政策不落空。我们可以借鉴国外对生育福利待遇的立法问题，表示如下：

表 6-9　国外生育保险中两性权益对照表

国家名称	女性权益	男性权益
瑞典	（社会福利保障局）产假（68 周），准妈妈在临产前七周开始休假；父母生育保险；临时现今补贴（休假上限为 120 天）；孕妇现金补贴	亲子时间（10 天）；休假津贴（父母任一方强制休假至少 60 天）；父母生育保险；产假平等奖金

国家名称	女性权益	男性权益
英国	产假（12个月）；带薪9个月，前六周发放90%的工资，其后的33周每周领取112.75英镑，剩下13周无工资	2周带薪陪产假，可享34周产假
法国	产假（16—48周），可享受16周的全薪产假	父亲可享受两周的全薪产假
美国	产假（12周）无薪	6周带薪产假（加州、新泽西州）
澳大利亚	产假（12个月），18周带薪	父亲可享受2—4周产假
日本	产假（3年）；带薪产假14周，为原工资的60%	法律允许男性在孩子出生后享受带薪休假1年，但是薪酬只有工资的一小部分
新加坡	产假（16周），强制8周全薪产假，非强制产假16周领半薪	父亲可享有2周带薪产假

资料来源：Social Security Administration (SSA)；Social Security Programs Throughout the world：Asia and pacific，2012；Social Security Programs Throughout the world：Europe，2012；Social Security Programs Throughout the world：the Americas 2011。

与国外的生育福利相比，我国的生育保险福利有一定的差距，国外女性的生育环境、生育津贴以及男性的带薪产假等方面都优于我国，对生育保险重视的程度也高于我国。放开二胎后，迫于我国高节奏的工作压力，需要给生育妇女与配偶更多的生育福利。

第七节 "以房养老"的政策选择挑战传统实施难度大

"十二五"时期，中国将会出现第一个老年人口增长高峰，60岁以上老年人将由1.78亿增加到2.21亿，老年人口比重将由13.3%迅速增加到16%。到2035年左右，中国将进入人口老龄高峰期，"未富先老"。与此相应，我国养老保障体系尚不健全。针对中国失能和半失能老人3000多万人、大中城市空巢家庭高达70%的现状，积极寻找新的养老途径，实现养老模式的观念创新、制度创新，已进入决策者的视线。"以房养老"让老年人把自己的住房作为抵押担保物，向银行或保险公司贷款作为自己的养老金。其特点是能有效地将"养老"和"住房"两大热点民生问题有机结合起来，通过金融保险的机制与手段融会贯通在一起，实现了"60 岁前人养房，60 岁后房养人"的新型养老理念，中国的养老保障体系现集中在政府养老、商业保险以及企业年金等多支柱养老模式上，引进"以房养老"新模式可以进一步完善中国的养老保险体系。2013 年，国务院为此出台了《关于加快发展养老服务业的若干意见》，鼓励探索开展老年人住房反向抵押养老保险试点，其前景如何，有待进一步实践检验。

一、一些地区先前的试点改革效果并不理想

"以房养老"之所以会落户保险公司，是因为保险公司尤其是寿险公司在养老保险业务方面是最专业的，其在寿命预测、保险精算方面技术较成熟，同时资金充裕，实力雄厚，足够支付贷款额。当然，寿险公司开办以房养老业务，因其将住房与保险连接起来，与寿险公司本职业务更加复杂，除了要考虑一般寿险业务中的资金、利率、被保险人预期寿命等因素之外，还要考虑房屋的价值变动、房屋的最终价值变现等情况。2014 年 3 月，保监会下发《关于开展老年人住房反向抵押养老保险试点的指导意见（征求意见稿）》，要求在北京、上海、广州和武汉四地开展为期两年的试点。其试点要求是：单个保险公司开展试点业务，接受抵押房屋的评估价值合计不得超过：

4%× 上一年末总资产不超过 200 亿的部分 + 0.2%× 上一年末总资产超过 200 亿的部分（且单个反向抵押养老保险合同的初次抵押贷款金额不得超过 500 万元）

而以房养老保险若得以推广，中国传统的养老方式，将有望随着一款金融创新型产品的问世而发生颠覆性变革。

住房反向抵押贷款指房屋产权拥有者把自有产权的房子抵押给银行、保险公司等金融机构，后者在综合评估借款人年龄、生命期望值以及预计房主去世时房产的价值等因素后，经过一定的年限，每月给房主一笔固定的钱，房主继续获得居住权，一直延续到房主去世。当房主去世后，其房产出售，所得用来偿还贷款本息，其升值部分亦归抵押权人。如图 6–6 所示。

"以房养老"的主要理论依据是由美国经济学家莫迪里安尼提出的生命周期假说。这一理论假定人为理性的消费者，在追求个人效用最大化时，亦

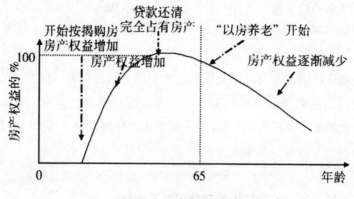

图 6-6 以房养老的注解

追求其生命周期内一生的收入和消费效用的最大化。正是借鉴生命周期理论思想，显示人们的消费平均化倾向，从家庭资源的合理配置与效用最大目标着手，实现住房和养老的最佳组合。生命周期假说将人的一生分为年轻时期、中年时期和老年时期三个阶段。一般来说，在年轻时期，家庭收入低，但因为未来收入会增加，因此，在这一阶段，往往会把家庭收入的绝大部分用于消费，有时甚至举债消费，导致消费大于收入。进入中年阶段后，家庭收入会增加，但消费在收入中所占的比例会降低，收入大于消费，因为一方面要偿还青年阶段的负债，另一方面还要把一部分收入储蓄起来用于防老。退休以后，收入下降，消费又会超过收入。因此，在人的生命周期的不同阶段，收入和消费的关系、消费在收入中所占的比例是变化的。

生命周期理论为以房养老提供了理论依据，以房养老的推行又进一步

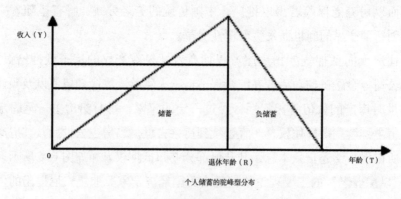

个人储蓄的驼峰型分布

图 6-7 不同人生阶段收入与消费的关系

深化了生命周期理论。住房作为一个家庭的重要资产，但由于其不动产的特性，在缺乏转换工具的情况下，房产价值不能变现。以房养老正是要实现住房这种不动产资源的合理配置和优化利用，通过出售、出租、出典、房屋抵押贷款等方式，实现住房价值和使用价值的相对分离，最大限度地发挥住房在家庭消费尤其是家庭养老中的作用，从而实现家庭生命周期中收入的优化配置和消费的均衡。

在"以房养老"比较成熟的美国，"以房养老"可以保证老人既可以有房住，而且可以将住房变成可套现的工具，以应对日常或特殊需要的开支。其风险是屋主必须按时交纳房地产税和住房保险并持续住在住房中，如果屋主交不出房地产税和住房保险或是由于某种原因不能在住房继续居住，屋主就面临失去房产的风险。

以房养老纯属个人的选择，随着社会的发展，我国家庭内部前代与后代的经济相对独立性正在增强，代际之间经济独立性和丁克家庭的出现，此类家庭不需要留房子给后代。住房反向抵押贷款为这类人群创造了有利的条件。我国也存在一批"房子富翁、现金穷人"（house rich but income poor）人群，倒按揭能够将住宅作为一种养老保障手段更好地利用起来，实现住房资产与流动资产的相互转换。

2003年，"以房养老"理念最早被中国房地产开发集团理事长孟晓苏引入国内。然而，在北京、上海、南京等地的试点过程中，"以房养老"模式屡屡遇冷，效果并不理想。北京的"以租换养"模式、上海的"售后返租"模式、南京的"以房换养"模式各有其自身的特点，但相继无果而终。北京的"养老房屋银行"项目实际上就是"以租换养"，老年人将自己的房屋出租，用租金来进行养老，"以租换养"模式最终无人问津，之后被迫中止。上海的"售后返租"模式是由非营利机构的政府部门来推行的，但由于符合条件的申请者很少，而且事先转换产权的方式严重阻碍了模式的推广，最终不得不停办。南京的"以房换养"模式的最大特点是贷款人不是银行或保险公司等金融机构，而是老年公寓或养老院。老年公寓作为贷款机构存在的问题是诸如资金实力不够雄厚、缺乏第三方的监督、老年抵押人缺乏对老年公寓足够的信任、老年公寓面临长寿风险等，这是该模式搁浅的重要原因。在中国，这一舶来品模式运作过程中周期长、涉及面广、不确定因素多，先前在中国北京、上海、广州等城市几次试水，结果水土不服，相继搁浅。

上述几种"以房养老"模式基本上没有交集，要总结的教训是必须明确以房养老的社会属性，强调政府的责任，经办机构要因地制宜地设计出多样化的产品，并出台产品的定价与风险控制等措施。《国务院关于加快发展养老服务业的若干意见》，鼓励探索开展老年人住房反向抵押养老保险试点，社会质疑较大的问题之一是70年产权问题，一些房主持有的住房产权已可能达到30年以上。产权到期后如何处置依然存在政策盲点。《物权法》规定"住宅建设用地使用权期间届满的，自动续期"，并没有明确是否需要支付费用。也有专家解释，根据"公民权利法无明文禁止即自由、公共权力法无明文授予即禁止"的司法原则，公众应享有无偿续期的权利，政府不应再提出续费的要求。如果政府要鼓励并深化住房反向抵押养老保险改革，这种担忧也可能是不必要的。当然，因居民住房质量或市政建设需要引发的房屋拆迁会给"以房养老"添堵。

二、中国式以房养老遭遇传统挑战

美国政府和一些金融机构以62岁以上的老年人为对象，推出"以房养老"的"倒按揭"贷款，一是由联邦政府保险的倒按揭贷款；二是由政府担保有固定期限的倒按揭贷款；三是专门的倒按揭贷款，一般由金融机构办理，发放贷款的机构与住户同享住房增值收益。新加坡60岁以上的老人把房子抵押给有政府背景的公益性机构，由公益性机构一次性或分期支付养老金，老人去世时产权由公益性机构处理，房价减去已支付的养老金余额剩余交给其继承人。

日本的高龄者族群持有日本全国个人金融资产总额的一半，而房地产的市值相当于金融资产的两倍。"以房养老"适用于55岁以上的高龄者，对于高龄者来说，的确是提高生活品质的好方法。倒按揭就能帮助高龄者把不动产现金化，平衡其退休后现金收入少的问题。荷兰以房养老已经有几十年的历史，然而真正渐入佳境始于价节节高涨的20世纪90年代。而2008年起连年的经济危机使得荷兰的房价一跌再跌，由于房价下跌、风险加大，银行对倒按揭热情锐减，当年指望着靠提前支取房产的剩余价值来颐养天年的老人现在不得不面临着债台高筑、被迫卖房的困境。

从国外推行以房养老的实践状况看，尽管各国都有着其鲜明的特色，但其共同之处是政府的大力支持、多样化的产品市场、完善的市场监管和风险控制体系以及私营机构的广泛参与，中国必须明确"以房养老"的社会属性，强调政府的社会责任，经办机构要因地制宜、因人制宜地设计出多样化的产品，并做好产品的定价与风险控制等工作。中国的"以房养老"在一些城市经历之前的挫折之后重新试点，其发展有赖于整个国家的经济发展状况、政策走向、居民的养老和理财观念的变化等诸多因素。[①]

目前中国的家庭财富代际传递模式，基本上还是"养儿防老，遗产继承"。从传递财富的内容看，房产是最普遍的也是价值最大的遗产。对非丁克家庭而言，住房养老保险模式的推出，将挑战中国传统的家庭伦理亲情，对传统的父母子女间的这种赡养与遗产继承关系产生重大影响。一些学者指出："以房养老"使子女失去了对房产的继承权，可能会撕裂传统代际之间的情感纽带。"以房养老"可能会打破中国传统的遗产继承方式，如果处理不当，极易导致亲子关系、家庭成员关系的紧张，诱发亲子之间的矛盾和冲突。[②] 家庭代际财富传递理论的主要内容为：家庭财富如何在父母与子女两代人之间传递流动及由此产生的一系列影响，其核心内容是研究遗产动机。据广州老年学会调查，大多数老年人拥有自己的房屋产权。

表 6-10　广州市老年人家庭房屋产权

单位：%

房屋产权	城市	农村
本人	51.6	51.0
配偶	27.0	16.8
子女	12.1	30.7
其他	9.3	1.5
合计	100.0	100.0
老年人家庭数（户）	1489	877

数据来源：广州老年学会：《广州市 2010 老年人生活状况调查》。

[①] 林毓铭等：《中国式"以房养老"难在哪里?》，《凤凰周刊》2013 年第 11 期。

[②] 参见蒋正翔：《"以房养老"面临传统文化阻力》，《中国社会科学报》2013 年 10 月 9 日。

中国人素有"但存方寸地，留与子孙耕"的传统，父母习惯于将自己的房产留给子女。遗产动机是探讨家庭内代际之间交换的经济理论，包括三类研究：一是以给子女留下最大限度的遗产视为自己生活最大目标，属父母对子女无私奉献的利他主义；二是父母可能会以在未来留下遗产为诱饵来诱导孩子在他们年老时提供照料服务；三是父母本没有遗产动机，但由于生命的最后终结日期不确定，可能在死亡前没有消费完所有的资产，由此会留下一部分遗产供子女继承。第二类研究为家庭代际财富传递理论中的策略性遗产动机理论，父母留给子女遗产并非天性的关心子女，同时也想要子女能够赡养自己，实现家庭内部的劳动交换。在中国社会压力如此巨大的今天，"啃老族"的泛滥，"421 家庭"的独生子女难以承担起赡养父母的养老义务，这种情况下，以房养老的推出符合社会发展的要求。

根据广州市老年学会 2008 年对广州市城市拥有个人房产的抽样调查，私有房产率就已高达 66.4%。"以房养老"可以成为一部分人改善老年生活质量的一种补充方式，那些有多套房产的老人、那些无子女的丁克家庭，还有哪些虽有子女但子女比较富有并不需要继承父母房产的人，确实可以考虑选择"以房养老"。除上述几类人群之外，根据问卷调查结果，以房养老可能会或者多或少地受到较多子女的抵制，毕竟房屋通常是城乡居民最昂贵的家庭财产，需要花费大半生的积蓄甚至两代人的努力。因此，很多老人也是顾虑重重，不敢轻易把房产抵押出去，在中国父母对子女无私奉献的利他主义还是有相当的传统惯性。

三、房价涨落及多种因素对以房养老形成冲击

近十多年来住房价格指数突飞猛进。推进"以房养老"模式，很难预测未来房地产市场的涨跌问题，未来"大涨论"与"大跌论"各有说辞，当然我们希望房产价格能够回归到理性层面。"以房养老"是一种市场交易，既然是市场交易就存在着交易风险，房价有涨有跌，通胀或通缩都可能出现，银行或保险公司可能因承保这种业务而出现或盈或亏，这样，中国的银行或保险公司在推出"以房养老"产品中大多在观望，即使已经开展这项业务的银行，也是鲜有人问津，市场交易主体不积极，会严重影响这一新事物的发展。

房价可能暴涨暴跌，而养老待遇则为刚性需求，如何对应？人民日报

发表的《三问以房养老多重风险如何化解》一文指出：目前国内房价走势不明，远期中国房市价值波动难以评估。若保险公司按现价厘定年金额度，将来到手的房子价值大幅缩水怎么办？"征求意见稿"只规定了保险公司参与分配抵押房屋增值收益的情形，却未提及贬值风险处理机制。比如是否有权动态调低支付给投保人的年金，当投保人选择退保时，保险公司索回已支付年金时如何计算利息。①

　　利率风险是指利率变化使商业银行的实际收益与预期收益或实际成本与预期成本发生背离，实际收益低于预期收益，或实际成本高于预期成本，从而使商业银行遭受损失的可能性。由于市场利率的变动是不确定的，从而导致金融机构的收益或市场价值产生波动。我国利率的确定及调整还未完全的市场化和规范化，虽然允许商业银行可以在有限的基础上实行一定比率的浮动，但很难达到合理准确的利率预期。利率过高会增大借款人的成本；而利率过低，又会导致房产价格的降低，增大贷款机构的风险。利率风险是以房养老业务中最难规避的风险之一，它的高低程度直接影响着保险公司以房养老业务中贷款采取的利率形式，对业务经办机构的利益产生重要的影响基准利率的升降，不论贷款机构采取固定利率还是浮动利率，都可能导致利益损失。如果采取固定利率，当利率上升时，贷款机构会无法控制贷款余额的变化，从而导致保险公司利润下降。利率风险图示如下：

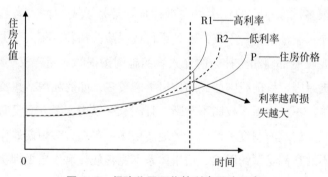

图6-8　保险公司面临的利率风险示意

　　选择以房养老的市场风险会很大，会受房价波动的影响。若房价上升，

①　参见曲哲涵：《人民日报三问以房养老：多重风险如何化解?》，《人民日报》2014年3月26日。

则对于选择以房养老的方式的人来说，房屋未来增值的那部分是他们无法享受到的。若房价下跌，则养老者来说是有利的，可以将这部分风险转移给银行或保险机构。[①] 如果未来房价下跌，作为一种假设，肯定会使开展住房抵押业务的银行或保险公司知难而退，如何在贷款机构和抵押人之间建立一种利益共享和风险共担的机制，以规避和降低利率变动带来的风险，最终实现双赢，是以房养老业务开展中的重要问题之一。

政府应当为开展"以房养老"的机构提供资金担保或者再保险，建立政府风险准备金，以政府信用增强商业机构和老年人之间的信任关系。当然未来房价不太可能一味下跌并成为常态，阶段性涨跌更符合房地产发展的规律，住房价格的涨跌可以消化金融机构因开展住房抵押业务而带来的经营风险，我们更多的是要在产品设计上让"以房养老"更多地满足交易主体的共同利益需求与人性化的愿望，政府不应该是旁观者而应该是制度的维护者与推动者。

中国的人均寿命越来越长，以房养老的合同期限一般都要十几年，甚至有的长达几十年，经办机构只有在抵押人去世之后才可真正获得房屋的处置权，在较长的时间期限内，房屋价格可能会发生较大的波动，以房养老产品的定价涉及老年人的健康状况、老年人的预期寿命、银行利率风险、房屋价值、老旧房屋资金修缮、老年人身故后的房产价格等诸多因素，而且这些因素都具有不确定性，增大了经办机构的风险。

目前很多国家推行的住房反向抵押贷款都是以美国模式为蓝本，以房养老是一项系统性工程，不仅关系到银行或保险公司和老年人双方的利益协调，还需要政府部门和全社会的介入。实施倒按揭的房屋产权必须无纠纷。但由于历史原因，目前我国居民的住房类型较多，如商品房、集资房、经济适用房等等，不少房屋产权尚不清晰。且国家在以房养老方面没有出台相关的法律法规，房地产制度不健全，房地产市场上存在太多短期炒作行为和社会服务业不发达都是制约因素。信用体系不完善使住房反向抵押贷款的推行缺乏严密和详细的法律依据。[②]

在讨论产权、房地产评估、利率等操作层面的细节问题之前，政府应

---

① 参见李碧雯：《以房养老最大风险：房价波动》，《理财周报》2013 年 11 月 11 日。

② 林毓铭等：《中国式以房养老难在哪里?》，《凤凰周刊》2013 年第 11 期。

起主导作用，建立相关的政策矩阵，要求建立一揽子的配套政策，即政府在宏观政策层面上建立完善的担保监督机制，如对经办机构采取一定程度上的激励机制，给予资金及政策支持，使经办机构有勇气开展此项业务。政府需要明确房屋 70 年产权后无偿续期的政策，遵从用"以房养老"模式缓解社会养老压力的社会化性质，防止过分追求盈利，损害老年人的利益等。社会应培养青年人自我奋斗的理念，让"以房养老"在拥有两套以上住房的家庭和丁克家庭先行先试，培植以房养老落地生根的现实环境。同时通过增强社会保障力度，加快社会化养老步伐，推动收入分配改革，让更多的老人放下顾虑，接受以房养老这一新事物。如中信银行的本土化改革是：贷款到期后并不收回房产，房产的处置由借款人决定，银行只收回贷款本息，房子依然属于老人，将来也可留给孩子，更符合当前中国人的习惯。

以房养老牵涉到金融业、社会保障、保险以及相关政府部门，牵涉到房地产评估、产权确定、人的寿命预期等诸多因素。既然以房养老的"倒按揭"模式涉及如此众多的领域和部门，没有政府机构从中协调关系和打通环节，恐怕很难实施下去。"这个保险'舶来品'一旦在中国落地，对于保险及房地产市场乃至整个国家社会养老保障体系都将产生深远影响。不过由于这一创新产品横跨保险、地产等多个领域，对于经营主体保险公司而言将面临一定难度的风控考验。"①

以房养老作为一种特殊的养老模式，有其适应的人群和存在的现实基础，但实际操作过程中出现了制度层面的长期性、技术层面的多阻碍性和观念层面的难逾越性等障碍。在政府的主导与试点推动下，只要政府重视，措施得力，相信会在符合中国国情的现实背景下，进行本土化改造，使中国式的以房养老更加人性化。

参与以房养老的对象有限，只能局限于部分人群，如一是无子女家庭，二是能够突破传统遗产动机的少数家庭。中国进一步发展多支柱的养老保险体系迫在眉睫，其根本原因是同西方国家相比，中国工业化还远远没有完成时人口老龄化就提前到来，其速度大大高于世界平均水平，"未富先老"成为社会的隐忧。

---

① 《"以房养老"方式——老年人住房反向抵押养老保险》，《上海证券报》2014 年 3 月 21 日。

第七章
医疗保险的风险研判与危机处置

　　我国医疗保险制度基本实现了覆盖城乡全体居民的目标，涵盖了住院、门诊特定项目、门诊指定慢性病、普通门诊等多个项目。建立了社会医疗保险、重大疾病医疗补助、补充医疗保险的多层次保障体系。医疗保险同样遭遇人口老龄化、高龄化的挑战，遭遇疾病谱系复杂化与慢性病患者普遍化的挑战，遭遇生态危机对人类健康的严峻挑战，基金支付风险越来越大。

第一节　药品食品及生态安全问题
加大了人们的心理担忧

　　我国已经形成较为完备的药品生产供应体系，基本建立覆盖药品研制、生产、流通和使用全过程的安全监管体系，药品安全状况明显改善，药品安全保障能力明显提高。但是，医药企业诚信体系不健全、监管力量和技术支撑体系薄弱等问题还比较突出，药品安全仍处于风险高发期。由于"未曾在中国境内上市销售的药品"都被列为新药，大多数厂家忙于将原来的"普药"改头换面，改变包装、剂量和用法，并加入一些无用成分，申报注册成新药。"齐二药"事件中的"亮菌甲素注射液"和"欣弗克林霉素注射液"都是此类新药。药的定价虽然是由物价局决定，但是归类为"普药"还是"新特药"由药监局来决定，新特药可以企业自主定价，普药是政府指导价。

如 2004 年中国注册的 10009 种新药全部都是仿制药，但价格高出原来产品数十倍。

艾滋病传播是一个令人生畏的问题，十几年前，"艾滋村"在卖血集中地河南省凸显，引发良知追问和制度反思，2010 年以来，在湖北和湖南，发现了经卖血、输血感染而导致的艾滋病村，当地农民组织队伍到河南卖血，在河南市场整顿后回本省继续卖血，导致艾滋病毒二度传播。据统计，截至 2011 年 10 月底，我国累计报告艾滋病病毒感染者和病人 434459 例，其中病人 166207 例、死亡 88223 例。2011 年 1 至 10 月报告感染者 45749 例、病人 30303 例、死亡 16338 例。根据卫生部和联合国艾滋病规划署、世界卫生组织联合评估结果，截至 2011 年年底，估计我国现存活感染者和病人约 78 万人，其中病人约 15.4 万人；2011 年新发感染者约 4.8 万人，因艾滋病相关死亡约 2.8 万人。[①] 艾滋病以性途径传播为主，但在我国因机会性感染治疗和因输血或血制品感染艾滋病人群也是一个较为突出的问题。近 10 年来我国几乎每 1—2 年就有 1 种新发传染病出现。此外，一些地区令人担忧的卫生状况以及传统的生产生活方式，使一些人畜共患病持续发生。不安全性行为的增加导致梅毒发病数逐年上升，艾滋病经性途径传播的比例已达 87.1%。[②] 完善防治工作机制，健全防控网络，成为医疗保险中的一个十分重大的问题。

医生的道德风险行为通常被称为"供给诱导需求"，在卫生经济学中，往往用"委托—代理"理论来描述和分析这种医患关系。凡是超时、超量、不对症使用或未严格规范使用抗生素，都属于滥用。中国滥用抗生素的问题非常严重，世界卫生组织的一份相关资料显示，中国国内住院患者的抗生素使用率高达 80%，其中使用广谱抗生素和联合使用的占到 58%，远远高于 30% 的国际水平。更令人触目惊心的是，我国每年有 8 万人直接或间接死于滥用抗生素，因此造成的肌体损伤以及病菌耐药性更是无法估量。[③] 另

---

① 参见陈竺：《我国存活艾滋感染者和病人约 78 万人》，新浪网，2011 年 11 月 30 日。

② 参见蒋彦鑫、魏铭言：《卫计委：国内艾滋病经性途径传播比例已达 87%》，《新京报》2012 年 8 月 29 日。

③ 张学珍：《中国抗生素滥用严重　专家批或衍生无穷后患》，《中国妇女报》2011 年 7 月 5 日。

据报道：我国是世界上滥用抗生素最严重的国家之一，我国药物产量的 70%是抗生素，这个比例在西方国家只有 30%。我国每年大约生产 1300 种化学原料药及化妆品，其中抗生素类 PPCPs 年产量在 3.3 万吨以上，这可能是水环境中频繁检出高浓度抗生素 PPCPs 的重要原因。[①] 另有报道：研究人员发现，我国地表水中抗生素含量惊人，全国主要河流黄浦江、长江入海口、珠江都检出抗生素。[②]

滥用抗生素造成了医疗保险费用的扩张，并直接造成毒副作用、过敏反应、二重感染、耐药四重危害，造成每年数以万人的死亡。刘静指出：滥用抗生素还造成人体器官的严重破坏，发达国家因为不合理使用抗生素造成耳聋的比例不到 1%，而我国高达 30%—40%，每年有上万名儿童因此而导致听力损伤。[③] 广东省妇幼保健院教授常燕群接受采访时透露，我国儿科疾病占所有就诊人数的 20%，不合理用药比例高达 12%—32%，儿童药物不良反应率是成人的两倍。例如，据中国聋儿康复中心统计，我国 7 岁以下聋儿，超过 30% 是因药物过量造成的毒副作用所致。[④]

我国传染病疫情、群体性不明原因疾病、食品安全和职业危害、动物疫情以及其他严重影响公众健康和生命安全的公共卫生事件发生的不确定性增大。流行性病毒变异加剧，大范围公共卫生事件爆发频率增高。2003 年"非典"（SARS 病毒传播）、2004 年高致病性禽流感、2009 年甲型 H1N1 流感等事件。2013 年 H7N9 禽流感流行江南地区。许多传统的传染病仍未得到有效的遏制：据 2006 年卫生部门的资料：我国活动性肺结核患者 450 万，每年死亡 13 万；慢性病毒性乙型肝炎患者 2000 万；434 个县存在血吸虫疫情，6500 万人受到威胁，患者 84 万。在我国，必须坚持安全第一、科学监管的原则，落实药品安全责任，提高监管效能，确保药品质量，全面提高药品安全保障能力，降低药品安全风险。严格新药审批制度，建立完备的新药上市审核程序和标准。

① 马军：《研究称我国地表水含 68 种抗生素　浓度远高于国外》，《新京报》2014 年 5 月 8 日。
② 《药厂污水抗生素量是自然水万倍　自来水检出阿莫西林》，《现代金报》2014 年 12 月 26 日。
③ 刘静：《我国每年上万名儿童因滥用抗生素致听力损伤》，《科技日报》2013 年 4 月 29 日。
④ 贺林平：《我国儿童不合理用药率达 12%—32%》，《人民日报》2013 年 5 月 8 日。

建立食品安全标准是对食品中潜在的有毒有害物的种类和限量给予规范要求，在我国，有害物包括生物（细菌总数、病原菌等）、化学（生物毒素、农药残留、兽药残留、食品添加剂残留等）和物理（金属残留等）来源。我国目前还没有一套完整的食品安全标准，政府应该调动一切资源，重点监管食品安全和食品安保，为消费者普及食品安全和食品安保科学知识，预防预警食品安全和食品安保事件。地下水污染、土壤重金属超标，造成有害物质在农作物中积累，并通过食物链进入人体，引发各种疾病，最终危害人体健康，但目前还未得到应有的重视。

据一项权威研究估算，中国的空气污染已使中国北方居民的预期寿命减少 5.5 年，还提升了肺癌、心脏病和中风的发病率。改革开放三十多年来，在中国经济突飞猛进的同时，也出现了空气、土壤和水源的大范围退化。环境担忧尤其是健康关切，如今日趋成为社会不稳定的来源。[1] 中国大城市的空气污染一直很严重，而最近几个月，在中国北方，危害最大的有毒污染物含量已经达到了世界卫生组织（WHO）建议水平的 40 倍。2013 年发布的一项全世界致死原因调查发现，2010 年户外空气污染在中国导致了 120 万人早亡，差不多占全球总数的 40%。[2] 慢性杀人被给新农合、城市医保带来的直接或间接的医疗费开支无法计算。大气污染是肺癌的一个致病因子，《中国气候公报》2013 年 1 月 14 日公布，2013 年的霾天创 52 年来最多。由于 PM2.5 的污染，确实造成了更多的人的死亡，还有一些像心血管疾病、呼吸系统疾病都会增加。另外，一些研究发现人的一些生殖、生育的功能也会由于大气污染造成一些损伤。[3] 从全世界范围来看，现在发病率最高的癌症是肺癌，2012 年新增肺癌病例 180 万，死亡人数 159 万，其中超过 1/3 出现在中国。吸烟、长期暴露于空气污染是肺癌风险增加的主要原因。[4] 另一数据显示：全世界 20% 的新发癌症病人在中国，24% 的癌症死亡病人在中国，目前结直肠癌发病率在中国恶性肿瘤发病排名中位列第三，并呈逐步上

---

[1]　何丽：《华北雾霾平均令人减寿 5.5 年》，《英国金融时报》2013 年 7 月 9 日。

[2]　参见吉密欧、何丽：《逃离雾霾的北京英国》，《金融时报》2013 年 4 月 9 日。

[3]　参见李莹：《专家：PM2.5 已被确认为致癌物　科学研究还需时日》，新华网，2014 年 1 月 15 日。

[4]　参见《港媒：中国新增癌症病例居全球之首》，《参考消息》2014 年 2 月 8 日。

升趋势，而这与环境因素、饮食习惯有关。①

中国的生态环境不断恶化，对医疗保险费用的开支在不断膨胀，据广州市《2013年广东农村民意白皮书》报载，在广东农村环境污染导致的不适类型中，不适者选择"呼吸道疾病"的占64%，其次为"咽喉类疾病"占41%、"皮肤类疾病"和"失眠、烦躁类疾病"分别占24%和22%。图示如下。

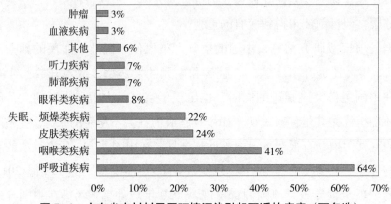

图7-1　广东省农村村民因环境污染引起不适的疾病（可多选）

在工业化进程中，农村土地和水资源受到不同程度的污染。另据广州市社情民意研究中心调查显示，在经济发展水平最高的珠三角地区，居民对环境状况评价最差。空气、水及土壤等具体环境的不满意度，在各地区中最高，且三年来均有上升。

尤其是空气环境，珠三角居民不满意度在2013年高达45%，较2011年大幅上升17个百分点。对近年空气质量，近半数居民认为越来越差，而且多达71%的人表示生活已受到影响，高出其他地区近15个百分点。对水环境，居民评价进一步下降，不满意度较2011年上升8个百分点，至40%，满意度则降至26%。对土壤环境的评价也呈下降趋势，三年来不满意度翻了一倍，升至21%（见图7-2）。应实行地方政府土地健康养护、水环境污染与空气环境污染等问题的问责制和政绩考核制，同时明确造成污染行为人

---

① 参见董子畅：《我国癌症患者年轻化　死亡病人占全球近1/4》，中国新闻网，2014年4月20日。

要对更替污染的防治、人身健康的损害、农民收益的损失等承担责任。

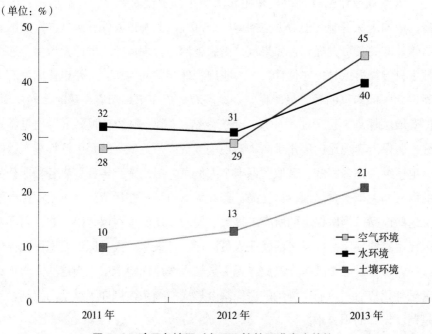

图7-2　珠三角地区对各项环境的不满意度趋势

第二节　医疗保险体系建设存在制度风险

我国各地均建立了以城镇职工医疗保险、城镇居民社会医疗保险、新型农村合作医疗保险制度为基础，医疗救助和补充医疗保险为辅助的医疗保险体系，实现了制度内全覆盖的目标，基本解决了各类人员病有所医的问题。涵盖了住院、门诊特定项目、门诊指定慢性病、普通门诊的大小病兼保的全面保障；建立了社会医疗保险、重大疾病医疗补助、补充医疗保险的多层次保障体系。在实现医疗费用在定点医药机构实时结算制度以及省内异地就医费用的方便快捷结算制度的基础上，率先实行医保跨省联网即时结算，方便了就医，有效减轻参保人的费用负担。在医疗保险改革取得成效的同时，还存在制度不完善、整体待遇水平不高和待遇倒挂、服务能力不足等问题，群众的医保需求与医保发展不足的矛盾仍将长期存在。

一、个人账户管理存在漏洞

医保基金诈骗越来越呈现犯罪团伙化、手段隐蔽化、利益链条化的态势，中国医保基金的浪费率达到20%—30%，上海市人保局医保办定点医药监管处有关负责人提到：如果从"因病施治、合理治疗"的原则考量，这个数字只能算得上是保守估计。个人账户管理存在的问题：一是根据国家有关规定，医保卡里的钱，只能在定点医院看病或在定点药店买药时才能使用。但套取医保基金已形成了一条灰色产业链，《第一财经日报》记者通过调查称：医保卡套现比例广州最高，套现手续费广州最低。二是电话诈骗医保基金电话触及许多家庭，套取医保卡个人信息。三是定点零售药店各种非药品的商品如大米、食品油、保健品、美容美颜商品等充斥货架，可用医保卡购买这些商品，为医保卡的所有者提供了便利，违反了医保卡限于购买药品及医疗用品的规定。四是灵活就业人员医保、外来从业人员医保及居民医保的参保人，不设立个人医疗账户，无资金划入医疗保险卡中，当这些人夭折或者意外死亡后，他们所缴纳的医保基金形成的剩余被剥夺了继承的权利，这是制度设计的不公平。

案例回放：2001年1—6月，张伟平以帮助身为离休干部的父亲配药为名，持父亲的上海市公费医疗证，在上海一家市级医院先后"就诊"100余次，配取"开博通片"、"洛西卡"等大量昂贵药品。张还同时开了几个科室的病历卡，有时一天之内每个科室都要挂一遍号。政策规定，离休干部的医疗费用全部由医保基金支付。半年时间内，上海医保基金为这张医保卡支付医疗费用近26万元，而张父实际需用的医疗费只有1万多元，大部分药品都被张伟平低价贩卖给他人或用于赠送。[①]

资料来源：胥会云等：《医保骗保起底：药贩子掌控退休老人医保卡》，《第一财经日报》2013年8月9日。

---

① 胥会云、阎阔、蔡锟淏：《医保骗保起底：药贩子掌控退休老人医保卡》，《第一财经日报》2013年8月9日。

二、医疗保险统筹待遇不一与费用控制难度加大

从江西九江、江苏镇江试点的"三段通道式医保改革"发展到今天的社会医疗保险全程管理，人性化色彩更加浓厚，统筹标准与待遇大为提高。但是，不同身份人群待遇标准不一，疾病谱式更为复杂、医疗费用上涨速率加快，为医疗保险改革与发展带来了难题。

（一）诊疗范围及待遇支付标准不一引发社会不满

其一，慢性病患者呈上升趋势。随着工业化、城镇化、老龄化的进程加快，以高血压、糖尿病、肿瘤等为代表的慢性非传染性疾病的发病率呈快速上升趋势。在我国，慢性疾病导致的死亡占总死亡率的80%。随着社会压力的加大，中青年患有慢性疾病人群开始增多，慢性疾病的发病率面临逐年上升的趋势。据有关资料，据广州市经济技术开发区医院2006年所作的抽样调查，广州市社区60岁以上老年人慢性病患者患病率为83.8%，又据《广东科技报》报道，广州市慢性病患者占63%。广州市医保增加了慢性病常见病种，很大程度上减轻了医保慢性病患者的医疗费用负担。但慢性病患者患期长，医疗费用开支大，今后慢性病率还会大量增加，需要作好医保基金的长期准备。

其二，门诊特定项目为参保人员分别确定了起付标准、共付段统筹基金支付比例、基金每月支付最高限额，对于生活陷于贫困加之患有多种指定慢性病的参保病人而言，由于设计了封顶线，他们的持续性和有效性治疗可能面临重重困难，需要通过医疗救助手段或大病保险加以解决。

其三，受制于缴费基数与缴费比例的影响，年度封顶线的设计对于四种类型人员限额倍数不一，对于城乡居民和外来从业人员而言，他们的生活更加窘迫，年度报销封顶线低于在职职工和灵活就业人员，同病不同医，虽与缴费相联系，却带来了身份的不公平。新农村合作医疗、城镇居民医保参保门好进，待遇相对较低。

其四，不同险种，不同人群的补助标准也有很大区别，这种差异有失公平，也助长了参保者的道德风险和逆向选择风险。这种缺乏统筹安排的补助模式，诱导了一些不正常的参保行为。如受补助对象重复参加两种社会医保，重复补助、重复报销现象有可能发生。

（二）提高报销标准的同时控制社会医疗费用支出的难度加大

迄今为止的医疗保险改革，尚未从根本上改变医疗服务提供方的经济补偿机制，还未真正建立起有效的供方医疗费用约束与激励机制，医疗费用持续上升，医药没有真正分离，"以药养医"现象还很严重，药品费用在医疗费用中所占比例过高，会使医疗费用按照待遇支持标准的上限运行。医疗机构在整个链条上的双向垄断、双重嵌套的特殊地位，扭曲了正常的市场结构，使医疗市场的价格信号功能发生变化，显示的是供方（医方）偏好而非需方（患方）偏好，在资源的配置上造成"劣币驱逐良币"。双重垄断的地位，使医疗机构有能力实施"以药养医"；而国家财政对公共医疗事业投资的不足，更使医疗机构有意愿实施"以药养医"；有关部门所出台政策的默许和暧昧态度，则相当于变相肯定和鼓励医疗机构继续实施"以药养医"。

医保机构对医方的监督不到位，社区医院在费用控制中的作用还未真正发挥。一些城市从缴费年限由 10 年延长到 15 年的最低缴费年限，是解决征缴基金不足、以便提高医疗待遇的明智之举。

从发达省份看，尽管外来劳动力的不断注入可适当推迟发达城市的人口红利期，但这些城市户籍人口老龄化问题比较严重，以广州市为例，截至 2010 年年底，广州市 60 岁以上老年人口 116 万，约占户籍人口总数的 14.48%，据第六次人口普查数据，广州 1270 万常住人口中，外来常住人口将近 480 万，占 37%。在常住的"非户籍"人口中，绝大部分是青壮年人，缓解了广州市的老龄化程度。在老龄化与高龄化的背景下，制度前退休人员不缴费而又纳入了医保体系，是对他们在职期间所作贡献的制度肯定，退休人员的高住院率、高住院次数和高额统筹基金的支出，会给统筹基金造成越来越大的支付压力，退休人员的报销比例和划入个人账户比例高于普通在职职工，成为医疗费用支出的大头，容易造成在职职工与退休人员的矛盾。同时，公务员和大多数事业单位未参加社会医疗保险，他们的医疗待遇尤其是领导干部的医疗待遇大大高于制度内的参保人员，也会引起社会不公的阶层性矛盾。

我国新农合报销限额有了很大的提高，一些省市参加新农合的农民在镇卫生院、区（县）级医院和区（县级市）以外医院住院补偿比例分别提高到 75%、65%、50% 以上。由于城乡医疗资源质量差异较大，优质资源集中在大医院、大城市，区（县）级医院尤其是镇卫生院缺医少药的现象仍比较普遍，参保农民的补偿比例大幅度提高，由于与城镇职工医疗保险待遇或城市居民医疗保险待遇缺少统计资料上的可比性，但可以肯定的是，新农合与城市居民保险或城镇职工医疗保险待遇还存在较大的差别，同病同城不同治，均衡配置医疗资源与整合城乡医疗保险制度势在必行。

目前，全国患者都普遍增多，究其原因不仅是患者增多的原因，最主要的是我国实行新农合后农民涌进城里看病的多了，新农合的报销比例达到70%，造成医院床位紧张。这是医改最大之殇，每万人拥有的床位数难与西方国家比较，国家需要花费更多财力增加医院数量，否则将造成更多的人为灾难。

第三节 医疗服务管理及经办管理的品质内涵难以满足社会需要

一、社保机构经办管理监管压力越来越大

由于我国药品流通管理体制、医院管理体制、医疗保险管理体制三者的同步改革还很不到位，财政对医院的投入虽有提高，但还远未达到福利国家的水平，"以药养医"仍在左右医务人员的行为模式，公益医院的公益性质仍十分模糊，这对医疗机构、零售药店的监管是极大的体制难题。各地医改方案要求社会保险经办机构与取得资格的医疗机构、零售药店签订服务协议，并进行日常考核，规范医疗行为。医疗及相关的医疗行为最为复杂，社会保险医疗经办管理机构面向日益几乎全覆盖的受保障人群，如何提高工作效率，改进服务方式，降低社会保险经办管理的运行成本与制度成本，节约有限的社会保险资源，促使社会保险制度可持续发展，都需要解决社会保险经办管理思想与理念问题。

经办机构对医疗机构、零售药店进行日常考核和规范医疗行为，就上述复杂的监管内容或规制内容而言，人力、物力和财力都可能力不从心，如医保卡的灰色产业链市场、定点零售药店医保卡的非药品消费、药品收购的流通市场等。深圳市社保局曾调查发现，国内知名药品零售连锁企业中联大

药房，帮助参保人员刷医保卡套取燕窝、阿胶、花旗参等，违规骗保183万多元。经办机构对现代医药价格的形成与错综复杂的药品流通限于技术性障碍和一些管理真空，药品加价的幕后交易与权力腐败、医院套取医保基金等行为难以作出切实的针对措施，"头痛医头、脚痛医脚"的管理体制使医保经办机构难有大的作为，监管压力会越来越大。

二、医保经办等信息服务尚需加强

根据加拿大维多利亚皇家银禧医院医疗信息整合中心的资料信息（电话采访）哥伦比亚省下属的温哥华岛设立了医院联盟，实现了医疗信息的通用化管理：一是同一样本送到不同医院，检验其通用性如X光片，图像标准不一致，由医疗信息中心整合，达成一致；二是细化住院病人的饮食服务，什么能吃，什么不能吃，由医疗信息中心传送给配餐中心，提供个性的饮食服务；三是住院病人看病，医生开药后由机器人司药作出详细医嘱，送到病床，保证不出差错；四是患者在任何医院的X光、超声波、心电图、生化指标等全部由计算机管理，医疗信息中心保管，发送到转治医院，不作重复检查（之前统一检查标准）住院期间的全部信息传送到医疗信息中心，保证信息共享；五是较远地区转院病人由医院派出直升机接病人并负费，志愿者的小飞机接送癌症病人到医院治疗，提供志愿者服务；六是看病预约服务，减少排队，提高效率，急症病人可到急病科治疗，由护士根据病人的情况，安排看病顺序。

应广州市劳动保障信息中心的委托，我们对广州市劳动保障信息服务进行了访谈与问卷调查。从2011年起，广州市劳动保障信息中心五期项目全面启动，新增17项全流程网办业务子系统，深化推进10项网办业务子系统的全流程建设，对现有50项网办业务进行优化、改造，接入市民网上服务平台和数据共享中心，并结合电子印章技术应用于网办业务，配合政务办、监察局实现劳动保障行政审批备案业务接入到市电子监察系统。目前网办业务系统已发展成包括社会保险、医疗保险、劳动就业、劳动鉴定、职业技能培训与鉴定等多方面服务的综合性对外服务平台，提供了办事导航、表格下载、咨询解答、在线申请、网上办理、状态查询、结果公布等一条龙服务。

现场调查共发放医保、社保、劳动的问卷 2400 份，回收问卷 1271 份，其中医保中心回收问卷 415 份，有效问卷 327 份，网络调查共回收医保、社保、劳动的问卷共 86329 份。分别作了相关分析、因子分析、多元回归分析、主成分分析。综合看来，需要改善的服务模式依次为网上服务大厅、经办柜台、自助查询终端、12333 热线和手机 web 终端（按需求率从高至低排序），而人们不选用非柜台业务的原因则主要是不了解其他服务模式以及缺乏所需业务功能。因此，在创新服务模式、丰富模式下业务内容的同时，仍需加强对非柜台服务模式的宣传力度，提升网办现有功能使用频率、丰富网办应用业务是优化网上业务大厅服务的重要途径。进一步方便公众对医保等业务的了解和使用，从而实现公共服务以人为本、均等共享的基本理念，让更多的参保者通过多元化的社会服务，保障自己医保权益。

参保人了解包括医保信息在内业务的途径（%）

其他, 3.03
电视, 8.64
电话咨询, 10.81
报纸, 22.91
同事朋友介绍, 33.47
网站, 48.14

图 7-3　调研数据饼型图

社会保险医疗经办业务机构负责具体的医疗保险基金的使用、发放，建立和管理社会医疗保险的个人账户以及对受保人群的服务工作等。广州市社会保险机构设立了 24 小时服务电话与政府网站，颁布了各种政策法规、办事制度等。参保者有权通过各种路径对管理者提出质询，医保经办机构的回应力意味着是否能够参保人的医保保险需求并满足他们的合法期待。如通过民意调查、公共论坛、热线电话、电子邮箱等回应参保者的质询；拓宽有效的参与机制以允许公民参与医疗保险政策、计划、项目等的规划与实施，如举行咨询会议、听证会等；强化对结果的控制反馈机制以确保达成预期的社会目的。

三、医保费用审核结算中各种骗保手段及各种医疗腐败问题防不胜防

医疗保险费用结算方法是医疗保险经办机构有效地控制医疗费用、保证医疗统筹基金收支平衡、规范医疗服务行为的重要手段。由于各种结算方法有利有弊，不同的医疗费用的支付结算方法具有一定的激励和导向作用，出于不同的利益和立场，医保各方往往作出不同的评价和选择，对供方与需方的医疗行为起着极其重要的作用。

退休人员数量不断增加，待遇不断提高，这将加大医疗保险统筹金的支付压力。医疗保险的结算费用的审核是医疗保险的一项重要的日常工作，是医疗费用控制的手段之一。做好费用的审核工作，有利于医疗保险基金的收支平衡，有利于医疗机构和病人及时收到应由医疗保险支付的医疗费用，对做好费用结算的审核工作具有重要的意义。

普华永道在 2012 年的一份报告中指出："制药企业仍在向能够提高药品销量的医生派发回扣，药品采购完成后，医生会超出病人需求多开处方。只有通过持续不断的监控以及落实有关贿赂的法律，此类做法才有可能被根除。"[①] 公安部通报显示，近年来，葛兰素史克（中国）投资有限公司（GSK）在中国为达到打开药品销售渠道、提高药品售价等目的，利用旅行社等渠道，采取直接行贿或赞助项目等方式，向政府部门个别官员、医药行业协会和基金会、医院、医生等大肆行贿。从 20 世纪 90 年代至今，包括摩根士丹利、IBM、朗讯、沃尔玛、德普、艾利·丹尼森等诸多知名跨国公司都曾在华涉嫌商业贿赂。[②]

曾有媒体报道，2007 年中山大学附属第二医院及中山大学附属第二医院南院分别存在伪造病历挂名住院、分解参保人住院人次及医疗费用，将不符合现行住院标准的参保人安排住院治疗，并将以上相关医疗费用向医保经办机构申报支付，采取不正当手段获取医保基金的问题，造成了医疗保险基金安全和稳定巨大的隐患。医疗保险存在严重的道德风险和逆向选择等导致

---

① ［英］安德鲁·杰克：《中国医药市场的灰色地带》，《英国金融时报》2013 年 7 月 12 日。
② 《葛兰素史克中国 4 位高管落马》，《东方早报》2013 年 7 月 15 日。

市场失效的问题，使得医疗费用上涨迅速，医疗资源浪费严重。医保制度在就诊规范性、审核监督、结算方式等方面均可能存在管理漏洞，包括：（1）骗取套取医保基金，有医生个人行为，也有科室操作行为，还包括医院、药品代理商诱导行为合谋，存在一些药品超范围、超剂量、超时间、超疗程地重复使用的现象；（2）冒名住院骗取医保基金跨科开药违规开大处方一家人使用一张医保卡，即卡与人、人与病、病与药、药与量、量与费不相符；利用住院医疗费用的申报套取基金，将无收费标准的项目套用标准项目进行收费；（3）"蓄意作假"手段繁多，如就医资格作假、病因作假、票据作假、处方作假、医疗明细作假、医疗文书作假等；（4）医保制度的初衷是控制不合理医疗费用，但从实施情况看，制度的漏洞在于"通道式管理"为人们提供了便利，套取医保基金的行为已经不止于套现个人账户，社会统筹基金也成为参保人谋取利益的目标，遏制套取医保社会统筹基金，如何抑制不合理开药、跨科开药，需要建立精细化的监管机制。

新农合定点医疗机构繁多，医保基金同样不可避免地存在骗取或套取的制度风险问题，也要谨防外地一些新农合机构和医院联手，采取虚造病历、虚列支出、骗取患者新型农村合作医疗信息、虚构患者或其亲属住院的手段、重复报销等手段套取新农合资金并按一定比例"分成"的非法行径。管理者应引起高度重视，构筑监控"防火墙"规范制度建设，避免政策漏洞。2012年以来，我国新农合实际报销水平大幅度提高，达到70%，持续扩大大病病种，由最初的8种扩大到20种，多数农村居民在受益的同时，也直接刺激了医疗需求，造成个别地方新农合基金出现了支付压力，使得基金不堪重负，比如不断提升的报销比例。以四川省德阳市新农合为例，2012年，由于住院结算等方面的问题，新农合中心责怪医院方医疗经费使用不合理，德阳市旌阳区新农合实际拖欠各级医疗机构资金1200万元，2013年年初开始，由于旌阳区新农合中心上一年度大量扣款，旌阳区基层医疗机构开始拒收新农合的住院病人，转而将病人推给上一级医疗机构，造成新农合参保人员在德阳市人民医院的就诊人数超常规增加。德阳市人民医院估算，如此势头持续下去，到2013年年底医院将垫付2000万元。2013年旌阳区新农合的亏空在3000万元左右。德阳市旌阳区新农合基金实际上已经"崩盘"了。"基金没有那么多钱，却要做那么多事情，最后让医疗机构来承担风险。"① 一些地方为了应对新农合基金的支付压力，采取提高省级定点医疗机构住院补偿起付线、降低住院补偿比例的办法，改善了急功近利不切实际的冒进做法。

医保覆盖面扩大、医保费用增长过快问题逐步凸显，人力资源和社会保障部、财政部、卫生部于 2012 年曾联合发布《关于开展基本医疗保险付费总额控制的意见》，决定用两年左右的时间，在所有统筹地区范围内开展总额控制工作，以控制医疗费用的过快增长。我们在研究套取医保基金现象的同时，却因这一政策的出台引发了另一种现象，医保病人被医院"推诿"、"拒收"，还有一些住院病人被动员提前出院，等医院"有了医保额度再住进来"。医疗费用越高或病情越严重的医保患者越容易被拒收，因为医保部门对医院每次就医者的费用进行考核，按业内人士话来说，一个尿毒症患者，医保每年只报销 5.5 万元，而实际发生的医疗费用一年差不多 10 万元，这意味着每接收一个尿毒症的医保患者，医院要倒贴 4 万多元。② 因为年底医保额度不足，一些医院限号限药，出现新的就医难题，过于控制药费、诊疗费等对于病人的医疗质量难免会有影响。

四、医疗保险异地就医管理情形复杂，结算困难

在实现医疗费用在定点医药机构实时结算制度以及异地就医费用的方便快捷结算制度的基础上，实施医保跨省联网即时结算，方便了就医并有效减轻了参保人的费用负担。

异地就医是指参与医疗保险的人员在参保统筹地区以外发生的就医行为。异地就医没有十分明确的法律定义，在社会医疗保险范畴内，"异地"一般是指参保人参保的统筹地区以外的其他国内地区，"就医"则是参保人的就医行为，"异地就医"可以简单的定义为参保人在其参保统筹地区以外发生的就医行为。广州市将异地就医区分为长期异地就医和临时异地就医。"长期异地"是指参保人在国内医疗保险统筹区域外居住或工作 6 个月以上

---

① 贾华杰、温钹：《德阳新农合几近崩盘　预计亏空 3000 多万》，《经济观察报》2013 年 8 月 3 日。

② 王涛、王原：《媒体曝多地医院拒收医保病人　称不挣钱还要倒贴》，《中国青年报》2013 年 1 月 11 日。

的，"临时异地"是指参保人在境内医疗保险统筹区域外因公出差、学习、探亲、旅游或居住，时间在 6 个月以内的。

对大多数地区而说，移民可能拥有某种形式的医保，但多数人只能在其原籍省份使用。中央政府正在努力推进医保的跨省转移，但要实现这个目标还有很长的路要走。即便是在允许医保跨省转移的省份，也很难使用医保，报销实际上非常困难。① 异地就医费用采用零星报销支付方式，带来了诸多不便，推动异地就医结算改革势在必行，从 2012 年 8 月 1 日起，广州市选定了南昌市 15 家医疗机构作为广州医保在南昌的异地就医定点医疗机构，南昌市在广州也指定了 44 家医疗机构作为南昌参保人在广州异地就医的指定定点医疗机构，两地医保参保人在两地指定的定点医疗机构就医，发生的普通住院医疗费用可以直接在医疗机构即时记账结算，无需参保人先行垫付后再回广州零星报销。广州参保人在南昌异地就医定点医疗机构住院就医时，统筹基金支付的起付线、报销比例等政策待遇按广州市标准执行，社会医疗保险药品目录、医疗服务设施范围、诊疗项目及价格按照南昌市标准执行。同时，参保人的所有就医结算，属于参保人支付的医疗费用由参保人自付结清。广州与更多城市间的医疗联网结算改革，将为经济发展、劳动力流动与方便参保人就医提供更多的便利与人性化服务。

"异地就医"问题涉及医疗保险制度的政策设计、待遇管理、基金结算以及医疗服务管理和经办管理等各个层面，也涉及医疗保险制度改革前后历史债务的处理。由于医疗服务的享受者和费用支付者不是同一主体，劳动力市场一体化导致人员流动的自由度增大以及医疗保险制度的社会化等因素，"异地就医"形式多样、内涵复杂、人群集中，成为一个难以操控的社会问题，具体表现为：

其一，大量退休人员在工作地参保，退休后异地安置或是随子女多地就医，不同地区处方用药、医疗服务内容不一，即使报销比例等政策待遇按统筹地标准执行，享受统筹地医疗待遇也只是对就医者的一个安慰而已。在现收现付依靠"代际转移"的医疗保险模式下，医疗保险实施属地管理原

---

① ［英］帕提·沃德米尔：《中国外来务工人员医疗的难题》，《英国金融时报》2012 年 12 月 12 日。

则，退休人员工作时缴纳的基金如何转移到安置地？额度如何？代际之间和地区之间的债务如何平衡？都是棘手的问题。

其二，通过现代电子结算技术或是"全国一卡通"解决异地就医问题，由于医疗保险的结算不是简单的现金交易，其中一个重要环节是要对医疗服务信息的真实性进行审核，防止骗保和滥用医疗服务。在"异地就医"结算中，需要收集处方用药、诊序项目、支付医疗费用等全部信息，应对国内异地结算，属地医保需要与全国数千家医保经办机构与几十万家医疗机构联网，实现药品、诊疗项目的统一编码与信息标准化处理，实现难度很大。

其三，中国对外开放的步伐越来越大，劳动力市场全球化，中国与世界的往来将更加频繁，劳务人员国际间的流动将更加普遍，逐步使医疗保险的各项政策和管理服务与市场经济体制的要求更加协调，与劳动力的国际流动相适应是大势所趋，目前我国绝大部分地区对于劳动力国际间流动的医保政策还是空白，需要进一步落实与国际接轨的系列法规问题。

五、医疗保险关系转移接续管理费用高，利益关系密切复杂

医疗保险关系转移是指参保人在跨地区流动就业时把原就业地的社会医疗保险缴费年限及个人账户转到新就业地，以便在两地的医疗保险年限能够累计计算。如若转移的社会医疗保险缴费年限满足连续参保年限的接续，则该参保人两地医疗保险缴费年限可合并连续计算。医疗保险关系转移的内容包含社会医疗保险缴费年限的清单及个人账户的余额。

2009 年 12 月 31 日，人力资源与社会保障部公布了《流动就业人员基本医疗保障关系转移接续办法》，规定从 2010 年 7 月 1 日起，流动人员跨省就业时可以转移自己的医保关系，个人账户可以跟随转移划转。基本医疗关系转移接续系统软件可以对转入、转出人员进行详细记录，对于本地转入或转出人员进行自动编号、自动填写省份简称、统筹地、年份及经办机构信息，自动调用 WORD、EXCEL 打印相关表格，可大大提高医保经办机构工作人员工作效率，方便日后查档。

事实上，由于体制管理滞后的原因，流动就业人员医疗保险关系的转移接续并不顺畅，一是统筹基金不随之转移，二是参保者的缴费年限不能累计计算。为此需要加强立法，进一步的出台相关实施细则，明确缴费年限

的计算以及统筹基金转移等问题，协调好流入地与流出地之间各方利益关系，给集中转入地一定的补偿，并逐步提高医疗保险的统筹层次，整合医保制度框架和管理机构，加强信息网络建设，使医疗保险的转移接续真正落到实处。

第四节　降低制度风险和健全医保体系要知难而上

医保体系涉及主体复杂，关系到人的生命与健康问题，完善医保体系是一个世界性难题，尽管医疗保险覆盖率创五大保险覆盖率之最，国内多次民意调查中老百姓在"五险"中最不满意的也是医疗保险，三项制度改革不配套，以药养医体制造就了药价的虚高，降低制度风险和健全医保体系需要建立强有力的相关政策矩阵和采取系列综合措施。在总结成功经验的基础上，需要集国内外医保改革之智慧，继续发挥以敢为人先的勇气与魄力，先行先试，在探索中前行。

一、"三张网"的体制性覆盖所要面临的风险与改革路径

目前，我国大多数城市医保体系由城镇职工医保制度、城镇居民医保制度、新农村合作医疗制度"三张网"组成。粹片化的管理加大制度成本，许多地区试图将三张网进行制度并轨。国务院批转发展改革委《关于2013年深化经济体制改革重点工作意见的通知》（国发〔2013〕20号）提出：整体推进城乡居民大病保险，整合城乡基本医疗保险管理职能，逐步统一城乡居民基本医疗保险制度，健全全民医保体系。

（一）按照社会角色理论，针对个人的医保体系网会发生多次变换

企业改制、劳动力流动、就业变动、身份变迁等变量使医保覆盖范围的"三张网"不断发生网漏或渗透性问题：一是外来从业人员和大学毕业生促使城镇职工社会医疗保险制度覆盖范围越来越大；二是新增劳动力由城镇居民医保覆盖范围向城镇职工医保渗透、外来从业人员子女和带入城市养老的农村老人加入移居市居民医保；三是城乡人员类别发生结构性变化，失地农民、城中村居民的身份变化突破原有覆盖网的约束要求加入新网。按照社

会角色理论和生命周期理论，人生的职业变迁与身份变迁会使参保人的社会角色发生变化，角色变换意味着参保人要从一张医保网过渡到另一张医保网。

（二）参保者的逆向性选择风险将会进一步凸显

医保的道德风险和逆向选择风险防不胜防，"三张网"的建立，由于各自覆盖面不同，缴费比例与待遇标准不同，在征缴方式上，城镇职工社会医疗保险制度，参保（社会人除外）是用人单位的责任，是国家法律明确规定的，带有强制性和连续性保险。而新农村合作医疗和城镇居民社会医疗保险制度，主要通过各级政府财政补贴，政策引导，经办机构优质服务来满足城乡居民获得医疗保障的愿望，采取保当期（鼓励连续参保）自愿参保原则，有病参保、无病退保、小病小保、大病"大"保，重病转保、病愈小保，逆向选择风险在农村合作医疗、城镇居民医保中显现。政府为了扩大覆盖率，诱致性参保因素比较明显。如广州市居民医保近两年出现了严重的亏损，政府补贴责任加大，应该检讨居民医保的道德风险和逆向选择风险问题。

（三）资金筹集方式多元化的同时，财政可持续性将遭遇更大挑战

医保制度由政府主导，具有公益性与福利色彩，资金筹集模式多样，职工医保，建立个人账户与统筹账户；居民医保中，政府都给予了不同程度的财政补贴，鼓励他们参保，如对文件中其他人员参加城镇职工社会医疗保险缴费实行部分减免，政府负担；农村五保户、城镇低保户、特困优扶对象等特殊人群参加新农合或是城镇居民医保，民政部门也制定了优惠政策；一部分重度残疾人等特殊群体，参加医疗保险几乎不用自掏腰包就可享受到社会医疗保险待遇。

医保补助基金来源多元化，由于医疗保险补助金来自政府的不同部门，有的由财政专项补助，有的来自失业保险基金，有的来自民政救助。部门间不关联，信息不畅，多部门、多重补助（救助）难以避免，出现了类似城市低保居民享受多重保障导致懒汉经济的同类问题。新型农村合作医疗财政补贴无序，出现财政医保补贴占大头、个人或村集体缴费占小头的现象，造成市、区、镇三级政府负担过重，加之社会保障刚性，财政可持续性遭遇挑战。对自愿性参保实施诱致性政策，扩大了覆盖率，事实上使政府难以应对。

（四）并轨改革尚不到位，需要政策扶持

三种医疗保险制度分别由人保部门和卫生行政部门主管，都有其独立性。"三张网"虽然从理论上做到了制度衔接，但实际操作中还没有为断保、续保、转保做好制度准备，这种制度空缺导致经办机构无章可循，引起参保者不满，将城镇居民医保制度、新农村合作医疗制度归并为城乡居民医疗保险制度，行政归属的改革及城市化步伐的推进，为"三项制度"并轨为"两项制度"创造了体制条件。

新型农村合作医疗保险制度与城镇居民医保制度的并轨有助于解决上述部分问题，还需要采取下列措施加以配合：

其一，明确界定两张网的覆盖范围，着实根据城市经济发展与体制变迁适时调整医保政策，根据体制变迁、企业改制、产业结构调整等需要，依据参保人不同的身份量体裁衣，实行"应保尽保"、对号入座，明确各自的权利与义务关系，明确转换条件，避免两张网的重复参保、重复报销。

其二，参保人群老龄化与大龄化趋势，会出现统筹基金与个人账户逆配置等现实问题，伴随城市化速率的加快与充分利用人口红利期延长的有利条件，创造条件扩大城镇职工医保范围，如对某些人群降低参保门槛，通过降低缴费基数或实行单缴费基数，降低参保人群年龄结构，有利于医保基金的稳定和维持较高待遇创造条件。

其三，将新型农村合作医疗和城镇居民医保制度并轨为城乡居民医疗保险制度，仍是依靠政府帮助缴费为主、个人自愿参保缴费为辅的制度，参保者医疗需求量大而复杂、医疗期望值偏高，参保者组织松散，管理难度大，若财政支持不力，随时可能面临青黄不接的问题。做好城乡居民医保工作，让更多符合条件的人自愿加入进来，还要建立留住机制。因此，必须不断探索和完善制度建设，建立政策矩阵，进一步突出政府的主导作用；多方筹措资金、体现政策倾斜、多部门给予扶植，鼓励更多的城乡居民参保，在校学生是贡献主体，充分运用大数法则，确保制度可持续发展。

其四，用公共财政资源来帮助弱势群体参加社会医疗保险，是我国政府民生工程之一，合理使用公共财政资源和实现资源效能最大化，要从几方面入手：一是建立政府和各部门间的社保补助或救助的互通平台与信息共享制度，防止过度补助，重复补助；二是探索整合政府转移支付、财政补助、民政救助、惠民医疗减免等公共资源的办法，集中统一制定补助标准及补助对象，统筹合理使用公共财政资源。

（五）在两张网的基础上最终实现"一制多档"

东莞市 2008 年 7 月已实现了城镇职工医保与城乡居民医保的并轨，突破了城乡二元化医保格局带来的城乡缴费与待遇差别、管理与服务差别，不再设立个人账户，形成了全市统一的医保统筹基金，统一制度、统一标准、统一管理、统一基金调剂使用。当然，任何一项制度设计都不可能十全十美，东莞医保的统一平台不可避免地同样存在自身的管理与服务的功能性缺陷。

在两张网的基础上最终实现"一制多档"，是一种理性的选择，统一制度还需要条件的成熟，在现有的"三张网"向"两张网"并轨的基础上，允许有条件的城镇居民如非老年的全职太太、进城外来从业人员按照个体灵活人员参保办法参加城镇职工社会医疗保险；政府从出让土地补偿金中安排社保专项基金，帮助城郊失地农民集体参加城镇职工医保，确保适当待遇。真正实现"一制多档"之后，按照缴费与待遇统一的原则，无论是参加哪一种医疗保险制度，付出与待遇对等，多出钱多享受，少出钱少享受，建立公平平台，身份制条件被完全打破，只要准确界定转换条件，履行转换手续，就可以自由选择医保档次，逐步形成较完善的全民医保体系；经济条件好的用人单位或个人选择较高层次，经济条件一般的选择适中的层次。政府用公共财政资源帮助没有能力参保的弱势群体参加适当层次的社会医疗保险。

二、对定点医疗机构与零售药店监管常态化，堵塞医保基金流失渠道

全国各地政府医疗保险服务管理局均通过服务协议的方式与定点医疗机构、定点零售药店建立约法三章，对定点医疗机构的监督检查内容包括不合理检查、不合理治疗、不合理用药、不合理收费。不按有关规定安排参保病人住院、出院、转院；其他违规情形。对定点零售药店也制定了十条规章。限于人手短缺、监控手段不足等各种各样的原因，仍可能出现各种各样的骗保或是医保基金流失等问题。

美国联邦政府对医疗费用的支出一般占财政支出的 20% 以上，我国财政对公立医院的投入不足，"以药养医"体制便无法变革，体制转换和市场

规则重新树立带来的权力空间中，药作为商品衍生出来的各种关系和无序的社会福利结构纠缠在一起，造成了一个个黑洞。医疗体制扭曲加上政府管制失当是导致药价虚高的根本原因。医疗体制扭曲和医疗行业的两个自然特征结合在一起，使得中国的医药市场供求关系具有一种"反常"特征：在由医疗机构作为销售终端的这部分医药市场上，呈现药品价格越高、药品销售量越大的特点。

医疗保险服务管理部门对所谓的不合理检查、不合理治疗、不合理用药、不合理收费，事实上也就无法做到有效地监管，作为医疗机构及相关医疗技术的局外人，对四个"不合理"本身就难以定义什么叫不合理。医院作为利益主体方，在财政投入不足的情况下，公立医院的发展建设和运行费用主要靠医疗服务创收来解决，医院的支出90%以上依靠收费来获得。公立医院公益性与普惠性被淡化，必然进行利益博弈。

医保结算方式分为八种：后付制度包括项目结算法、点数结算法、服务单元结算法（兼预付制）、动态均值定额结算法（兼预付制）；预付制包括病种结算法、人头结算法、总额预算结算法；还有一种是直接结算法。任何一种结算方式都有优点与不足。选择合理的费用支付方式是保证医疗资源有效利用、控制医疗费用不合理增长的关键。如广州市的医保结算方式按照《广州市社会医疗保险医疗费用结算办法》（穗劳社医〔2009〕3号）执行，运用了若干种结算方法，若要更好地预防监管漏洞，同时也要注意定点医疗机构的利益和诉求，需要制定更为科学合理的结算办法，如定额结算方式为主，多种结算方式相结合。对某些界定清晰的某些疾病，按单病种费用结算办法结算，或在此基础上对某些疾病按照病种病例分型办法结算，条件成熟时再扩大病种。应该承认，有时包括冒名顶替、挂床住院、虚记费用、串换药品或诊疗项目、伪造证明或凭据手段骗取社会医疗保险基金的行为，在一定程度上与结算制度不合理有一定的关联。

其一，在规范结算制度的同时，引入第三方监管机制，建立定点医疗机构的"准入"和"退出"机制，搭建较为完善的参保人员监管平台与信息披露制度，使监督管理制度长效化、规范化与信息化迫在眉睫。

其二，积极推进付费方式改革，探索省内异地就医即时结算工作，出台了操作实施办法，逐步形成了以病种总额预付、人头付费等方式为主体的复合式付费体系，较好地解决了异地就医直接结算问题。

其三，可以准许医院开办一些特需医疗，弥补医院医疗经费的不足。或是允许社会资本进入，解决公立医院经费不足的问题。

三、联合电信部门切断套取医保基金灰色产业链

套取医保基金是一个全国性的现象，大街小巷兑现医保基金的小广告到处可见，既丑化了城市形象，也严重违反了医保卡只能在定点医院看病或在定点药店买药时才能使用并不可兑换现金的规定，造成个人账户基金的损失，最终造成统筹的损失。套取医保基金事实上就是由中介人带持卡人到定点药店一次性刷卡买药，药品折价卖给中介人，持卡人获得现金，中介人将刷卡购买的药品进入药品流通市场倒卖，同时定点药店也在这非法交易中获取部分利益。

"医保卡兑换现金"已长期存在，政府往往以查处困难而不了了之。实际上，只有高度重视，查处"医保卡兑换现金"上的手机信息，寻根查源，并没有我们想象的困难，这可能触犯了电信公司的客户隐私权，政府应将"医保卡兑换现金"、"制作假身份证和各类假证件"这些恶劣的破坏市场经济秩序的现象严厉打击，电信部门损失一些利益或是一些所谓的"商业信誉"是值得的，建立电信企业的社会责任十分必要，对参与灰色产业链的一些定点药店应撤换退出，对于用医保卡搭售非药品的定点药店也应给予查处。

四、在满足参保需求的基础上大幅度提升医保经办管理质量

（一）医保服务平台建设仍旧薄弱，服务资质要进一步提高

党的十八大报告提出：健全社会保障经办管理体制，建立更加便民快捷的服务体系。医疗保障率先全覆盖，成为公民基本权利，是具有政治性、经济性和社会性的公共事业。医疗保险经办管理主要涉及医保事务经办管理和医保基金管理，在医疗保险医、患、保三方关系中发挥着协调各方利益的关键作用。其管理能力与服务水平的高低在很大程度上直接决定了医疗保险制度的实施和发展水平，是医疗保险制度目标实现的关键。所谓全民医保，是指全体公民按照收入能力进行支付，按照疾病需要进行治疗。2009 年颁布的《中共中央、国务院关于深化医药卫生体制改革的意见》明确了中国走向

全民医保的路线图。

据我们对广州市劳动保单信息中心的调查，被调查者更倾向于即时性互动与交流，希望从柜台经办机构获取更准确的医保等业务信息，某些特定环节只能在柜台经办机构办理，网上业务大厅暂时无法提供替代功能，柜台经办机构沉重的业务压力，也使得被调查者更关心业务办理质量和效率、办理流程清晰和网上办理等多元服务模式建设的问题。如何完善非柜台服务模式将成为优化劳动保障公共服务的有效途径。医保部门要求窗口在服务中实现由被动服务向主动服务转变、职业服务向亲情服务转变、一般服务向特色服务转变。进一步简化程序，提高效率，启动"服务质量评议"程序，发放"服务质量评议卡"，设置服务监督评议箱，自觉接受群众的监督评议，树立起医保经办"勤政为民"的良好形象。

医保部门要进一步健全监督制度，强化内部审计，完善基金预算体系，并针对经办业务风险点制定相应的控制标准和防范措施，确保医保基金的安全平稳运行。做好医疗保险个人账户基金的保值增值工作，防范医保卡兑换现金造成医疗基金流失。

（二）进一步解决"看病难"与"住院难"的问题

其一，合理安排带薪休假制度。一些大中型医院，平时就人满为患，每逢周末尤其是假期，医院门诊甚至是住院部，只安排少数几个医护人员值班，更是造成民怨连连，导致挂号排长队，候诊排长队，检查交费排长队，等候检查结果排长队等现象。假日看病饱受折磨。医院服务管理应考虑民众之需，合理安排医护人员的带薪休假制度，有效调整医护人员的休息时间与长假时间的矛盾。

其二，合理安排不同科室的住院床位。大医院住院难的问题日积月累，一些大医院不同科室的床位比较固定，不能动态调节，一些科室床位高度紧张，一些科室的床位却是空置较多，床位紧张的科室病人进不来。医院管理部门应动态灵活调整科室病床数，在开拓病床资源的同时，尽可能利用有限的资源，做到物尽其用，减少医疗悲剧。

其三，合理控制探询时间，减少噪音干扰。住院部探询时间管理混乱，噪音不断，严重影响住院病人的正常休息，甚至严重影响了患者的正常康复。医院应以保障患者康复为重，合理安排探询时间，改善医院后期工作，张贴"安静"警示标志。

其四，专家门诊和预约诊疗服务平台应名副其实、服务到位。许多医院提高了门诊服务收费标准，许多患者对"特需服务"情有独钟。但高付费之后，提供的医疗服务水平却没有提高，一些公立医院盲目扩大特需服务规模，影响了基本医疗，损害到了公共利益的底线。一些医院组建预约诊疗服务平台，出现"大病小病都找专家"的现象，无法对就诊者合理引导。

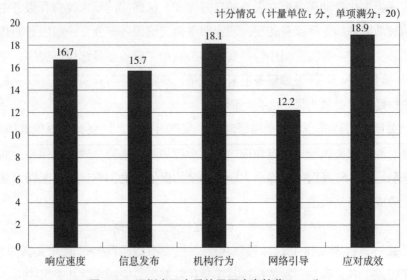

图7-4　深圳市卫人委处置医疗事件获81.6分

2013年3月初，深圳市市民反映在市卫人委官方挂号平台预约深圳市公立医院专家门诊皆遇"爆满"，但在商业网站上交钱就能轻松破解，专家号随便挂，引发市民广泛质疑。起因是深圳一家健康之路公司和医院自己建商业网站预约，政府免费的平台用不了，引起舆论大哗然和社会公愤。深圳市卫人委立即作出回应，解释了"五种预约挂号的办法"，并决定在全市范围叫停公立医院预约挂号有偿服务。深圳市卫人委因在"公立医院有偿预约被叫停"的处理上快速、有效地获得81.6的最高分（见上图）。在涉及公共资源的配置中，要考虑到底层群众、信息流通度差的群众利益诉求，防止产生大面积负面舆情。

（三）完善对口支援制度与社区医院建设

加强城乡社区医疗人才队伍的培训，完善公共卫生体系建设，启动城市大中医院对城市社区及农村县、镇医院的对口支持与帮护制度，并通过建立比较完善的基层医疗卫生服务体系，使人民群众不出城乡社区就能享受到便捷有效的服务。逐步消除大中医院人满为患的状况，使"看病难"的问题也有所缓解。

五、政府药品采购应将真正降价落到实处

公立医院的药品需要集中招投标，由政府采购，医院药房零售，基本药物实行遴查率，2002 年招标采购在广州等城市首开先河。国内基本药物招标一度实行以"安徽模式"为代表的"双信封制"，所谓"双信封制"，即投标人要将投标报价和工程量清单单独封在一个信封中，其他商务和技术文件密封在另一个信封中。开标前两个信封同时交给招标人。一个是技术标书，即"质量分"；另一个是商务标书，即"价格分"，其中，"质量分"主要来自药企 GMP（药品质量管理规范）。中国医药企业管理协会会长于明德在电话中向 21 世纪网表示："双信封制度，实质就是两个字——低价。A 信封里一个企业质量 60 分，另外一个企业质量得分 100 分，最后还会是 60 分的中标。为什么？一看 B 信封，价格相差一分钱。在安徽模式推广以来，各省便不断爆出超低的中标价，令人咋舌。而此次检测出有阿莫西林胶囊和诺氟沙星胶囊两款产品铬含量超标的蜀中制药，便是低价竞争的好手。同时，也有产品以次充好的前科。曾有医生透露，现在很多企业，为了打价格战，会对药品价格明降暗加。我们开药讲究效价。以前吃感冒药，一天三次，一次一颗，每颗药 5 毛钱，现在药降价了，每颗药 3 毛钱，但一顿建议你吃三颗，也就是需要 9 毛。你说是降价了还是加价了呢？"

政府招投标实际上是设定了门槛，加强了垄断的作用，政府药品采购，是否切切实实地降低了医疗费用，很有可能制度缺陷造成新的漏洞。广东省曾发生过广东省新会医院第三任院长方机利用新药采购审批和药品定标过程中严重受贿及指使单位受贿金额总共 1200 万元的案例。政府采购之后其表现为政府采购药很快就可能在市场上消失，如何计算降低的费用，现有的计算方法显然是不恰当的。因为中标药品的实际销售量和采购量相去太远，而且在医院里也并不是按最高零售限价销售的。按老百姓的话说是："药品先后降价了二十多次，我们老百姓还是没有感觉到实惠。"行政权力运行"商

业化",使"问题官员"几乎覆盖了药品从生产到流通领域各个环节,分别
掌握了药品生产和经营许可审批、药品质量监管、药品质量层次认定、药品
价格认定等重要行政职权,能够直接影响到药品生产、经营企业的生存和发
展以及公众用药安全。湖南省药监局原副局长刘桂生,在药监局任职期间,
利用分管稽查总队、市场监管处工作以及兼任湖南省药品集中采购联席会议
成员的职务便利,先后接受 12 家药品生产、经营企业的请托,在药品监督
管理和参与药品集中采购管理当中为请托人谋利,非法收受贿赂 50 笔,共
计 82 万元。①

　　据《中国经营报》透露:一家外企医药负责医药招投标的人士表示,由
于规则的不透明,各地区又有很大的自由裁量权,导致基药招标的"水"很
深,行业内甚至流传"100 万元换一个品种"的说法。② 坚持药品采购公开
招标制度,要求大力规范政府招标行为,消除医疗机构与医药工商企业之间
不公正的购销关系,矫正新的不正之风和腐败行为,进一步理顺医药产业的
结构性矛盾与产品的低水平重复,减小招标过程中的过高收费现象。同时推
行价格听证会制度,打破行业垄断,引入竞争机制,促使药品生产企业不断
提高企业管理水平,对医院药品价格实行公开亮牌,包括对药品生产企业中
出现的所谓"降价死"现象加强监管,对医院实施的药品加价机制进行合理
的改革等,从而让老百姓切切实实地感受到药品降价带来的实惠。增强医
院市场竞争意识,保护患者的公共利益:一是通过药品批发企业的兼并与重
组,构建以医药电子商务为手段的现代化药品流通体系形成由药品生产企
业、流通企业、零售药店数据库组成的药品电子监控系统,实时对药品集中
指标采购配送与销售全过程的动态管理。二是在国家制定最高零售限价的情
况下积极发挥社会零售药店的作用,通过竞争减少流通环节,降低药品的价
格。三是加大财政对医院的投入,减少"以药养医"体制带来的副作用,有
效地防止寻租现象的发生,通过财政购买,特别是低价药和廉价药,政府财
政应当参与或委托相关机构参加药品采购。

---

① 参见陈文广、谭剑、谭畅:《湖南药监领域腐败案调查:权钱交易如家常便饭》,新华网,
　　2013 年 5 月 5 日。

② 参见《广东医药系统基药招标潜规则:100 万换一个品种》,《中国经营报》2014 年 4 月
　　12 日。

六、延长缴费年限引社会诟病，尽力实现医保基金的收支平衡是主流

（一）延长缴费年限遭遇较大社会阻力

《社会保险法》只原则性地规定"达到法定退休年龄时累计缴费达到国家规定年限的，退休后不再缴纳基本医疗保险费"，但并未规定具体年限。于是，各地在执行中存在较大差异性，如广东顺德规定 25 年，江门 20 年，广州 15 年等。这不仅存在地区间社会公平问题，也容易出现攀比，不利于改革。

广州市的流动人口占广州人口总量一半以上，据广州市地税局提供的资料：2011 年上半年广州市社保缴费基数相继上调了 3 次，灵活就业人员人均缴费增加了 28%，不少缴费人员反映不堪重负，上半年市内七个区灵活就业人员停保人数同比上升 35.4%。医保缴费提高的同时，参保者期望提高报销比例，这一矛盾使得医保改革举步维艰，稍不慎重就可能引发突发事件。医保基金出现亏损还需要从体制性改革与内部机制入手，尽可能实现基金收支平衡。广州居民医保具体包括三类人群：广州市公办或民办中小学校、各类高等学校、中等职业技术学校及技工学校全日制就读的学生；有广州市户口的未成年人及年满 18 周岁的非从业居民（不含在校学生、主要是残疾人和农转居人员）以及没有养老金的老年居民。广州市人社局公布的数据显示，广州市 2010 年居民医保基金实际缺口达 1.3 亿元，2011 年居民医保基金实际缺口达 1.6 亿元，2012 年居民医保基金实际缺口达 1.8 亿元，基金缺口由广州市财政兜底，但在现行医保缴费政策下，缺口有越拉越大的趋势。

2012 年 8 月 9 日，《广州市社会医疗保险条例（草案）》，将缴纳社会保险医疗费用的年限，从 10 年延长到 15 年，并首次明确参保对象应覆盖行政区域内的全体城乡居民以及非广州市户籍的从业人员。按照"老人老办法，新人新办法"的原则，该条例实施前的参保人员，其最低缴费年限仍按原规定 10 年执行，该条例实施后的参保人员，其最低缴费年限调整为 15 年，达到规定的缴费年限后，居民将不再需要缴纳费用并享受对应的医保待遇。广州市面对参保者提出提高缴费额度或缴费比率或是延长缴费年限到 15 年，遭遇众多参保者的诟病。

不论是提高缴费标准还是延长缴费年限，均是为了维持基金收支的基

本平衡，减少基金支付压力。基金收支失衡取决于三个要素：一是医疗卫生费用增长过快；二是报销标准提高；三是参保人数不足尤其是自愿参保的城乡居民。报销或医疗资源的占用问题引起较大的社会非议：不仅仅是退休双轨制，更有医疗双轨制。此据中国社会科学院一份调查报告数据称：中国政府投入的医疗费用中，80%是为了以党政干部为主的群体服务的。

医疗保险改革、医药流通体制改革和医院管理改革都会影响着医疗基金的收支平衡。"五险一金"的缴费计算中，广州市个人缴存比例约为16%，单位缴存比例约为36.35%，个人和单位缴费比例之和约为52.35%，个人缴费与单位缴费负担在全国名列第三位。广州市社情民意研究中心针对北京、上海、广州三大城市的2004位居民进行的"北上广市民看减税"的民意调查显示：近七成受访者赞成我国应大规模减税。广州市人社局提出调高缴费标准，已遭遇众多广州市民的反对，延长医保基金缴费年限从10年到15年，也遭遇参保者的非议。

社会医疗保险实行社会统筹账户与个人医疗账户相结合，不能脱离当地生产力发展水平，医保机构管理医疗统筹基金，主要用以在统筹范围内调剂参保者的医疗费用，确保职工在病种目录、用药范围内及基金范围内的疾病医疗。广州市如果同时提升缴费率和延长缴费年限，双管齐下的策略对参保者可能难以接受，有可能引起市民更大的抱怨。医保机构要充分利用网络媒体，在充分展示广州市医保成就的同时，公开医保基金收支报表和相关背景材料，实行阳光医保，让参保者充分了解广州市医保基金运行情况与出现的基金困境，博得他们的理解与支持，培养医保领域的网络领袖，市民的参与与知情有助于延长缴费年限改革的顺利进行。

（二）控制医疗费用支出与实现基金收支平衡是主流

实施通道式医保模式，意味着患者一般只需承担医疗成本的一部分。报销标准越高，在不需要太多关注成本的情况下，患者越期望更多更好的医疗服务，或者愿意接受医生所推荐的医疗，"以药养医"体制必然产生过度医疗问题，过度化验，蓄意造假。患者接受成本超过其期望收益的医疗成本时，过度医疗服务就产生了。实现医疗保险基金收支平衡，增收节支是关键，医疗保险支付是医疗保险的一个重要环节，将医疗保险的参与者与医疗服务的提供者连接起来，成为两者发生经济关系的纽带。

在合理的假设下，随着额外医疗的增加，病人的边际收益减少，而提供医疗的边际成本将增加。医疗的最优数量为 Q^*，在这一点上边际成本等于边际收益。在达到 Q^* 之前，每增加一单位医疗的边际收益都会超过边际成本；越过这一点之后，边际成本则超过了边际收益。因为病人只需要承担额外医疗的部分成本，（如共保金额的百分比），病人的边际成本将少于提供额外医疗的总成本。结果，医疗服务提供者将继续提供医疗服务，直到病人的边际收入等于其边际成本。也就是说，在提供保险的情况下，医疗服务者将提供 Q^I 单位的医疗服务。Q^I 和 Q^* 之间的差就是过度医疗服务。图示如下：

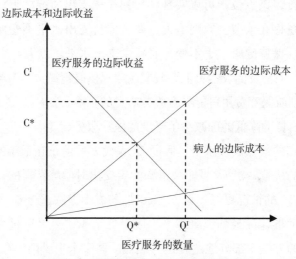

图 7-5　道德风险造成的过度医疗服务

提高医疗保险机会会增加医疗成本，在其他条件不变的情况下，让更多的人参加医疗保险，将导致更多的服务，形成更高的医疗成本。而努力降低参保人员的医疗服务会造成医疗质量的下降，造成"小病进去、大病出来"的悲剧，我们的目标是减少过度医疗服务，降低医疗费用。下图显示了这些要素间的权衡，即最优的人均健康水平与人均保健支出之间的关系。图中字符显示在医疗服务体系充分有效的情况下，每一支出水平可以实现的健康水平。人们承担的费用越多，可实现的最优平均健康水平越高，但提高的速度可能是递减的。

不同群体的人处于不同的位置，假设 I_1 点代表要参加医疗费用保险的

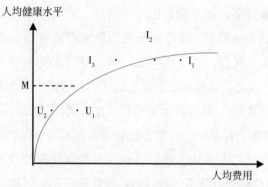

图 7-6　人均可实现的最优健康水平与人均支出

人所在的位置，该点位于可以实现的健康——支出曲线之下，这一事实表明，医疗体系存在浪费。原则上说，要么保持支出水平不变而提高健康水平，要么可以保持健康水平不变，而减少支出水平，点 I_2 与点 I_1 具有同样的健康水平，但前者的成本更低。我们应当提供既消减成本又不损害健康水平的改革，削减医疗费用可能导致服务质量的下降。如从 I_1 到 I_3，这种支出的减少以及质量的降低的确减少了过度的医疗服务。

M 为设定的最低健康水平，假设 U_1 点代表目前正在工作但没有参加保险的人所处的位置，点 U_1 可能会落到给定支出时能够获得的最优健康水平之下。U_2 比 U_1 的情况更好，点 U_2 以更低的成本提供了与 U_1 同样的健康水平。假设任何群体的最低健康水平不应当低于 M，可以通过为所有的人提供健康保险的方式来部分地达到这一最低的健康水平。由于存在道德风险，扩展保险范围会增加过度的医疗服务，只有未保险者的费用增加时，他们才可能达到最低的健康水平，这就产生了由谁来承担增加的成本问题。

其一，以相关指标科学地确定统筹费率与个人缴费率。职工医保个人账户资金分为个人缴费计入和单位缴费划拨两部分，单位缴费划拨部分计入个人账户的标准与上一年度广州市职工年平均工资挂钩，没有考虑 CPI 因素。由于人口老龄化等多种因素影响，如继续按上一年度本地职工年平均工资调整，现行的医保个人账户计入办法将造成统筹基金和个人账户基金结构失衡：单位缴费计入个人账户的资金会越来越多，所占比例将远远超过国务院医改决定所规定的单位缴费的 30% 左右计入个人账户，其不仅挤占了统筹基金，也削弱了保障大病的能力。

依据医疗保险的统计规律，综合考虑历史资料各相关指标如门诊率、病种发病率、统筹基金使用率、个人账户使用率、基金收缴率、疾病风险概率、平均赔付率等指标进行科学测算、预测与论证，在坚持以收定支、收支平衡、略有积累的基础上确定相对稳定的统筹费率，个人缴费率也应按照精算原则有计划地进行。随着人口老龄化程度的加深和疾病谱系变化的加快，在确定医疗保险费率与待遇标准时，一定要考虑以往医疗费用的实际支出以及医疗费用上涨的可允许程度及空间，一味地提高缴费额度或提高报销比率，反而容易引起参保单位或个人的不满与道德风险的进一步升级。

其二，依据大数法则收支平衡原理努力扩大医疗保险的覆盖面。一般来说，相对年龄结构偏轻的非公有制企业，医疗费用负担不高，扩覆工作中要解决年龄结构偏轻的非公有制企业对医疗保险的认同问题，政府要做好政策的解释与宣传工作；城乡居民医保中，大、中、小学校学生的自愿参保实际上变成了强制参保，他们在校期间长，组织性强，这是参保队伍最稳定的人群，一般而言，这一群体的缴费与政府补贴会大大高于这一群体的医疗费支出，是居民医保的"潜力股"。广州市各类高校较多，组织得力，是缴费的有生力量。

其三，实施医疗保险改革与医药体制双重改革降低医疗费用。根据同花顺 Ifind 数据统计，2012 年 140 家上市药企的累计销售费用高达 498 亿元，远远超过他们创造的同期净利润 310 亿元。销售费用包括广告费、业务招待费、促销费、学术费、培训费等各项费用支出，2012 年 A 股市场共有 68 家上市药企披露了会议费的金额，费用支出高达 30 亿元。上市药企的销售费用支出情况已十分惊人。表示如下：

表 7-1　部分药企销售收入与销售费用的比较

单位：亿元

	销售收入	销售费用	两者之比
哈药股份	176.63	28.47	1：6.20
恒瑞医药	54.00	23.00	1：2.35
华润三九	69.00	22.00	1：3.14

矫正"以药养医"、实现"以医养医"，实际上是一种利益格局的调整

过程，改"以药养医"为"以医补医"这种改革绝不是一种帕累托改进式的改革，改革的受益者是医生和患者。但行政主导利益集团会受损，他们是现有"以药养医"体制的最大受益者。行政主导利益集团，即包括目前有权对医院行使管制权力的各类政府部门，也包括医院内部医生等专业技术人员之外的行政人员。医疗体制改革的困境正基于此。如果不能打破这种利益格局，完成包括理顺药品定价机制在内的医疗体制改革很难进行。因此，医疗体制改革面临很大的阻力和不确定性。

医疗保险改革、医药体制改革与医院体制改革三大改革必须同步进行，不可偏颇，围绕收支平衡这一命题，医疗保险制度运行中要进一步降低改革成本与制度成本，完善各项制度；医药体制改革需要从反对腐败与大力减少流通环节入手，避免层层加价，切实采取措施铲除权力寻租的毒瘤，真正优化医疗保险的外围空间，支持医疗保险改革的健康发展，还老百姓一个明明白白的医疗消费。

其四，建立多支柱医疗保险体系实现收支平衡。医保需求复杂，多支柱医疗保险体系的建立，就是预防收支风险的有效屏障，迫切的需要建立多支柱的医疗保险体系分散支付风险，广州市各级政府或部门设立了社医疗救助基金或补贴基金，有效地解决了弱势群体的医疗保障问题，有条件的企事业单位和个人，可以通过组织补充医疗保险、参与商业医疗保险，满足医疗消费的更高层次需求。

其五，提升待遇标准，建设多支柱的医保体系。面对药品价格虚高，疾病谱系日趋复杂的困难情况下，为了防止因病致贫或返贫、减轻参保者负担，政府逐年提高了城乡参保者的报销标准。医保制度缴费与待遇挂钩，也带来了报销比例与待遇标准不一的问题，面临同样的疾病，公务员、事业单位报销比例好于职工医保，职工医保好于城市居民医保，新农合报销比例、报销额度目前均不尽人意。目前广州市职工医保、新农合基金略有结余，城市居民医保基金亏损严重。征缴扩面是一把双刃剑，虽然短期能充实医疗保险基金，但当这部分人群退休时，医疗保险基金缺口会越来越大。

提高缴费比例或是延长缴费年限，均难以获得参保者的普遍支持和理解，网民调查诟病较多。加大财政对公立医院的财政支持，实现"三项制度"改革，切实降低医疗费用是大前提。建立多支柱的医疗保险体系，是指实现社会医疗保险、企业补充医疗保险、商业性医疗保险、大额医疗费用互助保险、社会医疗救助保险五大支柱。

其六，发展补充医疗保险等多种医保形式弥补基本医保的不足。具体如下：

(1) 补充医疗保险是在医保体制外给予参保者的医疗福利增量。一些效益好的企业和农村集体经济较好的农村，可以建立补充医疗保险制度，与企业职工社会医疗保险制度或新农合相衔接。补充医疗保险资金分别由企业或村委会集中使用和管理，单独建账，单独管理，用于本企业或本乡村个人负担较重的参保人员和退休人员的医疗费补助。

(2) 对于超过封顶线以上的医疗费用以及个人负担较重部分的医疗费用实行医疗补偿，对困难者予以支助，解决部分困难职工或村民的医疗负担问题，政府应从政策上予以扶持。

(3) 商业性医疗保险可以设计不同的保险品种，如健康保险、医疗费用保险、住院医疗保险、超社会医疗保险封顶线以外的大病补充医疗保险，后一险种的开设，解除了社会医疗保险统筹基金封顶难的问题。商业组织的医疗保险，尤其开展团体医疗保险，可以减少逆向选择问题，降低风险分类成本。

(4) 大额医疗费用互助保险通过职工自愿筹措医疗基金，对超过封顶线的医疗基金实行风险补偿，其宗旨、性质、原则、经营方式和功能蕴藏着自愿、互助与平等的文化传统。我们应更多地运用市场经济的原则，借鉴国际互助合作联盟（ICIMF）的经验，建立起适应广州市特色的互助合作医疗制度，减轻国家和企业负担，建立起充满生机和活力的与市场经济相适应的新型医疗体系。

(5) 美国有专门为穷人提供医疗服务的医疗救助系统，为买不起医疗保险的低收入家庭提供优质的医疗保障，所有费用由政府支付。医疗救助预算占州 GDP 的 22%，其中联邦政府补贴 57%。[①] 社会医疗救助基金为保障城乡居民中享受最低保障待遇人员的基本医疗而设立，由于存在着市场失灵问题，医疗救助定位于特定的收入群体和特定的服务类型，并以一定的方式

① 刘植荣：《国外各国社会福利有何不同》，BWCHINESE 中文网，2012 年 3 月 8 日。

进行分配。广州市新农合覆盖率达到 100%，但留守老人的医疗照顾问题突出，据广州社情民意研究中心于 2012 年 7 月开展的"留守老人问题广东农村村民看法"民调报告表示：对于"家中老人养老最大问题"，首位是"生病没人照顾"，选择比例高达 52%；而其他选项被选率明显为低，最多人选的"生活自理困难"也只有 13%。对留守老人问题如此集中的选择比例凸显出村民看法的一致性（见下图）。城乡社区服务尤其是对空巢老人和留守老人医疗照顾问题要列入城乡社区服务的主要议事日程。

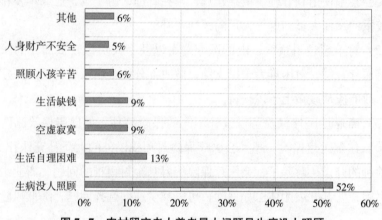

图 7-7　农村留守老人养老最大问题是生病没人照顾

（6）按照健康社会学的理论，强化健康人力资本投资理念，主要表现为维持身体健康和为了抑制疾病而发生的医疗支出，我们可以在医疗保险基金出资一部分用于参保人加强身体锻炼和体检费用的投入，增加体育设施的投放，加强全民健身运动，增强人民体质，减少疾病的发生，意味着为降低医疗费用埋单。

第八章
就业问题的风险研判与危机处置

2010 年从法国青年抵制推迟退休年龄，到中东、北非国家青年积极参与反政府示威，再到英国伦敦以城市青年为主力军引发的一系列社会骚乱，究其主因之一，是青年人失业率居高不下导致的对社会的高度怨恨与仇视心理。就业尤其是青年就业问题是最基本的民生问题，这个问题解决不好，社会稳定的政治根基就要发生根本的动摇，从 2010 年到 2011 年境外一些国家的乱象中可以看到：就业问题不解决，靠社会维稳和社会福利无济于事。有了就业这一生存的根本，才可能让人们的理性回归到道德层面。

第一节　青年失业率居高不下导致
暴力冲突不断升级

失业与贫困往往纠结在一起，从一些国家近几年来的暴力冲突中，对事件的归因分析将退休制度、种族歧视、通货膨胀、民主假象、政策失真、社会福利"断裂"、暴政等联系在一起，考察参与反政府示威和暴力的人群的年龄结构时，人们不难发现，青年人参与度远高于其他年龄人群，青年人的非理性与他们的生存状态密切相关，入学无门、就业无望、贫困交加，社会的冷漠将青年人推向了他们与政府交恶，也将他们对社会的绝望与仇视心理在暴力冲突中发泄到了极致。

一、法国改革就业制度和推迟退休制度被斥影响青年人就业

法国是一个浪漫的国家，也是一个暴力多发的国家，早在 2005 年 10 月，法国移民青年骚乱就是一个突出的例证，导致骚乱的一个重要原因就是法国移民青年的就业问题。移民聚居形成了一个个与主流社会隔离、备受歧视的贫民窟而造成的社会问题。从 2005 年 10 月 27 日开始，这场骚乱开始于巴黎东北郊，后来蔓延到巴黎周边，继而再大到法国几十个城市，持续两周多。300 个城市超过 6000 辆汽车被点火焚烧，超过 1500 人被捕，死亡 1 人。从 11 月 12 日晚到 13 日凌晨，法国共有 300 多辆汽车被焚毁。法国自从 10 月 27 日发生骚乱至今，共有 8400 多辆汽车被焚烧，2600 多人被捕。①

2006 年 3 月，法国议会批准了政府制定的《初次招工合同》，新法令允许雇主在雇佣两年内有权解雇 26 岁以下雇员并无须作出解释，起因是在 26 岁以下法国青年人中，失业率已超过 20%。导致高失业的部分原因是法国用人单位几乎不能解雇正式员工，这使许多企业不愿雇佣正式人员，一定程度上加剧了高失业率。政府出台《初次招工合同》的目的是解除企业自主招工时的种种顾虑，鼓励企业多招工，增加社会就业率。政府提出的就业新政策遭到大学生的强烈反对。大学生担心会使就业得不到充分保障，他们普遍对前途忧心忡忡，极度害怕失业。2006 年 3 月 7 日，学生和工会人员发动了全国范围的抗议活动。3 月 9 日，巴黎大学等全国多所公立大学发起游行抗议，部分学生占据大学，大学生们与警察发生激烈对抗，迫使大学停课。

欧洲多个国家为削减财政赤字、避免陷入主权债务危机，提出一系列财政紧缩政策，内容多涉及退休制度改革，例如提高退休年龄、提高养老保险缴纳比例。2010 年 6 月，法国政府宣布退休改革草案，拟将法定退休年龄从目前的 60 岁提高到 62 岁，将可领取全部养老金的退休年龄从 65 岁提高至 67 岁。2010 年 6 月 24 日，法国全国发生大罢工，数百万人走上街头抗议这一"有损退休福利制度"的改革。许多青年人走上街头，他们担心，

---

① 王建芬：《法国骚乱蔓延至比利时　约 30 辆汽车遭纵火焚烧》，《中国日报》2005 年 11 月 14 日。

一旦延长退休年龄，可能会意味着富有经验的年长劳动者继续占有重要岗位，从而影响年轻劳动者的职业生涯发展。尤其在金融危机的大背景下，年轻人就业已经成为令欧美等各国政府头疼的问题。上调退休年龄可能会使业已严峻的年轻人的就业形势雪上加霜，加剧社会矛盾。

二、青年扮演伦敦骚乱主角，高失业率是重要诱因

2006 年 3 月，法国议会批准了政府制定的《初次招工合同》，新法令允许雇主在雇佣两年内有权解雇 26 岁以下雇员并无须作出解释，起因是在 26 岁以下法国青年人中，失业率已超过 20%。导致高失业的部分原因是法国用人单位几乎不能解雇正式员工，这使许多企业不愿雇佣正式人员，一定程度上加剧了高失业率。3 月 7 日是法国全国示威日，工会、学生组织、在野党声称将有 50 万人走上街头，在法国 84 所大学中，大约三分之二的学校停课，抗议政府制定的《初次招工合同》，要求取消这一"不平等"的法案。

2011 年 8 月 6 日在英国首都伦敦开始的一系列社会骚乱事件，导火索是 2011 年 8 月 4 日在伦敦北部的托特纳姆，一名 29 岁的黑人男性平民马克·达根（Mark Duggan）被伦敦警察厅的警务人员枪杀，民众上街抗议警察暴行。2011 年 8 月 9 日，骚乱扩散至伯明翰、利物浦、利兹、布里斯托等英格兰地区的大城市。英国连日来的骚乱已有超过 2250 人被捕，逾千人遭起诉。统计显示，这被抓捕的人群当中，70% 都是一二十岁的年轻人。英国的社区领导人称，被削减的公共服务开支和青年人的高失业率是伦敦、伯明翰、曼彻斯特和其他多种族城市发生暴力活动的真正原因。

之所以青年人成为骚乱之源，有英国当地媒体分析，他们是社会遗忘的年轻人，由于政府对未成年人的教育支出大幅削减，英国大学学费提高，年轻人失业率不断攀升，一些年轻人感觉自己是社会弃儿。英国一家调查公司的调查也印证了这一点，由 1500 名 13—25 岁的年轻人参与的问卷调查显示，近 1/4 的英国年轻人对他们的未来感到失望，有近万的年轻人对未来 5 年拥有稳定的工作持有信心，另外有 72% 的年轻人认为他们能找到的工作太差。据统计，英国 16—24 岁年龄层中，约百万人处于"正式失业"，创 20 世纪 80 年代中期严重衰退以来之最。他们对当下困顿的焦虑，对经济前景的迷茫，极易被冲突的枪弹所点燃。加上微博、手机等现代交流手段，它

们共同将一些年轻人推到了非理性、无政府的"险境"。① 英国的中学生毕业是 16 岁，2010 年年底英国政府大幅上调大学学费，将人均学费每年不到 3000 英镑一下升至每年 9000 英镑，由于大学学费上涨过快，许多学生失去了继续上学的机会，用经济门槛把不少年轻人拒之门外。同时，年轻人失业率不断攀升，一些年轻人感觉自己是社会弃儿。由于创造不出足够的就业岗位，英国青年失业率高达 20%，社会财富分配不公，许多青年人看不到自己的未来。现在参加骚乱的年轻人，正好是那些失去上大学机会的人。英国资深记者、知名历史学家及作家马克斯·黑斯廷斯（Max Hastings）称伦敦骚乱的根源"是英国多年来的教条自由主义培养了这批不明是非、没有文化、为福利所供养、以残暴为时尚的年轻一代"②。

英国媒体播放了一位骚乱参与者的呼声，"我们不要暴力，我们要社会公正，我们要工作"。在经济状况好的情况下，他们还可以有一份简单的工作做，而出现经济萧条时，工作机会减少，教育程度较低的黑人便出现群体性失业的现象，对社会的不满也因此聚集。他们成为警方看管的重点对象，当黑人青年在遭遇警方搜查不服气，双方发生枪战且死亡的是黑人时，他们的同伴们便走上了街头。③

第二节　就业是最大的民生问题，教育公平与就业公平不可忽视

社会充分就业时有三个特征：一是劳动力供求基本平衡；二是劳动关系相对稳定；三是劳动者素质得到较充分开发，对其就业产生积极作用。就业是民生之本，它和每个人实现人生发展的空间紧密相连。无疑，在人口众多的中国，就业永远是政府谋划民生的头等大事，严峻的就业形势几乎已成社会生活的常态。与有限的就业岗位相比，当前更值得关注的是就业公平问

---

① 单崇山、宋涛：《专家称英国骚乱根源系种族矛盾和阶层矛盾》，《南方日报》2011 年 8 月 11 日。

② ［英］马克斯·黑斯廷斯：《乱根源在于过度自由》，《每日邮报》2011 年 8 月 10 日。

③ 陈冰：《社会不公导致英国骚乱》，《新京报》2011 年 8 月 10 日。

题，它已经成为横亘在人民群众个人发展之路上的一大绊脚石。关于就业与社会稳定的关系，我国政府已深切地认识到其极端的重要性，中国是个有着13亿人口的大国，解决就业问题是党和政府面临的长期战略任务，前国务院温家宝总理67次常务会也曾指出：在中国就业是件天大的事。因此，各级党委政府任何时候都要把就业工作作为民生之本，作为天大的事摆在各项工作的首要位置，要始终抓在手中，放在心上。人力资源和社会保障部部长尹蔚民如是说："我们的工作——比如就业问题、社会保障问题、收入分配问题、劳动关系问题——没做好，就可能引发社会的不稳定。"[①]"如果就业问题解决不好，就是一个恶性循环，那就不仅是经济问题，还有可能引发社会问题，甚至有可能引发政治问题。就业是民生之本，涉及千家万户，是件天大的事。"[②]人力资源和社会保障部副部长信长星在2012年"残疾人保障国际论坛"会议上指出：由于大量就业人口将会在接受高等教育之后才就业，因而在2014年以后的若干年间，中国将持续面临巨大的新增劳动力就业压力。[③]

教育历来被视为个人发展的"第一通道"，在打破身份藩篱、创造社会阶层"向上流动"机会方面发挥着不可替代的作用。中东北非危机中，更多的阿拉伯年轻人在全球化让进程中接受了教育、但深重的被剥夺感与高失业率使他们对现政权灰心失望。英国大量的中学生失去了上大学的机会，英国有100万名16岁至24岁的青年被官方登记为"失业"，这是自20世纪80年代中期以来最严重的。就业无门，无所事事，精神的空虚导致他们成了骚乱的主角，不可能仅靠爱心和政府开支换来社会安宁。

在我国，权力腐败与寻租导致的就业不公对大学生心理以及社会稳定的不利影响较大。在就业中，不仅存在性别、学历等歧视问题，所谓的背景和社会关系等是更大的不公，其结果是制造阶层摩擦、影响社会和谐。由麦可思研究院撰写、社会科学文献出版社正式出版的《2012年中国大学生就业报告》指出：2011届大学毕业生中82.1%的人毕业半年后受雇全职或半

---

① 徐博、赵超聚：《人才促就业重担在身　建社保保民生责无旁贷》，新华社，2009年8月31日。

② 徐博、赵超：《促就业重担在身　保民生责无旁贷》，新华网，2010年8月31日。

③ 王箐丰：《人社部称我国未来几年就业形势仍严峻》，财新网，2012年7月2日。

职工作，1.6%的人自主创业。另有9.3%的人处于失业状态，其中1.1%准备国内外读研，6.1%准备继续找工作，另有2.1%放弃了继续求职和求学，按就业推算，有将近57万大学生处于失业状态，10多万人选择"啃老"。①

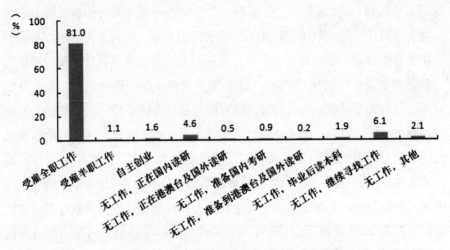

图8-1　2011届大学毕业生半年后的去向分布

　　农村大学生就业难，许多农村家庭对上大学这条"向上流动"的路望而却步。"读书无用论"重新抬头，农村教育越来越萎缩。许多农村学校都被教育部门撤销，农民子弟进城读书成为主流，教育成本骤然加大。然而在北京，外来务工人员子弟学校却命运多舛。据《大公报》报道，继2009年年底因城建规划遭遇大规模拆迁后，2011年6月以来，北京海淀区、朝阳区、大兴区等地有30多所打工子弟小学被关停或即将关停，涉及大兴、朝阳、海淀近3万学生。最新一批打工子弟学校遭遇封门、停水、停电，学生将被分流到政府委托的学校。家长们发现，被分配的新学校并非公办学校，一些家长认为学校距离太远，担心孩子因此失学。而在北京要上公办学校，外来务工者得凑齐"五证"②，凑齐"五证"难于上青天。马克·吐温曾经说过，"你每关闭一所学校，你就必须开设一座监狱。"英国如此，中国也如此，一份来自广东三大监狱的调查显示，八成犯罪的新生代外来务工人员在

---

① 王婷婷：《去年毕业生近一成失业　专家建议建专业预警机制》，《法制晚报》2012年6月11日。

② "五证"是指，家长或监护人持本人在京暂住证、在京实际住所居住证明、在京务工就业证明、户口所在地乡镇政府出具的在当地没有监护条件的证明、全家户口簿等证明、证件。

幼年时留守农村无人看管。

如果说英国骚乱给我们带来什么预警的话，那就是：在目前经济和社会遭遇严峻危机的背景下，社会矛盾和冲突的高发，尤其群体事件的此起彼伏，日益加剧的社会不公平可能转瞬之间就导致不稳定局面，就业不公平等因素引发的社会动荡不可避免。近几年高调维稳，花费的维稳成本居高不下，构建一个极为昂贵的国内安全体系，更耗费了巨大的社会资源，在居高不下的行政成本之外，多了一个同样不断攀高的维稳成本。

清华大学社会发展研究课题组 2010 年发布研究报告称，中国在 2009 年维稳费用高达 5140 亿元人民币，直逼 5320 亿元的国防预算。在这种维稳模式下，威胁社会稳定的根本原因一直被回避或拖延解决，这让社会崩溃的代价变得越来越沉重，当前的维稳模式已经无法持续。不仅严重增加成本，而且会破坏全社会的是非观、公正观等价值理念，在道德正义上削弱了政府形象，非但不能促进社会公平，反而加速了社会基础秩序和社会价值体系的失范。社会福利或物质的满足并不会导致人群内心的平和，构建公平的社会政策，认真解决青年的教育与就业问题，才能真正地稳定社会，让大多数人满意起来。冰冻三尺非一日之寒，中国的就业问题与教育公平问题及系列引发的其他问题已可能深深地伤害青年或是弱势者人群，现在众多的群体性事件表明，恐怕不仅仅是骚乱，而可能在中国导致更严重的社会动荡。

第三节　"2030"人员普存心理危机，
在就业竞争中处于劣势

一、转型期青年心理问题转化为心理危机的机率加大

据调查，"我国居民对生活状况不满者约在 1—2 亿人，其占全国城镇总人口比例在 22%—45%；其中非常不满意者比例 7%—8%，大约在 3200—3600 万人之间。"[1] 整个社会体系非常脆弱，虽然公众的组织性很低，但演化

---

[1]　胡赳赳：《盛世危言警示中国前景　最大危机来自国民心态》，《新周刊》2004 年 10 月 18 日。

成大规模社会动荡的因素存在。随着经济社会的快速发展和全球化的加速，我们所赖以生活、工作的环境和经济社会结构变得越来越敏感脆弱，无论是人民的收入和家庭资产还是国家的财富都获得了空前的增长，但是人们的不安全感也越来越明显，社会秩序指数和社会稳定指数难以乐观：从 1979 年到 2004 年 26 年间，中国社会秩序指数年均递减 1.7%，社会稳定指数则年均递减 1.1%。① 居民的社会不安全感在逐年上升。具体包括：工作不安全，收入不安全，养老不安全，社会不安全，生态不安全，文化不安全，人身不安全。一是市场体系发育不健全，导致微观经济主体境况不佳，市场的自然垄断与外部性问题、市场信息的不对称，加剧了市场的混乱，相当多的国企仍然困难，微观经济主体极易受到任何危机的影响。二是法律和制度建设滞后，传统道德文化体系失稳。三是法律制度不健全、政府职能不到位与地方保护的诸侯经济、社会道德与公共伦理失范、失信行为普遍存在，非制度因素常常被忽视。

在经济增长速度加快的同时，社会分化程度也在加大，利益格局差距不断加深。随着福利增长造成人们在利益享用上日益增长的"麻木"心态，加之人们对改革利益分享预期不断提高但又难以完满实现，社会各方面表现出来的改革积极性不如改革初期那样强烈。急剧的社会变迁引发的青年心理问题逐渐增多，相当部分学生"知识改变命运"梦想的破灭，会滋生出反社会的情绪和行为。一个很小的冲击都可能引发系统的紊乱和破坏，主要表现为：

其一，改革过程中出现的社会问题引起心理失衡。下岗失业、贫富差距、腐败现象等使一些人尤其是青年人产生了较强的失落感、相对被剥夺感、不公平感等，如果这些心理感受长期得不到改变，甚至会进一步加深，势必使青年心理失衡现象变成严重的心理问题。社会成员将自己的处境与其他群体成员进行比照，发现自己处于劣势时产生的挫折心理称为相对剥夺感。很多人的劣势并不是自身的原因形成的，而是由于不公平的竞争机会造成的，这就加强了人们的相对剥夺感心理。正是由于相对剥夺感的形成，集

---

① 邓聿文：《从社会稳定指数递减看公共服务缺失》，中国证券网，2006 年 8 月 28 日。注：社会秩序指数由刑事、治安、贪污、生产、安全等五项指标组成，社会稳定指数则由通胀、失业率、贫富差距、城乡贫困率等指标组成。居民的社会不安全感在逐步上升。

体行动才有发生的可能。① 就业竞争中的性别歧视、户籍 / 地域歧视、身体 / 容貌歧视等引发相当多的社会民怨。

其二，社会竞争加剧所导致的压力感加重。不论是升学、就业、还是职称、职务晋升等方面的竞争，都使人们的学习和工作任务加大，标准提高，长期处于高度竞争状态之下，自然会对青年的身心承受力造成重压。

其三，生活节奏加快所带来的紧张感增加。知识更新速度加快、工作节奏加快、生活习惯替换频率加快等，家庭供养负担加重等都需要青年不断调整自己原有的心理定式和行为模式，一旦失衡，这些情形都是构成紧张与焦虑的重要因素。

新生代外来务工人员的心理问题更为突出，王春光指出：他们与第一代外来务工人员在生活阅历、进城动机等方面很不相同，经历了城市工作和生活的他们，对家乡和城市的认同都发生了很大的变化：一方面，对家乡的认同越来越淡漠；另一方面，还没有真正确立对城市社会的认同，因此，他们进入了社会认同的丧失和重构的艰难阶段，有可能成为一群没有认同或认同内卷化了的无"根"漂泊者。② 新生代外来务工人员所从事的工作收入低、环境差、不稳定并且缺乏保障，难免会让他们感到失望和厌倦，他们从社会心理上对城市的归属感和认同感较差，不良情绪积累到一定程度，就可能导致犯罪行为的发生。

二、2030 人员在经济下滑的就业竞争势态处于不利地位

从 2008 年实施货币政策从紧、信贷紧缩政策以来，中小企业目前普遍出现经营困难：开工不足、产品滞销积压、三角债盛行、资金周转困难，甚至出现不少中小企业倒闭、企业外迁、企业家外逃的严重局面；同时，宏观调控、银根收紧、原材料涨价、人民币升值、劳动力成本上升。在新劳动合同法和节能减排等各项政策的要求下，企业的利润空间也在一步步缩小，致使中小企业作为吸收劳动者就业的主要渠道变得越来越脆弱。大学生就业难根源恰在于国际产业链的战争，郎咸平指出：今天的中国是一个以一为主而

① 参见 [美] 曼瑟尔·奥尔森，《集体行动的逻辑》，陈郁等译，三联书店 1995 年版。

② 参见汪学萍：《调研报告显示三成罪犯是新生代外来务工人员》，《中国青年报》2010 年 11 月 9 日。

不是一个以六为主的产业结构。这个产业结构本身，构成了大学生失业问题的源头。中国的产业现状不足以支持这么样的大学生比例，这就是大学生找工作难的原因。①

2007 年起始的金融危机为我们敲响了警钟，一旦经济形势恶化，将对充分就业、社会保障和劳动维权带来严峻的挑战。企业倒闭将由个案转向爆发期，政府应加以重视，甚至出台紧急预案。"2030 工程"是指社会要关心那些找不到工作的二三十岁的年轻人，要帮助他们寻找就业岗位。而中小企业是青年就业的主要来源地，中国经济的下滑造成了青年就业的客观困难。2010 年就业蓝皮书《2010 年中国大学生就业报告》指出：2009 届大学毕业生半年内离职率偏高，其中 88% 为主动离职，离职的前三位原因分别是个人发展空间不够、薪资福利偏低和想改变职业。2011 年就业蓝皮书《2011 年中国大学生就业报告》显示：六成 2010 届大学毕业生认为目前工作不符合职业期待，34% 毕业半年内就有离职经历。2010 届大学毕业生半年内离职的人群中，有 98% 发生过主动离职，主要原因是个人发展空间不够（30%）和薪资福利偏低（22%）。

青年时期是一个人选择职业道路、获取工作经验和技能、形成自我价值、开始自立并真正走向社会的关键阶段。青年就业问题同时又是一个世界性难题，根据世界劳工组织的报告，全世界范围内青年失业率要高于社会的平均失业率。青年就业工作是一项难度较大、涉及面广的社会系统工程，需要全社会的共同关注。要努力整合社会各类资源，分工协作，互相配合，发挥优势，整体推进青年就业工作。

2008 年年初，上海团市委发布上海青年发展蓝皮书：根据对上海 1% 人口抽样数据计算，上海青年初次就业的年龄中值为 20 岁。而 15—29 岁年龄段的青年总体就业率为 66%。其中，20—24 岁、25—29 岁两个年龄段的就业率分别为 69% 和 84%，青年失业人员占全市登记失业人员总数超过 20%，且呈现不断上升趋势。② 在上海经济社会快速发展、就业岗位不断增加的情况下，青年群体的就业率并没有随之大幅提升。

---

① 引文中一是指制造业，六是指包括产品设计、仓储运输、原料采购、订单处理、批发经营以及终端零售。

② 参见《解放日报》2008 年 4 月 28 日第 17 版新论。

求职期望值过高，就业心理不成熟，可能是影响青年就业再就业的重要障碍。根据 1970 年由费尔浦斯（E.S.Phelps）等经济学家提出的职业搜寻理论，认为在信息不充分条件下，工作搜寻者通过搜寻活动来逐渐了解工资分布，通过比较工作搜寻的边际成本和可能获得的边际收益来决定是否继续搜寻。职业搜寻理论认为：（1）劳动力市场信息是不完全的，同时每个企业给劳动者的报酬不同，劳动者为了获得报酬满意的工作，必须在劳动力市场搜寻；（2）为寻找工作而采取的失业时间越长，劳动者就越能找到满意的工作，获得的工作报酬就越高，但是随着在劳动力市场寻找职业时间的延长，未来寻找到的工作岗位报酬的提高幅度递减；（3）劳动者为获取有关报酬和工作岗位的信息需要花费成本。随着搜寻时间的延长，职业搜寻成本也随之增加，并且，职业搜寻时间的边际成本递增；（4）根据成本—收益分析法，当职业搜寻收益大于搜寻成本时，进行职业搜寻就是有利的，而最优的职业搜寻时间为多久，则取决于职业搜寻时间的边际收益等于边际时间成本。当边际收益大于边际成本时，劳动者应该继续搜寻，直到二者相等时才应该停止搜寻。在职业搜寻时间到达最优点之前的这一段时期，劳动者处于失业状态就是理性的选择。在城市社区中，就业困难的青年人主要可分为三大类：一是通过个人一定的努力可以找到工作的青年人；二是个人期望与市场要求存在偏差的青年人；三是自身知识、能力、身体等硬件条件不足的青年人。第一类人和第二类人过分沉溺于职业搜寻，就可能丧失自己的工作机会。全社会青年人力资源开发问题严重，导致青年劳动力有效供给不足（只使用不培养，或是频繁更换劳动力），全球化导致生产技术、生产方式变化加快，青年素质也难以适应。在青年群体中，青年妇女的失业问题比男性更为严重，由于女性接受教育机会有限，她们往往在一些非正规经济中就业，中国女性就业边缘化。

2011 年，高校毕业生初次就业率 77.8%，同比提高 1.2 个百分点。外来务工人员总量 2.53 亿人，比上年增长 4.4%，其中，外出务工人员 1.59 亿人，增长 3.4%。[①] 高校毕业生、外来务工人员等重点人群就业成为"2030"工程的重点关注对象。造成"2030"青年就业与再就业问题的原因较为复杂：从

---

① 温家宝：《两会权威发布：政府工作报告》，《人民日报》2012 年 3 月 16 日。

外部宏观就业环境来看，新增劳动力年龄人口正在不断增加，以人口大省河南省为例："十二五"期间河南人口结构将进入劳动年龄人口数量增加与比重开始下降的转折期。截至 2010 年年底，河南省户籍人口超过 1 亿人，常住总人口为 9405 万人，"十二五"期间人口总量将继续惯性增长，其中劳动力人口在 2015 年达到峰值 7500 万左右。劳动年龄人口规模庞大，意味着解决就业问题将是长期而艰巨的任务。① 创新型、实用型、复合型人才紧缺，人力资本对经济增长的贡献率较低，也加大了新增劳动人口对就业需求的依赖。

高校扩招造成的毕业生人数连年剧增。十二五期间，高校毕业生问题将以 3% 的速度增长，年均规模达到 700 万人，大学生就业难有着更为复杂的体制原因。学生就业也往往会形成锁定大型企业、世界 500 强企业、"宁要东部一张床、不要西部一栋房"等一些思维定势，加之学校专业设置与社会需求脱节、经济结构升级带来的资本和技术对劳动的替代、城市外来劳动力的增加等都加大了城市青年和大学生就业的难度。而从个人原因来看，对工作环境和待遇过高的期望、职业搜寻过程过多的考量、就业技能的缺失、吃苦耐劳精神的不足、家长的过度溺爱等等，啃老一族的出现，更让"2030"青年在就业竞争力上不具有优势。

90 后青年甚至包括部分农村青年对工作挑肥拣瘦，苦活累活不干，普通活脏活不干、加班过多不干等现象，90 后青年劳动态度的剧变，彰显了新青年一族幻想一夜成名、一夜高薪或者无劳而获、坐享其成的脆弱心理与虚荣心理。如何从建立健全就业登记制度、劳动预备制度、技能培训制度、公共就业服务制度等方面入手，形成促进"2030"人员就业的长效机制刻不容缓。

社会转型与观念变迁，促使新新人类热衷于产业结构变迁中的一些新兴行业，例如动漫产业、网上开店等，可促进青年群体的就业和再就业。国家推出创业板块，以此促进就业，但是连续数年 A 股市场频现股灾，2015年下半年到 2016 年 3 月份发展到极致，连续性暴跌或融断，谁还愿意为上

---

① 桂娟、双瑞：《第一人口大省河南劳动年龄人口三年后将达到峰值 7500 万》，新华网，2012 年 5 月 13 日。

市公司投资，上市公司又怎么发展，就业问题又怎么能解决？

　　据经济之声《天下财经》报道，刚刚发布的《2011 年广东省普通高校毕业生就业工作白皮书》显示，广东地区自主创业学生人数连续 3 年递减，广东大学生创业成功率仅为 1%，调查数据显示，更多的毕业生在毕业一段时间后才开始自主创业，大学生创业趋于理性。近几年，大学生创业的项目悄悄发生变化。结合专业知识和成熟项目创业以及更低风险的触网创业模式，成为新的创业制高点。①

第四节　延迟退休年龄的国际趋势与 影响青年就业引发的矛盾

一、延迟退休年龄成为国际趋势

　　随着人口老龄化、高龄化速度的加快，延迟退休年龄是大势所趋。全球大约有 165 个国家对退休年龄做了具体规定，大多数发达国家的退休年龄定在 65 岁左右。如日本男女的退休年龄现在都是 60 岁，2013 年至 2025 年，领取养老金的年龄将被推迟到 65 岁；自 2012 年 1 月 1 日开始，德国退休年龄由 65 周岁逐步过渡到 67 岁。延长的两年。前 12 个月，用 12 年过渡，在 2024 年实行 66 岁退休；后 12 个月，分 6 年过渡完，到 2031 年执行 67 岁退休；在美国 62 岁是最早申领退休金的年龄，越迟退休就能领取更多的退休金。如果年收入在 4 万美元，62 岁领取养老金的话，每月能够支取 810 美元，66 岁能支取 1238 美元，70 岁能够领取到 1739 美元。但最迟退休年龄不得高于 70 岁，这就是所谓的"弹性退休制度"；韩国法定退休年龄是：企业职工 55 岁，公务员 60 岁，老师 65 岁。但他们平均要工作到 71.2 岁才真正退休。根据经合组织的调查结果，只有韩国和墨西哥男性的实际退休年龄超过 70 岁。韩国女性实际退休年龄为 67.9 岁；巴西城市劳动者的退休年龄为男性 65 岁，女性 60 岁。农村劳动者的退休年龄为男性 60 岁，女性 55 岁；芬兰于 2005 年将退休年龄从 60 岁提高到 63—68 岁。如果从 20 岁开

---

① 　吕芮光：《数据显示广东大学生创业成功率仅为 1%》，中国青年网，2012 年 6 月 5 日。

始工作，52 岁退休，可领退休前工资的 45.6%，约 1596 欧元；62 岁退休，可领退休前工资的 60%，约为 2280 欧元；67 岁退休，可领退休前工资的 80.45%，约为 3218 欧元；2012 年 1 月 25 日，英国就业和养老金部对外公布了最新的改革时间表，此后 10 年间，女性领取养老金的年龄每两年增加 1 岁，2020 年与男性持平为 65 岁。到 2026 年、2036 年、2046 年，领取养老金的年龄将分别提高到 66 岁、67 岁和 68 岁，每 10 年增加 1 岁；希腊要在 5 年内把平均退休年龄从 61.4 岁提升至 63.5 岁；意大利计划让女性公务员的退休年龄向男性看齐，从 61 岁提高到 65 岁；欧盟委员会在年中发布报告，警告欧洲人口老化严重，工作年龄的人供养退休人口的压力越来越重，必须延迟退休，才能确保社会保障制度免予崩溃。委员会预计，到了 2060 年，欧盟成员国必须将退休年龄推迟至 70 岁。上述国家弹性退休有了明确的时间表。

二、延迟退休年龄对青年就业的影响

延迟政策将不利于年轻人就业。美国一个调查报告显示，当前美国 65 岁以上人群的失业率是 6.2%，而随着年龄的增长这一比率越来越低。另一方面，24 岁以下年轻人的失业状况则比较严重，20 岁至 24 岁年轻人的失业率则超过 50%。而一旦人的年龄超过 34 岁以后，失业率便会骤然降低。报告指出，由于美国长期处于经济低迷状态，这意味着，如果推迟退休年龄的话，那些现在二十多岁的年轻人在 10 年后会发现，那些本该退休的老年工作者已经占据了他们本该拥有的大量工作岗位。① 联合国一份《世界青年报告》指出，年轻人在就业方面存在很多关切，其中之一就是对自己所受教育的质量和实用性感到担忧，认为自己在学校中得到的训练与就业市场的要求相去甚远。报告同时指出，在经济走下坡的时期，年轻人在职场往往是"最后进场"和"最先离场"的一群。2008 年至 2009 年的金融与经济危机加剧年轻人的失业率，2007 年上升至 11.9%，2009 年升至 13%。这个数字到了 2010 年略微下跌至 12.6%；相比之下，成年人的失业率只有 4.8%。中东年轻人的失业情况最为严重，2010 年分别有 25.5% 的男性和 39.4% 的女性

---

① 　王可：《美酝酿进一步推迟退休年龄》，《北京商报》2012 年 6 月 14 日。

失业。排在第二位的是北非，当地失业的年轻男性和女性分别为 23.8% 和 34.1%。报告说，高失业率是导致"阿拉伯之春"起义的一个主要原因。①

对于已经就业的青年劳动者而言，由于缺乏相应的培训和就业经历，通常只能在非正规经济中工作。这些青年劳动者无法得到体面的工作，其工作条件恶劣，工资低、劳动时间长，并且不享有社会保障、结社自由和集体谈判的权利，甚至在全世界有 5900 万年龄在 15 岁至 18 岁之间的青年还从事着危险的工作。

延迟退休年龄在一些国家引起青年人反感。如法国政府提出的退休制度改革核心是把最低退休年龄从 60 岁提高到 62 岁、领取全额养老金的年龄从 65 岁提高到 67 岁，并提高缴费比例和延长缴费年限，以减轻政府在退休金支付方面的财政压力。在大学生就业困难的情况下，这项改革方案在法国青年人中引起了就业恐慌，导致包括一些中学生在内的年轻人成为社会骚乱的主力军。

2010 年 1 月，美国智库兰德公司发布报告称："到 2020 年，中国人口老龄化会使工作人口与不工作人口的比率成为世界上最糟糕的，比日本更甚。如果没有特效的新政策，中国的经济在那个时期就会狠狠地撞墙。到 2020 年，以我们的标准来看，它会是一个非常穷的国家。"②2012 年，人民网 2012 年发起的一项有 45 万网友参与的调查显示，有 93.3% 的有对此政策表示反对。反对者主要是两大人群：一种是希望早些拿到退休金、自行安排以后生活的普通劳动者；二是担心晚退休者挤占优质工作岗位、从而影响自己前途的年轻人。反派观点还认为，当前我国就业形势总体仍是供大于求，延长退休年龄可能会挤压就业岗位供给，进一步加剧就业紧张形势。近年来，中国每年新增的就业岗位徘徊在 1000 万—1200 万之间，其中超过 30% 的岗位（300 万—400 万）来自退休人员的更替，如果延长退休年龄，这些岗位或许就不复存在。③唐钧认为："长远来看，虽然中国的老龄化发展正在加速，但到最高峰时，中国仍然有 7 亿多接近 8 亿的劳动力。以劳动力的绝

---

① 席来旺、吴云、丁小希：《联合国报告称青年人失业率最高》，《人民日报》2012 年 2 月 8 日。

② 仲大军：《2020 年，中国会非常穷》，《国际先驱导报》2005 年 11 月 2 日。

③ 王珏磊：《中国九成网友反对延迟退休》，《时代周报》2012 年 6 月 14 日。

对数和可能的经济规模相比较，中国并不缺人。"① 但就业结构性矛盾仍旧突出：劳动适龄人口居高不下；初级劳动力市场总量过剩，中、高级劳动力市场总量不足，就业的结构矛盾在 2020 年以前可能不会发生根本的改变。

人力资源和社会保障部副部长信长星在 2012 年残疾人保障国际论坛会议上指出：综合考虑多种因素，"十二五"期间每年城镇需要提供的新增就业岗位理论上应该为 2500 万个，比"十一五"期间要多出 1000 万个。但当前中国每年能够实际提供的新增就业岗位和退休自然减员造成的岗位空缺之和仅有 1200 万个。供求之间仍然存在着巨大缺口，劳动力供大于求的情况还会持续存在。未来一段时期内中国仍将面临劳动力严重供过于求的局面。② 在劳动力供给仍可能大于劳动力需求的情况下，延迟退休年龄会影响青年人就业。

退休制度改革，几乎是每一个面临老龄化社会压力的国家绕不过去的一道坎，也是一道事关民生与社会稳定的大课题。中国延迟退休年龄对青年人就业有多大影响，青年网民担心延迟退休年龄将致使"晚退霸岗"，就业压力增大，挤占青年人岗位，解决青年就业不仅有利于维护社会稳定，更是保持经济发展活力的需要，这是一个社会共识。宋九成在《延迟退休年龄严重影响年轻人就业》指出：无论机关、企事业单位目前人员已经严重超编，这个问题人社部可以摸底普查，就会发现问题的严重性，企业改革减员，使几千万职工下岗失业，至今没有得到完全安置，现有企业特别是国有企业人满为患，应届大学生都无法安置，面临严峻的就业困境。假如再延迟退休年龄，就业矛盾就会雪上加霜，更难解决，推迟退休年龄严重影响就业，使年轻人的就业更加困难，就业竞争更加激烈，就业矛盾更加突出，社会压力和社会影响以及随之而来的社会矛盾更加突出，其带来的副作用远远超过退休基金的缺口矛盾。③

也有不少专家指出：延迟退休年龄对青年人就业影响不大，主要的观点为：景天魁认为"有些人担心老年人延长退休年龄会不会影响青年人就业，这是一个错误的问题，将'老年人延长退休年龄'和'青年人能不能就业'

① 王珏磊：《中国九成网友反对延迟退休》，《时代周报》2012 年 6 月 14 日。
② 王箐丰：《人社部称我国未来几年就业形势仍严峻》，财新网，2012 年 7 月 2 日。
③ 宋九成：《延迟退休年龄严重影响年轻人就业》，华声在线，2012 年 6 月 7 日 4。

做简单的加减法，这是不对的。"① 郑功成认为：如果延迟退休年龄的政策方式得当，其对就业等方面还具有积极意义，这包括可以节约人力资源、增加国民收入，从而提供新的就业机会；能够对人口红利期的逐渐消失起到弥补作用等。② 杨伟国认为：其实这并不可怕。延长法定退休年龄对青年人就业不会产生太大的影响，而且还有利于进一步开发利用老年人力资源，缓解养老保障体制的支付压力。③ 网易财经博见也认为：推迟退休年龄不仅不会加剧就业压力，反而会增加就业机会，因为本用于养老的资源现在可以投入生产，雇佣更多劳动力了。谭浩俊指出：如果我们能够顺利地实现经济转型和结构调整，其释放的就业空间将十分巨大，延迟退休年龄不仅不会对就业带来冲击和影响，不会形成与年轻人"抢"饭碗、"争"饭碗的格局，反而会成为推动经济发展、扩大就业空间的重要力量。④ 一些专家认为：即使延长退休年龄，挤压就业的情况也不会发生。从短期看，延长退休年龄会对我国就业产生一定程度的影响，但是从长期来看，延长退休年龄与就业并没有必然联系。

延迟退休年龄，不可绝对地下结论，作为一个宏观层面与微观讨论的综合话题，我们只能说延迟退休年龄在一定程度上会影响青年人就业，至于影响程度有多大，这是一个无法证明的难题。青年人受教育期限延长、老年人退而不休、中国"双高"现象中高增长并不带动高就业的怪圈，体力劳动者与低收入工作者反对延迟退休年龄等错综复杂的个性特征与利益诉求者会使延迟退休年龄是否影响青年人就业的话题十分敏感。失业青年的工作与生活没有保障，就很难避免产生对社会的逆反情绪，导致社会失望情绪渐浓、自杀率提高、犯罪率上升的社会问题，亨瑞克·尤达（2001）的研究表明，青年失业的膨胀会造成社会不稳定，甚至容易引起武装冲突，1950—2000年期间国际社会很多的地区冲突都和青年失业状况恶化有着密切联系。延迟退休在欧洲多国引发激烈社会冲突，法国延迟退休年龄引发的青年人担心失

① 申亚欣、景天魁：《"延长退休年龄影响青年人就业"是一种误解》，人民网，2011 年 5 月 17 日。

② 王猛：《专家称推迟退休年龄不会影响年轻人找工作》，《中国青年报》2008 年 11 月 12 日。

③ 王超：《推迟退休对青年人就业影响不大》，《中国产经新闻报》2008 年 11 月 14 日。

④ 谭浩俊：《延迟退休不会"抢"了年轻人饭碗》，《京江晚报》2012 年 6 月 17 日。

业加剧而大规模参与反政府示威应以为镜。中国弹性延迟退休的计划应该设计得更缜密，而不像欧洲国家那样伴随大量非理性抗争引发社会动荡。通过宣传与引导有助于公众对国家实际情况的了解，扩大社会对这个问题的共识。对一旦推行这一制度所遇到的具体问题，政府也应该更有能力予以化解。

三、"史上最难就业年"逼退延迟退休年龄计划

欧洲多个国家为削减财政赤字、避免陷入养老的主权债务危机，提出一系列财政紧缩政策，内容多涉及退休制度改革，例如提高退休年龄、提高养老保险缴纳比例。2010 年 6 月，法国政府宣布退休改革草案，法国全国因此发生大罢工，数百万人走上街头抗议这一"有损退休福利制度"的改革。许多青年人担心，一旦延长退休年龄，可能会意味着富有经验的年长劳动者继续占有重要岗位，从而影响年轻劳动者的职业生涯发展。尤其在金融危机未消除的大背景下，年轻人就业已经成为令欧美各国政府头疼的问题。上调退休年龄可能会使已严峻的年轻人就业形势雪上加霜，加剧社会矛盾。

党的十八大把高校毕业生就业工作提到了所有就业群体的首位，明确要求"做好以高校毕业生为重点的青年就业工作"，所谓史上最难就业年，是大学生毕业人数创新高，2013 年全国高校毕业生 699 万，与历史同期的签约率相比出现全面下降，加之一些专家预测，大学生就业难至少要延续 5年，更加大了在校大学生对就业的恐慌。如上所述，延迟退休年龄会影响青年就业，逼迫人保部暂时放弃了延迟退休计划。

根据国务院指令，官方将向自主创业大学生提供贷款并放宽居住限制等。但若不能把经济向以消费和私营行业为主转型，这些举措都不会太奏效。人保部副部长王晓初表示，从长远来讲，随着人口结构特别是劳动力结构变化，再加上中国人口预期寿命越来越长，延长劳动时间、延迟退休年龄肯定是趋势。不过，还要综合考虑人口结构、就业形势、老龄化预期等多种因素，因此，什么时候启动、用什么办法，暂时还未确定。他又强调，一定要找到一种适应国情、能够平稳过渡的方式。目前还需更多试点，再慎重研究。①

---

① 晓月：《人保部副部长王晓初：延迟退休是大势所趋》，《北京晨报》2013 年 3 月 16 日。

未来一个时期，我国仍将面对巨大的就业增长压力。中国高校毕业生数量 2013 年增加到 699 万人。未来 5 年，高校毕业生就业规模保持在年均 700 万左右，约占每年新进人力资源市场劳动力的一半，且这一比例将进一步提高，再加上中等职业院校毕业生、城镇未能升学的初高中毕业生和退役士兵，总量近 1600 万人，我国青年就业压力巨大。[1]

延迟退休年龄的探讨并不是人社部效仿其他欧美国家的"一时冲动"。考虑到 2013 年大学生遭遇史上最难就业年问题，有人硬将这一问题与最近热炒的延迟退休年龄改革计划联系起来，似乎形成了逼退人保部延迟退休年龄改革计划的倒逼机制，就业压力是一个比较长期的压力，人社部一位高层向《中国经营报》记者透露："延迟退休只是作为一个讨论课题，我们还不会推行。"近期，其原因是"现在就业压力增大，一批批的年轻人需要就业，也就是需要更多的就业岗位。"[2] 应该注意的是这一似是而非的表态并没有保证人保部放弃延迟退休年龄改革，因为养老金难题与大学生就业难题都是中国改革的硬伤。

北京就业签约率也在验证着"史上就业难"之说。据统计，截止到 2013 年 6 月，应届毕业生就业率签约不足 30%。毕业生就业难，教育部就 2013 年大学生就业歧视问题出台了若干政策，维系就业公平，"拼爹"、"拼背景"、"拼排名"这种隐性的体制不公平，无法依靠政策来解决，人事使用权在用人单位手里，政府一厢情愿的政策设计缺乏可操作性。2014 年社会蓝皮书《2014 年中国社会形势分析与预测》显示，农村家庭出身的普通本科毕业生失业率高达 30.5%，成为就业最困难的群体。[3]

在中国经济增长率有所降低，国际经济持续低迷，总体就业需求下降，经济结构调整以及外部经济冲击导致部分行业就业需求降低的格局下。大学生就业市场供大于求的格局将持续存在，而不仅止于 2013 年。寄希望于人保部不要出台延迟退休年龄以在一定程度上保证大学生就业率是一个伪命题，中央还无法在养老与就业两大问题上进行宏观调控。寄希望于中国经济与世界经济快速走出低谷，调整中国的产业结构与就业结构，调整中国的学

① 《延迟退休计划搁置 2013 年被称"最难就业年"》，《中国经营报》2013 年 6 月 22 日。

② 海岩：《人社部搁置延迟退休计划》，《香港文汇报》2013 年 6 月 23 日。

③ 许路阳：《社科院蓝皮书应届生就业调查》，《新京报》2013 年 12 月 27 日。

业结构与专业结构、提高中国高等教育质量，实现教育公平、就业公平，才是问题之关键。

第五节　计划生育政策与人口老龄化对青年就业的影响

20世纪70年代，中国政府果断决定将计划生育定为基本国策。1980年，中国担心人口出现超出其负担能力的爆炸性增长，因而实施了富有争议性的独生子女政策，通过这一颇为强硬的手段限制生育。四十多年来，中国少生了4亿多人，使中国"13亿人口日"和世界"60亿人口日"的到来都推迟了4年。中国人口再生产类型完成了由"高出生、低死亡、高自然增长"的传统模式向"低出生、低死亡、低自然增长"的现代模式转变。这一历史性转变仅仅用了不到三十年的时间，而发达国家通常需要上百年。

计划生育减少了近4亿人口，出现了空前的民工荒、学生荒、兵员荒问题，是否计划生育政策减少了就业压力？人保部的观点认为：虽然不少地方近年出现"用工荒"，但我国作为世界上第一劳动力大国，劳动力资源总量高达10亿多，就业形势在今后一段时期仍将十分严峻，而不是如欧洲一些延迟退休年龄的国家那样已面临劳动力短缺。① 按照一些专家的推算，虽然实施了严厉的计划生育政策，2020年前中国不缺劳动力，刘易斯拐点还不会很快到来。据中国社会科学院工业经济研究所工业发展室主任赵英等专家预测：随着中国的产业升级，中国2020年之前即使是劳动人口年龄的总量在下降，但总规模还庞大，还有许多没充分利用起来的劳动力。因此，2020年之前我们不会遇到绝对意义的劳动力短缺问题。②

实施计划生育政策，形成低生育率，妇女生育机会大量减少，这些妇女就有精力和时间进入就业市场寻找工作会增大整个社会的就业供给量。导致妇女劳动参与率提高，同时减少婴幼儿的大量供应品需求，反而增大就业

---

① 白天亮：《人社部：中国实际退休年龄53岁左右　近期不调整》，《人民日报》2012年6月20日。
② 段海艇：《2020年以前，不会遇到绝对意义的劳动力短缺》，《人才资源开发》2010年第4期。

压力。等效于在适龄劳动人口中，可以工作的人数增多了，如果假设劳动力的需求量不变。而劳动力的供应量在增加，必然会导致就业紧张。就业紧张可能导致两个结果：其一，失业人口比例增大，失业人口增加；其二，平均劳动力价格下降，各类劳动力获得的收入减少。这两个结果，总体上导致劳动人口的平均收益或者总体收入下降。养育一个人到成年，其可以消耗亲人劳动量 3 年时间，即可以减少亲人 3 年时间的可能就业机会。计划生育政策减少了 4 亿人口。使整个社会的就业市场增加了 12 亿年的劳动供给量。如果这段时间是 24 年，平均每年导致就业市场，增加了 0.5 亿人口的就业竞争者。也就是就业市场每年多增加了 0.5 亿个劳动力供给量。这导致社会就业供应量，远大于就业岗位需求量，导致国民平均就业困难，导致失业率增加，就业率下降。[1] 中国实施独生子女政策三十多年来，大量青年女性生育意愿与生育机会下降，无形中加大了青年女性对就业市场的角逐，导致了青年就业的竞争与就业困难。中国知识层次高的所谓白领女性选择不婚不孕的人数呈上升趋势，这说明中国知识女性面临的家庭、事业双重矛盾冲突在不断加剧。可以预见，在全球化的过程中，将会有越来越多的中国女性，其中包括大量的知识女性将不情愿地被迫品尝阶段性失业的经历。

计划生育政策导致学生人数大量下降，各地大量裁撤中小学校，这说明，儿童、少年人数在快速减少。这种减少已经扩散到高考：据统计，2012 年全国普通高校招生报名总数为 915 万名，比 2011 年减少 2%。2011 年全国高考人数 920 万人左右，较 2010 年的 957 万人锐减 30 多万人。而 2010 年全国高考报名人数的 957 万人，又比 2009 年的 1020 万考生减少了 63 万人。中小学校裁员最后导致部分高校裁员的倒闭现象均可能发生。人口减少的同时，就业机会也会减少，这对未来师范类院校而言，毕业生就业会更加困难。

我国的人口低生育率与老龄化的放大效应，比欧洲国家要明显，危害相对比较大。老龄化的一个主要特点是，由于人口生育率大幅下降导致了人口总扶养率的上升。有一些地区生育率已大幅下降，或是大量人口外流，导致人口大量减员，劳动力严重匮乏，光棍众多，老龄化问题特别严重，这可

---

[1]　Henanyanlin1：《计划生育对就业的影响》，《凯迪社区》2008 年 7 月 13 日。

能危及这些地区的经济增长和社会稳定。

由于生育成本的大幅度攀升，大城市要想恢复人口的自然生态已经十分困难。据人口学家表示：上海的生育率已是全球最低水平，《东方邮报》展开的一项调查显示，只有 18.5% 的上海人想要二胎。[①] 人们的生育愿望将随着生育价值观念的变化而递减。

老龄化与人口红利期联系紧密，由于计划生育政策的影响，我国人口红利期将于 2015 年左右结束，老年化程度大大超过社会承受力，人均抚养比将创历史纪录，人们的生育愿望将随着生育价值观念的变化而递减。在不发达地区，劳动力大量东移，导致不发达地区劳动力的极度短缺以及人们负担过大，如果这个贫穷地区想吸引劳动力，必须与发达地区同步，要提高劳动力价格，而劳动力价格的提高，导致不发达地区企业赚钱减少，企业及资本难以在不发达地区落户甚至转移出去，而企业与资本的转移，又导致经济发展停滞甚至严重恶化，地区经济更加萎缩，这些地区青年就业更加困难，加剧了这些地区流守妇女、流守儿童的社会问题，老龄化程度加剧，人们更加贫穷。

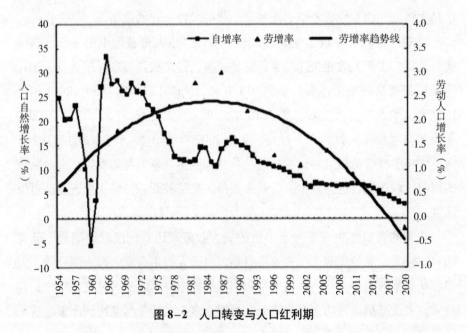

图 8-2　人口转变与人口红利期

① 　[英] 帕提·沃德米尔：《中国人口政策隐患渐显》，《英国金融时报》2010 年 11 月 2 日。

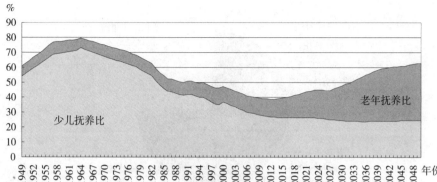

图 8-3　2015 年左右，人口红利即将耗竭

　　不发达地区大量劳动力包括大量大学毕业生、高职高专学生外流到发达地区，会促使发达地区人口红利期的延长。外来劳动力的主要流入区域为珠三角等地区，对这些发达地区的养老保险金支付压力有明显的减轻作用，如未来 10 年广东省等发达地区还可能享受到巨大的人口红利。

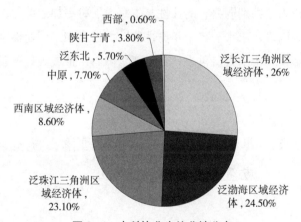

图 8-4　本科毕业生就业地分布

　　中国人口正在加快老龄化，从而导致年轻劳动力减少和退休保障体系出现问题。人口红利期的过早结束，中国作为"世界工厂"的廉价劳动力就可能出现短缺。促使劳动力工资的上涨将导致国内和国外市场中手工业产品价格大幅攀升。成本的增加可能使中国经济发展所依赖的外国投资流向其他劳动力更加廉价的其他国家，进而导致就业机会减少，使失业率增加。由于计划生育政策的影响，贫困地区的男性还会遭受"经济贫困"与"婚姻贫

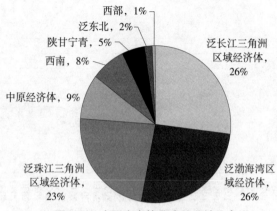

图8-5 高职高专毕业生就业地分布

困"的双重打击;"错位婚姻"如"隔代婚姻"、"姐弟婚姻"等有可能大量涌现;基本消失的买卖婚姻、童婚交换、拐卖妇女等犯罪会重新抬头,并且间接衍生性暴力犯罪、乱伦、人们社会心态畸变等严重的社会问题,家庭和社会不稳定风险系数增大。10—20年后男性劳动力过剩和"就业性别挤压"可能严重,作为"性别弱势"的女性其生存发展将更加边缘化,男性劳动就业将变得更为困难,未来一二十年男性劳动力过剩和"就业性别挤压"将比较严重,男多女少会给人口再生产带来严重障碍,造成人口严重萎缩和大量的社会问题。

第六节 奥肯定律不适宜中国国情,就业增长 应置于更重要的地位

柏林社会学者马塞尔表示,青年一代的问题在欧洲是普遍的,他们的失业率远高于有工作经验的成年人。自2008年金融危机以来,欧盟27国青年人失业率上升了28.9%。除开德国、卢森堡和葡萄牙三国外,其他成员国的青年失业率在一年间都呈现两位数的增长,有14个成员国的青年失业率增长超过40%。专家认为,青年人初涉社会便遭遇就业困境,不利于今后就业,甚至会增加以后失业的风险。而失业或曾经失业的青年,心理上缺乏融入社会的自信和经验,这些都会造成青年人缺乏包容心态,并与社会互相

排斥，从而引发愤世嫉俗、对抗社会、群体骚乱或厌世自杀等一系列的问题。2008 年年底从希腊开始并蔓延到欧洲多个城市的骚乱，主力就是青年人，而其原因就是青年失业率高企，导致社会不满情绪集中爆发。

美国著名经济学家阿瑟·奥肯指出：高增长率使失业率降低，低增长率则会提高失业率。一般而言，失业率每增加 1%，则经济增长率会减少 2.5% 左右，反过来讲，如果要使失业率降低 1%，则经济增长率就必须增长约 2.5%。

失业率变动百分比 = −1/2 × (GDP 变动百分比 − 3%)

根据这个公式，当实际 GDP 的平均增长率为 3% 时，失业率保持不变。当经济扩张快于 3% 时，失业率下降的幅度等于经济增长率的一半。例如，如果 GDP 到第二年度增长 5%（高出正常水平 2%），奥肯定律预期失业率下降 1%。虽然这是奥肯在研究美国实际情况得出的一个粗略的估算结果，这一结论却不适宜中国，经济增长对拉动中国就业增长的效果不太明显。转型时期的制度性障碍降低财政政策对就业的促进作用。要最大化发挥财政政策对就业的促进作用，就要有完善的制度环境、健全的资本市场、劳动力市场、信息市场、技术市场等发生集聚效应。我国处于制度转型时期，劳动力市场的地区性分割，阻碍了劳动力的自由流动，高昂的转移成本剥夺了劳动力市场的弱势群体的就业机会；信息市场的不完善无法为求职者提供充分的求职信息。制度不规范导致隐性就业、非正规就业大量存在，工资价格无法真实反映劳动力市场的变化，降低了财政政策对就业的正效应。

失业是经济发展的一个客观现象，近几年来我国面临着沉重的就业压力，主要由三个原因引起：一是在一定的社会经济条件下，劳动人口再生产与生产资料再生产之间的比例失调，劳动人口再生产超出了生产资料再生产的规模和速度；二是在市场经济条件下由价值规律调节经济运行，市场竞争中优胜劣汰机制使技术落后、经营管理不善的企业破产而形成工人失业。在市场机制作用下，市场日益成为资源配置的基础性力量，生产结构得以调整，被淘汰的产业和下岗企业职工将失去或暂时失去就业机会；三是受 2008 年以来金融危机的影响和世界经济非景气状态的影响，出口受阻、内需不足、商业库存加上工业库存过度积压、产能过剩，国际社会对我国出口产品的反倾销活动日趋加剧，企业再生产受到一定阻碍。金融危机率先影响的就是就业，我国新增劳动力、高校毕业生等年轻的劳动者就业均受到了一定程度的影响，尽管从 2009 年下半年就业状况有了一定的好转，但金融危机、债务危机阴云未散，世界各国反复出现经济动荡的可能性依旧存在，摩擦性失业与订单不稳定仍然导致返城外来务工人员就业的不稳定。

就业是民生之本，农村太高的劳动力剩余率和城镇失业率，将会使大量的城乡居民陷入生活的困境，会使贫富差距越来越大，五大民生问题中，就业是重中之重，全球金融危机从虚拟经济向实体经济、从发达国家向新兴经济体和发展中国家蔓延的趋势未有根本转好的明显迹象，对我国及广东的经济影响仍潜藏危机，首当其冲的是就业风险仍然存在进一步扩大的可能，劳资关系紧张局面一时难以缓解，这将严重冲击社会稳定的政治基础。就业问题不能得到有效解决，只会使其他所有的问题难上加难，"应急"或"突发"事件必然越来越多。保就业就是保民生、保稳定。就业是民生之本，国际劳工组织总干事胡安·索马维亚在国际劳工大会上发表讲话指出："从以往的危机中我们知道，相对于经济的全面恢复，就业率要想恢复到危机前的水平，通常要多花 4 到 5 年的时间。这就意味着全世界可能要迎来一场持续 6 到 8 年之久的就业和社会保障危机。"①

我国劳动力市场的发育和发展，促进了劳动力要素的流动，就业结构包括就业的城乡结构、产业结构、所有制结构，都发生了重大的变化。劳动力由农村向城镇转移，由第一产业向第二、第三产业转移，由国有企业向非国有企业转移。加大对劳动密集型产业的扶持力度，如交通运输、建筑、贸易零售、产业、餐饮、旅游、旅馆、文化娱乐等行业，这些行业对 GDP 的贡献率不如那些资金密集型产业，但却是当前吸纳就业的一个主渠道。

就业是社会保障体系中的重要内容，实现最大程度的就业，解除失业者的心腹之痛，是责任政府的第一要务。同时，保持适度的失业率也是市场经济国家的正常现象，它有利于调节劳资关系与促进劳动生产率的提高。然而失业率一旦超越失业警戒线，就预示着社会进入了非景气的经济状态与社会形态，失业者心理失衡，各种社会的不稳定因素可能因之而爆发。

失业是中国最大的潜在危机，目前影响最甚的两大核心群体是大学生

---

① 《全球就业危机可能持续 6 到 8 年》，《参考消息》2009 年 6 月 5 日。

和进城的外来务工人员（大量是青年人群），其次是城市难就业的弱势群体。据学者预测：未来 10 年中国总体的劳动力供给压力每年平均可能达 2500 万左右。即使按现在最好的年份计算，每年平均会形成 1000 万失业劳动力。10 年积累，加上现在失业结转的可能形成 1 亿以上的城镇失业人口。庞大的失业群体，必将使社会问题集中化、规模化。从这个意义上说，失业可能是中国真正的危机，而"奥肯悖论"现象的存在无疑将加剧这一危机。

根据美国学者亨廷顿对处于现代化过程中国家政治稳定状况的研究可知，大体而言，失业的、处于社会边缘而牢骚满腹的人受到教育水平越高，不安定因素走向极端的可能性就会越大。美国公共健康的研究表明：失业会导致身体和心理健康的奴化，发生较多的心脏病、酗酒和自杀现象。希伦纳博士估计，连续 6 年的 1 个百分点失业率上升，将会导致 3.7 万人过早地死亡。

从中东北非反政府示威活动的参与者构成来看，青年人占相当多数，这在一定程度上验证了亨廷顿的观点。中国高等教育大众化，有许多的机制需要理顺，但是最起码的一点，对中国收入较低的普遍百姓而言，对子女付出的教育成本与获取教育收益是不能长期分离的，否则，高等教育大众化的路就很难走下去。人才高消费又迫使国家投资更高的教学层次，造成资源浪费。高等教育的"毕业就失业"的问题得不到较好的解决，老百姓会将教育投资得不到回报直接怨恨政府，这种潜在危机是万万不可忽视的。

中国的劳动力市场处于非常严重的分割状态，这种分割是目前不公平就业市场的一个最大现实问题，广东省是吸纳外来务工人员最多的省份，但珠三角地区出现的"民工荒"现象、不得已的暴力讨薪现象、外来务工人员排队退保现象，工伤外来务工人员维权难现象等，彰显了劳动力市场分割造成的后果。珠三角地区的外来务工人员问题，已经不是简单的劳资纠纷，而是外来务工人员迟迟不能融入城市之后，被歧视和被剥夺的情绪综合爆发，甚至本地人与外地人矛盾超越了劳资矛盾。香港理工大学副教授潘毅分析认为，如果这些不满情绪继续蔓延，甚至可能导致更大范围群体事件发生。这种分割主要存在于城市劳动者和农村进城民工之间、本地劳动者与外来劳动者、不同地区以及不同行业劳动者之间的劳动条件和收入水平差距悬殊。改革开放初期，中国所形成的城乡就业隔离政策，不仅是行政上的隔离，而同时又是体制上的隔离，即不允许农村劳动力自由进入自由择业。城市居民劳动权力受法律保护，可以享受较高的工资和福利待遇，城市中的外来务工人员工资低、工作条件差、就业不稳定、不易监督管理、易受劳动力市场供求波动影响。而城市劳动者即便处于失业状态，也往往不愿意到二级市场就业，在较低工资水平下从事那些脏、累、差的工作，因此企业只能雇佣外来劳力或农村劳力。改革开放80年代中后期以来，政府在一定程度上认可农民的自由流动和就业选择权，城市对农村劳动力的进入限制逐步放松，使得剩余劳动力日益流向城市。但城乡两种就业体制的差异性并未消除，流入城市的劳动力大多从事强度大、条件差的非技术性岗位，领取比城市劳动者相对低得多的报酬。劳动力市场主要是体制性分割，这种分割不利于建立城乡统一的劳动力市场，提高了劳动力流动的成本。外来务工人员的非市民待遇，同时也给社会安全带来了隐患。

综上所述，法国、英国、中东及北非地区的反政府示威与社会骚乱，尽管成因复杂，但青年人成为反政府主力军的事实昭示了关心青少年一代的重要性。我国"4050"工程取得了较大的成功，但外来务工人员与大学生等青年就业问题存在较大的不稳定性，教育公平与就业公平问题存在较多的社会责难，关心青年就业工程，成为新时期一项重要的政治任务。

第九章
新生代外来务工人员生存和市民化
状况危及城市公共安全

从 20 世纪 70 年代末以来，农业劳动生产率不断提升，释放了大量的农村剩余劳动力，与此同时，城市的发展需要大量的劳动人口。在户籍制度有所松动的情况下，大量农村剩余劳动力开始涌向城市，形成规模庞大的外来务工人员群体。以外来务工人员为主要力量形成的人口红利，推动了中国经济长达三十多年的高速增长。但外来务工人员职业身份与制度身份不一致，也带来了一系列的社会问题，转移人口市民化问题长期得不到解决，将进一步加深社会矛盾，影响城镇化建设的发展与提速。

第一节　新生代外来务工人员生存状况整体勘忧

传统心理病理学认为，重压或挫折等不利处境会使承受者走向消极。而华东师范大学心理与认知科学学院应用心理学主任居哲指出：许多大规模追踪表明，即便童年经历了严重的压力和逆境，长大成人后出现严重心理问题者不会出现半数。这对于聚集"高危环境—消极发展结果"确定性关联的传统心理病理学研究是一个强有力的挑战。① 现代心理弹性理论有可能质疑传统心理病理学理论，但居哲的研究对童年处于逆境成年后出现心理问题仍

---

① 张清俐：《心理弹性研究关注人类发展"正能量"》，《中国社会科学报》2014 年 2 月 12 日。

呈一定的肯定，成年后的生存状况是重要的个体因子，导致出现一定的心理弹性。本章追踪留守儿童或幼时随父母一同进城成年后的新生代外来务工人员的生存状况，研究他们的市民化状况，如果成年后虽然缺乏良好的心理资源，持续遭遇重压和挫折，这种消极感仍然是严重的。我们运用对心理弹性研究有重要启示意蕴的可选元理论，探讨新生代外来务工人员心理弹性的神经机制与干预机制是非常重要的。

中国外来务工人员已经悄然更新换代，"老一代"外来务工人员随着年龄老化逐渐回到农村，"新生代"外来务工人员适时登上了城镇化进程的历史舞台，且成为新产业工人阶层的重要部分。然而，新生代外来务工人员的生存与发展状况不容乐观，如世界著名的经济学家、诺贝尔奖得主斯蒂格利茨所言："21 世纪有两件事对世界的影响最大，中国的城市化以及美国的高科技产业。"党的"十八大"报告提出坚持走中国特色新型工业化、信息化、城镇化、农业现代化道路，加快完善城乡发展一体化体制机制，着力在城乡规划、基础设施、公共服务等方面推进一体化，促进城乡要素平等交换和公共资源均衡配置，形成以工促农、以城带乡、工农互惠、城乡一体的新型工农、城乡关系。中共十八届三中全会通过的决定中，提出要健全城乡发展一体化体制机制，推进农业转移人口市民化，逐步把符合条件的农业转移人口转为城镇居民。农业转移人口市民化涉及党的"十八大"报告、十八届三中全会提出的一系列问题。城镇化发展进程中，将有大量的转移农业人口进入城市就业，农村转移人口市民化已成为一种不可逆转的社会趋势。

"出生于 20 世纪 80 年代并于 90 年代外出到非户籍所在地从事非农工作的农业户籍人员"，被称之为新生代外来务工人员或称第二代外来务工人员。根据外来务工人员外出务工的年龄结构看，除了留在城市的一部分老一代外来务工人员转化为市民身份之外，40 岁以上的外来务工人员返乡率非常高，成为农村的主要劳动力。

新生代外来务工人员大约上亿人，接受学历教育时间较长，生存压力大，成婚率偏低，与传统的外来务工人员相比，他们面临着共同的问题，但他们更注重自我，更注重权益保护，更注重发展前途，对歧视性劳动、非对等待遇等有着更高的叛逆精神，对脏活、累活、重活有着更多的抵触情绪，对工作有着更不安分的因素，对市民化有着更高的诉求。由于长期离开农村，他们对农村的印象越来越淡漠，已缺乏对农村的基本感情。于建嵘说："中国有 1.2 亿第二代外来务工人员，他们进入不了城市又回不了农村，没有根也没有未来，将是一个严重的问题！"三农学者张英洪认为，在当代中国，"没有种族歧视，却有农民歧视。"① 张英洪提出：当代中国农民的身份经历了阶级化、结构化、社会化和公民化四次重大变迁，认为中国农民问题的解决程度最终取决于国家发展公民权的进度。而歧视从来不只是一个文化问题，它还与权利紧密相关。在江苏省扬州市，2010 年新生代外来务工人员犯罪案件占去年全年刑事案件总数的 32.84%，涉及的被告人 782 人，占全部被告人的 32.65%。② 流动人口较多的地区，侵财性犯罪比重较大。说明新生代外来务工人员生存状况堪忧，犯罪问题比较突出。在融入城镇与逆返城镇过程中，他们又面临着两难选择，新生代外来务工人员在城镇化过程中将会产生可市民化与逆市民化两大群体。新生代外来务工人员即使在身份上融入城镇，但在身心上却难以融入城镇。外来务工人员尤其是新生代外来务工人员犯罪率正呈上升趋势，对城市公共安全造成了较为严重的威胁，成为城镇社会和谐发展的安全隐患。新生代外来务工人员生存状况的优劣之所以会对城市公共安全带来影响的根本原因在于他们的生存和发展权益受到了侵害。通过大量的调查发现，外来务工人员尤其是新生代外来务工人员犯罪率居高不下的直接原因与其成长的环境、受教育程度、家庭生活背景、婚姻状况、就业情况等息息相关。因此，政府应当建立和完善城市公共安全应急联动机制、信息控制机制、社会支持机制，创新对新生代外来务工人员的服务管理方式。

高昂的生活成本，复杂的户籍问题及其带来的各种困惑，为新生代外来务工人员的城市梦制造了重重障碍。他们用自己的汗水创造着城市的繁华，却无法融入这座城市；他们见证着城市的变迁，却发现自己依然身处社会的边缘。零点研究集团早在 2004 年公布的一项调查结果显示：进城务工者普遍有强烈的融入城市生活的意愿，他们当中有 72% 的人表示愿意与当地城市居民交往，有 82% 的人"喜欢城市的生活"，69% 的人"希望能成为

---

① 参见张英洪：《农民、公民权与国家》，中央编译出版社 2013 年版。

② 汪学萍：《调研报告显示三成罪犯是新生代外来务工人员》，《中国青年报》2010 年 11 月 9 日。

这个城市的一分子"，90% 的人"希望能被这里的城市居民尊重"。[①] 但结果往往令他们失望。起得比鸡还早，睡得比猫还晚，干得比驴还累，吃得比猪还差，这是形容中国民工生存状况的"经典"比喻。全国总工会以下的两项调查数据印证了新生代外来务工人员生活的无奈：

一是社会保障水平偏低。据调查，新生代外来务工人员养老保险、医疗保险、失业保险、工伤保险、生育保险的参保率为 67.7%、77.4%、55.9%、70.3% 和 30.7%，分别比城镇职工低 23.7、14.6、29.1、9.1 和 30.8 个百分点。总体看，他们的社会保障接续情况较差，对于所在单位为其缴纳社会保障的知情程度不高。[②]

二是整体收入偏低，在接受调查的 1000 家企业中，新生代外来务工人员的平均月收入为 1747.87 元，仅为城镇企业职工平均月收入（3046.61 元）的 57.4%，比传统外来务工人员（1915.14 元）低 167.27 元。[③] 在与企业发生过劳动争议的新生代外来务工人员中，31.6% 的人认为"劳动报酬"是引发争议的最重要因素。[④]

收入偏低、社会保障缺位，加之劳动合同执行不规范，工作稳定性差，职业安全隐患较多，企业人文关怀不到位，足以使新生代外来务工人员产生强烈的厌恶心理与社会反感情绪。

2011 年，国务院发展研究中心在二十多个城市开展的调查表明，新生代外来务工人员没有从事过农业生产的比例高达 85%，"亦工亦农"正成为历史；即便不放开户口，80% 的外来务工人员也表示将长期留在城镇；有53.2% 的外出外来务工人员希望在地级以上大中城市定居，外出务工外来务工人员愿意回农村定居的仅占 8.9%。[⑤] 保障性住房、就业、教育、医疗卫

---

① 零点研究集团：《进城民工生存状况调查：〈强烈希望融入城市生活〉》，《中国青年报》2004 年 8 月 23 日。

② 王敏：《新生代外来务工人员调查报告出炉：更注重权益保护》，新华网，2011 年 2 月 20 日。

③ 乔雪峰：《全总发布调查报告：新生代外来务工人员平均月薪 1747 元》，人民网，2011 年 2 月 21 日。

④ 潘跃：《全总发而新生代外来务工人员调查报告》，《人民日报》2011 年 2 月 21 日。

⑤ 隋笑飞：《全国政协常委李庆云建言"外来务工人员市民化"》，新华网，2012 年 6 月 20 日。

生、社会保障等政府提供的公共产品和服务严重不足，制约了新生代外来务工人员市民化的步伐。2010 年年底广东省外来务工人员的总数为 2661 万人，其中外省籍 1703 万人，但是当年全省办理外来务工人员积分制入户的仅有 10.8 万人。

低收入就业"漂族"集中于中国的直辖市和副省级城市，在北京和深圳的最多。这些"漂族"有一部分自于农民和外来务工人员家庭，或属新生代外来务工人员，有相当一部分人拥有高职高专、大学本科甚至研究生学历。2009 届大学毕业生低收入就业漂族毕业半年后的月薪相当于同届毕业生全国平均月薪的一半。蚁族，指的是"80 后"一个鲜为人之的庞大群体——"大学毕业生低收入聚居群体"，指毕业后无法找到工作或工作收入很低而聚居在城乡结合部的大学生，"蚁族"是对大学毕业生低收入聚居群体的典型概括。"蚁族"成员中，也有相当一部分是来自缺乏社会关系和资源的农村大学生，成为新生代外来务工人员。

在快速城镇化进程中，新生代外来务工人员以什么样的身份完成融入城镇的角色，以实现新的生活方式和价值观念的转变，以适应城镇生活，融入城镇社会。现在的问题是，部分新生代外来务工人员的社会适应能力较低，不仅影响了我国城镇化的发展速度，而且其存在的非适应行为，甚至影响了城镇发展和社会稳定，这不仅对未来中国经济社会发展产生重大影响，而与之相关的人口流动与社会融合问题也将成为城市公共安全的重要因素。其主要问题可归纳为：

其一，就业择业制度歧视，新生代外来务工人员面临生存困境。

随着我国改革开放的不断深入，沿海地区经济迅速发展，珠江三角洲地区外资企业与非公有制企业在劳动用工方面空前活跃，带动亿万农村剩余劳动力汇成巨浪滚滚的"民工潮"。于是，外来务工人员便成为新兴的以工资收入为主要生活来源的劳动者，成为中国产业工人队伍的新成员和重要的组成部分。但是，与之不相适应的是外来务工人员生存状况不容乐观。

就业歧视是指用人单位没有合法依据，对未来潜在的就业人员自行设置各种限制性条款，从而排除了本该符合相关职位人员的平等就业权的一种现象。

一是外来务工人员就业领域受到局限。由于户籍制度的存在，限制了外来务工人员的就业自由择业权。外来务工人员只能在城市的"次属劳动力市场"寻找非正规渠道就业，因此，外来务工人员的就业过程常常带有一定的盲目性、无序性和无终点性，有人甚至将外来务工人员视为"盲流"、"流民"。珠三角某城市有关部门曾经作出规定，新增报考的士司机资格证须具备广东户籍。可见，外来务工人员在城市就业中面临着就业权受限制的困境，外来务工人员的自由择业权没有得到根本的保护。

新生代外来务工人员大多从事于个体企业、民营企业和港澳台及三资企业，新生代外来务工人员所占百分比分别是 56.5%、22.0% 和 11.2%；而新生代获罪外来务工人员所占百分比分别是 41.8%、24.3% 和 15.0%；国有企业和集体企业所占比例较低，新生代外来务工人员所占百分比分别是2.3% 和 6.1%；而新生代获罪外来务工人员所占百分比分别是 7.6% 和 5.8%。此外，外来务工人员多从事于工业、矿业、建筑业和服务业的一线，但需要说明的是获罪外来务工人员在入狱前失业的比例较高，达到 29.3%。

二是外来务工人员就业中遭遇到各种变相费用。各大中型城市为了提高城市居民的就业率，对外来务工人员进城就业变相设定了特殊的就业门槛，即要求在城市就业的外来务工人员办理各种证件，缴纳各种费用，再加上高额的房屋租金，外来务工人员在城市就业要比城镇居民付出更大的工作成本和生活成本。虽然现在外来务工人员在城市就业所缴纳的费用已大幅度减少，但全国各大中型城市针对外来务工人员在城市就业的收费仍然有很多。据一位业内人士介绍，某市许多证件收费都超过 40 元，花样繁多，致使打工者办证费用居高不下。即使到现在某些城市的办证和收费项目还有不少，如健康证 5 元/人，做工证 5 元/人，暂住证 5 元/人，婚姻状况证明6 元/人，流动人口婚育证明费 6 元/人等等。在珠江三角洲某城市，现有的办证和收费项目有：就业证 5 元/人，暂住证普通 5 元/证、IC 卡 20 元/张、二维码卡 15 元/张，治安联防费 2.5 元/人/月，流动人口婚育证明费5 元/证，使用流动人员调配费 10 元/人，健康证 5 元/证。①

三是外来务工人员就业中的同工不同酬。外来务工人员虽然从事着和

---

① 张智勇、陈秀华：《户籍制度、就业歧视与外来务工人员权益保护》，《搜狐财经》2004 年7月12日。

城市人同样的工作，却拿着比城市人低的报酬。这种不平等主要表现在劳资失衡与倒挂，即人们平常所说的同工不同酬的问题。"同工不同酬"是对外来务工人员就业的最大歧视。"同工不同酬"不仅极大地伤害了外来务工人员的自尊心，同时，也是对外来务工人员经济权的变相剥夺，是对外来务工人员劳动权利的歧视。① 据学者调查，武汉市 1.5 万多名环卫工人中近 9000 名是临时工，他们干着城市里最脏最累的活儿，但每月拿到的工资极少，连固定工的一半都不到，就连分米分油、加班工资，拿的也是正式职工的一半。② 一些城镇政府为了鼓励当地人就业，公然采取措施，对相同职业、相同岗位的工资，当地居民比外来务工人员高出 10% 左右。

2008 年 1 月 1 日《劳动合同法》正式实施，针对"同工不同酬"现象，新法规定工资透明化，用工单位要支付加班费、绩效奖金，提供与工作岗位相关的福利待遇，连续用工的实行正常的工资调整机制。也就是说，在收入方面，外来务工人员与城市正式员工的差异在于基本工资不同，加班费和绩效奖金等待遇相同，此举将有效缩小双方的薪酬差异。

其二，劳动权益缺乏保障，新生代外来务工人员面临发展困境。

新生代外来务工人员的就业背景、家庭环境和个人文化技能水平与老一代不同，他们对劳动权益的诉求向更高层次发展。用他们的话来说，那种工资不高、吃住不包、工时较长、强度较大、合同不签、保险不上、环境不好的企业，一律不去。然而，事实却与愿违。外来务工人员劳动的显著特征是时间长、强度大，在被调查者中，每天工作时间 8 小时以内的仅占 13.70%，8—9 小时的达到 40.30%，9—10 小时和 10 小时以上的分别占 23.48% 和 22.50%。③ 据调查统计，90% 的外来务工人员每天工作时间超过 8 小时，还有一部分达 10 小时，甚至 12 个小时。④ 有调查发现，餐饮业外来务工人员平均每天工作时间在 10 小时以上，96% 的外来务工人员反映强烈的问题是："工时长、休息少、工作量大。"据调查测算，目前餐饮业外来

① 廖星成：《直面中国外来务工人员阶层的八大权利缺失问题》，www.snzg.com.cn/ReadNews.asp？NewsID＝212716K 2008 年 4 月 29 日。

② 张志胜：《新生代外来务工人员劳动权益保障研究》，《求实》2007 年第 1 期。

③ 国务院研究室课题组：《中国外来务工人员调研报告》，中国言实出版社 2006 年版。

④ 赖志凯：《九成外来务工人员每天工作超 8 小时》，《工人日报》2007 年 4 月 5 日。

务工人员一年工作时间是 3170 小时，比城镇国有企业正式职工多工作 1160 小时。调查还发现，餐饮企业女职工达 62%，一线 35 岁以下的女服务员高达 80% 以上。[①]

外来务工人员在城镇从事于最脏、最累、最差的采掘业、建筑业和低端的第三产业，从事的工种绝大多数是高强度、高空、高温、有毒、有害的工作，有很多私人企业生产工艺落后、设备陈旧、工作条件极差，安全隐患多，防范措施少，各种生产危险时刻威胁着外来务工人员。一些外来务工人员就因老板剥削程度高、个人劳动强度大，于是产生了仇恨社会不公和厌恶贫富不均的心理，导致犯罪的发生，这种犯罪占样本量的 20.4%。如今，新生代外来务工人员对劳动权益有着较高的主观诉求，当所在企业与自己的诉求存在一定差距时则"用脚投票"，从而催发的高跳槽率上升趋势。

其三，社会福利难以体现，新生代外来务工人员面临融城的困境。

外来务工人员社会福利问题是外来务工人员融入城镇的重要问题。对于多数外来务工人员来说，工资收入几乎是其收入的全部，他们难以享受到单位所提供的社会福利。我国《劳动法》第七十六条规定，用人单位应当创造条件，改善集体福利，提高劳动者的福利待遇。

调查发现，单位有福利保障的仅占 38.5%，在享受政府政策规定的福利方面，由于外来务工人员流动性大和户籍原因，外来务工人员的城镇社会保险门槛高、转移难，导致外来务工人员社会保险权益难以保障。外来务工人员子女在城市接受教育方面也存在着种种困难，特别是高额的借读费用令他们难以承受。此外，他们无法享受诸如最低生活保障等城市的社会救助。

第二节　新生代外来务工人员市民化意愿调查[②]

一、市民化问卷调查的基础数据

根据在广东省广州市、深圳市、东莞市的抽样调查，获得有效问卷 719

---

① 倪豪梅：《餐饮行业外来务工人员劳动经济权益的突出问题及建议》，中国网，2007 年 3 月 13 日。

② 暨南大学社会保障研究生陈余婷为本节的重要贡献者。

份，问卷被调查新生代外来务工人员平均年龄 24 岁。男性为 359 人，占 49.9%，女性为 360 人，占 50.1%。小学及以下文化程度的占 6.4%，初中占 47.1%，高中、中专及技校占 35.9%，大专及以上为 10.6%。2010 年的平均月工资为 1852 元。其中 23.7% 的新生代外来务工人员想获得城市户口，48.2% 不想获得城市户口，剩下 27.8% 没有想过，或还没有考虑清楚（说明：想取得户籍对新生代外来务工人员来说是一种奢望，他们并不全懂中国的管理体制户籍与市民化是否画等号，能获得与所在城市的部分社会福利资源如孩子入学问题就是他们最大的奢求，有市民化意愿，并不等同于就是指本调查中 23.7% 希望获得户籍的被调查人口，不想获得城市户籍或没有想过的被调查人口，也同样具有强烈的市民化意愿）。

表 9-1　调查变量的基本分布情况

	N	%		N	%
市民化意愿			居住情况		
想迁入户口	170	23.7	企业员工宿舍	368	51.2
不想迁入户口	347	48.2	出租屋	321	44.6
说不清	200	27.8	借住亲友家	12	1.7
性别			工作场所	5	0.7
男	359	49.9	自购房	5	0.7
女	360	50.1	城市融入感（我不属于这里）		
受教育程度			从来没有	266	37.0
小学及以下	46	6.4	偶尔有	283	39.4
初中	339	47.1	经常有	73	10.2
高中	139	19.3	总是有	35	4.9
中专	92	12.8	不清楚	62	8.6
技校	27	3.8	身份认同（自己的身份属于）		
大专及以上	76	10.6	农民	145	20.2
务农经历			工人	380	52.9
有	479	66.6	其他	47	6.5
没有	239	33.2	说不清	147	20.4

	N	%		N	%
婚姻状况			现在企业是否购买以下保险		
未婚	554	77.1	养老保险	259	36.0
已婚	165	22.9	医疗保险	365	50.8
			工伤保险	388	54.0
			失业保险	105	14.6
			生育保险	91	12.7
连续变量					
	最小值	最大值	平均值	标准差	
年龄	16	30	24	343.305	
月收入	400	8000	1852.25	709.42	
有几项技术等级证书	0	4	0.19	0.546	

表 9-2　变量及代表值

变量	变量及代表值
市民化意愿	1＝想迁入户口；2＝不想迁入户口；3＝不清楚
性别	1＝女；2＝男
年龄	1＝16—19 岁；2＝20—23 岁；3＝24—27 岁；4＝28—30 岁
月收入	1＝800 元以下；2＝801—1200 元；3＝1201—1600 元；4＝1601—2000 元；5＝2000 元以上
技术等级证书个数	1＝0 个；2＝1 个；3＝2 个；4＝3 个；5＝4 个
受教育程度	1＝小学及以下；2＝初中；3＝高中；4＝中专；5＝技校；6＝大专有以上
务农经历	0＝有；1＝没有
婚姻状况	0＝已婚；1＝未婚
居住情况	1＝企业员工宿舍；2＝出租屋；3＝借住亲友家；4＝工作场所；5＝自购房；
城市融入感（我不属于这里）	1＝从来没有；2＝偶尔有；3＝经常有；4＝总是有；5＝说不清
身份认同（自己的身份属于）	1＝农民；2＝工人；3＝其他；4＝说不清

变量	变量及代表值
是否购买以下保险	1＝养老保险；2＝医疗保险；3＝工伤保险；4＝失业保险；5＝生育保险

市民化意愿，是三分类的变量，即想要迁入户口、不想要迁入户口以及说不清。Logisitc 回归可以对此进行很好的模型解释。在研究影响因素时，最先考虑的即是解释变量与被解释变量之间的相关性，即回归分析。但单因素的回归分析，只能说明一个变量因素对市民化意愿的影响，而无法得出多因素相互影响情况下的结果，因此本调查采用多元 Logistic 回归分析方法。

本调查运用方差分析来验证各个可能的影响因素在不同的取值上是否存在差异，则说明它会对新生代外来务工人员的市民化意愿产生的影响，从而决定是否将其纳入影响因素进行分析。在读取方差分析结果时，首先观察方差齐性检验的 P 值，如果 P＞0.05，则表明方差性的假设成立，则读取方差齐性这一行的 T 检验的双尾检验 P 值；如果方差齐性检验的 P＜0.05，则表明方差齐性的假设不成立，则读取方差非齐性这一行的 T 检验的双尾检验 P 值。若双尾检验 P＜0.05，则表明两组数据存在显著性差异；反之，若 P＞0.05，则两组数据不存在显著性差异。

二、新生代外来务工人员个体特征变量的方差分析

第一个需要研究的是性别变量。由于性别变量是二分类变量，不能进行单因素方差分析，这里使用独立样本 T 检验，其结果读取方法类似于单因素方差分析。结果见表 9–3：

表 9–3　性别与市民化意愿独立样本 T 检验

		方差方程的 Levene 检验		均值方程的 T 检验	
		F	Sig.	t	Sig. (2-tailed)
性别	假设方差相等	0.021	0.884	2.404	0.016
	假设方差不相等			2.404	0.016

从表9-3可以看出性别Levene检验的P值为0.884＞0.05，说明具有方差齐次性，因此读取P值双侧检验中的"假设方差相等"这一行的结果，分析给出的结果为0.016，小于0.05，说明不同性别的新生代外来务工人员市民化意愿的影响具有显著性差异。

本调查中，新生代外来务工人员的务农经历和婚姻状况同样设置成为二分类变量，因此再分别对它们进行独立样本T检验。

表9-4　务农经历与市民化意愿独立样本T检验

		方差方程的 Levene 检验		均值方程的 T 检验	
		F	Sig.	t	Sig. (2-tailed)
务农经历	假设方差相等	0.540	0.463	0.445	0.657
	假设方差不相等			0.442	0.659

通过表9-4可以看出，务农经历的Levene检验的P值0.463＞0.05，说明具有方差齐次性，接下来读取"假设方差相等"这一行的双侧检验结果，结果显示，0.657＞0.05，说明是否有务农经历对新生代外来务工人员市民化意愿的影响不具有显著性差异。

表9-5　婚姻状况与市民化意愿独立样本T检验

		方差方程的 Levene 检验		均值方程的 T 检验	
		F	Sig.	t	Sig. (2-tailed)
婚姻状况	假设方差相等	0.000	0.993	− 0.512	0.609
	假设方差不相等			− 0.516	0.606

表9-5结果显示，婚姻状况的Levene检验的P值为0.993＞0.05，说明具有方差齐次性，再读取双侧检验中的"假设方差相等"这一行的结果，0.609＞0.05，说明婚姻状况，对市民化意愿不具有显著性差异。即新生代外来务工人员是否结婚，对市民化意愿的影响不具有显著性差异。

考察年龄、月收入、技术等级证书个数以及受教育程度对市民化意愿的影响是否存在显著性差异，因为他们都是分组三个以上的变量，因此采用单因素方差分析方法。

首先，进行方差齐次性检验，如果检验结果大于0.05，说明具有方差齐次性，应按照LSD方法的计算值进行读取；反之，如果方差齐次性检验的数据值<0.05，则应读取Tamhane T2方法的计算值。

先对年龄与市民化意愿进行方差齐次性检验，结果如表9-6。

表9-6　年龄方差齐次性检验

Levene 统计量	自由度1（df1）	自由度2（df2）	显著性 Sig.（P 值）
1.606	3	713	0.187

从表9-6可以看出，Levene统计量为1.606，显著性P值为0.187>0.05，说明具有方差齐次性，应用LSD方法计算各水平的均值，数据对比结果如下表9-7所示：

表9-7　统计检验多重比较结果（年龄）

年龄	均值差	标准误	显著性 Sig.	95% 置信区间	
				下限	上限
20—23	.110	.082	.178	−.05	.27
24—27	.216*	.087	.013	.05	.39
28—30	.189	.102	.064	−.01	.39
16—19	−.110	.082	.178	−.27	.05
24—27	.106	.064	.098	−.02	.23
28—30	.078	.083	.349	−.09	.24
16—19	−.216*	.087	.013	−.39	−.05
20—23	−.106	.064	.098	−.23	.02
28—30	−.028	.088	.750	−.20	.14
16—19	−.189	.102	.064	−.39	.01
20—23	−.078	.083	.349	−.24	.09
24—27	.028	.088	.750	−.14	.20

通过表9-7可以看出，年龄段在16—19岁之间与年龄段在24—27岁之间有显著性差异，其他各年龄段差异则不明显。这说明对于市民化意愿，

不同年龄段是有差异的，但差异不是很显著，还需要进一步检验。获得技术等级证书数的方差齐次性检验，检验结果如下表：

表 9-8　已获得技术等级证书数目方差齐次性检验

Levene 统计量	自由度 1（df1）	自由度 2（df2）	显著性 Sig.（P 值）
1.713	4	712	0.145

通过表 9-8 可以看出，Levene 统计量为 1.713，在此自由度下，显著性 Sig.（P 值）为 0.145>0.05，说明具有方差齐次性，应选用 LSD 方法读取各水平的均值。数据结果如表 9-9：

表 9-9　多重比较结果（已获技术证书数目）

技术证书数目	均值差	标准误	显著性 Sig.	95% 置信区间	
				下限	上限
1	.035	.089	.696	−.14	.21
2	.111	.182	.542	−.25	.47
3	−.118	.295	.689	−.70	.46
4	.382	.416	.359	−.44	1.20
0	−.035	.089	.696	−.21	.14
2	.076	.198	.701	−.31	.47
3	−.153	.305	.617	−.75	.45
4	.347	.423	.413	−.48	1.18
0	−.111	.182	.542	−.47	.25
1	−.076	.198	.701	−.47	.31
3	−.229	.344	.506	−.90	.45
4	.271	.452	.549	−.62	1.16
0	.118	.295	.689	−.46	.70
1	.153	.305	.617	−.45	.75
2	.229	.344	.506	−.45	.90
4	.500	.508	.326	−.50	1.50

技术证书数目	均值差	标准误	显著性 Sig.	95% 置信区间	
				下限	上限
0	−.382	.416	.359	−1.20	.44
1	−.347	.423	.413	−1.18	.48
2	−.271	.452	.549	−1.16	.62
3	−.500	.508	.326	−1.50	.50

表 9-9 数据结果显示，各项 P 值均超过 0.05，说明新生代外来务工人员已获得的技术等级证书个数对市民化意愿未产生影响。

受教育程度的方差性分析，首先进行齐次性检验，结果如下表 9-10：

表 9-10　受教育程度的方差齐次性检验

Levene 统计量	自由度 1（df1）	自由度 2（df2）	显著性 Sig.（P 值）
0.591	4	712	0.670

通过表 9-10 可以看出，概率 Levene 统计量为 0.591，在当前自由度下，显著性 Sig.（P 值）为 0.670＞0.05，说明具有方差齐次性，应使用 LSD 方法读取各水平的均值。数据结果如表 9-11：

表 9-11　多重比较结果（受教育程度）

受教育程度	均值差	标准误	显著性 Sig.	95% 置信区间	
				下限	上限
初中	−.100	.112	.376	−.32	.12
高中	.108	.122	.374	−.13	.35
中专及技校	.039	.124	.756	−.21	.28
大专及以上	−.005	.134	.973	−.27	.26
小学及以下	.100	.112	.376	−.12	.32
高中	.208*	.072	.004	.07	.35
中专及技校	.138	.076	.071	−.01	.29
大专及以上	.095	.091	.296	−.08	.27
小学及以下	−.108	.122	.374	−.35	.13

受教育程度	均值差	标准误	显著性 Sig.	95% 置信区间	
				下限	上限
初中	−.208*	.072	.004	−.35	−.07
中专及技校	−.069	.089	.438	−.25	.11
大专及以上	−.113	.102	.270	−.31	.09
小学及以下	−.039	.124	.756	−.28	.21
初中	−.138	.076	.071	−.29	.01
高中	.069	.089	.438	−.11	.25
大专及以上	−.043	.105	.681	−.25	.16
小学及以下	.005	.134	.973	−.26	.27
初中	−.095	.091	.296	−.27	.08
高中	.113	.102	.270	−.09	.31
中专及技校	.043	.105	.681	−.16	.25

表 9-11 数据结果显示，初中与高中教育水平之间的显著性 P 值为 0.004 ＜0.05，存在显著性差异，而其他数据结果则不显著。说明受教育程度对新生代外来务工人员的市民化意愿有影响。

三、新生代外来务工人员经济变量方差分析

经济因素变量选取的主要有月收入和居住情况。首先对月收入进行单因素方差分析。检验结果见下表：

表 9-12　月收入方差齐次性检验

Levene 统计量	自由度 1（df1）	自由度 2（df2）	显著性 Sig.（P 值）
1.659	4	712	0.158

通过表 9-12 可以看出，概率 Levene 统计量为 1.659，当前自由度下，显著性 Sig.（P 值）为 0.158＞0.05，说明具有方差齐次性，应使用 LSD 方法读取各水平的均值。结果如表 9-13：

表 9-13　多重比较结果（月收入）

月收入	均值差	标准误	显著性 Sig.	95% 置信区间	
				下限	上限
801—1200	.751*	.330	.023	.10	1.40
1201—1600	.711*	.323	.028	.08	1.35
1601—2000	.796*	.323	.014	.16	1.43
2000 以上	.800*	.325	.014	.16	1.44
800—1200	−.751*	.330	.023	−1.40	−.10
1201—1600	−.040	.092	.661	−.22	.14
1601—2000	.045	.091	.625	−.13	.22
2000 以上	.049	.098	.619	−.14	.24
800 以下	−.711*	.323	.028	−1.35	−.08
801—1200	.040	.092	.661	−.14	.22
1601—2000	.085	.065	.195	−.04	.21
2000 以上	.089	.075	.233	−.06	.24
800 以下	−.796*	.323	.014	−1.43	−.16
801—1200	−.045	.091	.625	−.22	.13
1201—1600	−.085	.065	.195	−.21	.04
2000 以上	.004	.074	.956	−.14	.15
800 以下	−.800*	.325	.014	−1.44	−.16
801—1200	−.049	.098	.619	−.24	.14
1201—1600	−.089	.075	.233	−.24	.06
1601—2000	−.004	.074	.956	−.15	.14

通过表 9-13 可以看出，月收入对新生代外来务工人员的市民化意愿具有显著性差异。月收入在 800 元以下与其他各收入水平的显著性 P 值均小于 0.05，说明此收入水平的新生代外来务工人员与其他收入水平相比，市民化意愿具有显著性差异。其他收入水平的则差异不显著。这说明收入水平对新生代外来务工人员市民化意愿具有不同影响。

表 9-14　居住情况方差齐次性检验

Levene 统计量	自由度 1（df1）	自由度 2（df2）	显著性 Sig.（P 值）
0.412	4	710	0.841

通过表 9-14 可以看出，Levene 的统计量为 0.412，此自由度情况下，显著性 Sig.（P 值）为 0.841>0.05，说明具有方差齐次性，应使用 LSD 方法读取各水平的均值。结果如表 9-15：

表 9-15　多重比较结果（居住情况）

居住情况	均值差	标准误	显著性 Sig.	95% 置信区间	
				下限	上限
出租屋	−.013	.055	.812	−.12	.09
借住亲友家	−.120	.210	.567	−.53	.29
工作场所	.246	.322	.445	−.39	.88
自购房	.646*	.322	.045	.01	1.28
企业员工宿舍	.013	.055	.812	−.09	.12
借住亲友家	−.107	.210	.610	−.52	.31
工作场所	.259	.322	.421	−.37	.89
自购房	.659*	.322	.041	.03	1.29
企业员工宿舍	.120	.210	.567	−.29	.53
出租屋	.107	.210	.610	−.31	.52
工作场所	.367	.381	.336	−.38	1.11
自购房	.767*	.381	.044	.02	1.51
企业员工宿舍	−.246	.322	.445	−.88	.39
出租屋	−.259	.322	.421	−.89	.37
借住亲友家	−.367	.381	.336	−1.11	.38
自购房	.400	.453	.377	−.49	1.29
企业员工宿舍	−.646*	.322	.045	−1.28	−.01
出租屋	−.659*	.322	.041	−1.29	−.03
借住亲友家	−.767*	.381	.044	−1.51	−.02
工作场所	−.400	.453	.377	−1.29	.49

表9-15数据显示，自购房与住在企业员工宿舍、出租屋以及借住亲友家里相对，P值均小于0.05，说明市民化意愿具有明显差异，而其他各组则不明显。说明居住情况，特别是自己在城市购房者，市民化意愿与其他新生代外来务工人员有显著不同。

四、新生代外来务工人员社会因素变量方差分析

社会因素变量选取的主要有城市融入感和自我身份认同两个变量。首先对城市融入感进行单因素方差分析。结果见下表9-16：

表9-16　城市融入感方差齐次性检验

Levene 统计量	自由度1（df1）	自由度2（df2）	显著性 Sig.（P 值）
4.296	4	712	0.002

通过表9-16可以看出，显著性概率Levene统计量为4.296，显著性Sig.（P值）为0.002<0.05，说明不具有方差齐次性，使用TamhaneT2方法读取各水平均值。结果如表9-17：

表9-17　多重比较结果（城市与我无缘）

我不属于这里	均值差	标准误	显著性 Sig.	95% 置信区间	
				下限	上限
偶尔有	−.082	.063	.884	−.26	.10
经常有	−.094	.089	.969	−.35	.16
总是有	.160	.090	.568	−.10	.42
说不清	−.221	.104	.307	−.52	.08
从来没有	.082	.063	.884	−.10	.26
经常有	−.011	.086	1.000	−.26	.23
总是有	.242	.087	.071	−.01	.50
说不清	−.139	.101	.852	−.43	.15
从来没有	.094	.089	.969	−.16	.35
偶尔有	.011	.086	1.000	−.23	.26
总是有	.254	.107	.183	−.05	.56

我不属于这里	均值差	标准误	显著性 Sig.	95% 置信区间	
				下限	上限
说不清	−.127	.119	.966	−.47	.21
从来没有	−.160	.090	.568	−.42	.10
偶尔有	−.242	.087	.071	−.50	.01
经常有	−.254	.107	.183	−.56	.05
说不清	−.381*	.120	.020	−.73	−.04
从来没有	.221	.104	.307	−.08	.52
偶尔有	.139	.101	.852	−.15	.43
经常有	.127	.119	.966	−.21	.47
总是有	.381*	.120	.020	.04	.73

表 9-17 数据结果显示，概率度 P 值在"总是有我不属于这里"和"说不清"两者间为 0.02＜0.05。说明对城市的融入感，觉得自己是否属于打工所在地，对新生代外来务工人员的市民化意愿有一定的影响。

自我身份认同的方差分析。结果如表 9-18：

表 9-18　自我身份认同的方差齐次性检验

Levene 统计量	自由度 1（df1）	自由度 2（df2）	显著性 Sig.（P 值）
7.342	3	713	0.000

通过表 9-18 可以看出，概率 Levene 统计量为 7.342，显著性 Sig.（P 值）为 0.000＜0.05，说明不具有方差齐次性，使用 TamhaneT2 方法读取各水平均值。结果显示如表 9-19：

表 9-19　多重比较结果（自我身份认同）

城市与我无缘	均值差	标准误	显著性 Sig.	95% 置信区间	
				下限	上限
工人	−.017	.063	1.000	−.18	.15
其他	−.121	.115	.882	−.43	.19
说不清	−.088	.081	.855	−.30	.13

城市与我无缘	均值差	标准误	显著性 Sig.	95% 置信区间	
				下限	上限
农民	.017	.063	1.000	−.15	.18
其他	−.104	.110	.925	−.40	.20
说不清	−.071	.073	.910	−.27	.12
农民	.121	.115	.882	−.19	.43
工人	.104	.110	.925	−.20	.40
说不清	.032	.121	1.000	−.29	.36
农民	.088	.081	.855	−.13	.30
工人	.071	.073	.910	−.12	.27
其他	−.032	.121	1.000	−.36	.29

表 9-19 分析结果显示，自我身份认同所有组之间概率值均大于 0.05，说明自我身份认同对新生代外来务工人员市民化意愿不存在显著差异。

五、新生代外来务工人员制度因素变量方差分析

制度因素变量选取的是与户籍制度有关的社会保障制度的获得与否。考察的是新生代外来务工人员在城市获得相应的社会保障权益对其市民化意愿是否造成影响。在这里提取了企业中是否有为外来务工人员购买了各项社会保障，0＝有；1＝没有。因为二分类变量不能进行单因素方差分析，这里使用独立样本 T 检验，分析结果如表：

表 9-20　制度因素差异独立样本 T 检验

		F 检验		T 检验	
		F	Sig.	t	Sig.（2-tailed）
养老保险	方差齐性	2.915	0.088	−2.493	0.013
	方差非齐性	—	—	−2.467	0.015
医疗保险	方差齐性	10.282	0.001	−3.475	0.001
	方差非齐性	—	—	−3.329	0.001

		F 检验		T 检验	
		F	Sig.	t	Sig. (2-tailed)
工伤保险	方差齐性	7.368	0.007	−3.096	0.002
	方差非齐性	—	—	−3.043	0.003
失业保险	方差齐性	5.327	0.021	−2.058	0.040
	方差非齐性	—	—	−1.946	0.055
生育保险	方差齐性	3.126	0.077	−1.484	0.138
	方差非齐性	—	—	−1.415	0.161

通过表 9-20 可以看出，养老保险、医疗保险和工伤保险的概率值均小于 0.05，通过了显著性检验，说明是否购买社会保障对新生代外来务工人员的市民化意愿具有明显影响。

方差分析结果显示，新生代外来务工人员个体特征中的性别、年龄、受教育程度，通过了检验，证明对其市民化意愿具有显著影响，而务农经历、婚姻状况以及获得技术等级证书则没有通过检验。经济因素的平均月收入以及居住情况，都通过了方差分析检验，对市民化意愿具有显著影响。社会因素里的城市融入度，通过了检验，说明对新生代外来务工人员市民化有影响，而自我身份认同则没有通过检验。制度因素里的是否购买了社会保障对市民化影响显著，主要集中在养老、医疗和工伤保险三方面。

通过上述分析，性别、年龄、受教育程度、月收入、居住情况、城市融入度以及购买社会保障情况均通过了显著性检验，说明对新生代外来务工人员市民化具有显著性影响，但务农经历、婚姻状况、自我身份认同则没有通过检验。接着，将采用多元 Logistic 回归模型进一步分析各变量之间的关系。多元 Logistic 回归分析是指在控制其他变量不变的前提条件下，通过某一变量的单位变化对因变量产生的影响，从而得到因变量对自变量的作用。

首先以新生代外来务工人员的个体特征构建模型一，将"不清楚"作为参照组，结果如表 9-21：

表 9-21 多元 Logistic 回归模型一

解释变量	想迁入户口		不想迁入户口	
	Sig.	Exp (B)	Sig.	Exp (B)
性别（以女生为参照组）				
男性	0.039	0.690	0.059	0.644
年龄（以 16—19 岁为参照组）				
20—23 岁	0.042	0.091	0.161	0.566
24—27 岁	0.062	0.501	0.201	1.139
28—30 岁	0.032	0.877	0.047	1.254
受教育程度（以大专以上为参照组）				
小学及以下	0.034	0.432	0.002	2.837
初中	0.727	1.211	0.586	0.867
高中	0.045	0.876	0.043	1.365
中专	0.698	1.396	0.684	0.698
技校	0.596	1.132	0.453	0.735
务农经历（以有务农经历为参照组）				
无务农经历	0.928	1.021	0.599	0.904
婚姻状况（以已婚为参照组）				
未婚	0.172	1.534	0.544	1.178
—2 log Likehood	808.104			
卡方值（自由度）	28.698 (22)			
似然比检验	0.015＜0.05			

模型一结果显示，对于想迁入户口的，男女新生代外来务工人员具有显著性差异，其中男性想迁入户口的只有女生的 69%，说明新生代外来务工人员中，女性较之于男性，更倾向于留在城市，市民化意愿更为强烈。而对于不想迁入户口，男女则没有显著差别。而以 16—19 岁的年轻新生代外来务工人员为参照组，在想迁入户口方面，与 20—23 岁和 28—30 岁年龄段表现出了差别，而不想迁入户口的，则与 28—30 岁年龄段的外来务工人员有显著差异，概率值均小于 0.05。新生代外来务工人员市民化意愿也受文化

程度的显著影响，新生代外来务工人员中具有大专及以上学历组与小学及以下文化程度分组相比，想迁入户口和不想迁入户口方面均表现出了显著差异，并且不想迁入户口小学及以下受教育水平是大专以上组的新生代外来务工人员的 2.837 倍。但与初中以及中专、技校文化程度的新生代外来务工人员则未显示出差异性。在婚姻状况和有无务农经历来看，新生代外来务工人员对于想迁入户口还是不想迁入户口，均未显示出显著差别。

接着，在模型一的基础上，我们将经济因素纳入模型，进一步考量月收入和居住情况对市民化意愿的影响。结果显示如下（以"不清楚"为参照组）：

表 9-22　多元 Logistic 回归模型二

解释变量	想迁入户口		不想迁入户口	
	Sig.	Exp（B）	Sig.	Exp（B）
性别（以女生为参照组）				
男性	0.050	0.645	0.032	0.830
年龄（以 16—19 岁为参照组）				
20—23 岁	0.049	0.134	0.127	0.525
24—27 岁	0.059	0.249	0.120	1.626
28—30 岁	0.019	0.830	0.075	1.618
受教育程度（以大专以上为参照组）				
小学及以下	0.027	0.316	0.038	1.293
初中	0.714	0.872	0.616	0.853
高中	0.042	0.828	0.688	1.157
中专	0.392	1.472	0.685	1.171
技校	0.549	1.464	0.794	1.156
月收入（以 800 元以下为参照组）				
801—1200	0.396	1.285	0.135	0.158
1201—1600	0.734	0.898	0.072	1.887
1601—2000	0.031	1.169	0.038	1.774
2000 以上	0.002	1.412	0.018	1.587

解释变量	想迁入户口		不想迁入户口	
	Sig.	Exp（B）	Sig.	Exp（B）
居住情况（以自购房为参照组）				
企业员工宿舍	0.021	0.237	0.019	0.881
出租房	0.017	0.208	0.083	0.768
借住亲友家	0.014	0.093	0.009	1.160
工作场所	0.001	0.096	0.006	2.326
—2 log Likehood	530.207			
卡方值（自由度）	58.859（36）			
似然比检验	0.009＜0.05			

　　模型二中，-2 log Likehood 与模型一中相比，数值降低，说明将月收入和居住情况纳入模型具有良好的解释意义。同时，纳入月收入和居住情况后，性别、年龄和受教育程度的概率值没有发生明显变化，与模型一结果相似。在月收入方面，800 元以下新生代外来务工人员与 1600 元以上，在想迁入户口和不想迁入户口意愿上均有显著差异，其中月收入在 1600—2000 元和 2000 元以上的新生代外来务工人员想迁入户口的意愿是 800 元以下群体的 1.169 和 1.412 倍，有显著增强。以自购房为参照组，与其他居住情况的新生代外来务工人员相比，在市民化意愿方面表现出了显著性差异，所有的概率值均小于 0.05。

　　继续对社会因素纳入模型分析，我们将把个人特征和社会因素变量构建模型三，分析结果如下表：

表 9-23　多元 Logistic 回归模型三

解释变量	想迁入户口		不想迁入户口	
	Sig.	Exp（B）	Sig.	Exp（B）
性别（以女生为参照组）				
男性	0.047	0.679	0.701	0.931
年龄（以 16—19 岁为参照组）				
20—23 岁	0.138	0.521	0.335	0.771

解释变量	想迁入户口		不想迁入户口	
	Sig.	Exp (B)	Sig.	Exp (B)
24—27 岁	0.032	0.705	0.593	0.851
28—30 岁	0.048	1.019	0.210	0.669
受教育程度（以大专以上为参照组）				
小学及以下	0.015	0.035	0.039	1.508
初中	0.368	0.718	0.770	0.910
高中	0.021	0.625	0.431	1.335
中专	0.441	1.413	0.456	1.345
技校	0.561	1.447	0.662	1.278
城市融入感（以"从来没有"不属这里为参照组）				
偶尔有	0.036	0.476	0.376	1.337
经常有	0.043	0.864	0.027	1.811
总是有	0.015	0.765	0.002	7.333
说不清	0.205	1.696	0.068	2.086
自我身份认同（以农民为参照组）				
工人	0.039	2.587	0.002	0.934
其他	0.455	1.227	0.334	1.258
说不清	0.567	0.757	0.774	1.136
—2 log Likehood	739.528			
卡方值（自由度）	80.048 (32)			
似然比检验	0.000＜0.05			

　　模型三的 -2 log Likehood 相对模型一有所减少，说明把城市融入感和自我身份认同纳入模型具有一定的意义，改良了模型的解释能力。模型三中，性别、年龄、受教育程度仍对新生代外来务工人员的市民化意愿具有显著影响。对于城市融入感，从来没有"我不属于这里"想法的新生代外来务工人员与经常有、偶尔有、和总是有不属于这里感觉的新生代外来务工人员在市民化意愿上有显著不同，同时在不想迁入户口上也有明显不同。与从来没有"我不属于这里"感觉的新生代外来务工人员相比，是总是有"我不属于这里"感觉的新生代外来务工人员不想迁入户口的 7.333 倍。自我身份认同

变量中，新生代外来务工人员认为自己是工人与自认为是农民的概率值小于0.05，证明自我身份认同对新生代外来务工人员的市民化意愿有影响，这与方差分析的结果有所矛盾，我们将在下面作进一步的分析。

模型四，我们将制度因素，即新生代外来务工人员有无参加打工所在城市的社会保障，纳入模型进一步考察对市民化意愿的影响作用。结果如表9-24所示：

表 9-24　多元 Logistic 回归模型四

解释变量	想迁入户口		不想迁入户口	
	Sig.	Exp（B）	Sig.	Exp（B）
性别（以女生为参照组）				
男性	0.022	0.653	0.073	0.939
年龄（以 16—19 岁为参照组）				
20—23 岁	0.179	0.551	0.351	0.756
24—27 岁	0.083	0.718	0.282	0.685
28—30 岁	0.035	1.029	0.018	0.659
受教育程度（以大专以上为参照组）				
小学及以下	0.014	0.325	0.007	1.632
初中	0.048	0.913	0.332	1.464
高中	0.123	1.870	0.386	1.370
中专	0.292	1.597	0.685	1.060
技校	0.655	1.330	0.855	0.552
养老保险（以没有购买为参照组）				
已购买养老保险	0.032	1.600	0.024	0.782
医疗保险（以没有购买为参照组）				
已购买医疗保险	0.017	1.939	0.090	0.940
工伤保险（以没有购买为参照组）				
已购买工伤保险	0.025	1.792	0.142	1.285
失业保险（以没有购买为参照组）				
已购买失业保险	0.466	0.670	0.591	1.738

解释变量	想迁入户口		不想迁入户口	
	Sig.	Exp（B）	Sig.	Exp（B）
生育保险（以没有购买为参照组）				
已购买生育保险	0.777	1.149	0.217	1.104
—2 log Likehood	692.337			
卡方值（自由度）	52.203（38）			
似然比检验	0.026＜0.05			

回归分析模型四结果显示，性别、年龄、受教育程度仍然对新生代外来务工人员市民化意愿有影响。加入制度因素后，在想迁入户口方面，是否购买了养老保险、医疗保险、工伤保险的新生代外来务工人员的市民化意愿有明显不同，想迁入户口的意愿分别是没有购买相关保险的 1.6 倍、1.939 倍和 1.792 倍。在不想迁入户口方面，在购买了养老保险方面有显著差异，其他则没有通过检验。这说明制度因素，即是否购买了打工所在地的社会保障，对新生代外来务工人员市民化意愿有显著影响。

在以上的分析中，我们首先通过方差分析确定了几个变量对新生代外来务工人员市民化意愿的可能影响作用，然后又构建了四个不同的 Logistic 回归模型，进一步确定了每一个影响因素对新生代外来务工人员市民化意愿的作用大小。通过前两个分析，大部分结论与之前假设结论相同，得到了进一步认证，但同时也注意到，新生代外来务工人员自我身份认同变量，在两个分析中，得出了完全不同的结论。这是因为，方差分析和 Logistic 回归都是考虑每个变量对市民化意愿是否有影响，以及影响作用的大小，而未考虑到变量之间的相互作用。因此，在本节中，将运用多元线性回归的方法进一步考察各自变量的交互作用的关系。具体方法为，以三市新生代外来务工人员的个体特征为自变量，分别对经济因素变量、社会因素变量以及制度因素变量建立线性回归模型，通过对变量进行 T 检验，读取显著性概率 P 值，如果 P＜0.05，则说明该变量对自变量有一定影响作用。线性回归结果如表9-25：

表 9-25　变量的线性回归分析结果

	月收入		居住情况		城市融入度		身份认同		购买社保	
	系数 B	Sig.	系数 B	Sig.	系数 B	Sig.	系数 B	Sig.	系数 B	Sig.
年龄	0.252	0.000	−0.180	0.986	0.687	0.162	−1.905	0.057	−0.095	0.413
性别	0.192	0.000	0.436	0.663	−0.536	0.054	−0.146	0.047	0.197	0.844
受教育程度	0.125	0.005	1.571	0.117	0.132	0.002	0.140	0.000	2.041	0.254
月收入	—	—	0.148	0.000	0.892	0.000	0.648	0.035	0.087	0.003
F 值	29.535		21.584		23.556		15.715		22.663	
校　正 R2	0.107		0.028		0.063		0.039		0.083	

通过表 9-25 可以看出，针对月收入的线性回归分析中，所有的概率值均小于 0.05，且都呈正相关关系，说明年龄越大，受教育程度越高，其月收入也随之增加，男性的平均收入大于女性。而居住情况中，只有月收入通过了概率值小于 0.05 的检验，说明月收入对新生代外来务工人员的居住情况具有显著相关关系，在之前的方差分析和 Logistic 回归检验中，通过了对市民化意愿的概率分析，说明一定程度上受到平均月收入因素的影响。

而在社会因素方面，新生代外来务工人员的城市融入度与受教育程度和月收入有显著相关关系，表现为月收入越高，文化程度越高，与城市的融入度就越高，越不会感觉到自己不属于打工所在城市。而新生代外来务工人员的自我身份认同感同样受到性别、受教育程度和经济收入的显著影响，受教育程度越高、月收入越高，越不认为自己是农民，性别则是负相关关系，女性更不倾向于认为自己是农民。而自我身份认同，在 Logistic 回归模型中通过了显著性检验，为什么在方差分析中，则显示对市民化意愿没有影响呢？在这里我们可以发现，性别、受教育程度和经济收入对新生代外来务工人员的身份认同都产生着影响，即可以理解为，身份认同没有作为独立因素对市民化意愿造成影响。

在制度因素方面，新生代外来务工人员是否购买社会保障同样受到月收入的显著影响，即经济收入在一定程度上影响了外来务工人员购买社保的情况以及市民化的意愿大小，且月收入越高，越倾向于购买社保，市民化的意愿也更为强烈。

六、各回归模型的影响因素

（一）不同性别对市民化意愿表现出不同影响。在方差分析中，不同性别即表现出不同的市民化意愿。在 Logistic 回归分析中，我们发现女性比男性更倾向于市民化，男性想迁入户口的只有女性的 69%。这与之前有些学者研究发现，男性更具有市民化意愿表现出不同。可能是原因是，本调查选取的对象是新生代外来务工人员，而新生代外来务工人员中未婚比例较高，女性较之于男性更希望通过婚姻改变自己的制度身份。同时，通过后面的相关变量的线性回归还可以看出，性别变量与自我身份认同产生交叉影响，说明新生代外来务工人员中，女性更认可自己的工人身份，而非制度身份，从而从市民化意愿产生了一定影响。

（二）年龄变量对市民化意愿的影响。通过方差分析发现，年龄对市民化意愿具有影响。在 Logistic 回归分析中，我们进一步发现，随着年龄的增长，想迁入户口的比例是逐渐地减少，而不想迁入户口的比例却在逐渐的增多。

（三）受教育程度对市民化意愿的影响。受教育程度越高，越倾向于永久居住在城市。在 Logistic 回归分析中，大专以上组与小学及以下组在想迁入户口和不想迁入户口方面均表现出了显著差异，且不想迁入户口中，小学及以下受教育水平是大专以上组的 2.837 倍。

（四）经济变量对市民化意愿的影响。方差分析中，月收入 800 元以下与其他各组均表现出了明显差异。进一步在 Logistic 回归分析中，800 元以下组则与月收入 1600 元以上组表现出了差异。同时，在相关变量的线性回归分析中，月收入变量与其他变量均产生了相关关系。说明经济因素仍然是影响新生代外来务工人员市民化决策最重要的因素。同时，也可以解释为月收入并没有单独对市民化意愿产生影响，新生代外来务工人员进行市民化决策时，社会因素和制度因素同样包括在内。虽然经济因素在农民决定离开家乡，外出务工时起到了重要作用。但本文考察的是已在城市务工的外来务工人员，当他们考虑由外来务工人员向市民身份转化时，就会包含更多的非经济因素在内。

（五）自购房对市民化意愿具有强烈影响。自购房与其他各组在多个检验中，均表现出了显著差异。外来务工人员收入较低，处于社会底层，购房并非易事。同时在中国特定的社会背景下，一个家庭在做出买房的决策的同时，就已经做好了在哪里定居的决定。所以，自购房的新生代外来务工人员的市民化意愿十分强烈。

（六）城市融入感对于市民化意愿影响。方差分析中，外来务工人员感觉"总是有不属于这里"与"说不清"两组之间对于市民化意愿表现出了差异。但在模型三中，"经常有"和"总是有"不属于这里感觉的与"从来没有"感觉不属于这里的新生代外来务工人员在想迁入户口和不想迁入户口均表现出了显著差异。与从来没有"我不属于这里"感觉的新生代外来务工人员相比，是总是有"我不属于这里"感觉的新生代外来务工人员不想迁入户口的 7.333 倍。

（七）自我身份认同对市民化意愿影响。虽然在方差分析中，新生代外来务工人员的自我身份认同没有通过检验，未表现出对市民化意愿的影响。但是通过 Logistic 回归，我们发现对自我的身份认同在市民化意愿上却表现了明显差异。认为自己是工人身份的新生代外来务工人员与认为自己是农民的分组在想迁入户口和不想迁入户口方面均表现不同。其中认为自己工人身份的新生代外来务工人员想迁入户口是认为自己是农民的 2.587 倍。进一步通过相关变量的回归分析发现，身份认同受到了来自性别、受教育程度和月收入的压制，所以并未作为单独变量对新生代外来务工人员市民化意愿产生影响。

（八）制度因素对市民化意愿影响。通过方差分析和 Logistic 回归分析，都证明了在城市购买社会保障，特别是养老、医疗和工伤保险对于新生代外来务工人员的市民化意愿具有强烈影响，其想迁入户口的意愿分别是没有购买相关保险的 1.6 倍、1.939 倍和 1.792 倍。

通过以上模型分析发现，新生代外来务工人员市民化意愿既受到性别、年龄、受教育程度等个体特征的影响，同时也受到月收入等经济因素的影响。而在城市流动过程中，对城市的融入感以及对自我身份的认同，也会通过社会因素发生作用，影响其对于城市生活的感知和渴望。而制度因素，则会从国家层面反映了城市对于新生代外来务工人员的接纳与否态度，同时也是从根本上为新生代外来务工人员城市生活构筑生存防线的保障。这些因素从多方面交叉影响了新生代外来务工人员是否能够真正的转化成市民。

根据工业化国家经验，当人均 GDP 达到 6000 元时，城市人口应占总人口 68% 以上，我国早在 1998 年达到这一水平，而 1998 年的城市化率只有30.4%。到 2008 年，我国的城市化率也只有 45.7%。据有关专家估计，未来20 年我国将进入城市化高速发展时期，城镇人口年均增长 1 个百分点，约合 1700 万人，到 2020 年，我国城市化率将达到 55%，到 2030 年，将达到62.5%，到时约有 9 至 10 亿的城市人口，需要大量吸引农村转移人口，外来务工人员是最有可能转化为城市人口的群体。而据《2011 年我国外来务工人员调查监测报告》，2011 年，全国外来务工人员总量达到 25278 万人。其中，大多数人只是实现了地域空间的转移和职业的转变，并没有同步获得同等的市民待遇，实现户籍身份的转换、综合素质的提升、市民价值观念的形成、就业状态的稳定以及生活方式与行为习惯的转型。

经过三十多年的发展，我国的外来务工人员也自然分化成为两个群体，老一代外来务工人员和新生代外来务工人员。老一代外来务工人员大多缺乏现代化技能，在城市主要从事体力劳动，做一些环境比较恶劣，或城里人不愿意从事的又脏又累的工作，以此获得最基本的生活所需。由于老一代外来务工人员缺乏在城市长期定居的资本，他们大多如候鸟般在城乡间循环流动，市民化待遇极低。与老一代外来务工人员相比，新生代外来务工人员更适应也更向往城市的生活，加之受教育水平的提高，个人资本的增加，他们的市民化意愿更为强烈。

2010 年 1 月，中央公布的一号文件《中共中央、国务院关于加大统筹城乡发展力度，进一步夯实农业农村发展基础的若干意见》，提出"要采取有针对性的措施，着力解决新生代外来务工人员问题"。2013 年 1 月，中央公布的一号文件《中共中央国务院关于加快发展现代农业，进一步增强农村发展活力的若干意见》中提出"有序推进农业转移人口市民化，把推进人口城镇化特别是外来务工人员在城镇落户作为城镇化的重要任务"。但新生代外来务工人员的市民化问题并非一蹴而就，户籍制度的藩篱、社会保障制度的缺失、社会环境的边缘化都成为新生代外来务工人员市民化道路上的层层障碍。

据国务院发展研究中心课题组研究发现，每年增加 1000 万人口实现市民化（700 万外来务工人员及其抚养人口），可使我国经济增长速度提高一个百分点，而且有助于促进居民消费、降低国民经济增长对出口的依赖，有助于提高服务业比重，优化经济结构，从而实现产业结构的转型和国民经济发展方式的转变。外来务工人员的市民化，特别是新生代外来务工人员的市民化，必将给城乡间架起新的沟通桥梁，有助于整合城乡资源和科技优势，统筹城乡经济协调发展。对于已经习惯了城市生活、具有强烈市民化愿望的新生代外来务工人员，只有在制度上给予其身份保障，保障其可以享受到同等的就业权利、社会保障权利、受教育权利，才可以真正构建公平正义的和谐社会。从根本上解决城市化过程中的"浅层化"问题，关键是要解决外来务工人员市民化的路径依赖。而在外来务工人员群体中，逐渐分离出新的群体，即新生代外来务工人员。新生代外来务工人员与老一代相比，更能适应城市生活，也更希望永久居住在城市，成为市民。因此，研究新生代外来务工人员市民化，具有更重要的研究意义。

农业转移人口市民化研究，面临着许多现实的问题，如户籍制度背景下外来务工人员的就业歧视问题、劳动力市场的制度性分割问题、住房问题、社保问题与退保问题、子女的教育问题、养老保险转移过程的账户接续问题、土地制度改革问题等，这些问题有着长期的历史积淀，矛盾十分复杂，直接牵涉到城市财政体制、城市管理体制、教育体制、福利体制等痼疾，需要花大力气深化改革。

第三节　新生代外来务工人员犯罪状况对公共安全的影响分析[①]

在城镇化进程中，新生代外来务工人员面临着"融入城市"与"叛逆城市"的两难选择。根据罗伯特·默顿观点，成就导向成功，正因为如此，

---

① 本节由华南理工大学公共管理学院谢宇博士撰稿，谢宇并参与了本章第一节的部分撰写工作。

大多数人采取被广泛认可的受教育和就业的奋斗历程。新生代外来务工人员也是如此，在融入城镇的过程中，一部分人适应城镇生活，融入城镇的进程就比较顺利，成为可市民化群体；一部分人在融入城镇的道路上遇险，从一个城镇流动到另一个城镇，成为"漂"的一族；一部分人由于自身的素质影响，因而在城镇化进程中受阻，退回农村成为新农民；还有一部分人因合法的融入城镇之路不通，于是寻找并采取不合法的方式，走上犯罪道路，成为逆市民化群体。默顿认为，这是不公平的环境和强大的追求成功动力的社会性共同作用的结果。

从外来务工人员融入城镇与叛逆城镇两个视野，运用公共管理的框架，从外来务工人员的生存权、教育权与发展权等方面，就如何实现外来务工人员的教育权、社会保障权、社会发展权等问题提出了自己的观点和对策。由于外来务工人员权利保障虚置的状况，从而使一些外来务工人员被逼向"违法犯罪"的边缘。外来务工人员是市场经济的产物，是历史和现实的畸形儿，其特殊的社会身份和地位决定了命运多劫的生活轨迹。[①] 可见，外来务工人员生存状况对于城市公共安全有着深刻的影响。因此，研究新生代外来务工人员生存状况与城市公共安全防控问题具有重要的意义。

新生代外来务工人员是生活工作在城镇社会但又融入不了城镇社会主流的特殊群体。作为嵌入者，新生代外来务工人员既会造成对城镇人口结构的挤压，也会遭受城镇社会结构的排斥；作为建设者，新生代外来务工人员虽然已是城镇社会不可或缺的组成部分，但他们在城镇社会找不到归属感，提升不了幸福感。按照世界经济的发展规律，农村劳动力占全民劳动力比例的低水平以及农民占总人口比例的低水平，是现代成熟经济体的基本标识（亨廷顿，1988）。新生代外来务工人员身处社会急剧转型时期，正经历着乡土特质和城市特质的不断冲击，他们比任何一个阶层都更为强烈地感受到社会急剧转型的不适应和城乡二元结构上的不适应，使他们在生存上面临着一系列的问题。

通过对外来务工人员输入地 G 省 GGF 监狱和外来务工人员输出地 J 省未成年人监狱 3230 名获罪人员调查发现，新生代外来务工人员犯罪的主要

---

① 韩宏伟：《论外来务工人员权益的缺损与法律保障》，《兰州学刊》2007 年第 6 期。

原因与其生长环境、文化程度、经济收入、婚姻家庭和自身素质息息相关。

一、GGF 三大监狱新生代外来务工人员越轨行为的 logistic 回归分析

为了弄清楚新生代外来务工人员犯罪到底跟哪些具体的指标相关，并且进一步的指出导致新生代外来务工人员可能犯罪的各指标之间的相关度是多少。在此引入 logistic 回归模型作为多元分析的工具，希望对新生代外来务工人员犯罪现象的原因进行解释。

首先，假设新生代外来务工人员的社会行为的结果作为因变量 (Y)，并且因变量的取值缩小到两种情况。Y_1：犯罪行为（发生越轨行为）、Y_2：正常行为（和谐发展）

其次，假设新生代外来务工人员的犯罪行为与新生代外来务工人员的受教育水平 (X_1)、年龄 (X_2)、是否加入社会团体（组织）(X_3)、受歧视程度有关 (X_4)、个人收入 (X_5)、婚姻状况 (X_6)。

再次，将 X_1—X_6 作为 logistic 回归的自变量，带入方程（1）

最后得出因变量 Y 与六个自变量 X 之间的关系。

方程：$\text{logit } P = \ln \Omega = a + \sum b_i X_i$　　　　　　　　　　　　　　　（1）

Logit P：Y 事件发生的概率 $[0,1]$；a：Logit 回归方程的截距；b_i 表示自变量 X_i 的变化对连续变量 Logit P 的作用，及 b_i 测量了自变量 X_i 对因变量估计值的作用。

方程（1）与一般的多元线性回归方程在形式上相同，是线性表达式。方程右侧各项变量的作用体现在回归系数 b_i 上。各自变量 X_i 的总影响是由常数项与各项自变量及相应偏回归系数之积的叠加形成的。这种形式使得我们能够以多元回归方程的形式来解释和阐释它。各自变量对 logit P 的作用方向可以通过其偏回归系数 b_i 值的正负符号得以体现。当 b_i 为正值，说明 X_i 值增加一个单位的变化可使 logit P 值产生变化量为 b_i 的提高。反之，当 b_i 为负值，X_i 值每增加一个单位的变化会导致 logit P 值产生变化量为 b_i 的降低。

根据所得到的一手资料，将以上六个自变量带入方程（1）在 SPSS 运算中得到以下结果：

表 9-26 新生代外来务工人员犯罪成因 logistic 回归分析

类别	Coef.	Std. Err.	z	P>z	[95% Conf.Interval]	
受教育水平	-0.852	0.076	-11.260	0.000	-1.000	-0.703
年龄状况	-0.278	0.171	-1.630	0.104	-0.612	0.057
组织情况	-1.954	0.197	-9.940	0.000	-2.339	-1.569
是否受歧视	0.553	0.052	10.650	0.000	0.451	0.655
收入水平	-0.015	0.019	-0.810	0.418	-0.052	0.022
婚姻状况	-3.211	0.180	-17.880	0.000	-3.563	-2.859
_cons	-3.604	1.005	-3.580	0.000	-5.574	-1.633

在取得 logistic 回归系数各 b_i 的解释以后，将其带入 Ω 函数：

$$\Omega = exp\ [a + \sum b_i X_i] \tag{2}$$

如果我们要分析 X_1 变化一个单位对于 Ω 的影响幅度，可以用 $(X_2 + 1)$ 表示，将其带入方程 (2) 表示新的发生比值 Ω^*：

$$\Omega^* = \Omega\ exp\ [b_1] \tag{3}$$

将两个发生比集中在一起，有

$$\Omega^*/\Omega = exp\ [b_1] \tag{4}$$

我们称这一变化前后两个发生比 Ω^*/Ω 为发生比率（odds ratio/OR）它可以测量一个单位增加给原来的发生比所带来的变化。那么方程 (4) 中，说明其他情况不变的条件下 X_1 一个单位的变化使原来的发生比扩大 exp $[b_1]$ 倍。

根据以上原则对新生代外来务工人员犯罪成因的 Logistic 回归模型进行解释结果如下：

（一）方程的第一个自变量 (X_1)：受教育水平

第一个自变量的系数 (b_1) 是：-0.85153479。OR 值是：$exp\ (-0.85153479)$ 即：OR 值，（它是自变量系数的指数：即 $exp\ (b_1) = 0.42675944$ 代表自变量 X_1 的变化使因变量发生比发生变化的倍数也就是说：自变量 X_1 每增加一个单位，或者自变量相对于参照类的因变量发生比（就是因变量发生除以不发生的比率）的变化为 0.42675944 倍。也可以说，自变量变化一个单位，因变量的发生比降低：$1 - 0.42675944 = 0.57324056$ 或者说，自变量变化，带来的因变量发生比的变化，百分之57.324056或者可以用更简单的说法，自变量变化，因变量发生的可能性降低了，或更有可能不发生。但不能说因变量发生的概率（发生比和概率的定义还是不一样的）提高了。此外，由于b_1的方向为负及受教育水平与新生代外来务工人员犯罪行为成反比。也就是说，受教育水平高的新生代外来务工人员做出犯罪行为的可能性比受教育水平低的新生代外来务工人员发生犯罪行为的可能性要低。

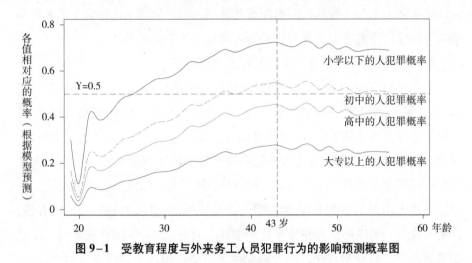

图9-1　受教育程度与外来务工人员犯罪行为的影响预测概率图

根据模型的预测，从图9-1中可以明显地发现，初高中以上的外来务工人员犯罪可能性远低于只具有小学甚至小学以下文化的外来务工人员。根据模型预测，初高中学历以上的新生代外来务工人员犯罪概率一直处于较低水平，而小学以下的新生代外来务工人员犯罪的可能性却迅速上涨甚至直线突破P值为0.5的红线。

（二）方程的第二个自变量（X_2）：年龄

第二个自变量的系数是：-0.278，$Z=-1.630$，$P=0.104$。所以自变量X_2对因变量新生代外来务工人员是否产生犯罪的行为影响不显著。

（三）方程的第三个自变量（X_3）：组织情况

第三个自变量的系数是：-1.953988。OR值是：$exp(-1.953988)$即：OR值，它是自变量系数的指数：即$exp(b_3)=0.14170781$代表自变量X_3的变化使因变量发生比发生变化的倍数也就是说：自变量X_3每增加一个单位，或者自变量相对于参照类的因变量发生比（就是因变量发生除以不发生的比率）变化：0.14170781 倍。也可以说，自变量变化一个单位，因变量的发生比降低：$1-0.14170781=0.85829219$ 或者说，自变量变化，带来的因变量发生比的变化，百分之 85.829219 或者可以用更简单的说法，自变量变化，因变量发生的可能性降低了，或更有可能不发生。此外，由于 b_3 的方向为负，及组织参度与新生代外来务工人员犯罪行为成反比。也就是说，参加的社会组织越多的新生代外来务工人员做出犯罪行为的可能性越低。具体而言，那些加入工会、参加民间组织或者有宗教信仰的新生代外来务工人员犯罪的可能性比没有参加任何组织的新生代外来务工人员要低。

（四）方程的第四个自变量（X_4）：受歧视程度

第四个自变量的系数是：0.55320561。*OR* 值是：$exp (0.55320561)$ 即：*OR* 值，它是自变量系数的指数：即 $exp (b_4)=1.7388181$ 代表自变量 X_4 的变化使因变量发生比发生变化的倍数也就是说：自变量 X_4 每增加一个单位，或者自变量相对于参照类（如果是虚拟变量）因变量发生比（就是因变量发生除以不发生的比率）变化：1.7388181 倍。也可以说，自变量变化一个单位（或者相对于参照类），因变量的发生比增加：$1.7388181-1$，或者说，自变量变化，带来的因变量发生比的变化，百分之 73.881806 或者可以用更简单的说法，自变量变化，因变量发生的可能性提高了，或更有可能发生。由于 b_4 的方向为正，与受歧视程度与新生代外来务工人员犯罪行为成正比。也就是说，受歧视程度高的新生代外来务工人员做出犯罪行为的可能性比受歧视程度低的新生代外来务工人员发生犯罪行为的可能性要高。

（五）方程的第五个自变量（X_5）：收入水平

第五个自变量的系数是：$-.01530824$，$Z=-0.810$，，$P=0.41$。所以 $-X_5$ 对对因变量新生代外来务工人员是否产生犯罪的行为影响不显著。

（六）方程的第六个自变量（X_6）：婚姻状况

第六个自变量的系数是：-3.2105791。*OR* 值是：$exp (-3.2105791)$ 即：*OR* 值，它是自变量系数的指数：即 $exp (b_6)=.04033325$ 代表自变量 X_6 的变化使因变量发生比发生变化的倍数也就是说：自变量 X_6 每增加一个单位，或者自变量相对于参照类（如果是虚拟变量）因变量发生比（就是因变量发生除以不发生的比率）变化：0.04033325 倍。也可以说，自变量变化一个单位，因变量的发生比降低：$1-0.04033325=95.966675$ 或者说，自变量变化，带来的因变量发生比的变化，百分之 95.966675 或者可以用更简单的说法，自变量变化，因变量发生的可能性降低了，或更有可能不发生。由于 b_6 的方向为负，及婚姻状况与新生代外来务工人员犯罪行为成反比。也就是说，婚姻越完整或家庭越稳定的新生代外来务工人员做出犯罪行为的可能性越低。自变量 X_6 对因变量的影响十分显著，具体可参看图 9-2。

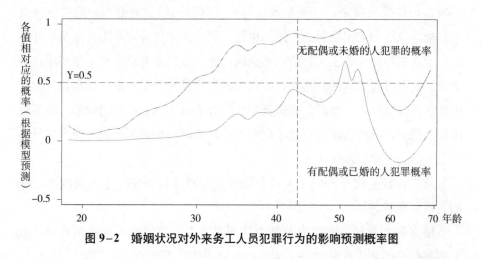

图 9-2　婚姻状况对外来务工人员犯罪行为的影响预测概率图

从图 9-2 中可以发现，有配偶或已婚外来务工人员在 30 岁以前的犯罪概率很低。与此相反的是无配偶或未婚外来务工人员在 30 岁以前的犯罪概率随着年龄的上涨显著上涨，并且 P 值突破 0.5，成为高危人群。也就是说新生代外来务工人员婚姻状况对新生代外来务工人员是否犯罪的行为产生了显著影响。

根据 logistic 回归模型可以发现以下问题：

其一，外来务工人员是否发生犯罪的行为与外来务工人员的年龄无关。

国内很多学者甚至很多部门都在关注新生代外来务工人员犯罪这一社会现象，很多时候会给新生代这一群体带上特殊的帽子或者戴着有色眼镜去看待新生代外来务工人员。例如，有不少学者认为新生代外来务工人员犯罪成为城市公共安全的重大危险源，认为新生代外来务工人员没有他们父辈那种吃苦耐劳的精神，认为他们是"非主流"人群甚至认为他们是垮掉的一代。但是，根据我们的分析发现，外来务工人员群体是否犯罪与他们的年龄并无直接的关联，换言之，新生代外来务工人员不意味着他们犯罪的可能性就比他们的父辈要高。本文在此提出一种可能作为对这一结果的解释。新生代外来务工人员犯罪现象之所以在当今社会得到广泛的关注，很重要的一种可能性是随着我国对户籍制度管理的放开和经济的发展，人口的流动性越来越大，导致越来越多的农村人口流入城镇。经济的高速发展带来的是城乡差距迅速扩大，而农村教育水平明显落后于城镇。大量的新生代外来务工人员受教育条件受到限制，从而导致他们在"灯红酒绿"大都市中最终沉溺其中、难以自拔走上了犯罪的道路。也就是说，新生代外来务工人员犯罪并不是由于新生代外来务工人员的内在原因而造成的，或者说主要不是新生代外来务工人员自身的内因所形成，应该为新生代外来务工人员社会越轨行为负主要责任的是社会。所以，要降低新生代外来务工人员犯罪的概率，降低城市安全隐患，就得要求政府需要出台有关政策进一步完善和改进新生代外来务工人员的生存和发展状况。

其二，新生代外来务工人员犯罪行为与新生代外来务工人员收入之间的关系不显著。

根据调查发现，监狱中的新生代外来务工人员的收入水平跟其他未发生犯罪行为的新生代外来务工人员收入水平相比较而言并不算低。而之前，很多学者认为新生代外来务工人员犯罪主要成因是该群体收入过低。新生代外来务工人员犯罪行为的发生与其收入水平高低并无直接关系，至少是不那么显著。外来务工人员群体的收入在社会其他群体中的确是较低的，但是低收入不意味着就一定要走向犯罪的道路。所以，新生代外来务工人员犯罪行为发生的根源可能不是收入问题，而是社会原因。

其三，新生代外来务工人员是否发生犯罪的行为与新生代外来务工人员受教育水平显著相关。

从图9-2中可以发现，受教育水平越高的新生代外来务工人员犯罪的概率越低。所以，政府应该着力解决新生代外来务工人员的教育问题。特别是需要在加强和完善九年义务教育的同时大力开展职业培训或再教育。我们发现，很多新生代外来务工人员之所以会走上犯罪的道路，主要是因为自身的文化水平低，在城镇这种激烈的竞争环境下找不到合适的工作或者收入过低最终走向犯罪的道路。受教育水平不仅影响着新生代外来务工人员的收入水平，而且深层次地影响着新生代外来务工人员的心理素质和社会的融入情况。只有解决新生代外来务工人员的受教育难这一问题，才能从根源上防止新生代外来务工人员犯罪，减少公共治安事件发生的可能，促进社会和谐发展。

其四，新生代外来务工人员是否犯罪还与新生代外来务工人员的婚姻状况显著负相关。

从图9-2中可以发现，外来务工人员30岁以前如果婚姻比较和谐美满的话其犯罪的可能性一直处于低水平，而与此相反的是如果未婚或丧偶的话则犯罪的概率显著上涨。这与访谈中的结果基本一致，很多新生代外来务工人员因为单身一人外出打工，生活上或者工作上遇到的问题无法独立承担，并缺乏对家庭的责任感，这时候往往容易导致新生代外来务工人员发生犯罪行为。此外，越来越多的性侵犯事件在新生代外来务工人员犯罪群体中出现。所以，解决好新生代外来务工人员的婚姻问题也是地方政府预防新生代外来务工人员犯罪的主要预防手段之一。

二、新生代外来务工人员越轨行为及其对公共安全的影响分析

导致新生代外来务工人员犯罪问题高发是社会失衡的结果，既有社会各阶层之间的不和谐因素，更有新生代外来务工人员自身的内部因素。意大利犯罪学家菲利认为犯罪个人因素包括罪犯的生理状况、心理状况和个人状况。新生代外来务工人员越轨行为对城镇公共安全产生重大影响，在多数人心目中，城镇治安不好，一定是外来务工人员较多的地方。甚至给外来务工人员污名化和贴标签，正如孙立平教授指出那样，在我国城市社会中，外来务工人员被认为是肮脏的、不文明的、不礼貌的，是潜在的刑事犯。一旦在一个地方发生了刑事犯罪，人们也总是首先将怀疑的对象指向外来务工人员。

（一）生存环境导致新生代外来务工人员融城的价值紊乱

新生代外来务工人员来到城市中，城市里的许多规范和观念是和乡村有很大不同的，于是产生社会价值冲突，对于这样的冲突，如果解决的方法不当，容易导致外来务工人员反社会行为和逆城镇化心理的产生。当新生代外来务工人员进入城镇"陌生人"社会时，农村文化没有赋予外来务工人员城镇生活的技能，农村的乡规民约在城镇现代政治和法律面前失去效用，因

此新生代外来务工人员的行为规范在其心理上出现了一个"真空"状态。缺乏技能却不得不求生存，加之规范的缺失就很有可能走入歧途。从外来务工人员主体来说，这是他们城市化过程中陷入困境的主要原因。

（二）结构分化导致新生代外来务工人员融城的社会风险

新生代外来务工人员虽然比老一代外来务工人员有文化，但是他们缺少吃苦耐劳的精神；新生代外来务工人员与老一代外来务工人员尽管都处在城乡边缘，但新生代外来务工人员维权意识更加高涨；新生代外来务工人员与老一代外来务工人员的打工目的不只是为了赚钱，还要享受城市的文明与生活；新生代外来务工人员的城市梦比老一代外来务工人员更为强烈；老一代外来务工人员的归宿将是告老还乡，而新生代外来务工人员则是回不去的一族。因此，对于新生代外来务工人员来说，一方面不断地受到城镇各种各样的物质财富的诱引和感官刺激；另一方面因社会政策、社会制度方面的不公平待遇与自身文化素质的影响而导致融入城市的难度加大，心里必然会产生"相对剥夺感"和对城镇社会的漠视甚至仇视。也就是说，当新生代外来务工人员处于城镇社会底层，必然会拒斥既有的社会分层制度和体系，那么由此所带来的城镇社会排斥力量就会转化为对城镇公共安全的威胁，最终导致"社会风险在下层集聚"，增添城镇的社会风险。

（三）制度性排斥导致新生代外来务工人员融城的群体冲突

制度性社会排斥与我国长期以来形成的各种战略方针、社会政策之间有着紧密的直接联系，从20世纪50年代逐步制定的户籍制度到单位制度再到身份制度，以及这些制度背景下所捆绑的就业、教育、医疗、住房和保障等方面存在的差异构成了我国政治、经济和社会权利上有重大差别的城乡二元结构。这也是外来务工人员受到城镇社会排斥重要原因。长期以来，以户籍制度为依托的就业制度、教育制度、社会保障和社会福利制度等二元社会体制对外来务工人员的城市融入构成了制度性的"整体排斥"。老一代外来务工人员由于打工的目的只是为了挣钱，挣了钱就回家做房子；他们是参照在农村的同龄人，产生一定的满足感。而新生代外来务工人员则不然，他们的城市梦更加强烈，他们的参照对象是城里的同龄人，他们对城里的工作和生活的满意度不一定高。当新生代外来务工人员受到制度歧视后，自然产生一种泄愤之情，给城市社会冲突的发生埋下了伏笔。

（四）角色冲突导致新生代外来务工人员融城的心理失衡

新生代外来务工人员在城镇化大舞台上扮演着一定社会角色，一方面他们是农民的身份，另一方面他们是工人的职业，如新产业工人、新广州人、新莞人等。他们根据自己扮演的角色，承担着一定的权利和义务。新生代外来务工人员既是一个职业概念，同时也是一个身份概念，而且这一阶层的职业范围非常宽泛。然而，外来务工人员尤其是新生代外来务工人员，他们认为自己干的是工人的活，但却不能成为产业工人。于是，产生社会角色冲突。当一个社会由人为的平等进入自然的不平等时，事实上的差距以及由此而产生的意识、情感、道德上的不适应，从而产生社会角色冲突。于是，强烈的心理落差感，导致新生代外来务工人员走上犯罪道路。

（五）身份认同缺失导致新生代外来务工人员没有城镇归属感

调查发现，大量的外来务工人员与城镇居民虽然"共居"于同一城镇，由于人为造成的先天身份的差别，外来务工人员只能处于"二等公民"的尴尬境地，但他们之间几乎没有什么交往，如同生活在两个不同的世界。于是，新生代外来务工人员在就业、生活、医疗、教育等许多方面与城里人隔着一条人为的却又是难以逾越的鸿沟。具体表现在，政治上得不到和城里人一样的选举权和被选举权，经济上无法得到城镇居民可以天然获得的一切福利待遇，生活上也只能维持很低的水平。这种因先天身份差别而导致的不平等很容易使新生代外来务工人员产生自卑心理。可见，新生代外来务工人员与其父辈一样处于城镇体制之外，他们虽然在城镇务工，但又"迁而不进"；"农民"成了他们身上挥之不去的社会标签。虽然他们加入了产业工人的队伍之中，城镇对他们还存在着"经济接纳"，但仍有"社会拒入"问题，但又不被城镇社会所接纳，仍保留着原来的农民身份。由于新生代外来务工人员在身份上很难融入城镇，于是成为城镇"漂"的一族，他们住在"城中村"中的"握手楼"，游离于城镇居民之外。正是在这种"身份排斥"的环境中，导致了新生代外来务工人员的城镇归属感较低。

（六）法制观念淡薄导致新生代外来务工人员越轨剧增

调查发现，新生代外来务工人员法律意识整体比较淡薄，仅有16.7%的人真正了解劳动法，一些新生代外来务工人员在法庭上交代完犯罪情况后，甚至会问，我可以回家了吧？他们很多实施了犯罪行为还不知道已经构成犯罪。新生代外来务工人员法制观念较为淡薄，不利于个人犯罪心理的抑制，有的甚至错误地认为自己的行为并不构成犯罪。法律调控手段不力，已经成为引发新生代外来务工人员犯罪的关键原因。我们在调查时发现，80%的犯罪法制观念淡薄，于是铤而走险。

三、推进新型城市化发展，建构新生代外来务工人员服务与管理体系

中国城镇在改革开放三十多年后，正处于从后工业文明向知识文明过渡的关键时期，即将从后工业化城市转入智慧城市，新型城市化道路正是对这一重大挑战的回应。当代城市面临人与自然、人与人、人与心灵的三大冲突，衍生出生态危机、社会危机、心灵危机，这些危机具体地表现在一系列"城市病"上，包括新生代外来务工人员融入城市问题。

（一）完善城市公共安全的应急联动机制，建立"一盘棋"管理体系

随着城市化、工业化的发展，人流、物流日趋密集城市，各种突发事件随时可能出现。人口密集的城市如何才能及时有效地应对突发事件，将损失降到最低，已经成为全球关注的焦点。2010 年年底我国城市化率已经达到47.5%，预计到 2015 年，这一比例将超过51%。① 新生代外来务工人员的生存与发展问题是具有普遍性的社会管理问题，较之以往更为复杂，给城市的公共安全和管理带来新的问题与挑战。但相应的城市公共安全应急系统建设已经落后于城市化的进程，当公共安全事故发生时往往令人猝不及防。站在城市公共安全的高度上积极思考新生代外来务工人员的生存与发展问题，事关和谐社会建设的大局。

所谓城市公共安全应急联动机制是指采用统一的指挥调度平台，在各类安全事故发生时可在最短时间内调动不同部门、不同警区的警力协同作战，对突发事件作出有序、快速、高效反应的机制，由计算机系统、呼叫中心、地理信息系统、定位系统、数据库、无线通信指挥调度系统等组成统一的接警中心和处警平台，采用统一电话号码，用于公众报告紧急事件和紧急求助。目前，城市公共安全极易超越"城市疆界"，常常发生诱导和扩散其

---

① 参见毛振华、孙洪磊：《发展改革委："十二五"末我国城市化率将过半》，新华社，2011年 9 月 24 日。

他区域，城市公共安全危机主要是内部发生，可以在城市行政区域范围内得以管控和解决。时过境迁，由于新生代外来务工人员流动性加大，城市之间的经济交往和社会联系越来越多，这种交往和联系会转化成风险转嫁通道，使外部风险侵袭到城市内部，并在外因与内因交互作用下建立城市公共安全应急联动系统，市民无论遇到任何紧急情况，只需拨一个统一的简单的电话号码，联动系统即可统一接警，通过集成的计算机辅助调度系统根据实际情况调动相应的警力进行营救。城市应用这套系统可以更加有效地抢险救灾、打击犯罪，保护人民生命财产安全。

"一盘棋"管理体系，即"共管体系"，新生代外来务工人员管理由过去的"编外管理"、"补缺管理"、"出租屋管理"、"监控管理"到"接纳管理"、"融合管理"再到"管理服务并重并举"。广州大敦村事件的教训，就是要建立"本地人与外来人员共同管理模式"。广州试图继续率先在社区管理上取得突破后，在镇村社会服务管理进一步率先改革，探索把"农村人管理体系"转化为"都市人管理体系"、"农村式管理方法"转化为"城镇化管理方法"，"本地人管理模式"转化为"本地人与外来人员共同管理模式"、"管理型组织"转化为"服务型组织"，并有计划地吸纳外来流动人员中的优秀人才，担任市区各级人大代表、政协委员，提供他们参政议政机会。

（二）完善城市公共安全的信息控制机制，建构"大统筹"管理体系

为有效提高政府对城市公共安全的应急管理能力和处置效率，最大限度地减少各类突发事件带来的危害和损失，各大城市急需建立和完善城市公共安全的信息控制体系，形成一个统一指挥、规范有序、科学高效的城市公共安全应急处置体系。第一，成立专门的、常设性公共安全信息管理机构。第二，建立城市公共安全信息平台。加快公共安全信息管理系统建设，结合"数字城市"的建设，搭建城市公共安全信息管理的技术平台，为公共安全管理提供有力的技术支持。第三，完善公共安全信息通报制度，加强公共安全信息的披露和管理。通过建立网络信息化互动平台，开设市民公共安全互动网站，提高城市处理公共安全事件的质量和效率。因此，政府要树立自己的权威，在重大危机出现时，在第一时间对外公布口径一致、来源可靠的信息，及时把党和政府的声音传达给千家万户，通过正确的舆论宣传来引导社会、引导群众，组织群众广泛地进行自防自救，最大限度地减少损失的发

生。如果主流信息不畅，则社会谣言四起，有可能加大百姓的恐慌心理程度，导致抢购、集中提款、打砸抢等严重影响社会秩序的行为发生。

"大统筹"管理体系是以资源整合为手段，以社会化管理为途径，实现了由以社会控制为主的治安管理体系向城市统筹规划、综合服务管理体系的转变，构建城乡和谐劳动关系，为外来务工人员提供就业指导、技能培训、子女入学、法律援助等服务。充分体现统筹解决新生代外来务工人员问题的思路，强化新生代外来务工人员管理的服务职能。

（三）完善城市公共安全的社会支持机制，建构"梯度累进"管理体系

城市公共安全管理必须做到有序接纳新生代外来务工人员。新生代外来务工人员群体是我们这个社会中的一个平等的群体，虽然处于城市的边缘，却需要其他群体的包容和尊重，如果城镇居民能够包容他们，而不是把他们拒绝到城镇之外，现实中的诸多冲突和犯罪是能够消除的，许多公共安全事件也是可以避免的。

根据马斯洛的需要层次理论，人都有尊重的需要和自我实现的需要。新生代外来务工人员都希望能发挥自己的潜能，表现自己的才干，只有让新生代外来务工人员的才能充分表现出来，才会感到最大的满足和幸福。因此，新生代外来务工人员的管理，就需要有一种完善的管理体系和激励机制。梯度累进管理体系，即随着新生代外来务工人员打工年限的增长（或同时选择几个参照指标）享受逐步升级的市民待遇。这种管理既能依托于居住证的梯度累进使新生代外来务工人员获取公共服务的机会，又能使新生代外来务工人员在市民化的渐进过程中做好融入城镇的准备，为其提供一个融入城镇需要的预期。

（四）完善城市公共安全的风险预防机制，建构"教育支柱群"管理体系

教育支柱群是指以外来务工人员文化知识、素质水平、融城能力为基础，以外来务工人员生存与发展为目的，城镇生存与发现相统一，由政府主导、企业负责、外来务工人员担当、社会参与四大支柱为一体的多层架构、网状联结、功能融合、优势互补的新型外来务工人员再教育支柱体系。

外来务工人员教育支柱群具有以下四个方面的特征：一是架构多层复合、成分多元参与。既有政府、企业、外来务工人员自身的联动，又有全社会的支持与合作，联动运行，你中有我，我中有你，彼此关联，互为支撑。

二是功能特色互补、职能衔接融合。教育支柱群既具有引导、协调、管理职能，又满足企业生产对外来务工人员技能水平的需求；既具有培训功能，又能满足外来务工人员自身对文化水平和融入城镇能力提升的需求，各种功能既彼此分工，又互补衔接。三是人员专兼结合、角色身份多样。教育支柱群在人员结构上，既有专职人员，又有兼职人员，形成教学相长、相互平等、协商合作的社会化教育机制。四是政府主导、持续发展。教育支柱群具有促进社会发展的性质，突出政府的主导，同时又能依靠企业组织运作，不是依靠权力或行政审批权延伸来运作，是采用企业化、社会化运作方式，具有自我"造血"功能，实现企业与职工可持续发展。

具体而言，可以在政府有关部门的直接领导下，从企业、高校抽调有经验的管理人才和讲师深入企业调研，为每一个企业设置其自身独有的培训课程和授课方式。对外来务工人员进行再教育或技能培训。政府、企业、外来务工人员三方共同出资开设课程，使以上三方成为一个利益共同体。不仅有利于企业员工队伍的稳定而且有利于企业转型升级、员工素质的提高。对外来务工人员而言出少量的经费就可以接受有针对性的职业技能培训，有利于加强自身的竞争力提升自身文化素质。对于政府而言，教育支柱群在政府的主导下建立起来，是惠民工程的最直接的体现。

第十章
基于社保风险管理和社会稳定的
弱势群体司法救助

司法救助是指国家司法部门给予公民司法上的救助，其对象是指长期或者临时陷入经济贫困、身体残弱等原因导致无法自行保障的个人。我国司法救助制度已初步成型，在"使经济确有困难的当事人能够依法充分行使诉讼权利，维护其合法权益，确保司法公正"等方面发挥了积极作用。政府在司法救助中担当主体责任，为司法救助提供财政支持，并不否认非政府组织、法律专业人员在司法救助中的作用。国家应当通过鼓励和动员这些政府之外的力量直接参与司法救助，并且在此间承担起引导、组织、管理、监督等职责。

第一节　司法救助属于社会救助的重要内容，
其底线是对生存权的救助

在工业化过程中，工伤纠纷属于纠纷最多、矛盾最集中、处理难度最大、诉讼时间最长的劳动保险纠纷。判案从过错责任原则发展到无过错责任原则，职业伤害从雇主赔偿发展到雇主责任保险直到政府举办社会工伤补偿，从私法跨越到社会法，其中不乏进入法律诉讼的漫长程序。工伤保险法是典型的、以生存权保障为理念并付诸实践的社会保障法，集中体现了对受害人生存权利与健康权利的保障，使之不因劳动能力的丧失而被社会所遗弃。在中国的现实中，由于经不起漫长的法律诉讼或是打不起费用高昂的官司，许多外来务工人员在缺乏工伤保险的情况下，获得完全不对等的所谓赔偿损失返回农村，在强烈的心理阴影下艰难地疗伤。劳资纠纷和劳资矛盾也常常引起欠薪等一系列问题，欠薪有时也会引发劳资纠纷和劳资矛盾，在法律诉讼长期无果或是打不起官司的情况下，引发以暴致暴、自杀、请愿、围攻等行为，影响社会稳定。

由于工伤保险、劳资纠纷与劳资矛盾等牵涉到一系列的劳动权益、协商谈判、法律诉讼、薪酬管理、后续事务等问题，这些问题的解决与工伤保险制度、欠薪追责制度的结合才能真正从根本上维护外来务工人员的合法权益。遗憾的是我国至今没有建立欠薪追责制度，外来务工人员的候鸟性劳动使他们的工伤保险也极不稳定或时有时无，命运的抗争逼迫他们进行费用高昂的官司纠纷近乎不太可能。"权利观念的输入和生长，使中国农民的政治观念和行为模式发生了历史性转型。面对官吏的掠夺和压榨，农民从长期扮演的传统社会的'造反者'和'夺权者'，转变为当代社会的'维权者'。农民的这个历史性转型，或许有助于推动中国的民主转型。"[①] 而由于贫困，很多农民无法维权也打不起官司。2009 年 4 月，国务院发布了中国第一次以人权为主题制定的国家规划——《国家人权行动计划（2009—2010 年）》，将"加强司法救助制度建设，落实政府责任"的要求提升到"公民权利与政治权利保障"的高度。司法救助出现在中国人权事业发展的纲领性文件中，充分体现出司法救助制度对保护和发展人权的重要意义。在人权广泛的内涵里，"生存权是一切人权的起点，作为第一人权，是贯穿着基本人权发展始终的权利，它随着人类的进步和社会的发展，随着人类同自然斗争的不断胜利而不断丰富和发展"[②]。生存权内容的思想萌芽和制度雏形可以追溯到封建社会，这一阶段有关生存权的论述或实践，基本是一种意识领域的同情，并没有上升到理论层面。而现代意义上的"生存权"概念随着资产阶级的出现而产生，比如启蒙思想家卢梭最著名的"天赋人权"说认为生命是人类的天然禀赋，是自然赋予人类最宝贵的权利，无论以任何代价抛弃生命，都是既

---

① 参见张英洪：《农民、公民权与国家》，中央编译出版社 2013 年版。
② 参见韩德培：《人权的理论与实践》，武汉大学出版社 1995 年版。

违反自然同时又违反理性的。①

2013 年 1 月，中国社会科学院社会学研究所发布的《社会心态蓝皮书》指出：中国社会的总体信任指标在 2012 年进一步下降，已经跌破及格线，人际之间的不信任进一步扩大，更为严重的是群体间（如官民、警民等社会关系）的不信任加深和固化，越来越多相同利益、身份、价值观念的人采取群体形式表达诉求、争取权益，群体间的摩擦和冲突增加。社会弱势群体（如外来务工人员、下岗工人）中的"社会情绪反向"现象值得警惕。

生存权的形式经历了自然权形式、社会权形式直到最后定型的若干阶段。早期各国的人权规范有许多相同之处，生命权依赖于国家责任，国家承担这种责任的方式是通过保障人的自然权利而使人得以生存，国家对个人权利领域的态度是不干涉、不理会，因此这对于在社会上没有财产而无法得到生存权保障的人来说，意义不大。随着资本主义制度的不断发展和完善，许多国家都注意到了社会中弱者的生存权问题，也相继通过法律法规明确规定由国家负担起对这部分人的生存权的保障问题，国家对生存权的态度转变为积极地予以救助，如 1971 年法国宪法最早设定了不同于自然权的社会权："应设立或组织一个公共救济的总机构，以便养育弃儿，救助贫苦的残疾人，并对未能获得工作的壮健的贫困者供给工作。"随着这种积极的救助方法得到普遍推广，生存权社会化得以定型。

社会救助权是指："社会成员由于年老、疾病、伤残、死亡、遭遇灾害、面临生活困难等因素，暂时或是永久地丧失工作能力、失去工作机会，以至于收入不能维持必要的生活水平或相当的生活水准时，有获得国家物质帮助及其他帮助的权利。"② 这种权利实则是对公民生存权的法律化、制度化。生存权如果不转化成社会救助权，那么这种权利至多也只是一种应然的权利，或者说国家对于生存权的规定也仅仅是一种政策。抽象的生存权如果不表现为具体的社会救助权，那么生存权对于需要得到社会保障的人来说就只是一种虚幻的遥不可及的权利，只有当它与社会救助权结合在一起的时候才成为一种具体和切实的权利，确立社会救助权是兑现生存权最基本、最直接的方

---

① 参见卢梭：《论人类不平等的起源和基础》，李常山译，商务印书馆 1962 年版。

② 参见韩德培：《人权的理论与实践》，武汉大学出版社 1995 年版。

式。2003 年通过的《司法救助条例》第十条：公民对下列需要代理的事项，因经济困难没有委托代理人的，可以向司法救助机构申请司法救助：包括：(1) 依法请求国家赔偿的；(2) 请求给予社会保险待遇或者最低生活保障待遇的；(3) 请求发给抚恤金、救济金的；(4) 请求给付赡养费、抚养费、扶养费的；(5) 请求支付劳动报酬的；(6) 主张因见义勇为行为产生的民事权益的。这些都是具体化的社会救助权。

可见，社会救助权是生存权的法律化、制度化、具体化。总的来说，这样的转化具有两方面的意义：一方面，社会救助权明确了抽象的生存权。社会救助权包含直接物质救助的同时，还包含了法律层面上的扶助，司法救助通过确保公民平等地享有法律救济途径以维护弱者的生存权。只有存在公民对生存权的诉求，才会出现国家通过司法救助的方式来保障公民的此项权利。可以说，司法救助具有对公民最基本权利的保障功能。"民富"目标的提出，是促进社会公平正义，缩小贫富、区域差距，提高国家发展质量的战略性转变，意味着我们国家对人权保障提出了更高的要求，作出了更庄严的承诺。

第二节　对弱势者实施司法救助是"民富"目标的重要内容

中国正处在社会转型与体制转轨，机遇与风险并存的社会高风险期，加上各种自然灾害与人为事故纠结在一起，在社会急速变化的过程中，各类公共危机问题被迅速地集中和放大，蕴含着不可忽视的各类风险。工人下岗失业、农民失地或是土地收益锐减、贫富差距拉大等社会现象催生了一个又一个庞大的"弱势群体"。他们的经济承受力相对较弱、生存压力相对较大，是社会稳定结构中的薄弱环节。弱势群体的切身利益问题得不到及时有效地解决，极易引起社会动荡。社会心理学的归因理论认为，个体在挫折之后的心理和行为反应主要取决于其对导致自身失败的原因的认定。在同一社会中，当社会成员的付出与收获多数成正比时，失败者便容易理性地将原因归结为自身；但当其付出与收获多数成反比时，或社会对其可能的成功附加了诸多限制，那么，"那些即使尽了最大努力仍未成功的个体便会将怨气归结于社会，并会产生越轨性心理或行为"①，严重威胁社会安全，这些问题一旦被国内外反动势力借题发挥或加以利用，必然成为国家安全的巨大隐患；即使是尚未暴露的社会风险，也极有可能与已经发生的矛盾纠纷双重叠加，演化为更为激烈的矛盾冲突，构成对社会稳定的巨大威胁。2012 年 12 月 4 日，汕头市潮南区陈店镇新溪西村一内衣厂一犯罪嫌疑人刘双云因老板欠薪 3000 元故意纵火发生造成 14 人死亡、1 人重伤的重大恶性案件。事发前一天刘双云曾两赴当地劳动部门请求帮助，新溪西村村委也曾出面协调但未果，原因是老板给村委会的人塞了中华烟。

在贫富差距越拉越大的社会里，社会弱势群体亲身经历着社会不公，亲身感受着生存危机，心理承受力最为脆弱。当他们无法负荷生活的压力时，原本很小的刺激都有可能成为引发他们采取过激举动来宣泄不满情绪的导火索。如果这类人长期处于难以获得救济的状态，生存压力便会不断刺激他们对参与社会财富重新分配的强烈渴望，当这种愿望难以实现时，他们就可能采取非正当手段或过激行为来达到目的。于建嵘教授则提出了"以法抗争"的解释框架，这种抗争是以具有明确政治信仰的农民利益代言人为核心，通过多种方式建立稳定的社会动员网络，抗争者以其他农民为诉求对象，他们认为解决问题的主体是以他们为主导的农民群体，抗争者直接以县乡政府为抗争对象，是一种意在宣示和确立农民群体抽象的"合法权益"或"公民权利"的政治性抗争。②

要构建和谐社会，营造和维系一个稳定的社会环境，必须有健全和完善的法律体系正常运转，必须是人人都能自觉遵守的社会规则，同时人人都能够平等的享受到维权救济，这就是司法救助对社会稳定的最佳切入点。2007 年下半年至今，全球上演了一场国际金融危机，这场危机在给中国经济建设带来巨大冲击的同时，也严重威胁着社会的安全稳定。司法部司法救助司此间提出要"以维护社会和谐稳定为第一要务开展司法救助工作"，即以司法救助的及时深入开展着力保障通过法律手段能够保障的困难群众（尤

①　参见李舒望：《论社会弱势群体、社会稳定与社会救助》，《理论导刊》2004 年第 10 期。
②　参见于建嵘：《当前农民维权活动的一个解释框架》，《社会学研究》2004 年第 2 期。

其是被欠薪外来务工人员群体）的合法权益，使司法救助在解决社会矛盾纠纷、保障社会和谐稳定方面的作用得以充分发挥，已经充分说明了司法救助有能力发挥举足轻重的维稳作用。

当弱势者要维护自身权益而又限于经济窘境时，国家对应地建立对无力支付法律服务费用的公民的司法救济保障制度即司法救助制度，并且能够向他们提供及时、充分、有始有终地提供司法救助时，在社会弱者与政府之间架起一道"连心桥"，2002 年至 2011 年，全国法律救助取得了可喜的成绩，表示如下：

表 10-1　2002 年至 2011 年十年间全国法律救助数据

项目	单位	2002 年	2003 年	2004 年	2005 年	2006 年	2007 年	2008 年	2009 年	2010 年	2011 年
法律救助机构	个	2218	2774	3023	3129	3149	3259	3268	3274	3575	3672
工作人员	个	8285	9457	10458	11377	1238	12519	12778	13081	13830	14150
法律专业	个	6537	7643	8468	7419	8032	9971	10250	10337	10939	10888
案件批准总数	件	135749	166433	190187	253665	318514	420104	546859	641065	727401	844624
民事案件	件	65791	95063	108323	147688	204945	297388	418419	515414	610198	726826
刑事案件	件	60693	67807	78602	103485	110961	118946	124217	121870	112264	113717
行政案件	件	3291	3573	3262	2492	2608	3770	4223	3781	4939	4081
受援人总数	人	286616	293715	294138	439965	540162	524547	670821	736544	820608	946690
残疾人	人	30484	29899	27950	32897	37941	40339	50075	51805	54302	54039
老年人	人	38821	38584	39797	53259	60198	57546	69556	76027	95026	102206
未成年人	人	37664	45981	54421	66667	83131	87830	98053	94853	87530	89132
女性	人	56250	64518	57289	76257	94712	117932	164474	191937	195620	223369
一般贫困者	人	85174	105762	896370	128172	158775	—	—	—	—	—
咨询	次	1231571	1936675	1919440	2663458	3193801	4069972	4322329	4849849	4874083	5334383

项目	单位	2002 年	2003 年	2004 年	2005 年	2006 年	2007 年	2008 年	2009 年	2010 年	2011 年
法律救助经费收入	万元	8444	16457	24577	28052	37030	52533	68350	75760	102290	127718
财政拨款	万元	7805	15212	21713	26221	33479	51671	67048	74875	100823	126187
办案支出	万元	—	4663	6323	8987	13236	16638	21074	23984	29282	37116

资料来源：中国法律救助网。

　　在缓解社会弱者的情绪和矛盾方面增设一道"安全阀"，才能使他们确立可以从国家和政府获得保障的心理预期，才能引导他们以"非暴力合作"的形式捍卫自己的权益，从而从源头上杜绝部分本不该直接流入社会造成社会不安全的事件的发生，缓解社会矛盾，切实起到社会安全保障的作用。

第三节　司法救助还有极大的努力空间

　　中国不断的加大司法救助财政支持力度，中央和大部分省级地方设立了司法救助专项经费，支持贫困地区开展司法救助工作，2010 年，中央补助地方司法救助办案专款从 6000 万元增至 1 亿元，中央专项彩票公益金司法救助项目资金为 5 千万元，全国司法救助经费总额达到 10.06 亿元，同比增长 32.8%，司法救助经费保障水平不断提高，司法救助机构服务设施不断改善，司法救助工作整体水平不断提升。2010 年，全国司法救助机构共组织办理司法救助案件 726763 件，同比增长 13.4%。其中，外来务工人员司法救助案件 269920 件，同比增长 14.9%；受援人总数达到 819953 人次，同比增长 11.3%，司法救助工作在服务保障和改善民生、促进社会公平正义、维护社会和谐稳定方面发挥了积极作用。[①] 截至 2010 年 9 月 30 日，2.5 万人次受益中央专项彩票公益金司法救助项目，办理扩大领域和降低门槛的案

---

① 崔清新：《去年共办 70 多万件法律援助案件　近四成为外来务工人员办理》，新华网，2012 年 2 月 14 日。

件占案件总数的 80% 以上，为受援困难群众挽回直接经济损失或取得经济利益超过 5 亿元，受援人满意度高达 98%。① 中国的司法救助服务在不同的社会场景取得了一定的成绩，但同时，司法救助工作所面临的困境、存在的不足，以维护社会和谐稳定为第一责任开展司法救助工作，还需要付出极大的努力：

一、司法救助供需不平衡的矛盾仍将长期存在

司法救助是维护困难群众合法权益、保障社会公平正义的一项重要法律制度，是中国特色社会主义司法制度的重要组成部分，在促进司法公正、服务经济社会发展和促进社会和谐稳定中具有重要作用。中国现行的司法救助政府拨款机制，是由主管司法救助的司法行政部门向同级财政部门申请拨款，司法救助经费的多寡直接取决于当地经济发展水平和财政收入状况，因此各地司法救助经费的保障程度存在不小差异。2005 年，中央财政开始下拨中央补助地方司法救助办案专款，至 2009 年，有 19 个省（区、市）建立了省级财政司法救助专项资金，初步建立了中央、省级财政对贫困地区司法救助经费转移支付制度；社会筹资渠道不断拓宽，中国司法救助基金会和地方司法救助基金会积极筹措资金，扶持了贫困地区司法救助工作。

2004 年以来，司法救助财政拨款年均增长 30% 左右，2008 年，全国财政拨款达到 6.7 亿元。② 中国正处于各种风险的频发期，给社会保障与社会稳定带来的影响不断加深，政府社会管理的难度也在不断扩大。长期在外的外来务工人员，他们从事的大多数是城市职工不愿干的脏、累、苦、险工作，拖欠、克扣工资、工伤事故和职业病得不到及时治疗、长期超时工作不支付报酬、违法解除合同不支付补偿等案件时有发生。相对需要司法救助的案件呈递增态势，经费的相对短缺极大地制约了司法救助的社会供给量，通过司法救助工作的一些案件推进缓慢。总体可以归结为司法救助的立法层次较低，体系不统一、不完备，与法治中国建设的要求不适应。

---

① 参见任东杰、李娜：《2.5 万人次受益中央专项彩票公益金法律援助项目　受援人满意度达 98%》，《法制日报》2010 年 10 月 14 日。

② 吴爱英：《在第五次全国司法援助工作会议上的讲话》，http：//huilin.myttc.cn/n/20090702/164307_1.html。

二、司法救助覆盖面需要进一步扩大

要建立健全社会保障制度，必须不断扩大社会保障的覆盖面，进一步放宽救助条件，建立完善的对贫困居民的救助制度。根据 2003 年《司法救助条例》对受援对象范围的规定，当时中国的司法救助覆盖面仅能达到总人口的 2%—3%，该《司法救助条例》的不足在于：一是民事、行政司法救助的案件范围过于狭窄，《司法救助条例》规定的六项民事行政代理事项，仅是此类法律事务中很小的一部分，大量需要司法救助的民事行政案件当事人不符合受援的条件，如近年来时有发生的老年人被侵占房屋的案件，虽然当事人有可能符合经济困难标准，但由于这类案件不在司法救助案件范围之列，致使老年人得不到司法救助，限制了司法救助保障功能的发挥。二是中国《司法救助条例》对司法救助经济困难标准做的是原则性和抽象性的规定，即"公民经济困难的标准，由省、自治区、直辖市人民政府根据本行政区域经济发展状况及司法救助事业的需要规定"。目前，中国各地通行的做法基本上是以当地政府的最低生活保障线（或上浮一定比例）为标准，来认定司法救助申请人是否属于经济困难情况，这种参照方式使符合受援条件公民的比例偏低。三是根据规定，只有可能被判处死刑、盲、聋、哑的人或未成年人等少数情况下的刑事被告人具有"应当"即必须获得司法救助的权利，那么，就有相当一部分有可能被判处监禁乃至无期徒刑的刑事被告人，无法获得律师辩护，这事实上有违于联合国《公民权利和政治权利国际公约》关于为所有可能判处监禁的刑事被告人提供司法救助的有关规定，无形地缩小了司法救助的保障范围。

当今，群体性和敏感性案件、司法救助舆情分析、司法救助介入信访工作、司法救助便民工作、刑事被害人司法救助制度等，使司法救助的覆盖面在不断扩大，土地征用、房屋拆迁等引发的社会矛盾日益尖锐，农村地区各种刑事案件有增无减，需要提供司法救助的案件在不断增多，对财政提供司法救助的基金需求也会越来越多。

三、司法救助的服务质量有待提高

目前，各地司法救助案件的服务质量总体来说低于有偿案件的服务质量，司法救助的案件效果不尽如人意：一是司法救助机构缺乏有效地监督制约机制。办案质量的好坏取决于律师个人的自觉程度和职业道德，司法救助机构作为主持司法救助工作的主要部门，与接案律师事务所之间没有行政管理关系、对办案的社会律师也没有失职处罚权，对律师办案难以进行有效的监督、管理，使得律师办案多处于粗放的状态。二是律师办案缺乏可靠的资金保障机制。目前实施司法救助的主要力量是社会律师，社会律师作为市场经济条件下理性的经济人，具有自利、理性、规则的特点，司法救助也必须首先尊重律师的合法权益。目前，全国个别地区仍执行较低的司法救助办案补贴标准，在一定程度上影响了当地律师办理司法救助案件的积极性，也就间接影响了那个地区司法救助案件的服务质量。另外，在一些执行中等补贴标准的地区，律师办理司法救助案件是按照每一类型案件给予一定数额的标准发放补贴，如果遇到需要异地调查取证、案情较为复杂的案件，实际发生的费用可能要高于最后获得的办案补贴，这样就造成了一些律师自己贴钱办理司法救助案件的局面。法律服务人员办理外来务工人员的法律救助案件，阶段多，周期长，经济成本高，尤其是工伤案件，通常要经过工伤认定、伤残鉴定、劳动仲裁、一审、二审，花费时间至少要 1 年以上。缺乏物质支持的工作容易流于形式，在"政府请客，律师埋单"的司法救助案件中，律师难免在工作中抱着敷衍了事的心态，司法救助案件质量难以得到保证。尤其是在中西部等经济困难地区积极争取转移支付资金和投资补助，多渠道争取各类经费保障支持，才能提高司法救助的办案质量。

第四节　提升中国司法救助的深度与广度

中国司法救助制度正式确立以后，各级地方政府（尤其是省一级）在司法救助方面的制法行动全面推开，将司法救助工作列入地方政府的民心工程，司法部关于印发《律师和基层法律服务工作者开展法律救助工作暂行管理办法》的通知要求，律师和基层法律服务工作者每年要接受法律救助机构的指派，办理一定数量的法律救助案件。承办法律救助案件的年度工作量，由省、自治区、直辖市司法行政机关根据当地法律救助的需求量、律师和基层法律服务工作者的数量及分布等实际情况确定。与西方先进国家相比，中国司法救助不论是在法的位阶上还是内容上都还存在着一定的差距，需要大力提升司法救助的深度和广度。

一、明确以国家为责任主体，大力鼓励社会力量参与

司法救助的义务承担者是国家，随着当地经济发展、财政收入的增加和困难群众司法救助需求的增长，逐步扩大在财政预算中的比例。但是仅仅依靠国家向贫弱者提供法律救助已远不能满足现实所需。"主体多元化的司法救助制度不排斥独立的社会组织和法律工作者的救助活动，不仅体现了国家在整个司法救助活动中的主导作用，同时也调动了各种社会力量，既有利于节约人力、财力，又形成了广泛的司法救助社会基础。"中国《司法救助条例》第七条明确规定："国家鼓励社会对司法救助活动提供捐助。"第八条也规定："国家支持和鼓励社会团体、事业单位等社会组织利用自身资源为经济困难的公民提供司法救助。"

为了真正减少政府的社会管理成本、提高行政机器的运作效率，必须培育和发展非营利组织来承接政府的部分职能，才能使政府更有效地提供社会公共服务、维护市场与社会秩序。[①] 如珠三角专门为外来工维权的 NGO 已达十多个，他们主要致力于为珠三角数千万民工处理欠薪、工伤等劳资纠纷。如"番禺打工族服务部"确立了"研究广东省外来工权益状况，为贫困外来工提供法律救助，提高外来工法律意识，推动与促进外来工权益保障事业的发展"为基本宗旨，开展了探访工伤者、提供法律救助、进行职业安全与健康教育、免费诉讼代理等行动。[②] 经过近十年的发展，非政府组织已经成为中国多层次社会保障体系中作用突出、不可或缺的主体之一，比如在社会救助领域，除了以国家为责任主体的政府救助之外，其他非政府组织以及社会成员之间开展的非政府社会救助也占据了相当比例。

北京大学、武汉大学、复旦大学等高校都成立了学生法律救助组织，高校专业队伍的介入，能从一定程度上弥补社会律师不足的缺口，能为志愿为司法救助贡献力量的有志者提供平台，保障司法救助事业积极健康发展。

① 吴四江：《中国刑事司法援助制度的规范化》，《江西社会科学》2002 年第 4 期。
② 林毓铭：《低工资徘徊、工业伤害与"民工荒"的综合思考》，《市场与人口分析》2005 年第 5 期。

从近几年的实践来看，高校中以诊所形式开展的司法救助工作，呈现出法律资源丰富、运行机制灵活、工作态度亲民的特点，受到了社会各界的广泛关注，已经成为中国司法救助主要是民间司法救助的一支重要力量。但高校法律救助组织均有待进一步引导规范，应在法律救助中心登记，并接受法律救助中心的指导监管。从社会的认可度来看，高校法学院相比起政府机构居于更明显的中立地位，经办案件的学生相比社会律师具备更强烈的社会责任感，法律诊所容易使受援群众产生信任感，在为群众提供法律咨询服务方面更有优势。

二、制定科学的受援标准，扩大受援覆盖面

国际社会把司法救助覆盖面作为衡量一个国家（地区）司法救助制度发达程度的重要标尺。司法救助覆盖面越广，能受惠的群众就越多，能获得司法救助保障的人群就越大。只有科学地确定受援标准，将应当获得救助的对象都概括在受援范围之内，司法救助的覆盖面才足够广，其保障作用才可能发挥到位。随着社会事务复杂程度日益加深以及困难群众法律需求日益增多，对于可以获得司法救助的案件类型也应当适当增加。中国《司法救助条例》仅规定公民在工伤、赡养、请求国家赔偿和请求依法发给救济金、抚恤金，请求支付赡养费、抚养费、扶养费，请求支付劳动报酬，主张因见义勇为行为产生的民事权益等这几个方面才可以请求司法救助，但在实际生活中，困难群众凡遇到涉及生存权益、生命安全、身体健康、居住保障等各类权益保障的案件都存在获得司法救助的实际需求。目前，中国有不少省市已经开始增加司法救助案件的类型，交通、医疗、产品质量等事故或其他人身伤害事故所引发索赔案件，涉及虐待、遗弃和暴力干涉婚姻自由的维权案件等等也被列入到司法救助的范围。

三、健全和完善监督机制以保障救助效果

首先，应当把对司法救助工作成效的考核与党政领导干部政绩的考核进行挂钩。将司法救助的财政支付情况、工作开展情况总结到当地政府的年度政府工作报告之中，由该级人大、政协会议审议，切实把司法救助工作纳入到政府民生保障工作的重要方面，保证各地的司法救助工作始终得到各级

政府的高度重视。探索建立司法救助机构和人员惩戒机制，畅通投诉渠道，加大查处力度，严格责任追究。加强对司法救助经费管理使用情况的监督，严格管理中央专项彩票公益金司法救助项目资金，建立与纪检监察、审计等部门相互协调的工作机制，形成监督合力。

其次，同步强化内部自我管理和外部公众监督。一是对司法救助办案流程实施制度化、标准化的管理，将司法救助每个阶段、每个环节的工作内容、工作要求及工作目标进行细化，制定《司法救助案件指派规则》、《民事诉讼司法救助案件办案流程》、《刑事司法救助案件办案流程》等可以量化的业务标准，对各级司法救助机构从受理到办案再到结案整个过程进行规范。二是建立司法救助质量评估标准。通过服务提供人员的资格能力、办案时间、案件难易程度、办案工作情况、案件效果、受援人意见反馈等方面综合考量，对每一宗司法救助案件的质量作出科学评判。三是为司法救助机构成立专门的质量监管小组，主要招募有热情有能力参与司法救助工作的志愿者担任司法救助监督员，出庭旁听案件审理，定期向救助机构反馈施援情况。四是通过受援人的反馈监督司法救助人员的工作，如司法救助机构可以向受援人发放"案件质量评定卡"、"意见反馈卡"等，还可以组织案件回访，畅通受援人反馈意见或投诉的渠道。五是鼓励律师协会、公检法等部门及新闻媒体进行监督并坚持开展行风评议。

四、以受援人获得实际补偿为终极目标

在司法救助的实践中，注重的多是程序公平和形式正义，基本上以判决书的下达为结案的标准，受援人的实际获偿度因为一些客观的原因（主要是执行难）而被忽略，造成部分受援人获得了形式上的保障却没有得到实质上的保障（赔偿过少甚至拿不到赔偿）。因此，应当将提高获偿度作为实现司法救助保障功能的终极目标。

其一，建立司法救助财产保全担保备用金。在民事案件中，有的赔偿责任人为逃避赔偿责任，钻诉讼耗时的空子私下转移财产，最终导致判决难以执行。法律上为避免类似问题制定了财产保全担保的制度，即申请人向法院提供一定的财产担保后，法院可以冻结被申请人与申请赔偿金额相当的财产。由于受援对象多属经济困难，一般没有能力提供担保，假如司法救助机

构设立有财产保全担保备用金（这部分基金可以从前述的司法救助专项基金中分成而来），就可以帮助受援人提供担保，从而大大提高受援人的获偿可能性，更直接地保障他们的实体权益。

其二，将最终实际获偿作为结案标准。评价司法救助保障效果的标准应该有基本标准和最高标准之分，基本标准是有为受援人提供救助律师、有打赢官司的可能，而最高标准则是通过司法救助帮助受援人获得了实际赔偿并改善了生存状况。如果将最高标准定为司法救助的结案标准，司法救助工作的难度和压力势必大大增加，但同时将司法救助"一援到底"的后劲也会大大加强，这对实现司法救助的保障功能会起到极大的推动作用，更是司法救助保障民生、维护弱者权益、实现社会公平正义的最充分体现。

其三，建立司法救助救助基金。在司法救助案件的赔偿人确实没有赔付能力而受援人又急需赔偿金来摆脱生活窘困的情况下，当事人只能依靠救助机构代表国家给予救助。司法救助机构可以代受援人向有关社会保障机构申请救济金，也可以通过建立司法救助基金（这部分基金同样可以从前述的司法救助专项基金中分成而来），或是建立被害人国家补偿制度，向那些不符合申领救济金条件但却应该获得赔偿的受援人施以援手，帮助他们渡过难关，满足他们对获得社会保障的基本需求，也能从一定程度上缓解社会矛盾，维护和谐稳定，从而更好地发挥司法救助的保障作用。可借鉴欧洲国家的做法，推行诉讼保险制度，即公民个人预料到将来可能介入诉讼纠纷但还没有发生诉讼纠纷前，每月或每年预先支付一定数额的司法保险费用，一旦将来发生诉讼事项，便可通知保险公司，由保险公司代为支付包括聘请律师费在内的一切诉讼费用。在司法保险的法律关系中，保险公司成为法律救助资金的相对承担者。

第十一章　释散社会保障运行风险

改革开放三十多年来，中国社会保障制度在借鉴国外社会保险理论与社会保险制度实践经验的基础上，结合自身的国情，制定了一系列适合中国国情的社会保险政策与制度，目前运行状况良好。究其原因，最大的成功在于实现了养老与医疗保险制度的全覆盖。但是社会保障运行过程中也存在各种各样的社会矛盾和利益摩擦，各类社会问题也在不断侵袭着社会保障制度的健康运行，尽力释散社会保障制度运行风险，需要在体制与机制上完善改革。

第一节　明确中央与地方社会保障的
责任边界，消除利益隔阂

社会保障作为最贴近于公众的民生问题，地方政府具有相当的知情权与处置权，中央政府的调控不可替代。完成这个任务，需要的是一个有高度权威的中央政府和政令统一、令行禁止的行政体系。中央与地方政府利益相悖，地方政府就可能"上有政策，下有对策"，既阻碍了科学发展观的落实，也破坏了中央与地方关系的和谐。因此，坚持中央政府与地方政府在社会保障职能分工上的权责利对称原则、集中与分散管理相协调原则、法律规范原则，才能克服地方本位主义，发挥中央与地方两个积极性。

在我国社会保障制度改革实践中，中央政府与地方政府的社会保障责任处于模糊状态，政府在社会保障中扮演的角色和目前政府的内部责任划分不清，影响到社会保障制度的运行与完善。"一是历史责任与现实责任划分不清；二是政府责任边界不明晰；三是中央政府与地方政府的责任未能明确。"[①] 以失地农民的养老保险为例，虽然国务院规定，被征地农民的社保费用从当地政府的安置补助费和被征地农民的土地补偿费中统一安排，不够的由政府从国有土地有偿使用收入中解决。但是地方政府有关部门认为国有土地有偿使用的收益不能用于被征地农民的社会保障制度，中央与地方政府意见的不一致使失地农民的保障费很难落实。可见，随着社会保障制度的动态调整，动态地适应性地划分中央与地方政府的社会保障责任是非常必要的。

在社会保障责任分工问题上，中央与地方的关系问题最需要调整的是中央与地方的财权和事务的关系。实现分税制后，从财权来看，地方政府的财政收入占整个财政收入的比重逐年下降，图示如下：

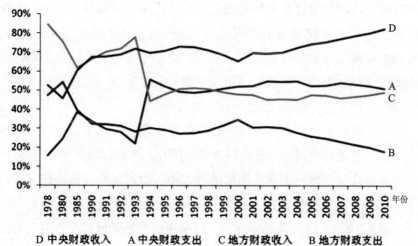

D 中央财政收入　　A 中央财政支出　　C 地方财政收入　　B 地方财政支出

图 11-1　中央和地方财政入和支出所占比例（1978—2010）

即 1994 年开始，中央财政收入稳定在五成以上，但中央财政支出总体却呈现出下降的趋势，中央获取了大量的财政盈余；而地方财政收入稳定在接近五成，但地方财政支出却总体呈现出了上升的趋势；地方政府存在的巨

---

① 参见郑功成主编：《社会保险学》，中国劳动社会保障出版社 2005 年版。

大的财政赤字（上图）。从 2010 年的情况来看，中央和地方财政收入占比分别为 51.1% 和 48.9%，但中央财政支出仅为 17.8%，而地方政府财政支出却高达 82.2%。地方政府的财权与事权并不匹配。① 财政部财科所副所长白景明否认了这种观点：他认为：中央占比在 50%—55% 之间徘徊，一般是 52%、53%。所以从数据来看，说中央拿了大头，这种说法并不成立。② 但近几年来地方政府巨额的债务却无从解释。在处置社会保障财政补贴问题上，中央财政起着关键的作用，而地方政府的补贴则是较为有限，尤其是不发达地区，财源紧张或缺乏，这样势必会削弱地方政府对社会保障的责任意识，形成对中央政府的依赖。市场经济国家养老保险大多属于中央事务，而我国却由地方政府管理，散见于两千多个统筹单位。但实际执行中，中央政府又承担了大部分支出责任等。财权与事权不统一，势必会造成养老保险统筹外项目进入社会统筹的问题；外来务工人员转移个人账户遭遇地方保护政策的困扰，外来务工人员退保曾一度成为地方政府提款机等问题在一定程度上就是这种势态之使然，即使是外来务工人员个人账户可转续之后，国务院规定的相对应的外来务工人员统筹账户基金可划拨 12% 到新统筹地区的工作也并不顺利，影响了地方政府之间的关系，不利于发挥中央与地方两个积极性，出现"企业依赖政府，地方依赖中央"的局面。

在建设社会主义新农村方面，完善农村新型合作医疗制度是一项重要内容，中央财政对中西部、农村的医疗保障投入不断加大。2005 年至 2011 年，中央财政对全国三项居民医保的投入中，中西部所占比重保持在 80% 以上，其中对新农合的补助由 2005 年的 5.42 亿元增加到 2011 年的 801.77 亿元，增长 146.93 倍。2005 年以来，国家连续大幅调增新农合财政补助水平，各级财政对新农合的补助标准从 2005 年的每人每年 20 元增加至 2011 年的 200 元。③ 同时将中西部农业人口占多数的市辖区和东部部分省份困难地区的县（市）纳入中央财政补助范围。到 2012 年，中央与地方政府对新

---

① 参见李仙德：《地方财政过度依赖房地产业　分税制或是症结所在》，财经网，2012 年 11 月 15 日。

② 参见《分税制运行良好　不存在中央拿大头》，《第一财经日报》2013 年 1 月 4 日。

③ 参见《全国社会保障资金审计结果（审计署审计结果公告 2012 年第 34 号）》。

农合和新农保的财政补贴增量一直在持续。就地方政府也要相应提高补助标准这句话而言，中央政府请客，地方政府相应付账与目前中央财政相对宽松、地方财政尤其是县乡级财政极为困难的财政体制是不相称的。地方政府财权与事权并不相匹配，地方政府在公共安全、教育、社会保障和就业、医疗卫生、交通运输等项目上支出庞大，财政吃紧，加大了地方政府对房地产业的依赖性。

2011 年，审计署对地方政府性债务全面审计发现，截至 2010 年年底，除 54 个县级政府没有政府性债务外，全国省、市、县三级地方政府性债务余额共 107174.91 亿元。2012 年有 16 个地区债务率超过 100%。其中，有 9 个省会城市本级政府负有偿还责任的债务率超过 100%，最高的达 188.95%，如加上政府负有担保责任的债务，债务率最高的达 219.57%。不仅如此，14 个省会城市本级政府负有偿还责任的债务已逾期 181.70 亿元，其中 2 个省会城市本级逾期债务率超过 10%，最高的为 16.36%。[①] 据资料显示，2012 年全国地方政府债务达到 18 万亿元。鉴于希腊债务危机美国底特律 180 多亿美元的长期债务和数十亿美元的短期债务向法院申请地方政府破产的教训，专家发出定海神针，由于养老保险的财政兜底机制，中国地方政府债务不会直接影响养老金发放。

全国社保基金理事会副理事长王忠民指出：养老面临着昨天的欠缴、今天的结存和今天的补贴及明天来势凶猛的养老需求之间的重组。现在新农保对养老年支付额的保障不足 100 元，如果将几亿农村人口的养老问题提到议事日程上，那么每年约达几千块。现在每年财政补贴养老 2000 亿，而年累计额结余是 2 万亿。目前 1 万亿的社保基金还太小，没有 10 万亿不足以满足未来年补贴额的需求。[②] 对农村新型合作医疗保险制度公共服务的许多具体事务还要落实县乡两级政府头上，而县乡普遍的财政困难在很多地方已转化成数额巨大的隐性债务，除了难以实施"地方财政也相应提高补助标准"之责外，一般的对农村合作医疗保险制度之类的公共事务支出都可能发生困难。因此，地方财政增加的合作医疗补助经费，主要由省级财政承担，在原

---

① 参见赵鹏：《审计署开查政府性债务　专家：地方债务不影响养老》，《京华时报》2013 年 7 月 29 日。

② 参见李蕾、金彧：《社保基金需扩至十万亿解决养老问题》，《新京报》2013 年 3 月 1 日。

则上不由省、市、县按比例平均分摊①是理智的选择。

郑功成指出：在化解养老保险制度转型产生的历史责任和隐性债务方面，各方面主体特别是政府的责任边界模糊不清，影响了制度健康发展。②社会保障的事权与财权若不统一，牵涉到中央政府与地方政府对于社会保障的责任划分问题模糊，从转移支付而言，中央对地方的转移支付力度一直在不断加大，如2005年中央对地方的转移支付达到了7330亿元，相当于1994年的14.7倍，年均增长28%。其中财力性的转移支付是3813亿元，专项转移支付是3517亿元，分别是1994年的27.8倍和9.7倍。③转移支付中包括一部分中央对地方社会保障的补贴支出在内，从近几年中央与地方对社会保障补贴的统计资料看，中央财政在社会保障补贴上担负着主体责任。之前比较流行的所谓的"事权要与财权统一"，这是"一个错误的概念"。④由于我国人口老化程度、社会保障财力的提供、社会保障分配结构、社会保障基金征收、劳动力人口流动等均存在不对称的问题，需要中央对地方财政社会保障的承受能力不足及缺口予以弥补。2006年3月1日开始实施的《农村五保供养工作条例》，将农村最困难的群众纳入了公共财政的保障范围，实现了五保户供养从农民集体内部的互助共济体制向国家财政供养为主的现代社会保障体制的历史性转变。这是中央较大程度上集中财源带来的体制优势。中央财政的主角地位、地方财政的配角地位以维系社会保障的相对均衡发展符合中国的现有国情，维系这种责任边界也无可厚非。

为了发挥地方在社会保障事务中的责任，实施社会保障的事权与财权的相对统一还是必要的，社会保障的快速发展，人民群众利益诉求的明朗化，要求社会保障行政管理体制改革尽快推进。这就需要按照责任范围等原则对政府间的职能划分作出界定，对地方受保障人员界定进行相应的调整，

---

① 参见马晓华：《七部门联手推进农村合作医疗　2010年实现普及》，《第一财经日报》2006年1月20日。

② 参见张怡恬：《制度改革遗留问题不容忽视》，《人民日报》2013年7月21日。

③ 参见孙雷：《楼继伟对话林毅夫　求解第二次财政体制改革之道》，《二十一世纪报道》2006年3月21日。

④ 孙雷：《楼继伟对话林毅夫　求解第二次财政体制改革之道》，《二十一世纪报道》2006年3月21日。

相应的保障机制都要调整和完善。

第一，中央与地方政府的责任划分应体现各级政府的任务要求与把握政府内部的关系，政府行为目标的分解、相应的政府社会保障职能及效率问题要在中央与地方政府应担负的责任加以明确划分，增强地方政府社会保障责任的内动力。养老保险全国统筹不是省级统筹的简单过渡，而是要进一步完善中央与地方的财政责任分担机制，谨防中央财政把本应由自己履行的责任交由地方政府履行的"中央请客、地方买单"模式，也要防止地方政府矛盾上交、千方百计逃避社会保障责任的依赖症。

第二，我国从 1994 年后实施的是划分事权、财权的分税分级财政体制，分税制改革后社会保障的供款责任理应由中央与地方按事权与财权相统一的原则共同分担，但由于中国现行政府预算支出科目中主要是按经费性质进行分类的，把各项支出划分为行政费、事业费等。这种分类方法混淆了政府所经办的具体事务，政府包括社会保障支出等重点支出都分散在各类科目之中，形不成一个完整的概念，不透明、不清晰，由于中央与地方政府之间的财政责任不明确、责权与事权不对称。在时间段上，有时中央对社会保障的供款负担过重，地方政府负担较轻甚至没有负担，且随意性较强。如在对国有企业下岗职工基本生活费供给中规定的"三三制"供款原则，实际上中央财政担负了主责。2005 年，全国财政就业和社会保障支出 3649.27 亿元，增长 17.1%。其中，中央财政社会保障支出 1623.59 亿元，比 2004 年增长 10%。2006 年，中央财政安排社会保障补助支出和就业再就业支出 1859.82 亿元，比 2005 年增加 236.23 亿元，增长 14.5%。[①] 中央财政与地方财政的社会保障负担不协调，以养老保险财政补贴为例，1998—2000 年，中央财政补贴为 12.4 亿元，地方财政补贴 490.4 亿元，而在 2001—2006 年，中央财政补贴达到 3049.9 亿元，而地方财政仅有 452.7 亿元。在 2007 至 2012 年，《劳动和社会保障事业统计公报》不再细分中央与地方财政各自的补贴支出，统计数据为中央与地方财政补贴（参见表 11-1）。

---

① 参见国家财政部：《关于 2005 年中央和地方预算执行情况与 2006 年中央和地方预算草案的报告》，2006 年 3 月 5 日。

表 11-1　2002—2012 年全国企业职工基本养老保险基金收支情况

单位：亿元

年份	2002	2003	2004	2005	2006	2007	2008	2009	2010	2011	2012
养老金总收入	2551.4	3044	3585	4312	6310	7834	9740	11491	13420	16895	20001
中央财政补贴收入	408.2	474.3	522	544	774						
地方财政补贴收入	—	55.7	92	107	197						
中央与地方财政补贴合计	408.2	530	614	651	971	1157	1437	1646	1954	2272	2648

资料来源：根据历年劳动和社会保障事业统计公报及其他资料整理。

　　在地方政府债务日渐扩大的情况下，仍要求进一步深化财政管理体制改革：一是要按照中央统一领导、充分发挥地方主动性和积极性的原则，进一步明确各级政府的支出责任。二是要合理调整和完善省以下财政管理体制，切实保障社会保障财务的可持续发展。

　　第三，中央政府和地方政府对于社会保障的责权一直划分不清，主要表现在以下两个方面：一是具有公共产品性质的社会统筹部分没有形成一个合理的层级分布，全国统筹和省级统筹的目标结构不明确，除养老保险项目之外，其他四个社会保障项目的社会统筹长期停滞在较低的市县级层次上。二是中央财政和地方财政的资金支持与事务管理责任划分没有完全相称，未能很好地体现出公共事务管理谁负责、谁出资的效率原则。[①] 按经济效益最大化原则确定中央与地方社会保障的责任，提高社会保障统筹层次，由省级统筹向全国统筹过渡，可以在全省或全国范围内调剂基金余缺，分散基金风险。在这种情况下，仍旧要完善中央与地方政府在社会保障级次管理上的责任分工。自然灾害的不可预见性与巨大的破坏性，需要中央财政把握更多的财源，由中央政府统筹安排、地方政府配合实施，并按照优势互补原则确定中央与地方承担的责任种类，通过中央与地方财政供给，维系基本的

---

① 参见李绍光：《中央政府和地方政府的责权划分》，《经济社会体制比较》2006 年第 3 期。

社会公平底线。

第二节 合理处置社会保障领域中政府与市场的关系

政府与市场是两种基本的制度安排，也是社会保障制度中两个重要的主体，随着社会保障制度改革的不断深化，势必导致社会保障中政府与市场作用的不断调整，政府与市场的组合关系如何，会直接影响到社会保障的运行效率，寻求政府与市场的均衡机制，明确政府的责任，是新时期社会保障建设的重要使命。

一、政府与市场选择的决定因素

制度安排是约束经济行为主体的一种交易规则，政府有"三只手"，即无为之手、扶持之手和掠夺之手（指政府的权力过大并没有受到制约）。市场是看不见的手，从社会保障领域的交易对象看，政府提供社会保障这一公共产品，具有外在性、共享性、垄断性。一些社会组织也参与社会保障公共产品的生产或管理，如私营机构利用它们的基础设施和经验，用更低的成本管理社会保障基金，参与老龄化产业投资等。前者由政府组织形式来进行，而后者由市场组织形式来进行；从交易方式看，政府通过强制性方式实现社会保障资源配置，市场则通过当事人之间进行的自愿交易进行资源配置；从交易目标看，政府是一种基于社会福利目标的公共选择的制度安排，而市场则是一种基于私人利益目标进行的自主选择的制度安排。以科斯为首的新制度经济学派，以"交易费用"为基本分析工具，把政府与市场看作是两种可以相互替代的资源配置方和具体的制度安排，从而在理论上很好地回答了两者的性质、规模、优劣和边界及其动态演进规律。[①]

由于社会保障特殊的社会功能，各国政府都不同程度地介入到社会保障领域。对全社会而言，社会保障可以促进公共安全，并为经济的发展提供良好的外部环境。但是，公共选择学派以市场经济条件下政府行为的限度或

---

① 参见陈振明主编：《公共管理学》，中国人民大学出版社 2000 年版。

局限以及政府失败问题为研究重点，运用经济学分析工具证明了市场的缺陷并不是把问题交给政府处理的充分理由，① 从而证实政府的社会保障职能不是无度的。如果完全由政府来经营和管理社会保障，通过行政命令分配和调节社会保障资源，则必然排斥市场主体进行生产和交易的灵活性，带来交易成本的增加和效率的低下。理智的选择不是追求完善的政府干预或是完善的市场机制，只能是在两者都不可能尽善尽美的环境之间建构一种有效的协调机制，在不断试错的选择中，寻求政府与市场的有效结合点，以保证社会保障有条不紊地向前发展。

二、社会保障领域中影响政府与市场选择的相关因素

（一）经济增长与经济发展水平对社会保障的影响

对经济增长与经济发展两个概念，雷诺兹（Reynolds.L.G）、赫立克（Herrick.B.）、金德尔伯格（Kindleberger.G.P）、波金斯（Perkins.D.H.）、哈根（Hagen.E.E.）等人均有描述，经济增长与经济发展有所区别：经济增长仅指一国或一地区在一定时期内包括产品和劳务在内产出的增长；经济发展则意味着随着产出的增长而出现的经济、社会和政治结构的变化，这些变化包括投入结构、产出结构、产业比重、分配状态、消费模式、社会福利、文教卫生、群众参与等内在的变化。② 经济增长是社会保障发展的基础要件，没有经济增长就不可能有社会保障的发展。经济发展包含社会保障在内，如果一味追求 GDP 的增长，而不顾及所付出的社会成本与人民福利的增加，就会出现"无发展的增长"。经济增长会带来国民收入的提高，但在注重经济发展的同时，注意其中心意义是社会和个人福利的增进。根据马斯洛的需求层次理论，个人对社会保障的需求层次也在不断地提高。我国小康社会建设与和谐社会建设进程中，社会保障的内涵也会有所发展。从保障公民基本生存权利发展到维系公民基本生存权利的同时维护个人的全面发展权，一方面要求政府加大社会保障的投入，提供社会福利增量；另一方面在国民收入分配不平等程度加剧的同时，利用政府在社

---

① 参见［美］詹姆斯·M.布坎南：《自由、市场和国家》，北京经济学院出版社 1988 年版。

② 谭崇台主编：《发展经济学》，山西经济出版社 2000 年版。

会保障调控中的再分配职能，注重社会公平，调整社会保障支出结构与社会保障资源配置，发挥政府在社会保障可持续发展中更大的效用。然而，中国社科院发布的 2012 年《社会保障绿皮书》的调查报告显示：2012 年，社会保障收入使全国居民收入差距下降了 4 个基尼点，其中使城镇居民收入差距下降了 7 个基尼点，使农村居民收入差距下降了 1 个基尼点。不过，由于城乡居民社会保障收入差距较大，社会保障在一定程度上对城乡收入差距产生了"逆调节"作用。比如，城乡居民养老待遇差距，住房公积金、企业年金、职工养老以及医疗保险个人账户差距，均在一定程度上扩大了城乡人均收入差距。其中，社会保障收入转移使城乡收入比由原来的 1.85 倍增长到了 2.28 倍。①

2013 年，中国经济可能遭遇典型的经济周期中的衰退期和资产负债失衡型的经济衰退的双重衰退期。人口红利消失，养老与医疗问题、税负沉重等问题，这对中国经济增长将产生巨大的负面影响，中国经济的种种迹象表明，中国债务危机正在酝酿或正在爆发之中。因为民间高利贷正在崩盘，等来的将是企业债务链的崩裂和地方政府严重的债务危机的困扰。在未来的经济危机与社会形态下，中国社会保障的可持续发展必然遭遇发展困境，在社会保障的广覆盖的背景下，中国的维稳基金却大幅度上升，说明社会保障的社会稳定功能正在削弱。经济兴则社会保障兴，经济走向衰退尤其要坚持社会保障起步阶段的"三低"原则。

（二）市场发育水平与市场主体能力的影响

社会保障的某些市场化改革进程中，政府与市场的有机结合，避免了单方行为，政府通过代理、作业外包等方式，使政府的一些社会保障职能通过市场加以实施。这样，市场的发育水平与基础构件会影响政府社会保障职能的发挥。社会保障体系对劳动力供给、储蓄行为以及资本积累会造成影响和负面激励效应，其前提条件是要建立完善的市场体系和市场经营主体。在西方国家，市场发育较为成熟，私营企业创造了比公营社会保障机构更高的运营效率，市场能承受社会保障更多的社会职能。而在发展中国家，市场体制不完善，私营企业的经营水平有限，市场在社会保障中的作用受到限制。

---

① 定军：《报告称中国社保制度拉大城乡收入差距》，《21 世纪报道》2013 年 2 月 23 日。

资本市场是社会保障基金保值增值的重要载体，西方国家资本市场高度发达，高效有序，并有众多的适合社会保障基金投资的金融创新工具，保证了社会保障基金、企业年金、商业保险基金较高的收益率。而在发展中国家，资本市场的广度与深度、投资规模与投资工具都不能满足社会保障基金投资的需要。因此，在社会保障基金投资选择上，发展中国家采取了更谨慎的投资政策。以中国社会保障基金理事会的社会保障基金投资为例，扣除投资成本，投资收益尚不能够在弥补养老金不足方面有大的作为。

三、政府与市场在社会保障领域的有机结合

世界各国在社会保障领域政府与市场的结合都是相辅相成的，既要避免市场万能论倾向，又要提防国家万能论与政府高明论的极端，不存在万能的政府，也不存在万能的市场，要求在不完善的政府与不完善的市场之间进行权衡。2005年人们对医改的责难，一方面抱怨政府退位太快，另一方面责怪医疗保险过分的市场化。显而易见，单纯的政府行为与市场行为都不能取得良好的效果。社会保障管理要求根据经济合理化与成本最小化的原则，建立一种稳定与协调机制，建立多种资源组合方式：一是在社会保障领域建立健康的市场发育机制，真正发挥市场在社会保障领域的基础性配置功能；二是转换政府职能，培育公民社会，提高社会保障的行政效率与制度创新能力，矫正政府在社会保障领域中的错位、缺位与越位问题。

在西方国家治理福利病的过程中，最引人注目的是"福利多元主义"（welfare pluralism）思潮的兴起。福利多元主义一方面强调福利服务可由公共部门、营利组织、非营利组织、家庭与社区四个部门共同来负担，政府角色逐渐转变为福利服务的规范者、福利服务的购买者、物品管理与仲裁者，以及促使其他部门从事服务供给的角色；另一方面强调非营利组织的参与，以填补政府从福利领域后撤所遗留下的真空，抵挡市场势力的过度膨胀。同时，通过非营利组织来达到整合福利服务，促进福利的供给效率，迅速满足福利需求的变化等功能。福利多元主义的两个主要理念是分权与参与，所谓分权不仅只是政府将福利服务的行政权由中央政府转移给地方政府，同时也要从地方政府转移至社区，由公共部门转给私人部门。参与的实质是非政府组织可以参与福利服务的提供或规划，福利消费者也可以和福利提供者共同

参与决策。① 可见，以政府为主体，多管齐下的社会动员，可以最大程度的整合社会资源，如广东省委托全国社保基金理事会 1000 亿人民币进行市场化运行，就取得了较好的投资业绩，引入市场机制的目的是实施有效竞争，努力避免政府行为对市场本身正常运行的损害。

第三节　动态把握政府在社会保障职能中的角色定位

我国在"十六大"之后相继确立了建设全面小康社会与和谐社会的发展目标，提出了"以人为本"的科学发展观，这是政府履行社会保障职能的一个基本前提，同时要遵循社会经济的发展规律，合理地把握政府社会保障职能角色定位的切入点。

一、强化政府社会保障职能

市场经济有两大重要支柱：一是社会保障体系；二是信用体系。中国选择了社会主义市场经济的发展道路，在理论上和实践上要求把建立与完善社会保障体系作为市场经济一个重要的配套工程。数十年的计划经济，中国实施的是企业保障而不是社会保障，转型过程中政府介入社会保障就是一个"度"的把握问题。这里存在一个适度社会保障水平问题，即以某一国家或地区某一特定时期社会保障支出占该国或该地区 GDP 的百分比来衡量，适度社会保障水平要与社会保障的基本功能相适应，政府介入社会保障的深度则要服从于政府财政收入状况，财政收入增量一般与 GDP 增量成正比关系，扩大政府财政预算中社会保障支出的比重就是一个从财务上对政府介入社会保障的供给量的度量。适度社会保障水平的约束条件服从于社会保障需求水平与社会保障供给水平两大条件的制约。

按照现行社会保障运作基础及相关法规，社保基金主要来源于中央财政预算拨款、国有股减持收入和彩票公益金等几个方面，但实际上中央财政预算拨款的时间和额度并不固定。有时出于危机需要应急拨款，老龄化程度

① 参见林闽钢等：《走向全球化的中国社会保险制度改革》，中国商业出版社 2001 年版。

深化的同时财政补贴水涨船高。由于国内减持国有股筹集社保基金的办法停止执行，划转部分国有资产充实社会保障基金的工作至今未能再次进入实质性操作阶段。资金来源的不够稳定，延缓了基金规模的扩大，也难以合理配置资产而影响基金投资运营。因此，完善相关政策和法律环境，做大做强全国社保基金，已是当务之急。"十二五"期间，财政将进一步调整结构，严格控制和压缩一般性开支，增加就业和社会保障投入。同时按照我国全面建设小康社会与和谐社会的要求，进一步完善社会保障体系，对于政府介入社会保障也提出了特殊的要求，政府介入社会保障并实现递进战略的原则及任务为：

（一）负责社会保障转制成本的逐步清偿

长期的计划经济中，老年人口赡养率偏低，使得在转入市场经济体制之前政府忽视了社会保障基金的积累，面临社会保障体制改革与步入人口老龄化社会之后，社会保障负债逐渐加重，政府有责任通过各种方式逐步清偿理应由政府负担的社会保障历史负债，并对人口老龄化带来的高赡养率提高政府的支持力。如在日本，面对已经来临的白发浪潮，从2004年起的年金方案改革使企业负担减轻了，个人负担依照家庭结构的不同而有所区别，国家负担加重了，加重的部分主要通过提高消费税等方式解决。日本年金改革的特征就是通过国民所得再分配的办法，调整各个阶层之间的利益不均、负担不平衡的现象。利用国民所得再转移（分配）的手法，来调整在职者群体和高龄者群体的分配关系，从而使得年金制度健全化。

（二）实现社会保障高覆盖率目标

建立全面小康社会与和谐社会，一个最重要的基础目标是实现全面覆盖的社会保障制度，政府要围绕着这一基础目标实现政府的各种职能，以充分就业为支撑、以社会生产能力和生产社会化高度发达为条件，社会保障覆盖率成为政府实现社会保障递进战略重要的内容，成为2020年实现社会保障全民覆盖庄严的政治承诺。

（三）落实政府信用与承诺

其一，我国政府曾在世界卫生组织作出过实现全民保健的承诺：到2012年年底，我国所有城镇居民已基本实现制度内全覆盖；其二，以"八七"攻关计划为起点，政府作出了2010年基本消灭绝对贫困的目标；其三，对实现离退休人员同步享受社会经济发展成果实施每年一度的养老金调整计划；其四，2007 年全国农村义务教育阶段家庭经济困难的学生都能享受到免费教科书和住宿生活补助，2010 年在全国农村地区全部实行免费教育，2015 年在全国普遍实行免费义务教育。前两者已基本落实。

为此，政府在社会发展过程中要解决三大难题：一是谨防通货膨胀对未来退休者生活的影响，并利用有效的退休政策调节企业离退休人员与行政事业单位离退休人员的退休待遇的贫富差距问题；二是在消除绝对贫困的过程中，要努力避免城乡居民因病返贫、因病致贫的问题；三是要减轻农村贫困居民教育负担过重问题，进一步履行政府建设社会主义新农村的各种诺言。

二、政府社会保障职能的减负

西方国家在弱化政府部分社会保障职能方面走在了前列。在他们看来，福利国家已经变成高成本和日益恶化的经济运作的代各词，国家或行业要想适应更为严峻的经济状况，改革福利国家已成为当务之急。[①] 英国早在撒切尔夫人执政期间就大力减少政府的福利支出，实行有选择的社会保障制度改革，国家只照顾那些无力抚养的儿童和无法自理的老人，而企业、家庭应承担起大部分原先由国家承担的大部分社会保障费用。英国社会保障市场化、私有化的路径主要为：(1) 将一部分国有资产如住房、医院、学校出售给私人，以减少政府的福利补贴；(2) 将一些社会福利项目的出资和管理责任交由私人或社会营利组织，推动养老、保健与社会服务的发展；(3) 在削减国家福利的同时促使居民转向私人福利。美国社会保障具有典型的内在市场化与社会化倾向，政府社会保障组织权力下移，公司、社团及私人发挥了积极的作用，多种带有私字号的社会保障组织如各类社会福利保障的慈善机构、非营利性社会福利组织、各类基金会及宗教教会组织、工会组织、社区保障组织、家庭各类服务等均发挥了一定的作用。美国社会保障基金多渠道筹集，私营企业社会福利开支超过了政府的社会福利开支，私营养老金种类与

---

① 　参见 [英] 保罗·皮尔逊编：《福利制度的新政治学》，汪淳波、苗正民译，商务印书馆 2004 年版。

养老金储备不断增加。德国对社会保障制度进行适度改革和调整，采取的具体措施有：开辟就业领域，如社区服务等，使领取失业和社会救济金的人尽快就业；扩大投保人员范围，先是让所有就业人员承担保险义务，逐步过渡到全体公民。建立有期限的老年预备金，以解决 2015—2030 年间的人口老龄化问题；进行医疗改革，争取做到节约，提高医疗质量和降低费用，这些措施的目的就是减轻国家财政负担。

市场经济体制下的政府不可能是全能政府，也不可能在社会保障体系中担负无所不包的角色。政府弱化部分社会保障职能不等于政府在社会保障某些方面的全盘退出，转换政府社会保障职能也包括政府在社会保障的某些方面从主角地位向配角地位的转换。政府的一些社会保障职能通过治道变革与市场化的手段来消减政府社会保障的压力。政府社会保障职能的市场化主要包括养老保险私有化管理、社会保障事业的民营化管理、大力发展非政府组织等方面。

从西方国家社会保障改革的趋势看，政府责任随着市场化程度的提高而干预程度有所减弱，政府偿付责任也随之减弱，政府将主要精力放在社会保障中属于公共产品的服务领域，更加注意提高公共产品的效率。我国养老保险领域财政补贴迅速提高，政府的责任更加加强；医疗保险改革由于体制上的综合配套不足而仍陷深水区，市场化与商品化步伐迈得太快而使改革陷入困境；我国的经济适用房是政府提供土地、贷款、费税减免等优惠，由开发商建房，政府出资的那部分通过降低房价补贴给购房户。这样做的优点是政府可以减少运作成本，缺点是较难准确贯彻经济适用房的政策目标。但从整体看，住房社会保障制度改革使个人购房成为终生的一大奋斗目标，政府从住房福利化的传统体制中解脱了出来，大大降低了在转型期的人力资源成本；教育改革及其教育大众化，大大拉动了以教育为龙头的一系列产业链，大学教育缴费机制与资助机制同时启动，提高了教育公平与效率的可执行尺度。总体而言，政府在社会保障领域的治道变革，表现为更加注重经济效率与社会效率，注重社会公平，政府在社会保障相关领域的角色转换择机而动。

其一，政府在社会保障某些领域的职能弱化要充分检验市场与市场化的条件，充分考虑民众的诉求，在社会保障领域准确定位政府与市场的均衡机制，尤其是社会保障制度自身基金相对供求均衡机制与保障政府财政供给能力均衡机制的协调，从而明确政府在不同时期与不同条件下的政府责任。

其二，市场在社会保障领域中有效发挥作用的前提条件是要有完善的市场体系和市场经营主体，我国还不是成熟的市场经济国家，市场在社会保障中的作用有限。因此，确定政府的社会保障某些领域的退位问题要进行一定的改革实验，如在当前社区福利资源供应短缺的情况下，政府财政体制不能过早退出，社区公共事务与公共利益，还不能过多地采用市场机制来解决，政府有责任增进社区的经济资本，增进社会投资，承担社会福利补贴责任，有效干预福利服务市场，逐步实现社会福利社会化、私营化，以社区为平台，使社区发育成为一个内在自组织机制的区域社会，成为推动社会政策的重要的行为主体。

其三，在社会保障领域要努力实现政府与市场的有机结合，政府社会保障职能的部分市场化，一是要在社会保障领域健康地发育市场机制、如老龄化产业、社区服务、公立医院与非公立医院的协调机制等，真正发挥市场在对社会保障资源的基础性配置功能；二是顺利实现政府职能转换，政府介入或退出社会保障某些领域要确定合理的边界条件，避免政府不当行为对社会保障参与者利益的损害。

其四，公共选择理论没有沿袭政治市场社会福利的结果必然劣于传统市场这一观点，市场可以有效率也可以无效率，政府也是一样。在政府与市场同时失灵的情况下，政府部分社会保障职能的弱化要借助非政府组织的作用。NGO 可以发挥其独特的社会化功能：一是有效地提供公共物品，表现出很强的公益色彩与效率优势；二是 NGO 具有较强的社会参与性，通过广泛的社会动员，可以反映社会各方面的信息及代表广大民众的诉求，有利于政府政策设计的合理性；三是 NGO 以社会弱势群体或边缘性的社会群体为服务对象，整合民间社会资源，恰能在政府无暇顾及的方面发挥作用，增进社会福利与公共利益，促进社会公平。只有实现社会保障主体的多元化，才能达到政府、市场及公民社会共同治理社会保障的局面。

我国社会保障管理存在缺陷，由于人们身份角色的变换，多项社会保险制度的衔接存在问题，使参保人享有多项制度，截至 2011 年年底，

112.42 万人重复参加企业职工基本养老保险、新农保或城居保，1086.11 万人重复参加新农合、城镇居民或城镇职工基本医疗保险，造成财政多补贴 17.69 亿元，9.27 万人重复领取养老金 6845.29 万元，9.57 万人重复报销医疗费用 1.47 亿元；全国共有 240.40 万人跨省拥有两个以上企业职工基本养老保险个人账户，并在不同保障项目间存在相互串用问题，多项社会保障基金审计情况如下：

表 11-2　2011 年全国社会保障基金审计情况表

	重复保险	财政多补贴	不同保障项目间相互串用	骗取（套取）基金或向不符合条件的人发放基金
企业职工基本养老保险	110.18 万企业职工基本养老保险参保人员重复参加了该项保险或新型农村社会养老保险和城镇居民社会养老保险	5133.52 万元	55.95 亿元养老保险基金在不同保障项目间相互串用	骗取 100.07 万元
新型农村社会养老保险、城镇居民社会养老保险和城乡居民社会养老保险	全国有 2.24 万人重复参加新农保、城居保和城乡居保三项社会养老保险	289.57 万元	11257.33 万元养老保险基金在不同保障项目间相互串用	向 30.21 万名不符合条件的人员发放养老保险待遇 6179.60 万元
城镇职工基本医疗保险	538.47 万人重复参加新农合、城镇职工或城镇居民基本医疗保险	7.92 亿元	150.8 亿元城镇职工基本医疗保险基金在不同保障项目间相互串用	医疗机构套取基金 9472.28 万元
新型农村合作医疗和城镇居民基本医疗保险	547.64 万人在三项居民医保间重复参保	9.23 亿元	45810.28 万元医保基金在不同保障项目间相互串用	为不符合条件的人员报销三项居民医保费用 845.80 万元，涉及 39624 人次；医疗机构套取三项居民医保资金 1.92 亿元；医保经办机构个别工作人员利用职权或管理漏洞骗取居民医保基金 113.10 万元
失业保险			40.86 亿元失业保险基金在不同保障项目间相互串用	向 91864 名不符合失业保险条件的人员发放待遇 8893.80 万元

	重复保险	财政多补贴	不同保障项目间相互串用	骗取（套取）基金或向不符合条件的人发放基金
工伤保险			4.02 亿元工伤保险基金在不同保障项目间相互串用	向 983 名不符合工伤保险条件的人员发放待遇 168.35 万元；社保人员骗取工伤保险基金 4.56 万元
生育保险			1.68 亿元生育保险基金在不同保障项目间相互串用	向 307 名不符合生育保险条件的人员发放待遇 107.55 万元
城乡最低生活保障	2.21 万人重复享受城乡低保	2.78 亿元	3.72 亿元低保基金在不同保障项目间相互串用	向不符合条件人员发放低保待遇累计 323.06 万人次、13.82 亿元；民政部门工作人员及其他人员，利用管理漏洞，骗取、冒领城乡低保基金 11.79 万元
城乡医疗救助			10203.7 万元医疗救助基金在不同保障项目间相互串用	套取医疗救助基金，涉及金额 32.75 万元
农村五保供养			3024.74 万元五保供养基金在不同保障项目间相互串用	挪用五保供养基金，涉及金额 28.69 万元
社会福利			23.77 亿元社会福利基金在不同保障项目间相互串用	套取社会福利基金 1114.83 万元

资料来源：上表根据国家审计署《全国社会保障资金审计结果（审计署审计结果公告 2012 年第 34 号）》整理。

　　"我们各方面的制度漏洞太多，社会保险方面的制度漏洞太多，如果我们不把这些制度的漏洞堵上，提供一些有约束、有激励的机制的安排，包括管理的方式，给多少钱也会吃光。"① 社会保障基金审计对政府社会保障基金的合理使用、专款专用有重大意义，将社会保障基金用于基层经办机构等单位工作经费、平衡市级和县级财政预算、购建培训中心和体育场馆、购建基层单位办公用房、购建基层单位职工住房、购买汽车、购置设备等其他支出，委托理财等增加了国家财政负担，制度内部参保人重复参保、不合理报

————————

① 参见施颖楠：《财政部部长楼继伟：外储充实社保基金风险太大》，《东方早报》2013 年 3 月 25 日。

销、工作人员套用或挪用社保基金，向不符合条件的人员发放社会保险基金等，加大了政府社会保障负担。促进强化管理、完善和规范社会保障制度，保障社会保障基金安全，充分发挥审计保障国家经济社会健康运行的"免疫系统"功能，才能有效地减少政府不必要的社会保障负担。

第四节　明晰社会保障产权与建立
社会保障的责任政府

实施市场经济同时要求政府在履行社会保障职能过程中由原来的行政式管理转向服务型管理，更加要求用信用规范政府的行为，政府信用最为根本，因为它对社会、对公民信用的影响最大。政府在一切社会保障活动中要诚实守信，打造诚信政府，兑现所有承诺，树立起高效廉洁、讲求信用的政府形象。我国社会保障产权结构并不复杂，产权归属已是一个相对明晰的概念，多元化投资为主体的社会资本型的社会保障产业化建设，也可以建立一个归属清晰、权责明确、保护严格、流转顺畅的现代产权制度，不存在太多的产权幻觉问题。而维系社会保障财产权益，则需要形成良好的信用基础规制和制度秩序。社会保障制度也是一种契约制度，社会保障的产权安排要通过契约方式加以落实，社会保障中的养老保险关系、医疗保险关系、工资关系、劳动关系等，均需要花费一定的交易成本，达成一种政府、企业与个人之间的共同契约，政府是这种社会契约的组织者或监督者。

社会保障中的政府信用是政府介入社会保障的一个重要职能，在目前美日等发达国家中，青年一代对社会保障的政治预期与经济预期均在降低，发展中国家也面临同样的问题，主要是由于政府信用的二元化及社会保障待遇中个人财产权益的丧失、通货膨胀及不可预计因素对个人未来养老保险问题现值与终值的不对应、加之社会保障基金投资亏损严重及一些地方政府在社会保障基金管理中滥用、挤占社会保障基金造成政府形象受损造成的。

一、克服政府社会保障信用的失效

社会保障要可持续发展，面临着许多发展困境，其关键是要建立一个可持续的信用政府，以实现社会保障中的信用承诺作为重要的政策目标。纵观世界一些国家社会保障发展状况，由于社会保障是一种长效性的社会制度，社会保障政府失信问题较为突出，因为政府信用是一种代理者信用，其代理行为可能与代理后果相分离，代理者任期内可以不承担社会保障最终责任，践约守信的动力也就可能消失。政府信用是一种建立在信用方与被信用方权力非对称基础上的特殊信用，当被信用方即政府拥有国家赋予的行政强制力，一旦发生失信行为，信用方即公众由于其权力支配上处于明显劣势而显得孤立无助，这种不平等性客观上为政府的失信创造了条件。

社会保障工作是一项十分复杂的工作，建立社会保障的信用政府，关键是要维系产权结构或产权安排的各项权能。又由于政府职能转换，需要通过各种契约外包、委托—代理、政府规制等方式提高管理效率，由于行政管理事务中的一些不可抗力，会直接影响政府的信用，政府委托管理等都是实现政府职能的新管理方式。如在养老金的委托—代理管理过程中，当基金管理人和资产经理的利益与养老金受益人的利益不一致时，代理风险就会产生。在长期投资相关的复杂的投资组合战略中，基金经理与养老金受益人之间的信息不对称，养老金受益人不了解有关的法律和法规，为失职、低效和滥用权力创造了条件。最直接的道德风险是欺骗、不履行、错误履行或公开盗窃养老金资产，如英国个人养老金计划的误售、[1] 美国 20 世纪 60 年代中期发生的"斯图特贝克事件"[2] 等，使养老金受益的私有产权遭受损失，也使政府信用受到损失。

---

[1]　1988 年，英国开始推行缴费确定型个人养老金计划（DB），而且选择个人养老金计划的人不得再保留在国家养老金计划中的资格，其目的在于减轻政府的负担，而个人的负担和风险却大大增加了。在这个计划顺利发展的同时也暴露了一些问题，在保险公司销售人员误导中签订的年金合同涉及金额约 200 万英镑，到 1993 年已经达 500 万人，是当时劳动力总数的 20%。结果，这批合同导致大多数受益人的预期退休收入明显减少。1995 年，当时的监管机构——证券与投资委员会（the Securities and Investment Board）开始大范围地审查被误售的个人养老金保险合同，责令保险公司赔偿金额达 110 亿英镑。

[2]　1963 年底，美国 Studebake 汽车制造厂关闭，7000 多名工人沦为失业人员，Studebake 公司单方面停止了工人的养老保障，造成 4000 多名员工失去大部分退休收入，部分拥有 40 年工龄的工人只差一两个月就有资格领取到全额的企业年金了。愤怒的员工对 Studebake 公司提起诉讼时才发现：美国没有任何法律依据能追究这种单方面的行为，Studebake 公司也从来没有在雇佣合同中承诺要维持员工的养老保障。

政府信用的衡量标准，与企业信用不能同一标准，社会保障政策的一些调整，客观上也可能损害一部分人的利益，造成政府失信的社会印象。作为决策者，我国"两个确保"与对城镇贫困居民实施"应保尽保"政策，这是当前政府最大的也是最成功的信用。而养老保险个人账户 2012 年年底"空账"达到 2.23 万亿元、农村社会保障资源仍十分缺失、外来务工人员纷纷退保等现象是政府制度失信或不作为等复杂因素造成的。为了社会保障的整体利益政府采取某些必要的"失信"行为无可厚非，政府的信用要体现在社会保障的绩效上，尽力实现帕累托最优，减少政府信用的不稳定性。

反腐风暴也降落到民生部门，据报道：扶贫款"扶倒"一批扶贫官员。2012 年，在内蒙古巴彦淖尔市扶贫系列腐败案中，抓一个带一片，巴彦淖尔市及五原县等 8 个两级扶贫办的 10 名扶贫官员被查处，贪污总金额达830 万元。调查显示，扶贫款被层层扒皮：从市里下到旗县，被以"活动经费"的名义克扣 40%，从旗县下到乡镇又被克扣 40%。"活动经费"随后被一些干部侵吞，其中市扶贫办主任郭某任职 3 年就贪污 373 万元。[1] 政府信用被一些腐败官员所败坏，扶贫事业发展将被蒙上阴影。

二、优化政府形象与实现社会保障可持续发展

2003 年 5 月 7 日，日本官房长官福田康夫在东京宣布，他因有 3 年未交纳养老保险金而失信于民，决定引咎辞职。主管养老金事务的劳动厚生省社会保障厅披露，官房长官福田康夫、财务大臣谷垣祯一、经济产业大臣中川昭一以及金融经济财政大臣竹中平藏等 7 人，在过去某一段时间内，因种种原因没有缴纳养老保险费。日本小泉内阁的 18 名成员中已经有 7 名成员没有按日本法律缴纳养老保险金。同年 5 月 10 日，日本最大的在野党民主党党首菅直人，因被媒体揭发，曾经有漏缴国民年金保险费的行为不得不引咎辞职，政府高官的养老金丑闻加剧了民众对政治与政府的不信任。[2]

政府形象是政府行为的直接展示，是取得民众支持的重要因素，而政

---

① 参见周慧敏、任会斌：《腐败现象正向清水衙门蔓延：3 分钱也不放过》，新华网，2014年 5 月 21 日。

② 参见张艳丽：《高官曝出养老金丑闻　日本养老保险遭遇拒缴危机》，《中国青年报》2004年 5 月 9 日。

府形象的获得，无信用无以立。从一定意义上讲，政府信用最为根本，因为它对社会、对公民信用的影响最大。社会保障是政府亲民形象的一个窗口，也是政府关注民生的一项重要的社会渠道。在当前建立"以人为本"的社会体制下，政府在社会保障中的形象更注重实效化、市民化。关注民生，需要将社会保障具体政策的可操作性落到实处。

社会保障是一个长效工程，政府责任是政府职能的具体化，社会保障责任政府的基本要义为：政府运用公共权力管理社会保障公共事务，政府必须对公民的社会保障承担法定的责任和义务，政府的失职行为必须得到追究，实行依法行政，政务公开、信用到位。主要包括以下要素。

（一）坚持政府社会保障的可持续发展思想观

我国现行社会保障资源秉赋不足，且面临人口老龄化与高龄化、转制成本高、社会保障发展层次极不平衡等众多因素的影响。主要包括政府对社会保障的价值判断、发展定位等，社会保障可持续发展建立在社会保障资源可长期有效供给、社会公正和人民积极参与的基础之上，其基本取向是要结合社会与经济发展的变迁，使当代人与后代人的基本生存权长期得到有效满足，社会保障制度设计的延伸功能不断强化，社会保障内涵不断扩充。研究社会保障可持续发展问题，旨在从前瞻性研究着眼，以保证制度设计的连续性与长期有效性，降低管理成本，增强民众对政府社会保障的公信力与政府社会保障绩效。公共财政的重要职能之一，是为社会购买教育、医疗、安全等公共产品。在财政收入总量固定的情况下，畸形膨胀的行政成本必然对公共产品的购买产生严重的挤出效应，严重影响社会保障公共物品供给的可持续性。坚持社会保障的可持续发展：一是社会保障制度设计的可持续性，政府要始终以提高人民福利为宗旨；二是社会保障责任政府的可持续性，在政府官员的政治视野中"责任重于泰山"。两者的结合使社会保障资源配置始终处于一个较佳的结构与运行状态。

（二）提高政府社会保障信息的透明度与政策的可操作性

对于社会保障参与者而言，他们需要了解更多的与自身生存相关的养老费缴纳与养老金发放、医疗费个人负担、低保政策调整、经济适用房政策、基金增值与劳动就业信息，需要把握对他们未来养老金发放与养老金承载力的预期。政府如实地向公民报告重要的社会保障信息包括正面信息与负面信息，强化政府回应机制，应成为政府履行社会保障职能的正式责任。政府社会保障政策的可操作性直接到社会保障的可持续发展问题，如在养老问题上，退休年龄偏低与人口寿命延长成为退休基金紧张的一个突出矛盾，目前我国人均寿命已经达到73岁左右，其中城镇人口人均寿命已以超过75岁，退休人员（包括提前退休的因素）退休后的平均余命在25年以上，按照现行计发办法个人账户储存额领取10年领完了，新的养老金计发办法明确了参保人员每多缴一年增发一个百分点、上不封顶的政策，有利于形成"多工作、多缴费、多得养老金"的激励机制。

以外来务工人员参保为例，却凸显了政府对外来务工人员养老保险政策可操作性的缺失，养老保险缴费标准偏高、政府责任反应迟缓，在承担外来务工人员个人账户转移成本方面不作为。这一制度的设置让外来务工人员们普遍对自己的未来保障心存疑虑，对现在个人缴纳的养老保险金日后能否收回忧心忡忡，致使政府履行社会保障职能的公信力遭到损伤，加大了政府养老保险的信用危机。"中国50岁以上的'老年'外来务工人员数量已经达到3600万。此前，因欠薪、工作环境差等问题突出，养老困局未得到普遍重视，而随着外来务工人员年龄的递增，第一代外来务工人员'退休'后的养老问题将会日益凸显，而30年来外来务工人员福利拖欠累积的问题，将在5年内集中爆发。"① 政府应建立将外来务工人员纳入社保体系这一大政策方针相应的可操作性政策，落实外来务工人员的养老保险权益，加大宣传力度与政治透明，建立诚信机制，让外来务工人员真正相信未来的养老回报可以兑现。

（三）依法行政，扩大公民对社会保障的参与权

社会保障依法行政的内涵：一是要对政府自身建立防止滥用权力挪用社会保障基金的严格规制，防止越位、越权与侵权行为，防止社会保障政策的朝令夕改引起的社会震荡；二是为依法行政提供法律保障，使行政权力更具权威性与约束力，尤其在努力扩大社会保障的缴费能力、科学处置劳动纠纷与劳资关系、保护外来务工人员利益方面，要完善社会保障税费改革，加强

---

① 参见龙明洁：《50岁以上外来务工人员已破3600万　养老问题将集中爆发》，《东方早报》2013年2月26日。

劳动行政监察、强化对外来务工人员的社会保护机制。在行政立法、行政执法、行政程序、行政复议、行政监察、行政诉讼、行政处罚、行政调解等方面建立社会保障依法行政的系统工程。

不断扩大社会保障的覆盖面，是建立全面小康社会与和谐社会的重要内容，但在我国的社会保障的宏观层面与微观基础总是存在不相协调的音符，尤其是政府对医疗保障的参与不足或过度退位致使居民对政府社会保障的预期偏低，公民对政府社会保障政策的知情权缺失、政策出台和政策实施过程中经受不住实践的考验，缺乏企业与公民参与、缺乏有公制力的谈判协商机制、民间非营利组织长期处于发育不良状态，显然会使政府社会保障处于一种有渴求但无生气的状况，加剧社会保障费欠缴居高不下状况的存在与外来务工人员大量退保现象的发生。扩大企业与公民的知情权、参与权、话语权与决策权，减少消极参与，建立民情民意制度、听证制度、决策回应与反馈制度、协商谈判制度，可以在较大程度上提高政府社会保障的行政效率与政治及经济绩效。

第五节　建立社会保障的应急机制

一、应急状态下的资源配置工具

党的十八届三中全会就规范管理财政补贴、税收优惠政策提出了"逐步取消竞争性领域专项和地方资金配套，严格控制引导类、救济类、应急类专项"的要求。发展社会保障事业，在许多地区出现了政府诱致性或称引导性的扩覆，社会保障也容易出现一些突发性的事件，政策应急拨款是不可避免的，但在平时的社会保障管理工作中，强化风险管理，可以减少应急事项。由于受经济实力的制约，在危机发生时调集资源的能力和应对危机的机制不健全，资源的有限性和对资源需求的无限性之间的矛盾更加突出。政府介入社会保障的应急机制属于国家应急反应机制的一个重要组成部分，从公共财政而言，要求为及时化解社会保障的公共风险提供财力保障，并辅之以相应的政策和具体措施，从社会保障制度自身财政平衡机制而言，也需要自身的财力系统提供一定的风险预防基金。这两者可以使用的财政或政策工具有：

其一，公共财政应急拨款，包括分割部分国有资产和土地转让。我国为了实施"两个确保"政策，对养老保险的财政补贴有时采用非常规的紧急拨款机制。

其二，动用国务院社会保障基金理事会所拥有的基金或国家财政为社会保障长期预算安排的积累基金。国务院社会保障基金理事会所拥有的基金是战略性储备资源，截至2011年年底，社保基金理事会管理的基金资产总额8688.20亿元，具有在应急状态下动用的政治功能。国家财政为社会保障长期预算安排的积累基金，是出于未来社会人口老龄化为防范养老金支付危机与医疗费支付危机而储备的资源，对我国而言，应该具备这方面的战略思想，并尽早作出预算安排。

其三，动用统筹账户的积累基金。我国社会保障各个项目都有不同程度的滚存结余，截至2011年年底，全国社保基金累计结余28558亿元（含企业年金），可以作为一种应急状态下可以动用的资源。在养老保险中，一方面是国家与地方财政每年提供大量的财政补贴；另一方面基本养老保险基金累计结存至2011年年底达到19497亿元。这里反映的是半数省份养老保险基金入不敷出，近半省份养老金大量积累，基金储备贫富不均，为了保证离退休职工养老金的100%发放，财政保证"两个确保"的政治功能不得不被迫发挥作用。

其四，依据不同性质的危机实行紧急减税（费）或增税。如在2003年"非典"时期，对受"非典"影响比较大的行业和企业给予一定时间的税费减免，财政调整了支出结构和进行贴息，农村"非典"患者的医治费用由财政支付、"非典"津贴不纳税等等。资金、政策和措施三者并举，对抗击"非典"发挥了公共财政的积极作用，这种示范效应今后还会在应对类似的公共危机事件继续发扬光大。

其五，转移支付；转移支付包括广义转移支付、财政转移支付、政府间转移支付和国际间转移支付。我国经济发展极不平衡，进行区域收入分配调节涉及广义转移支付和政府间转移支付，首先要在中央与地方财政之间合理划分收入分配调节事权，但不可能在全国范围内统一调节标准。为此，收入分配调节的基本事权应按居民属地来划分。考虑到各地社会保障资源汲取能力的差异以及改善社会保障资源结构配置的需要，重视对社会保障的转移支付政策，弥补以往在计划经济中遗留的非均衡发展战略带来的后遗症。中央财政向贫困地区划拨社会保障基金或是省级财政向下级财政下拨补助基金，要依据相关的价格、收入指标及各地社会保障制度的运行效率等测定。社会保障支出是财政转移支付的一部分，社会保障支出在财政转移支出中的份额将越来越大。在许多国家，社会保障资金占财政支出的比重是不断上升的，在发达的市场经济国家，这个比重一般在40%左右。

其六，实行政治动员，包括第三次分配。政府利用其绝对的权威与巨大的感召力，对国民进行广泛动员与激发国民的参与热情，预防和应对各种风险，这是政府风险管理最根本的社会基础，这需要建立真正代表国民利益的廉洁高效和民主的政府，对风险的渊源、风险的预防、风险的产生、风险的应对具有敏锐的政治洞察力、社会防范力与经济支撑力。1998年长江、松花江、嫩江三大流域发生特大洪灾，政府实行政治动员，军队迅速反应和集结、科技力量的有效介入、信息网络的畅通与社会各界的大力增援，充分体现了中国政府风险管理的水平和驾驭特大风险的能力。2003年抗击SARS的斗争中，政府支出结构发生了变化，政府的社会动员也证实了政府的权威。但危机的发生也反映了中国严重缺乏危机管理必不可少的社会支持系统，地方政府协调不足。

在二次分配方面，政府出台了一系列新措施，包括加大社会保障（包括新农合、新农保）资金的投入力度，逐步提高各级财政预算中社会保障支出的比例，通过减持国有上市公司的国有股比例和扩大彩票发行等方式充实社会保障基金、制定和实施鼓励再就业的税收优惠政策等。第三次分配，是指在一些社会生活领域里如何让富人多出钱，穷人少出钱，也即实行社会收入的转移支付。在一些国家，慈善事业等三次分配的总量要大概占到GDP的3%—5%，而我国现在只是占到GDP的0.1%，鼓励富人捐资建立各种社会基金，资助公益性事业或慈善事业是实现社会收入转移支付的有效途径。在我国，急切需要动员企业、富人，高效地为社会进行第三次分配，为社会保障提供"最后一道防线"，弥补财政转移支付的不足。现在需要解决的是一些慈善行为的非特定捐赠使捐赠者看不到自己的捐赠对象的生活改善而产生的抵触心理，政府要免除捐款的所得税，为私人捐资的基金会的运作制定完善的法规体系。

其七，发行社会保障公债。在应急状态下，为了弥补社会保障应急基金的不足，可以发行社会保障公债。

上述应急状态下社会保障资源配置工具可以根据不同的风险状况单独使用或组合使用。国际社会对重大自然灾害的人道性捐赠，也是必不可少的资源配置工具。

二、社会保障可持续发展的战略性资源配置

社会公共危机是个人、家庭、市场机制本身不能解决的社会问题，需要政府着力动员社会资源和公共力量加以解决，政府应成为公共危机管理的主体。政府的资源配置职能，指的是通过公共部门收支活动以及相应政策的制定、调整和实施，实现对社会现有的人力、物力、财力等社会资源结构与流向的调整与选择，重点是社会保障资源的结构调整问题。

为防患于未然，"十二五"期间，中央对社会保障的资源配置将作出重大战略安排：一是将公共财政资源的配置和投资，由过去的城市转向农村倾斜，实行免书本费、学费的义务教育，农业生产的"三免三补"（减免农业税、取消除烟叶以外的农业特产税、全部免征牧业税，对种粮农民实行直接补贴、对部分地区农民实行良种补贴和农机具购置补贴），将在全国推广；二是"让公共财政照耀农村"的新理念继续发酵，不断加大财政支农力度，多渠道、多种方式着力促进粮食增产和农民增收，加大对农业综合开发等支持力度，积极出台缓解县乡财政困难有关政策措施，不断加大对农村教育、医疗、卫生、文化等社会事业的投入力度，促进农村的全面发展；三是将市场资源配置与政府资源配置结合起来，改变卫生资源在市场分配上存在的"重大城市轻小城市"、"重城市轻农村"、"重参保人群轻非参保人群"的问题。政府在卫生工作中的重要职能之一是加强公共卫生建设，有效应对突发公共卫生事件；四是在制度建设、保障范围、保障水平、服务体系建设四个方面均有一个较大的提升。如社会保障"十二五"规划要求，2015年企业职工基本养老保险参保人数不少于3.07亿人。

从社会保障长期发展看，建立社会保障税制之后，社会保障基金的直接显性负债、直接隐性负债、或有隐性负债都可能在人口老龄化程度不断加深的情况下逐渐暴露出来。政府要规范社会保障财政预算的权责发生制，监测潜在的社会保障风险，做好风险评估与风险预警工作。同时，要通过各种改革，努力减少社会保障的内生风险，降低社会保障管理成本与运行成本，逐步建立多支柱的复合性的养老保障体系与医疗保险体系，开辟多元化筹资渠道，并通过扩征增值税与开征遗产税用于社会保障支出等手段，大力节约社会保障资源。单纯依靠政府实施社会保障资源配置无助于社会保障的可持续发展，对于"十二五"规划涉及的社会保障的内容及统筹社会保障的长期发展，政府要发挥市场配置资源的基础性作用。同时，政府要正确履行职责，调控引导社会资源，合理配置公共资源，保障规划顺利实施。政府与市场共同配置社会保障资源，要注重风险管理问题，提高资源配置效率：

（一）社保基金的长期投资的增值效率

中国社会保障基金投资运营是个突出问题，以前多采取银行协议存款，但随着老百姓储蓄率不断提高，银行对协议存款已缺乏热情，买国债的回报率不到2%。在发达的资本市场，是养老基金扮演着长期机构投资者的角色。我国重要的战略投资者是做实后的个人账户基金和企业年金（2011年年底我国4.49万家企业积累了3570亿元的企业年金）。社保基金的发展将有利于实现机构投资者作为资本市场主导力量的战略目标。同时，将部分国有股划给社保基金持有，可以避免股权分置改革完成后股权流通量的过快增加，从而缓解市场压力。但是，社保基金持有部分国有股权后，可能会面临股价波动或效益较差的国企破产的风险。因此，社保基金应建立起有效的风险管理制度。将养老金体系改革与资本市场发展协同起来加以推进，设计一揽子政策安排与配套措施，实现资本市场与养老金体系的良性互动发展，但当前中国资本市场建设与基金运营监督体系是一个突出的问题。

（二）开源节流，降低风险管理成本

与此同时，为了养老保险基金的开源节流，社会保障政策调整可以考虑：其一，降低养老金替代率的改革必须在非透明管理的情况下尽早到位；其二，采取低进低出办法，扩大对非公有制企业的养老保险覆盖面；其三，在实行养老保险全国统筹同时实施中央转移支付确保养老金发放情况下，要与地方养老保险业绩管理挂钩，促进地方养老保险绩效管理最优化；其四，加快收入工资化、工资货币化改革，规范工资管理体制，减少社会保障费

（税）在目前对富裕者阶层的累退性，扩大社会保障工薪费（税）的费（税）基；其五，在我国人口老龄化趋近中强度时期及所面临的高龄化风险，适当延迟退休年龄，即可增加养老保险费的收入，又可减少养老金的支出。

（三）集合多种资源，发展多支柱的社会保障体系

人口老龄化、高龄化，一方面源于医疗水平和生活质量的提高，人口预期寿命普遍延长；另一方面，由于大多数国家的生育率呈下降趋势，婴儿出生率低于死亡率，导致全球人口结构趋于老化。老龄化与高龄化加重了社会负担，也使各国的养老保险系统面临困境，老有所养已成为各国极为关注的现实问题。人口老龄化与高龄化，使世界各国养老保险均面临着财务危机，不得不建立多支柱的养老保险体系，以规避养老保险危机。世界银行认为：多重支柱的设计方案是养老金改革的最佳方案，因为这一方案更具灵活性，能更好地解决不同养老金体制面对的不同风险。从养老与医疗两种保险而言，集合多种资源，就是要将政府提供的基本养老保险、企业年金、个人储蓄型保险、家庭养老保险、社区养老等多种货币资源与人力资源利用起来，发挥集群效应的资源配置优势，促进养老保险的可持续发展。同时把基本医疗保险、商业保险公司的健康医疗保险、社会医疗救助、补充医疗保险等多种形式结合起来，充分配置这些可利用和社会可挖掘的医疗资源。

第十二章　社会保障管理中的舆情应对

当前我国处于网络信息新时代，网络舆情是政府了解民意的重要渠道和方法，网络传播方式已成为我国公众表达利益诉求、维护自身权益的重要公共平台。网络舆情对社会保障政策的积极作用与消极作用并存，对政策的制定、执行、监控、评价与终结均有着重要的影响，人力资源和社会保障工作关系经济社会发展和人民群众切身利益，政策敏感性强、社会关注度高，经常成为网络舆论的热点和焦点。因此，要进一步通达社情民意，疏导公众情绪，搞好舆论监督管理，正面引导社会舆论，维护社会和谐稳定，在网络舆情状态下政府如何制定好社会保障公共政策成为考验政府能力的一个挑战。

第一节　主流与非主流媒体对社会保障的关注度越来越高

在中国经济社会转型过程中，各种突发事件都可能会影响到社会保障的发展，尤其是劳资关系紧张、劳资群体性事件已成为影响社会稳定及构建和谐社会的重大障碍。从个体劳资争议到群体性劳资冲突事件，呈现"井喷式"发展趋势。人力资源和社会保障部发布的年度统计公报显示，2002年全国劳动争议仲裁委员会受理劳动争议案件为18.4万件，到2007年已达到50万件，2008年受劳动三法实施和金融危机影响，案件激增至96.4万件，

2009 年后仍处于高位运行态势，2012 年各级劳动人事争议调解组织和仲裁机构共受理劳动人事争议案件 140.3 万件。[①] 争议案件比重上升较快，劳资冲突程度加剧，且群体性事件中的暴力性和非理性成分增加，暴露出我国政府社会管理"失灵"、企业社会责任"缺失"和工会参与的"缺位"。

2013 年 1 月，中国社会科学院社会学研究所发布的《社会心态蓝皮书》指出，中国社会的总体信任指标在 2012 年进一步下降，已经跌破及格线，人际之间的不信任进一步扩大，更为严重的是群体间的不信任加深和固化，表现为官民、警民、医患、民商等社会关系的不信任，也表现在不同阶层、群体之间的不信任，从而导致社会冲突增加。[②] 越来越多相同利益、身份、价值观念的人采取群体形式表达诉求、争取权益，群体间的摩擦和冲突增加。我国社会情绪总体的基调是正向为主，但存在的一些不利于个人健康和社会和谐的负向情绪基调不容乐观。不断发生的社会性事件导致社会情绪的耐受性和控制点降低，社会事件的引爆点降低。仇恨、愤怒、怨恨、敌意等负向情绪与需求不满足、不信任、社会阶层分化有密切关系。弱势群体中一些本该同情却欣喜、本该愤恨却钦佩、本该谴责却赞美的"社会情绪反向"值得警惕，突出地表现在舆情暴力上的无底线、无基本价值标准与是非观的"胡言乱语"。中国当前因重大工程项目引发的群体性突发事件，多数是由于在项目立项、失地补偿、拆迁安置等决策出台时，很少甚至没有让相关社会成员参与并充分表达意愿所致。表达机制不畅、参与渠道不通的关门决策以后的冲突和矛盾埋下了祸根。但这种议程设置模式正逐渐受到越来越多的挑战，对于重大工程项目的决策议程设置模式正逐步转变为外压模式。网络舆情管制不力，就可能引发群体性事件，如图 12-1 所示。

2012 年，我国网民规模已近 6 亿人，领跑全球互联网。中国互联网络信息中心（CNNIC）发布统计报告显示：我国网民规模、宽带网民数、国家顶级域名注册量（1500 万）三项指标仍然稳居世界第一，互联网普及率稳步提升。3G 业务开展后，使用手机上网的网民也已达到 2.65 亿，占网民的 48%，拥有个人博客或个人空间的用户规模已近到 2 亿人，博客空间的规模

---

① 参见历年人力资源和社会保障部统计公报。

② 参见张然：《社科院，中国社会总体信任指标已跌破及格线》，社会科学文献出版社 2013 年版。

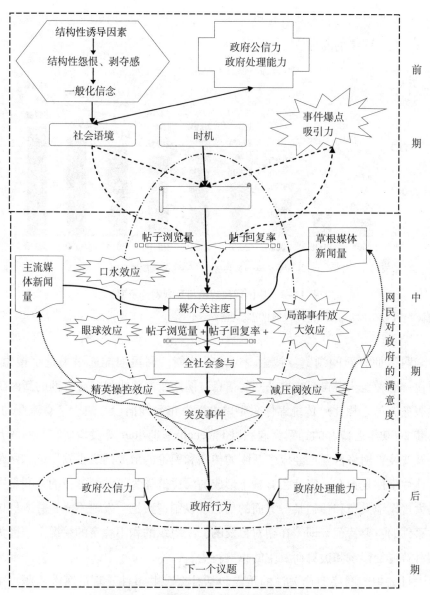

图 12-1　网络群体性突发事件生成机制示意

资料来源：张丽琼、陈丽娟：《网络群体性突发事件的引导与防控研究》，《北京航空航天大学学报》（社会科学版）2012 年第 6 期。

已经超过 3 亿。中国互联网络信息中心在京发布《第 33 次中国互联网络发展状况统计报告》显示，截至 2013 年 12 月，我国网民规模达 6.18 亿，手机网民规模达 5 亿，占总网民数的 81.0%。伴随 4G 业务的推出，手机网民继续保持良好的增长态势，规模达到 5 亿，年增长率为 19.1%，手机继续保持第一大上网终端的地位。

图 12—2　中国网民规模与互联网普及率

资料来源：CNNIC 中国互联网络发展状况统计调查。

网络拥有新闻浏览、搜索、讨论等功能，网民们能通过关键字搜索，快速、准确地获得自己想要获知的信息。网络给网民提供了多方面的新闻信息服务。与之相比，传统媒体只是单方面发布新闻而已，缺少了交流互动。随着 2000 年后博客的异军突起和以 Facebook、Twitter 等微型博客网站的开办及普及，网络目前已经成了新闻的传播和舆论的形成的真正发源地。网络群体性事件是指在一定社会背景下形成的网民群体为了共同的目的，利用网络大规模地发布和传播某一方面的信息，以制造舆论、发泄不满，具有群体性事件的主要特征，即"在相对自发的、无组织的和不稳定的情况下，因为某种普遍的影响和鼓舞而发生的集群行为"①。

目前中国网络舆论关注的重点包括社会公共事件、官员腐败问题、重大案件的审理、国家利益和形象、教育制度、环保等方面的重大问题。一方面，在相关公共危机爆发时，网络舆论会将全社会目光都集中到该事件上，形成对该事件的一个全面监督。网民还自发成立了如 Anti-CNN 等专门批驳不实报道的网站。另一方面，网络舆论也会通过对某一方面事件的关注，通

① 参见葛琳：《网络舆论与网络群体性事件》，《新闻爱好者》2008 年第 9 期。

过网民们不断自发地提供线索，促使其发酵，从而掀起现实社会的一个真实事件。在社会保障领域，网络贴近社会生活，成为网民自由沟通和交流的一个平台，尤其是在公共事件曝光或是社会保障新政策出台时，网络上就会掀起一场场有针对性的网民大讨论，如延迟退休年龄、养老待遇双轨制、养老金缺口问题、事业单位养老保险改革、社会保障基金被挪用等的讨论如潮，除了谈论事件本身之外，这些虚拟社会上来源繁杂的信息和主动自发的讨论还会反过来影响现实社会的情绪，在一定外力因素的刺激和作用下还能转化成现实行动，对整个社会形成巨大的舆论压力和社会影响。

随着网络的进一步普及和技术的发展，网民们通过网络传递声音、表达意见的做法越来越普遍，所起到的影响也越来越大。网民们通过"天涯论坛"、"强国论坛"、"大洋网"等一系列网站和论坛，不分时间、不分地点地表达着他们的思想。而且，随着网络技术的进步，"微博"这一新载体的出现，网络已经出现了公共事件的"现场直播"。在政府内部，"网络舆情动态"、"网络情况信息"之类的内部刊物已经成了领导们的必读。有些部门还专门成立了"网络舆情搜集小组"等机构来专门从事这一类内部刊物的编撰工作，要求这些刊物的内容更新快，针对性强，能够满足领导希望通过网络舆论及其动态的变化来了解民意、帮助解决问题的需要。如一些地区人保部门，高度重视网络舆情工作，成立舆情工作领导小组，下设"舆情观察组"和"技术保障组"两个专责小组，负责网络舆情工作和技术保障组工作。并建立网络发言人工作团队，明确社会保障新闻发言人、网络发言人、舆情监控负责人、政务公开负责人的工作职责，制定和落实建立网络发言人工作团队的实施方案，确保责任落实到个人。为切实做好舆情监督工作，还制定了注册户名、预防与监测、分析报告、研究处置、跟帖回应、事件评估、跟踪反馈等工作流程，同时进一步完善了工作机制，建立健全媒体沟通机制及应急处置机制，确保及时稳妥处理网络舆情事件。

回顾近年来"两会"民意调查：2012年，"社会保障"以256634票位居首位，2011年，"社会保障"以71090票位居首位；2010年，"养老保险"票排首位；2009年，"社会保障"位居第八位；2008年，"社保养老"进入前十位。以2012年为例，在人民网进行的两会调查中，社会保障高居首位，表示如下：

表 12-1　2012 年两会网民关注话题排行

序号	证券时报网两会调查	人民网两会调查	中国网两会调查	中新社外媒工作者两会调查
1	房地产调控	社会保障票数：256634	高考改革	反腐败
2	长期资金入市	收入分配票数：186865	养老保障	人民币汇率、小微企业及宏观调控政策
3	新股发行制度改革	医疗改革票数：108425	楼市调控	食品安全
4	减税	社会管理票数：107619	人口政策	房价、就业、教育、医疗等民生问题
5	垄断行业开放	教育公平票数：105967	反腐倡廉	道德、诚信等社会心理问题

　　2014 年"两会"召开前夕，人民网就社会公众关心的 21 个话题进行了网上调查，共有 340 万网友参与投票，结果显示社会保障的话题获得了 51 万的高票，排名第一。这已经是社会保障话题连续四年居于"两会"调查的榜首，特别是其中的养老保险问题更是一个热议的目标。作为民生问题的社会保障，关注度之高，是与近几年来社会保障覆盖面不断扩大，社会公众的社会保障预期不断被提升和一些领导在养老金缺口问题上反复强调财政"不差钱"所分不开的，期盼政府提高医疗保险报销比例、期盼提高养老待遇更多的享受改革开放成果、群体性反对延迟退休年龄与延长医疗保险缴费年限，这种逆向选择使社会保障事业陷入了叶公好龙的困境。2003 年，缩小企业与行政事业单位养老保险待遇差距的改革进入了第九个年头，这是维系社会公平的正常调整，2013 年，企业退休人员月人均养老金提升至 1893 元，但现在企业退休人员连涨的养老金只是同等条件的公务员养老金的三分之一，在"对企业退休人员养老金的上调是否满意"的调查中，97% 的网民对上调的幅度非常不满意，98% 的网民认为废除企业和机关事业单位退休金双轨制的条件已经成熟；很多企业退休职工对养老金的提高都说"没啥感觉"。可由于与行政事业单位离退休人员的养老金待遇差距仍旧较大，加之调整应对通货膨胀的能力减弱，网民社会抱怨的情绪仍旧十分强烈。中国社科院 2013 年发布的《社会保障绿皮书》和《中国社会保障收入再分配状况

调查》显示："民众面对社会养老保险制度的满意度和公平感调查中，大多数人的回答是不满意。认为养老金完全能够满足生活需要的只占17%，而直接回答不能满足的占到39.1%。参加新农保的人认为不能满足生活需要的态度最强烈，占到78.9%。"

第二节　网络舆情对社会保障政策与管理的影响分析

一、网络舆情的社会特点

网络本应该是一个客观、真实地传达和显示民意的平台。但由于目前中国社会存在着分配不公、贫富差距逐渐加大、特权腐败等现象，加之由于政府公信力的下降，使得网络舆论出现类似于"仇富心理"的偏激、过激倾向。由于各种原因，一方面，对于涉及民众切身利益的敏感事件，部分网民对官方信息产生了习惯性质疑，宁信谣、传谣也不信官；另一方面，由于网络群体性突发事件"具有不稳定性，发展迅速且持续性差，易受其他议题影响，并随着时间的沉淀呈现出多元化趋势的特点"，因此对于主流媒体在网络群体性突发事件中的应对策略需进行进一步的思考。

网络一方面成为人们反映社会利益诉求、进行权益维护、实施公民问责的有力工具；另一方面，网络也成为一部分人进行自我舆论表达、诉求和发泄不满的私化平台、炒作工具。群体性突发事件是指突然发生的，由多人参与，以满足某种需要为目的，使用扩大事态、加剧冲突、滥施暴力等手段，扰乱、破坏或直接威胁社会秩序，危害公共安全，应予立即处置的群体性事件。而网络群体性突发事件作为网络世界中的一种特殊的、显著的事件，表现出了许多与现实世界的群体性突发事件相类似的特征，如突发性、群体性及危害性等。网络作为一种新兴的媒体，和传统媒体一样具有"议程设置"的功能，即网络也可能通过增加对某一事件相关信息报道的数量和频度的做法来影响公众，把他们的关注焦点引向这一事件，成为他们的"议事日程"。这样就可以让其中的一部分信息处于明显的优势地位，引导舆论的关注，确立主流价值观。这和传播学家麦库姆斯和肖在对1968年美国总统大选的研究中得出的"大众传媒具有一种为公众设置议事日程的功能"这一结论相吻合。① 这种"议程设置"的做法将会有利于危机的解决和社会的稳定媒体。

中国正形成两个并存的传播体制：一是体制内的传统媒体及其网站、微博和其他社交媒体上的官方账号，即主流媒体；二是体制外的 UGC（User Generated Content，用户生产内容）媒体，即草根媒体。② 现在，在公共（突发）事件发生后，大部分网民在看到一条帖子之后的第一反应不是去求证是否真实，而是想当然地认为"凡是在网上出现而媒体没有报道的，事件就一定是真实存在而被隐瞒的；凡是在网上说法与官方说法出现矛盾的，网上说法就一定是事实的真相"。应星教授提出了"草根动员"这一解释框架，他认为中国社会目前基本上不具备社会运动组织化的制度环境，"草根动员"（grassroots mobilization）而非职业化动员，是中国群体利益表达行动的一个基本特征。③ 大量网民利用"人肉搜索"这种极端的方法去"寻找事件的真相"，虽然有时能推动事情向好的方向发展，但在同时也对整个社会和事件的当事人造成了无可挽回的伤害。中国民众对于网络舆论存在天然的信任。这种天然的信任，使得部分民众盲目迷信网络信息，看不清事实真相，容易产生极端过激的行为，并被人煽动利用。其特点为：（1）从自发的草根舆论逐步进入决策者的视线，目前的网络已经出现了公共事件的"现场直播"。（2）网络舆论关注的焦点多集中于突发的"负面事件"或关系到网民自身利益的"敏感事件"。（3）网民对网络舆论存在"天然的信任"，导致网络舆论出现过激化的倾向。由于互联网具有虚拟性、隐蔽性、发散性、渗透性和随意性等特点，越来越多的网民愿意通过这种渠道来表达观点、传播思想。当今，信息传播与意见交互空前迅捷，网络舆论的表达诉求也日益多元。如果引导不善，负面的网络舆情将对社会公共安全形成较大威胁。（4）信息时代，网络信息传播范围的无省界、无国界性，使得网民无论在世界的哪个角落上传的信息，瞬间可以传遍全球。（5）网络信息传播主体的无年龄、无学历限

---

① 参见郭庆光：《传播学教程》，中国人民大学出版社 1999 年版，第 214、113 页。
② 参见余霞、袁晶：《虚拟社区中重大突发公共事件的舆论生成及引导》，《新闻知识》2011 年第 11 期。
③ 参见应星：《草根动员与农民群体利益的表达机制——四个个案的比较研究》，《社会学研究》2007 年第 2 期。

制性，使得每一个网民，只要拥有上网设备，都可以实时地参与到网络事件讨论当中，汇合形成强大的网络舆论压力。(6) 网络为大众提供了一个公平、公开、公正的舆论传播平台和低门槛平台，在这个平台中，人们掌握着传播信息的主动权，任何一个网民都可以随时地发布新闻，自由地发布自己所掌握的信息，而无须考虑自己的职业、学历、地域、性别、年龄等个体因素。

二、网络舆情对社会保障的影响分析

社会保障政策经常出现反复或者是受利益集团左右而影响决策的公平与公正，待遇双轨制、行政事业单位不参保等引起的社会矛盾非常尖锐，需要政策层面加以逐步解决。在社会保障公共政策执行过程中某一事件曝光或是新政出台后，网络上总会掀起相关的讨论浪潮，据此形成的网络舆论不仅对于社会保障危机的形成有着影响，也对社会保障政策的发展造成正面和负面效应：

其正面效应为：一是网络的开放性促进政府社会保障政策与社会保障信息的公开化；二是社会利益多元性诉求促进政府社会保障决策更加理性化与务实；三是政府与公民信息交互性与沟通加大了公众的参与度，社会保障政策的宣传已取得实际效果；四是网络技术提供的快捷性与直接性提高了政府对社会保障政策的民意取向的认知。其负面效应为：一是网络舆情的"开放性"将政府作为舆论"把关人"的力量大大削弱，如延迟退休年龄的改革，政府三番五次地抛出延迟退休年龄的信号，但在强大的社会舆论压力下，权威部门只得申明延迟退休年龄在近期不会推行作圆场，人保部在2012年7月25日召开的新闻发布会上表示：中国延迟退休年龄将借鉴国外经验，拟对不同群体采取差别措施，并以"小步慢走"的方式实施；对于退休年龄的问题，人社部发言人尹成基表态，这是一个综合性的社会政策，要根据我们国家人口结构变化、就业的状况和社会保障制度发展的要求来综合平衡来确定什么时候实施这样的政策。我们也在密切关注社会有关方面专家的意见和社会各界对这个问题的反映，稳慎地对这项政策是否作出调整进行研究。二是网络舆情的"失真性"会干扰政府对社会保障决策过程，在多种形式的社会保障诉求中，部分反馈信息并非真实，来自于政府官员、企业、参保人的各种骗保案例屡见不鲜；三是网络舆情的"煽情性"会使群众对政府社会保

障政策产生不满情绪。网络舆情自身的特点对社会保障形成的影响为：

（一）对大量社会保障事件形成专业性论坛或讨论版块

网络舆情是通过互联网传播的，每当重大社会保障政策或事件出现时，网络上必定大量出现与此相关的帖子，这也意味着一大批关注事件的网民或主动或被动地聚集起来，形成了一个数量庞大的关注人群。公众对现实生活中各行业的某些热点、焦点问题所持的有较强影响力、倾向性的言论和观点，主要通过 BBS 论坛、博客、新闻跟帖、转帖等实现并加以强化。

由于是针对公共危机或突发事件，所以在这种情况下聚集起来的网民数量会比日常话题所聚集网民数量要多很多，而且网民们对这些事件的关注程度会更深入，持续时间也会更长，此时聚集所产生的力量也会更强大，对现实社会也会产生巨大的影响。这些网民持不同论调，展开各种讨论，进而形成了"百家争鸣、百花齐放"的景象。随着事件的发展，网民的关注仍会继续加强，直到危机得到解决。在这一关注过程中，一些专业性论坛或版块就随之诞生。

如"延迟退休年龄引热议"（上线时间：2012 年 6 月 30 日）形成了中国社科院"延迟退休年龄不可行"和人社部"延迟退休年龄中必然趋势"两派观点，不同人群、不同岗位对退休年龄的期望不一，权益诉求也不尽相同，有的希望"早退"，有的希望"延退"，由此形成"挺退派"和"延退派"两大阵营。

（二）网络舆论的"意见领袖"可以引导网络舆论趋势

根据古斯塔夫·勒庞的观点："只要有一些生物聚集在一起，不管是动物还是人，都会本能地让自己处于一个头领的统治之下。"[1]就目前的网络舆论情况来看，在网络舆论中的"意见领袖"大多是各论坛版主和网站编辑，其中论坛版主在网络舆论中起的领导作用尤其不可忽视。特别是在公共危机发生以后，那些参与相关事件讨论的网络版块的版主更是具有不可忽视的影响力，而且他们的影响力也不再局限于其所在的网络论坛版块，甚至会超出网络的范围，回渗到现实社会中，成为一股新的意见力量。草根的"网络评论员"与受众之间是互动的。他们在发表见解的同时就可以收到网民对于他

---

[1]　参见古斯塔夫·勒庞：《乌合之众》，冯克利译，中央编译出版社 2005 年版，第 96—97 页。

们评论的反馈。根据这些反馈，他们或是继续深入分析，或是给予有针对性地批驳，以这种互动的方式把相关事件推向讨论高峰。掀起新一轮网络舆论。

连年几年在"两会"期间，人大代表、政协委员要求取消"退休待遇双轨制"的呼声不断、网络舆情抨击退休待遇不公的评论和文章铺天盖地、离退休老人到各级政府上访维权的络绎不绝；"退休待遇双轨制"甚至引发了山西省一场命案。

　　案例回放：2007年周云（被害人妻子的哥哥）到云南打工至2012年，周云多次找山西省大同市政府副市长王伟国要求在退休前从企业调到事业单位工作，并要求调整儿子的工作单位，均未果，心生不满遂对王伟国产生报复念头。2012年2月18日，王伟国在大同市一小区被杀。为什么周云要"多次找王伟国要求在退休前从企业调到事业单位工作"？答案很简单，因为在事业单位退休比在企业单位退休的养老待遇要高出一两倍。正因为这种天怨人恨的退休待遇双轨制，诱使一些人去钻政策的空子。利用职权将即将退休的亲朋好友从企业调动到事业单位办理退休手续，已成为公开的秘密。这种以权谋私的腐败行为，早已在社会上引起广大民的怨声载道，造成严重的官民对立情绪；当然也有为官者不肯帮忙的，或者花了钱并没有调动成功的，便将怨恨记心，待机报服，直至发展到杀人泄愤。

　　　　　　　　　　来自"新华网"退休待遇双轨制引发了一场血案

例如"废除退休金双轨制条件成熟"的板块论战中多数网友认为：企业和机关事业单位退休金双轨制有悖社会公平，废除"双轨制"条件成熟，刻不容缓。有网友表示：众多企业退休职工生活困难，尤其是编外工作人员，下岗和退休职工生存艰难，"双轨制"不利于和谐社会的发展。下述网评，网友给予了高比例的支持。

（三）网络为公众意见提供了一个公平、公开、多元化的信息的平台

网络信息传播的"零时差"和网络使用的平民化也给网民创造了有效行使"知情权"和"监督权"的条件，可以更好地监督政府的社会保障政策

的实施，也可以为政府的应对方案提出自己的建议。近些年来，一系列的公共危机事件在网络舆论的推动下得到了更多的社会认同，如深圳社保局动用社保金办公司、各种形式的骗保案。中国民众已经充分认识到网络舆论监督的巨大力量。虽然在公共危机发生时网络上的信息还是真假掺杂，但网民们已经越来越具备分辨真伪的能力。

社会保障政策的执行或出台，牵涉到民众的利益得失，当延迟退休年龄遭遇社会诟病时，民众对弹性退休制度抱有极大的热情。就延迟退休年龄问题，2012 年 7 月网调结果，数万网民中有 93.4% 投了反对票，赞成的只有约 3%；有网友尖锐地提出：当代中国政府一方面强调稳定，另一方面却制造类似于延长退休年龄这种非常容易引起动乱的事件，让人匪夷所思。根据斯梅尔塞的加值理论模型，延迟退休年龄处置不力，有可能酿成社会公共安全事件。中国延迟退休年龄改革应吸取国际社会近几年来引发强烈社会动荡的教训而作出审慎决策。

（四）网民用脚投票实际上是一种无奈的选择

北京大学刘能教授认为，怨恨变量（怨恨的产生和解释）、动员结构变量（积极分子及其组织力）和潜在参与者的理性算计，是影响集体行为发生概率的核心变量。"其中，怨恨的产生是利益表达和需求保卫的导火索，它既可以是对现行社会问题和社会不公正的关注，也可以是个体或群体正在遭受着的苦难体验，也可以是对某种潜在的社会危机的担忧和关心。而对怨恨进行解释的结果，便是一个集体行动框架的建构：这个框架既界定了问题，又对责任进行了归因，并且指出了行动的必要性，因此成为集体行动的催化剂"① 改革开放三十多年来，国企改革对一些国企职工带来了不少遗留问题，他们的养老和医疗保险面临政策困境，包括：一是分文不取、自谋出路、自缴养老统筹金的下海离失人员；二是有"协保"即由原单位协助缴纳养老酬金、不发给生活费的下岗职工；三是非正式退休，由原单位负责缴纳养老统筹金与发给少量生活的费用"内退"职工；四是按工龄付给职工一笔费用买断工龄，从此与原单位一刀两断的职工。这些政策的实施，事实上都给这

---

① 参见刘能：《怨恨解释、动员结构和理性选择——有关中国都市地区集体行动发生可能性的分析》，《开放时代》2004 年第 4 期。

些国企职工带来了这样或那样的伤害。扩大养老保险覆盖面，这些职工成为原有改革政策的牺牲者，他们无奈地采取了一些过激行动如请愿、上访来维护他们曾作为国企职工的切身权益。赫伯特·布鲁默提出：以一种"自发"形式出现的社会过程与事件，是行为模式的一种，是人群聚集的产物，群众活动、谣言、舆论与社会运动都可算作集体行为。[①] 事实上，这些国企改革中的遗留问题一直成为集体上访的主流事件。

扩大养老保险覆盖面也会刺激参保者对养老保险的心理预期，而一旦遭遇财政基金供给风险或是养老保险待遇无法应对 CPI 高企或通胀威胁，就可能引发社会不稳定和不信任危机。一旦延迟退休年龄改革仅着床于养老保险扩大覆盖面，可能加速参保者对养老保险项目心理预期的崩溃，人保部多次试探性提出延迟退休年龄问题引起强烈的社会不满就是证明。不可否认，近年来网络对养老保险改革的负面评论越来越多，公众对养老保险制度改革的信任危机正在进一步发酵，网络舆情使政府的相关改革陷入纠结症，推进行政事业单位养老保险改革，改革养老保险待遇双轨制，才可能获得公众对延迟退休年龄的理解与支持，网民要求先改革养老保险待遇双轨制，才可延迟退休年龄成为横亘在决策者面前的一道必选题与程序题，否则，这种不满情绪难以消解。我们寻求的是对延迟退休年龄的抵触情绪尽可能降低，社会嬗变中的动态模型包括差分方程与微分方程，即：

$$\min_{\mu_1, \cdots, \mu_M} \int_{t_0}^{t} F(x_1, \cdots, x_N, \cdots, \mu_M, t)\, dt$$

x 表示养老保险改革的各种政策变量；μ 表示参保人应对各种政策变量的情绪；t 表示时间或情景因子。

公民对养老保险系列改革的社会关注度越高，网络舆论也越为众说纷纭。延迟退休年龄改革阻力重重，根源在于不同社会阶层的社会认同问题，养老保险体制内与体制外的人群对这一改革的态度截然相反，面对人口老龄化程度加大等复杂的社会经济状况，延迟退休年龄是难以避免的改革。网络舆情是政府了解民意的重要渠道，如果引导不善，负面的网络舆情将对延迟退休年龄实质性改革可能引发的社会公共安全形成较大威胁。对社保及相关

---

① 参见胡泳：《集体行为》，《商务周刊》2011 年第 5 期。

政府部门而言，如何加强对网络舆论的及时监测、有效引导以及对网络舆论危机的积极化解，对维护社会稳定、促进国家发展具有重要的现实意义，让延迟退休年龄的改革背景、改革政策昭之于众不容忽视。

（五）网络舆论成为政府听取民意的一个重要窗口，促使政府决策科学化

建立民生社会，社会保障作为一个重要的社会窗口，各类公共危机的发生会对社会保障实际上产生重要影响，政府除了掌握第一手的相关资料外，另一个重点就是需要清楚地了解人民群众对公共危机的态度和他们将会采用何种心态和措施去应对危机。网络舆论成为社会舆论不可或缺的重要组成部分，网络舆情是网络民意的一个集中体现，是网民情绪的一个集中宣泄平台，中国网民的数量极其庞大，网络舆情天然地具有这方面的优势，可以给政府提供相关信息，特别是心理层面的信息。在社会保障五个项目中，医疗保险曾在民意调查中成为人们最不满意的项目，至今，医疗保险实现了制度全覆盖，医疗保险报销比率提高较快，民众的满意率大幅度提升，江苏徐州市医保中心的问卷调查表明：广大参保人员对现行的医疗保险制度满意率度达到91%，对医保经办机构的总体评价，满意率达到96%，参保后表示就医过程中减轻了家庭经济负担的达到99%。政府以民意为决策导向，使中国公众最不满意的医疗保险项目成为全球发展速度最快、覆盖面最广的社会保障项目。

第三节　社会保障舆情应对

随着互联网的快速发展，网络媒体作为一种新的信息传播形式，已深入人们的日常生活。网友言论活跃已达到前所未有的程度，不论是国内还是国际重大事件，都能马上形成网上舆论，通过这种网络来表达观点、传播思想，进而产生巨大的舆论压力，达到任何部门、机构都无法忽视的地步，互联网已成为思想文化信息的集散地和社会舆论的放大器。社会保障机构已设立了24小时服务电话与政府网站，颁布了各种政策法规、办事制度等。随着社会保障信息的快速传播，人们的法律维权意识越来越浓厚，参保者有权利通过各种路径对管理者提出质询，政府回应意味着政府是否能够反映公民

的社会保障需求并满足公民的合法期待。除此之外，对社会保障事件与政策的讨论在网络媒体形成了强大的社会舆情，社会保障机构应该建立有效的沟通机制来了解和确定公民的社会保障需求，如通过民意调查、公共论坛、热线电话，手机短信、电子邮箱等回应参保者的质询；拓宽有效的参与机制以允许公民参与社会保障政策、计划、项目等的规划与实施，如举行咨询会议、听证会等。强化对结果的控制反馈机制以确保达成预期的社会目的。我国社会保障经办机构的回应机制应该设立一些监管指标，考核回应的速度、效率问题。

一、政府对网络社会保障舆情的管理和引导的主要手段

对公民权和民主的关注在近来的政治理论和社会理论中尤为重要和突出，这两种理论都提倡再度复兴的、更为积极的和更多参与的公民权。如桑德尔认为，政府的主要作用就是要通过确保一定的程序和个人权利来保证公民能够作出符合其自身利益的选择。与这种观点相一致，金和斯迪沃斯断言，行政官员应当把公民当作公民来看待，公共管理者应该追求回应性的提高和公民信任度的相应增强。

（一）在政府网站上公布事件详情，向网民传达政府对于相关事件的态度

近年来，政府对于官方网站上相关信息的更新速度加快，内容更为多样，对于相关事件的评论更为开放，不再是千篇一律的官方消息公布，也会开设一些讨论区供网民对一些问题提出自己的意见和看法。但是目前政府网站的建设并不能很好地满足广大网民的需求。与其他网站及虚拟社区相比，网民在政府网站讨论区内发表的看法不能得到及时回应，提出的问题不能得到迅速合理的解决。所以，网民对于政府官方网站的认同度最高的，还是它所公布的消息。虽然网民对于政府在一些公共危机事件中公布的相关信息并不满意，但从整体上来说，广大网民对于政府官方网站上所公布信息的真实性还是有很高的认可。

2012年8月，媒体披露广东省湛江市坡头区社保局长杨流在两年间，带领4名工作人员，通过伪造证明，帮助2500多名社会人员骗取"养老金"。骗保规模之大，涉及金额众多，创造了广东骗保案件的历史纪录。在此过程中，杨流等人收受"红包"逾百万。纪检结果显示，涉及案件的企业单位

25 个、协办中间人 32 人、冒充参保职工的社会人员达上千人，涉嫌骗取社保金高达 1891 万元。① 此类事件在媒体的曝光，与当事人被严肃处理，表明了政府的态度，也警示了政府官员。

（二）收集并参与网民讨论，力求将讨论引向政府希望的方向

政府为了了解网络舆论的动态，了解网民对于某些公共危机事件的态度，一些社会保障部门专门成立了网络舆论浏览和搜集的机构，将网络舆论进行整编，呈报给领导及上级部门。这些舆论搜集部门主要关注的是某一时期网民对于社会保障政策或公共危机事件的负面反应和看法。

2013 年，中国社科院发布社会保障绿皮书。在安徽、福建等 5 省市调查，调查数据显示，受访的 696 户低保户中，有 436 户是非贫困但享受了低保救助的家庭，占到 60% 以上，而有近八成的贫困户没有享受低保救助。调查结果显示，漏保率和错保率都比较高。随着贫困线标准的提高，错保率大幅下降，但漏保率的降幅较小。这一报道印证了低保制度关系保、人情保的重大问题，"应保尽保、应退尽退"的政策无法真正落实，社会反响十分强烈。

除了搜集相关的网络舆论，政府还尝试让搜集部门的部分人员参与到主要论坛的讨论当中，希望能用政府的观点来引导广大网民采用"正面的态度"看待相关事件，效果并不理想。一是从事这项工作的人员人数不多，不能在网上扩大并形成有效的舆论范围，各种利益诉求与观点的碰撞难以统一到政府基点上来。二是在没有得到政策允许的情况下参与讨论的人员不能擅自在网络上公布相关事实，没有强大的事实论据可以支撑他们的观点。三是网民对于出现在论坛中的"官方口吻"有一种排斥感，如果一味强调官方观点反而会适得其反，甚至还有人称这些人为"五毛党"，这也在一定程度上对政府的形象有所伤害。以延迟退休年龄为例，尽管这是一个国际趋势，大多数参保人也深知中国人口老龄化与高龄化对养老基金的冲击导致养老制度的高风险，但基于对养老待遇双轨制度的高度不满，情绪代替了基本理性。

（三）做好时评工作，提高评论质量

网络舆论最理想的引导方式是把"晓之以理"与"动之以情"有效地

---

① 《湛江坡头区社保局长骗保被查》，《新快报》2012 年 10 月 6 日。

结合起来，充分运用"明示"和"暗示"两个方法，从感性和理性两个方面进行引导。时评是明示劝服的一种主要形式，是对受众的态度形成和改变作用最大的一种。目前网络时评已经兴起。结合网络传播和舆论引导的特点，开设了"人民时评"、"人民视点"、"人民观察"、"人民特稿"等栏目，每天就人们关心的社会各领域问题推出针对性的评论文章。这些评论在人民网每天新闻排行榜中几乎都位列前 10 名，有不少还占据了榜首的位置。这些文章提出鲜明的观点，表明自己的看法与态度，对相关事件的网络舆论起到了较好的引导作用。

（四）采用传统的强制手段进行舆论控制

舆论以集体心理和大众传播为作用机制，立足于道德评判，它能够唤起或影响社会评价、社会情绪和社会行为，最终通过意见制裁、交往制裁和暴力制裁三种力量作用于社会，因而表现出强大的制约力。现阶段在特定的时期，对于某些特定的敏感事件，政府还是会采用一贯的强制手段，运用删帖、关闭论坛、屏蔽链接等方法对网络舆论进行管理，迫使参与讨论的人数减少，将网络舆论的影响范围缩小。虽然这会引起网民更大的不满和反弹，但是从短期的效果来看，这还是政府目前控制网络舆论最直接有效的手段。这种做法的后遗症很大，而且政府只能对国内的网络进行控制，却无法管理国外的网络舆论。当网民的声音无法在国内表达，而转向国外时，对中国政府的影响就不仅仅单纯只针对某一特定事件了，还会影响到中国政府的整体形象，这就得不偿失了。事实上，政府公布真相能够推动公民参与，实现公民自我控制，公民的自我控制则是最有效的社会控制，一方面中国的政治官员高呼中国养老金不存在缺口问题，而技术官员一味想推出延迟退休制度，这两种声音让民众无所适从，政府真实地将隐情告知公众，公民可以在一定程度上实行自我控制。对于正处于社会转型时期的中国社会来说，理应改变传统思维，在加强对社会的法律控制的同时，还须通过保障公民基本权利，借助舆论监督强化对社会的软控制，让社会自己治理自己，而不再是以控制舆论监督而控制社会。

二、建立社会保障舆情处置预案与完善技术规制手段

社会保障部门现越来越重视社会保障舆情工作，在政务公开与效能评议的前提下，加强监督检查，完善突发网络舆情工作机制，规范突发网络舆情处置程序，提高网络舆情工作时效。

（一）建立责任主体

由社保法规部门负责网络舆情工作的牵头协调，负责网络舆情信息的汇总、报送，负责网络舆情监控微博舆情的监控，收集、研判、处置、引导工作；对网络微博舆情的监控、收集、研判、处置、引导工作；各科室负责本科室相关业务范围内网络舆情的监控、收集、研判、处置、引导工作；各QQ工作群负责人负责本群舆情的监控、收集、研判、处置、引导工作。舆情监控系统通过对热点问题和重点领域比较集中的网站信息如网页、论坛、BBS等，随时下载最新的消息和意见。下载后完成对数据格式的转换及元数据的标引。对下载本地的信息，进行初步的过滤和预处理。对热点问题和重要领域实施监控，前提是必须通过人际交互建立舆情监控的知识库，用来指导智能分析的过程。对热点问题的智能分析，首先基于传统基于向量空间的特征分析技术上，对抓取的内容做分类、聚类和摘要分析，对信息完成初步的再组织。然后在监控知识库的指导下进行基于舆情的语义分析，使管理者看到的民情民意更有效，更符合现实。最后将监控的结果，分别推送到不同的职能部门，供制定对策使用。

（二）完善工作机制

第一，舆情研判预警机制。各责任主体应认真甄别收集到的舆情，对舆情最新动向和发展趋势进行分析判断，提出舆情工作措施；重大政策出台、重要活动举办时，要分析判断可能出现的负面舆情，拟制舆情预警应对方案，准备应答口径，做到业务工作与舆论引导、舆情应对同步部署、同步推进、统筹兼顾。各责任主体要切实增强网络舆情工作敏感性，严格按照责任分工，不断提高网络舆情工作时效，不得迟报、谎报、瞒报、漏报舆情信息，不得应付、敷衍、拖沓、草率处置舆情。

第二，舆情监测报告机制。各责任主体将监控和收集到的网络舆情信息实时报送人保法规部门，法规部门督促各责任主体及时处置负面舆情，并动态跟踪、实时汇报舆情处置情况。汇总网络舆情信息后实时以电话、短信方式报告局（厅）领导，由局（厅）领导牵头视情组建舆情应对处置小组，决定是否向上级报告。

第三，舆情应急处置机制。网络上突发涉及人力资源社会保障的公共事件，或出现涉及人力资源社会保障的热点、敏感、负面舆情时，各责任主体要及时组织网络舆情监控及评论员开展网络舆情评论，通过网络跟帖评论、论坛发帖、撰写博文、微博发布等形式，抢占先机，正面引导舆论走向。

第四，舆情外联协调机制。各责任主体应加强与上下级人保部门和宣传部门对口处室、对口单位的联系，建立联运机制与协调机制，做好应急信息沟通工作，防范社会保障突发事件的发生。

（三）配置网络舆情监控系统

网络舆情监控系统是指通过对网络各类信息汇集、分类、整合、筛选等技术处理，再形成对网络热点、动态、网民意见等实时统计报表的软件工具。如北京中科泰科技有限公司提供的互联网舆情监控系统，通过网页采集、工具采集跟踪众多的知名新闻网站、舆情多发网站、草根网站，了解最新最热的公众对养老保险改革政策、管理及服务的舆情信息，采集新闻、论坛、博客中的数据项，通过不断沉淀将采集到的数据作为历史资料、背景资料随时备用，并根据数据的特点，采取关系数据库检索、sql 同步或者基于 txt/xml 的数据交换，全文检索技术进行数据的检索，保证整体系统的低耦合性。其功能模块：舆情数据采集子系统、舆情数据处理子系统、舆情分析子系统、舆情门户应用子系统。

第一，舆情数据采集子系统、舆情数据采集子系统的数据采集对象主要是互联网网站和网页，数据源主要有两种，一是通过指定范围的网站对其进行抓取采集，另一种是通过 baidu、google 进行全网的数据采集监控。在数据采集过程中，包含了对于正文内容的自动识别、文章去重与相似度分析、自动生成摘要和关键词等多项中文语言处理技术。此外，数据采集子系统还能够针对网页中的图片、文档资源文件进行采集下载，具有生成网页图片和快照、实现网站自动登录、利用代理服务器下载、JS 自动识别判断、分布式采集等多项功能。在舆情数据采集子系统中采用了模板技术，系统内置数百个网站的模板，使得用户的配置过程相当简便。

第二，舆情数据处理子系统。舆情数据处理子系统主要是针对采集子系统采集的数据进行整理、处理。主要功能包括：舆情数据管理，包括对于数据的整理、编辑、删除、新增等维护工作；门户信息配置，系统可以自动生成前端门户平台的信息，管理员也可以通过后台配置将需要重点呈现的信息置于门户中去，同时，管理员也可以针对门户的一些频道、热词、专题进行管理和设置。简报管理模块；通过设置舆情简报模版，可以按天、按月、自动生成舆情简报，也可以手动选择信息生成简报，同时对于已生成的简报提供可视化的编辑界面。

第三，舆情分析子系统。舆情分析子系统功能分为统计和分析两部分。统计主要是对于舆情内容的统计，信息站点分布统计、时间统计、具有折线图、柱状图、饼图多种表现方式。舆情分析功能包括，自动聚类、热词发现；正负面信息研判，事件发展趋势分析，热点人名、地名分析。

第四，舆情门户应用子系统。舆情门户应用子系统是根据客户的行业特点与行业需求，定制的一个舆情展示、呈现平台，通过该平台可以将舆情系统中收集到的信息、分析结果、生成的简报、以图文方式进行展现，提供给用户和各级领导浏览、下载。

功能列表包括：

其一，信息雷达。通过网络雷达系统，可以自己定义需要关注和监控的网站、栏目或某段 IP 地址，作为采集源，并可以按照行业或分类进行管理。在菜单中也可以配置监控网站的优先级、刷新速率、监控深度等设置。在进入监控状态时，系统会自动执行雷达指令，对需要监控的网站或网址进行扫描，对于未更新的页面会自动跳过。

其二，自动聚类、分类。自动聚类、分类功能，可以将雷达采集的信息进行二次处理，帮助用户对数据进行整理，系统支持人工分类，也支持基于统计模型的自动分类。

其三，监控管理。用户可以自行设置监控的词语或语句，并可根据词语分类，例如：社会、国际、军事、政治等。可以设置发现敏感词汇的处理方式，以 email 或短信方式进行实时提醒。保留原始网页快照以备追踪热点信息、热门话题自动发现。文本关联分析，根据文本相似度计算，找到相似的文本和内容，根据发布的时间和 IP，可以追踪到内容的传播过程和途径。

其四，统计分析。分布统计：通过图表展示监控词汇和时间的分布关系以及趋势分析，包括地域信息分布。热点统计：根据时间统计热点的分类和热门关键词，包括地域信息分布。热点云图：以形象的图形展示热点信息。预警信息：对于敏感信息重点监控。信息报告：智能生成信息报告，支持报告导出功能。舆情简报：自动生成舆情简报和信息汇总，简洁明了。

其五，多用户和分级。支持多用户管理，不同用户可以设置成不同的监控源以及监控词汇、分类等信息。对于存在上下级关系的用户，支持报表的分级汇总及上报。

附录：国家自然灾害救助应急预案

(2011 年 10 月 16 日修订)

1　总　则

1.1　编制目的

建立健全应对突发重大自然灾害救助体系和运行机制，规范应急救助行为，提高应急救助能力，最大限度地减少人民群众生命和财产损失，维护灾区社会稳定。

1.2　编制依据

《中华人民共和国突发事件应对法》、《中华人民共和国防洪法》、《中华人民共和国防震减灾法》、《中华人民共和国气象法》、《自然灾害救助条例》、《国家突发公共事件总体应急预案》等。

1.3　适用范围

本预案所称自然灾害，主要包括干旱、洪涝灾害，台风、冰雹、雪、沙尘暴等气象灾害，火山、地震灾害，山体崩塌、滑坡、泥石流等地质灾害，风暴潮、海啸等海洋灾害，森林草原火灾和重大生物灾害等。

发生自然灾害后，地方各级人民政府视情启动本级自然灾害救助应急预案。达到本预案响应启动条件的，启动本预案。

发生其他类型突发事件，根据需要可参照本预案开展应急救助工作。

1.4　工作原则

（1）坚持以人为本，确保受灾人员基本生活。

（2）坚持统一领导、综合协调、分级负责、属地管理为主。

（3）坚持政府主导、社会互助、灾民自救，充分发挥基层群众自治组织和公益性社会组织的作用。

2　组织指挥体系

2.1　国家减灾委员会

国家减灾委员会（以下简称"国家减灾委"）为国家自然灾害救助应急综合协调机构，负责组织、领导全国的自然灾害救助工作，协调开展特别重大和重大自然灾害救助活动。国家减灾委成员单位按照各自职责做好全国的自然灾害救助相关工作。国家减灾委办公室负责与相关部门、地方的沟通联络，组织开展灾情会商评估、灾害救助等工作，协调落实相关支持措施。

2.2　专家委员会

国家减灾委设立专家委员会，对国家减灾救灾工作重大决策和重要规划提供政策咨询和建议，为国家重大自然灾害的灾情评估、应急救助和灾后救助提出咨询意见。

3　应急准备

3.1　资金准备

民政部、财政部、发展改革委等部门，根据《中华人民共和国预算法》、《自然灾害救助条例》等规定，安排中央救灾资金预算，并按照救灾工作分级负责、救灾资金分级负担，以地方为主的原则，建立和完善中央和地方救灾资金分担机制，督促地方政府加大救灾资金投入力度。

3.1.1　县级以上人民政府应当将自然灾害救助工作纳入国民经济和社会发展规划，建立健全与自然灾害救助需求相适应的资金、物资保障机制，将自然灾害救助资金和自然灾害救助工作经费纳入财政预算。

3.1.2　中央财政每年综合考虑有关部门灾情预测和上年度实际支出等因素，合理安排中央自然灾害生活补助资金，专项用于帮助解决遭受特别重大、重大自然灾害地区受灾群众的基本生活困难。

3.1.3　中央和地方政府应根据经济社会发展水平、自然灾害生活救助成本及地方救灾资金安排等因素适时调整自然灾害救助政策和相关补助标准。

3.1.4　救灾预算资金不足时，中央和地方各级财政通过预备费保障受灾群众生活救助需要。

3.2　物资准备

3.2.1　合理规划、建设中央和地方救灾物资储备库，完善救灾物资储备库的仓储条件、设施和功能，形成救灾物资储备网络。设区的市级以上人民政府和自然灾害多发、易发地区的县级人民政府应当根据自然灾害特点、居民人口数量和分布等情况，按照合理布局、规模适度的原则，设立救灾物资储备库。

3.2.2　制定救灾物资储备规划，合理确定储备品种和规模；建立健全救灾物资采购和储备制度，每年根据应对重大自然灾害的要求进行储备必要物资。按照实物储备和能力储备相结合的原则，建立救灾物资生产厂家名录，建立健全应急采购和供货机制。

3.2.3　制定完善救灾物资质量技术标准、储备库建设和管理标准，完善全国救灾物资储备管理信息系统。建立健全救灾物资应急保障和补偿机制。建立健全救灾物资紧急调拨和运输制度。

3.3　通信和信息准备

3.3.1　通信运营部门应依法保障灾情传送的畅通。自然灾害救助信息网络应以公用通信网为基础，合理组建灾情专用通信网络，确保信息畅通。

3.3.2　加强中央级灾情管理系统建设，指导地方建设、管理救灾通信网络，确保中央和地方各级人民政府及时准确掌握重大灾情。

3.3.3　充分利用现有资源、设备，完善灾情和数据产品共享平台，完善部门间灾情共享机制。

3.4　装备和设施准备

中央各有关部门应配备救灾管理工作必需的设备和装备。县级以上人民政府应当建立健全自然灾害救助应急指挥技术支撑系统，并为自然灾害救助工作提供必要的交通、通信等设备。

县级以上地方人民政府应当根据当地居民人口数量和分布等情况，利用公园、广场、体育场馆等公共设施，统筹规划设立应急避难场所，并设置明显标志。

3.5　人力资源准备

3.5.1　加强自然灾害各类专业救援队伍建设、民政灾害管理人员队伍建设，提高自然灾害救助能力。培育、发展和引导相关社会组织和志愿者队伍，鼓励其在救灾工作中发挥积极作用。

3.5.2　组织民政、国土资源、水利、农业、商务、卫生、安全监管、林业、地震、气象、海洋、测绘地信等方面专家，重点开展灾情会商、赴灾区的现场评估及灾害管理的业务咨询工作。

3.5.3　推行灾害信息员培训和职业资格证书制度，建立健全覆盖中央、省、市、县、乡镇（街道）、村（社区、居委会）的灾害信息员队伍。村民委员会、居民委员会和企业事业单位应当设立专职或者兼职的灾害信息员。

3.6　社会动员

准备完善救灾捐赠管理相关政策，建立健全救灾捐赠动员、运行和监督管理机制，规范救灾捐赠的组织发动、款物接收、统计、分配、使用、公示反馈等各个环节的工作。

完善非灾区支援灾区、轻灾区支援重灾区的救助对口支援机制。

3.7　科技准备

3.7.1　建立健全环境与灾害监测预报卫星星座、环境卫星、气象卫星、海洋卫星、资源卫星、航空遥感等对地监测系统，发展地面应用系统和航空平台系统，建立基于遥感、地理信息系统、模拟仿真、计算机网络等技术的"天地空"一体化的灾害监测预警、分析评估和应急决策支持系统。开展地方空间技术减灾应用示范和培训工作。

3.7.2　组织民政、国土资源、水利、农业、卫生、安全监管、林业、地震、气象、海洋、测绘地信、中科院等方面专家开展灾害风险调查，编制全国自然灾害风险区划图，制定相关技术和管理标准。

3.7.3　支持和鼓励高等院校、科研院所、企事业单位和社会组织开展灾害相关领域的科学研究和技术开发，建立合作机制，鼓励减灾救灾政策理论研究。

3.7.4　利用空间与重大灾害国际宪章、联合国灾害管理和天基信息平台等国际合作机制，拓展灾害遥感信息资源渠道，加强国际合作。

3.7.5　开展国家应急广播相关技术、标准研究，建立国家应急广播体系，提供灾情预警预报和减灾救灾信息的全面立体覆盖。加快国家突发公共事件预警信息发布系统建设，及时向公众发布自然灾害预警。

3.8　宣传和培训组织

开展全国性防灾减灾救灾宣传活动，利用各种媒体宣传灾害知识，宣传灾害应急法律法规和预防、避险、避灾、自救、互救、保险的常识，组织好"防灾减灾日"、"国际减灾日"、"全国科普日"、"全国消防日"和"国际民防日"等活动，增强公民防灾减灾意识。积极推进社区减灾活动，推动减灾示范社区建设。

组织开展地方政府分管领导、灾害管理人员和专业应急救援队伍、非政府组织和志愿者的培训。

4　信息管理

4.1　预警信息

气象局的气象灾害预警信息，水利部的汛情、旱情预警信息，地震局的地震趋势预测信息，国土资源部的地质灾害预警信息，海洋局的海洋灾害预警信息，林业局的森林火灾和林业生物灾害信息，农业部的草原火灾和生物灾害预警信息，测绘地信局的地理信息数据及时向国家减灾委办公室通报。

国家减灾委办公室根据有关部门提供的灾害预警预报信息，结合预警地区的自然条件、人口和社会经济情况，进行分析评估，及时启动救灾预警响应，向国务院有关部门和相关省（区、市）通报。

4.2　灾情管理

县级以上人民政府民政部门按照民政部和国家统计局制定的《自然灾害情况统计制度》，做好灾情信息收集、汇总、分析、上报工作。

4.2.1　对于突发性自然灾害，县级人民政府民政部门应在灾害发生后2小时内将本行政区域的灾情和救灾工作情况向地市级人民政府民政部门报告；地市级和省级人民政府民政部门在接报灾情信息2小时内审核、汇总，并向上一级人民政府民政部门报告。

县级人民政府民政部门对于本行政区域内造成死亡人口（含失踪人口）10人以上或房屋大量倒塌、农田大面积受灾等严重损失的自然灾害，应在灾害发生后2小时内同时上报省级人民政府民政部门和民政部。民政部接到灾情报告后，在2小时内向国务院报告。

4.2.2　特别重大、重大自然灾害灾情稳定前，地方各级人民政府民政部门执行灾情24小时零报告制度；省级人民政府民政部门每天12时之前向民政部报告灾情。灾情稳定后，省级人民政府民政部门应在10日内审核、汇总灾情数据并向民政部报告。

4.2.3　对于干旱灾害，地方各级人民政府民政部门应在旱情初露、群众生产和生活受到一定影响时，进行初报；在旱情发展过程中，每10日续报一次，直至灾情解除后上报核报。

4.2.4 县级以上人民政府要建立健全灾情会商制度，减灾委或者民政部门要定期或不定期组织相关涉灾部门召开灾情会商会，全面客观评估、核定灾情数据。

5 预警响应

5.1 启动条件

相关部门发布自然灾害预警预报信息，出现可能威胁人民生命财产安全、影响基本生活，需要提前采取应对措施的情况。

5.2 启动程序

国家减灾委办公室根据有关部门发布的灾害预警信息，决定启动救灾预警响应。

5.3 预警响应措施

预警响应启动后，国家减灾委办公室立即启动工作机制，组织协调预警响应工作。视情采取以下一项或多项措施：

（1）及时向国家减灾委领导、国家减灾委成员单位报告并向社会发布预警响应启动情况；向相关省份发出灾害预警响应信息，提出灾害救助工作要求。

（2）加强值班，根据有关部门发布的灾害监测预警信息分析评估灾害可能造成的损失。

（3）通知有关中央救灾物资储备库做好救灾物资准备工作，启动与交通运输、铁路、民航等部门应急联动机制，做好救灾物资调运准备，紧急情况下提前调拨。

（4）派出预警响应工作组，实地了解灾害风险情况，检查各项救灾准备及应对工作情况。

（5）及时向国务院报告预警响应工作情况。

（6）做好启动救灾应急响应的各项准备工作。

5.4　预警响应终止

灾害风险解除或演变为灾害后，国家减灾委办公室决定预警响应终止。

6　应急响应

根据自然灾害的危害程度等因素，国家减灾委设定四个国家自然灾害救助应急响应等级。Ⅰ级响应由国家减灾委主任统一组织、领导；Ⅱ级响应由国家减灾委副主任（民政部部长）组织协调；Ⅲ级响应由国家减灾委秘书长组织协调；Ⅳ级响应由国家减灾委办公室组织协调。国家减灾委各成员单位根据各响应等级的需要，切实履行好本部门的职责。

6.1　Ⅰ级响应

6.1.1　启动条件

（1）某一省（区、市）行政区域内，发生特别重大自然灾害，一次灾害过程出现下列情况之一的：

a. 死亡 200 人以上；

b. 紧急转移安置或需紧急生活救助 100 万人以上；

c. 倒塌和严重损坏房屋 20 万间以上；

d. 干旱灾害造成缺粮或缺水等生活困难，需政府救助人数占农牧业人口 30% 以上，或 400 万人以上。

（2）国务院决定的其他事项。

6.1.2　启动程序

灾害发生后，国家减灾委办公室经分析评估，认定灾情达到启动标准，向国家减灾委提出进入Ⅰ级响应的建议；国家减灾委决定进入Ⅰ级响应状态。

6.1.3　响应措施

由国家减灾委统一领导、组织自然灾害减灾救灾工作。

（1）国家减灾委主持会商，国家减灾委成员单位、国家减灾委专家委员会及有关受灾省份参加，对灾区抗灾救灾的重大事项作出决定。

（2）国家减灾委领导率有关部门赴灾区指导自然灾害救助工作。

（3）国家减灾委办公室组织灾情会商，按照有关规定统一发布灾情，及时发布灾区需求。有关部门按照职责，切实做好灾害监测、预警、预报工作和新闻宣传工作。必要时，国家减灾委专家委员会组织专家进行实时评估。

（4）根据地方申请和有关部门对灾情的核定情况，财政部、民政部及时下拨中央自然灾害生活补助资金。民政部为灾区紧急调拨生活救助物资，指导、监督基层救灾应急措施的落实和救灾款物的发放；交通运输、铁路、民航等部门加强救灾物资运输组织协调，做好运输保障工作。

（5）公安部负责灾区社会治安工作，协助组织灾区群众紧急转移工作，参与配合有关救灾工作。总参谋部、武警总部根据国家有关部门和地方人民政府请求，组织协调军队、武警、民兵、预备役部队参加救灾，必要时，协助地方人民政府运送、接卸、发放救灾物资。

（6）发展改革委、农业部、商务部、粮食局保障市场供应和价格稳定。工业和信息化部组织基础电信运营企业做好应急通信保障工作，组织协调救援装备、防护和消杀用品、医药等生产供应工作。住房城乡建设部指导灾后房屋和市政公用基础设施的质量安全鉴定等工作。卫生部及时组织医疗卫生队伍赴灾区协助开展医疗救治、卫生防病和心理援助等工作。

（7）民政部视情组织开展跨省（区、市）或者全国性救灾捐赠活动，呼吁国际救灾援助，统一接收、管理、分配国际救灾捐赠款物。外交部协助做好救灾的涉外工作。中国红十字会依法开展救灾募捐活动，参与救灾和伤员救治工作。

（8）灾情稳定后，国家减灾委办公室组织评估、核定并按有关规定统一发布自然灾害损失情况，开展灾害社会心理影响评估，并根据需要组织开展灾后救助和心理援助。

（9）国家减灾委其他成员单位按照职责分工，做好有关工作。

6.1.4　响应终止

救灾应急工作结束后，由国家减灾委办公室提出建议，国家减灾委决定终止 I 级响应。

6.1.5　由国务院统一组织开展的抗灾救灾，按有关规定执行。

6.2　II 级响应

6.2.1　启动条件

（1）某一省（区、市）行政区域内，发生重大自然灾害，一次灾害过程出现下列情况之一的：

a. 死亡 100 人以上，200 人以下；

b. 紧急转移安置或需紧急生活救助 80 万人以上，100 万人以下；

c. 倒塌和严重损坏房屋 15 万间以上，20 万间以下；

d. 干旱灾害造成缺粮或缺水等生活困难，需政府救助人数占农牧业人口 25% 以上，或 300 万人以上。

（2）国务院决定的其他事项。

6.2.2　启动程序

灾害发生后，国家减灾委办公室经分析评估，认定灾情达到启动标准，向国家减灾委提出进入 II 级响应的建议；国家减灾委副主任（民政部部长）决定进入 II 级响应状态。

6.2.3　响应措施

由国家减灾委副主任（民政部部长）组织协调自然灾害救助工作。

（1）国家减灾委副主任主持会商，国家减灾委成员单位、国家减灾委专家委员及有关受灾省份参加，分析灾区形势，研究落实对灾区的救灾支持措施。

（2）派出由国家减灾委副主任或民政部领导带队、有关部门参加的国务院救灾工作组赶赴灾区慰问受灾群众，核查灾情，指导地方开展救灾工作。

（3）国家减灾委办公室与灾区保持密切联系，及时掌握灾情和救灾工作动态信息；组织灾情会商，按照有关规定统一发布灾情，及时发布灾区需求。有关部门按照职责，切实做好灾害监测、预警、预报工作和新闻宣传工作。必要时，国家减灾委专家委员会组织专家进行实时评估。

（4）根据地方申请和有关部门对灾情的核定情况，财政部、民政部及时下拨中央自然灾害生活补助资金。民政部为灾区紧急调拨生活救助物资，指导、监督基层救灾应急措施的落实和救灾款物的发放；交通运输、铁路、民航等部门加强救灾物资运输组织协调，做好运输保障工作。卫生部门根据需要，及时派出医疗卫生队伍赴灾区协助开展医疗救治、卫生防病和心理援助等工作。

（5）民政部视情向社会发布接受救灾捐赠的公告，组织开展跨省（区、市）或全国性救灾捐赠活动。中国红十字会依法开展救灾募捐活动，参加救灾和伤员救治工作。

（6）灾情稳定后，国家减灾委办公室组织评估、核定并按有关规定统一发布自然灾害损失情况，开展灾害社会心理影响评估，并根据需要组织开展灾后救助和心理援助。

（7）国家减灾委其他成员单位按照职责分工，做好有关工作。

6.2.4　响应终止

救灾应急工作结束后，由国家减灾委办公室提出终止建议，由国家减灾委副主任（民政部部长）决定终止Ⅱ级响应。

6.3　Ⅲ级响应

6.3.1　启动条件

（1）某一省（区、市）行政区域内，发生重大自然灾害，一次灾害过程出现下列情况之一的：

a. 死亡50人以上，100人以下；

b. 紧急转移安置或需紧急生活救助30万人以上，80万人以下；

c. 倒塌和严重损坏房屋10万间以上，15万间以下；

d. 干旱灾害造成缺粮或缺水等生活困难，需政府救助人数占农牧业人口20%以上，或200万人以上。

（2）国务院决定的其他事项。

6.3.2　启动程序

灾害发生后，国家减灾委办公室经分析评估，认定灾情达到启动标准，向国家减灾委提出进入Ⅲ级响应的建议；国家减灾委秘书长决定进入Ⅲ级响应状态。

6.3.3　响应措施

由国家减灾委秘书长组织协调自然灾害救助工作。

（1）国家减灾委办公室及时组织有关部门及受灾省份召开会商会，分析灾区形势，研究落实对灾区的救灾支持措施。

（2）派出由民政部领导带队、有关部门参加的联合工作组赶赴灾区慰问受灾群众，核查灾情，协助指导地方开展救灾工作。

（3）国家减灾委办公室与灾区保持密切联系，及时掌握并按照有关规定统一发布灾情和救灾工作动态信息。有关部门组织领导新闻宣传工作。

（4）根据地方申请和有关部门对灾情的核定情况，财政部、民政部及时下拨中央自然灾害生活补助资金。民政部为灾区紧急调拨生活救助物资，指导、监督基层救灾应急措施的落实和救灾款物的发放；交通运输、铁路、民航等部门加强救灾物资运输组织协调，做好运输保障工作。卫生部指导受灾省份做好医疗救治、卫生防病和心理援助工作。

（5）灾情稳定后，国家减灾委办公室指导受灾省份评估、核定自然灾害损失情况，并且根据需要开展灾害社会心理影响评估，组织开展灾后救助和心理援助。

（6）国家减灾委其他成员单位按照职责分工，做好有关工作。

6.3.4　响应终止

救灾应急工作结束后，由国家减灾委办公室提出建议，国家减灾委秘书长决定终止Ⅲ级响应。

6.4　Ⅳ级响应

6.4.1　启动条件

（1）某一省（区、市）行政区域内，发生重大自然灾害，一次灾害过程出现下列情况之一的：

a. 死亡30人以上，50人以下；

b. 紧急转移安置或需紧急生活救助10万人以上，30万人以下；

c. 倒塌房屋和严重损坏房屋1万间以上，10万间以下；

d. 干旱灾害造成缺粮或缺水等生活困难，需政府救助人数占农牧业人口15%以上，或100万人以上。

（2）国务院决定的其他事项。

6.4.2　启动程序

灾害发生后，国家减灾委办公室经分析评估，认定灾情达到启动标准，由国家减灾委办公室常务副主任决定进入Ⅳ级响应状态。

6.4.3　响应措施

由国家减灾委办公室组织协调自然灾害救助工作。

（1）国家减灾委办公室视情组织有关部门召开会商会，分析灾区形势，研究落实对灾区的救灾支持措施。

（2）国家减灾委办公室派出工作组赶赴灾区慰问受灾群众，核查灾情，指导地方开展救灾工作。

（3）国家减灾委办公室与灾区保持密切联系，及时掌握并按照有关规定统一发布灾情和救灾工作动态信息。

（4）根据地方申请和有关部门对灾情的核定情况，财政部、民政部及时下拨中央自然灾害生活补助资金。民政部为灾区紧急调拨生活救助物资，指导、监督基层救灾应急措施的落实和救灾款物的发放。卫生部指导受灾省份做好医疗救治、卫生防病和心理援助工作。

（5）国家减灾委其他成员单位按照职责分工，做好有关工作。

6.4.4　响应的终止

救灾应急工作结束后，由国家减灾委办公室决定终止Ⅳ级响应，报告给国家减灾委秘书长。

6.5　信息发布

信息发布坚持实事求是、及时准确、公开透明的原则。信息发布形式包括授权发布、组织报道、接受记者采访、举行新闻发布会、重点新闻网站或政府网站发布等。

灾情稳定前，受灾地区人民政府减灾委或民政部门应当及时向社会发布自然灾害造成的人员伤亡、财产损失和自然灾害救助工作动态及成效、下一步安排等情况。

灾情稳定后，受灾地区县级以上人民政府或者人民政府的自然灾害救助应急综合协调机构应当评估、核定并按有关规定发布自然灾害损失情况。

6.6　其他情况

对救助能力特别薄弱的地区等特殊情况，启动国家自然灾害救助应急响应的标准可酌情调整。

7　灾后救助与恢复重建

7.1　过渡性生活救助

7.1.1　重大和特别重大灾害发生后，国家减灾委办公室组织有关部门、专家及灾区民政部门评估灾区过渡性生活救助需求情况。

7.1.2　财政部、民政部及时拨付过渡性生活救助资金。民政部指导灾区人民政府做好过渡性救助的人员核定、资金发放等工作。

7.1.3　民政部、财政部监督检查灾区过渡性生活救助政策和措施的落实，定期通报灾区救助工作情况，过渡性生活救助工作结束后组织人员进行绩效评估。

7.2　冬春救助

自然灾害发生后的当年冬季、次年春季，受灾地区人民政府为生活困难的受灾人员提供基本生活救助。

7.2.1　民政部组织各地于每年9月下旬开始调查冬春受灾群众生活困难情况，会同省级人民政府民政部门，组织有关专家赴灾区开展受灾群众生活困难状况评估，核实情况。

7.2.2　受灾地区县级人民政府民政部门应当在每年10月底前统计、评估本行政区域受灾人员当年冬季、次年春季的基本生活困难和需求，核实救助对象，编制工作台账，制定救助工作方案，经本级人民政府批准后组织实施，并报上一级人民政府民政部门备案。

7.2.3　根据省级人民政府或民政、财政部门的请款报告，结合灾情评估情况，民政部、财政部确定资金补助方案，及时下拨中央自然灾害生活补助资金，专项用于帮助解决冬春受灾群众吃饭、穿衣、取暖等基本生活困难。

7.2.4　民政部通过开展救灾捐赠、对口支援、政府采购等方式解决受灾群众的过冬衣被问题，组织有关部门和专家评估全国冬春期间中期和终期救助工作的绩效。发展改革、财政、农业等部门落实好以工代赈、灾歉减免政策，粮食部门确保粮食供应。

7.3　倒损住房恢复重建

因灾倒损住房恢复重建由县（市、区）人民政府负责组织实施，尊重群众意愿，以受灾户自建为主。建房资金通过政府救助、社会互助、邻里帮工帮料、以工代赈、自行借贷、政策优惠等多种途径解决。重建规划和房屋设计要因地制宜，科学合理布局，充分考虑灾害因素。

7.3.1　民政部根据省级人民政府民政部门倒损住房核定情况，视情组织评估小组，参考其他灾害管理部门评估数据，对因灾住房倒损情况进行综合评估。

7.3.2　民政部收到受灾省（区、市）倒损住房恢复重建补助资金的申请报告后，根据评估小组的倒损情况评估结果，按照中央倒损住房恢复重建资金补助标准，提出资金补助建议，商财政部审核后下达。

7.3.3　住房重建工作结束后，地方各级民政部门应采取实地调查、抽样调查等方式，对本地倒损住房恢复重建补助资金管理工作开展绩效评估，并将评估结果报上一级民政部门。民政部收到省级人民政府民政部门上报本行政区域内的绩效评估情况后，通过组成督查组开展实地抽查等方式，对全国倒损住房恢复重建补助资金管理工作进行绩效评估。

7.3.4　住房城乡建设部门负责倒损住房恢复重建的技术支持和质量监督等工作。其他相关部门按照各自职责，做好重建规划、选址，制定优惠政策，支持做好住房重建工作。

7.3.5　由国务院统一组织开展的恢复重建，按有关规定执行。

8　附　则

8.1　自然灾害救助款物监管

建立健全监察、审计、财政、民政、金融等部门参加的救灾专项资金监管协调机制。各级民政、财政部门对救灾资金管理使用，特别是基层发放工作进行专项检查，跟踪问效。各有关地区和部门要配合监察、审计部门对救灾款物和捐赠款物的管理使用情况进行监督检查。

8.2　国际沟通与协作

积极开展国际间的救灾交流，借鉴发达国家救灾工作的经验，进一步做好我国自然灾害防范与处置工作。

8.3　奖励与责任

对在自然灾害救助工作中作出突出贡献的先进集体和个人，按照国家有关规定给予表彰和奖励；对在自然灾害救助工作中表现突出而牺牲的人员，按有关规定追认为烈士；对在自然灾害救助工作中玩忽职守造成损失的，严重虚报、瞒报灾情的，依据国家有关法律法规追究当事人的责任，构成犯罪的，依法追究其刑事责任。

8.4　预案演练

国家减灾委办公室协同国家减灾委成员单位制定应急演练计划并定期组织演练。

8.5　预案管理与更新

本预案由国家减灾委办公室负责管理。预案实施后国家减灾委办公室应适时召集有关部门和专家进行评估，并视情况变化作出相应修改后报国务院审批。地方各级人民政府的自然灾害救助综合协调机构根据本预案修订本地区自然灾害救助应急预案。

8.6 制订与解释部门

本预案由民政部制订，报国务院批准后实施，由国务院办公厅负责解释。

8.7 预案生效时间

本预案自发布之日起生效。

参 考 文 献

[1] 余锦华：《经济预测方法程序和实例》，中山大学出版社 1996 年版。

[2] 菲利普·汉斯·弗朗西斯：《商业和经济预测中的时间序列模型》，中国人民大学出版社 2002 年版。

[3] 林毓铭：《常态与非常态风险管理风险视域的应急管理》，知识产权出版社 2012 年版。

[4] 王斌会、汪志红、廖远强：《突发事件应急管理中的统计技术研究与应用》，暨南大学出版社 2014 年版。

[5] 朱建平：《应用多元统计分析》，科学出版社 2008 年版。

[6] 胡运权：《运筹学教程》（第三版），清华大学出版社 2007 年版。

[7] 鲍祥霖：《运筹学》，机械工业出版社 2005 年版。

[8] 林毓铭：《社会保障与政府职能研究》，人民出版社 2008 年版。

[9] [美] 肯尼思·J. 迈耶、杰弗里·L. 布鲁德尼：《公共管理中应用统计学》，中国人民大学出版社 2004 年版。

[10] [美] 托马斯·D. 费伦：《应急管理概论》，林毓铭、陈玉梅译，知识产权出版社 2012 年版。

[11] 童星等：《中国应急管理：理论、实践、政策》，社会科学文献出版社 2012 年版。

[12] 童星：《社会转型与社会保障》，中国劳动社会保障出版社 2007 年版。

[13] 孙立平：《断裂：20 世纪 90 年代以来的中国社会》，社会科学文献出版社 2003 年版。

[14] 王宏伟：《突发事件应急管理：预防、处置与恢复重建》，中央广播电视大学出

版社 2009 年版。

[15] 于建嵘：《抗争性政治：中国政治社会学基本问题》，人民出版社 2010 年版。

[16] 万明国、陈萌：《非常规灾害应急社会保障》，知识产权出版社 2014 年版。

[17] 高鹏程：《危机学》，社会科学出版社 2009 年版。

[18] 莫利拉、李燕凌：《农村社会突发事件预警、应急与责任机制研究》，人民出版社 2007 年版。

[19] 陈国华、张新梅、金强编著：《区域应急管理实务》，化学工业出版社 2008 年版。

[20] 范维澄等：《公共安全科学导论》，科学出版社 2013 年版。

[21] 王宏伟：《重大突发事件应急机制研究》，中国人民大学出版社 2010 年版。

[22] 陈福今、唐铁汉主编：《公共危机管理》，人民出版社 2006 年版。

[23] 林毓铭主编：《应急管理定量分析方法》，暨南大学出版社 2011 年版。

[24] 杨伟民：《论个人福利与国家和社会的责任》，《社会学研究》2008 年第 1 期。

[25] 林毓铭：《社会保障财政风险与危机管理战略》，《人口与发展》2009 年第 6 期。

[26] 钟玉英：《当代国外社会救助改革及其借鉴》，《中国行政管理》2013 年第 12 期。

[27] 张粉霞：《从社会政策视角分析〈自然灾害救助条例〉》，《城市与减灾》2011 年第 1 期。

[28] 柯菡：《我国自然灾害管理与救助体系研究》，武汉科技大学 2007 年版。

[29] 俞可平：《全球治理引论》，《马克思主义与现实》2005 年第 1 期。

[30] 李绍光：《推动社会保障体系与市场经济体制和谐发展》，《中国金融》2005 年第 5 期。

[31] Platt, Rutherford H.Disasters and Democracy：The Politics of Extreme National Events [M] .Washington, D.C.：ISALND Press.1999.

[32] Social Security Administration.The 2007 annual report of the board of trustees of the federal old-age and survivors insurance and federal disability insurance trust funds [J]. 2007.

责任编辑:夏　青

图书在版编目(CIP)数据

社会保障与公共危机管理研究/林毓铭 著. —北京:人民出版社,2016.7
ISBN 978 - 7 - 01 - 016225 - 6

Ⅰ.①社…　Ⅱ.①林…　Ⅲ.①社会保障-关系-突发-事件-公共管理-研究
　Ⅳ.①C913.7

中国版本图书馆 CIP 数据核字(2016)第 109882 号

社会保障与公共危机管理研究

SHEHUI BAOZHANG YU GONGGONG WEIJI GUANLI YANJIU

林毓铭　著

人民出版社 出版发行
(100706　北京市东城区隆福寺街 99 号)

北京中科印刷有限公司印刷　新华书店经销

2016 年 7 月第 1 版　2016 年 7 月北京第 1 次印刷
开本:710 毫米×1000 毫米 1/16　印张:29.75
字数:485 千字

ISBN 978 - 7 - 01 - 016225 - 6　定价:68.00 元

邮购地址 100706　北京市东城区隆福寺街 99 号
人民东方图书销售中心　电话 (010)65250042　65289539